ANTHOLOGIA LATINA

SIVE

POESIS LATINAE SVPPLEMENTVM

PARS PRIOR:

CARMINA IN CODICIBVS SCRIPTA

RECENSVIT

ALEXANDER RIESE

FASCICVLVS II:

RELIQVORVM LIBRORVM CARMINA

LIPSIAE
IN AEDIBVS B. G. TEVBNERI

MDCCCLXX

LIPSIAE: TYPIS B. G. TEVBNERI

PRAEFATIO

Ex ingenti librorum manu scriptorum numero hic fasciculus consarcinatus est. Quorum multos ipse contuli, Parisinos dico plerosque et Valentianos et Bambergensem 787 et Turicensem 78 et, quos eximia bibliothecae praefectorum comitas Francofurtum transmittendos curauit, Leidenses Vossianos q. 33 et q. 69. Reliquos uirorum doctorum beneuolentiae et humanitati debeo, qui auxilium suum large mihi praestiterunt. Holderus enim nunc quoque suam mihi operam non deesse uoluit misitque et ex Leidensibus quaedam et Valentianos 396 et 389 et multa Caroliruhae nunc seruata a Scotis monachis scripta. Idem quae Noltius ex codicibus Bruxellensibus 1828 — 1830 et 5657 enotauerat meo usui concessit. Hagenus quoque ex codicibus Bernensibus multa mihi contulit, cf. c. 483, 672, al. Porro Martinus Hertz codicem Rehdigeranum S. I. 6. 17 et Guilelmus Hartel Vindobonensem 2521 a me rogati inspexere Conradusque Bursian quae ex Parisinis 7533 et 8093 enotauerat mecum communicauit. J. Adert Geneuensis quas Duebneri amici collationes possidet perhumaniter ultro mihi obtulit; e quibus paucis quibusdam uti potui, quae suis locis inuenies. Gasto Boissier denique c. 718 cum codice Parisino 13026 contulit et paucula quaedam praecipue ad c. 393 spectantia Lucianus Mueller misit.

Quibus uiris omnibus gratias maximas laetissime testatas esse uolo.

a*

Sed et codicem Isidori Bellouacensem statim hic memorandum puto, qui est fons carminum 690—715 hodie deperditus. cf. praef. fasc. I. p. XXXIII sq. Ex epistola sacerdotis cuiusdam Bellouacensis, quae codici Parisino 11677 saeculi XVIII initio scripto, uarias Isidori codicum et quidem fol. 94—141 *Etymologiarum S' Isidori Hyspalensis episcopi ex bibliotheca Capituli ecclesiae cathedralis S^i Silvj Bellouacensis* circiter annum 1715 enotatas lectiones continenti addita est, hunc codicem Isidori nono decimoue saeculo scriptum esse comperi. Quem periisse dolendum est, cum multorum carminum sine dubio antiquorum adeoque ad bona antiquitatis tempora referendorum (equidem sane non uideo cur poetarum nomina his carminibus inscripta in suspicionem uocanda sint) unicus fons extiterit. Dissipata est bibliotheca Bellouacensis ex magna parte iam proximo ante ciuiles Gallorum turbas saeculo hodieque unum tantum ecclesia codicem possidet. Magnus eorum numerus et partim quidem per ipsum cathedralis illius capitulum in bibliothecam Parisinam peruenit, quos Leopoldus Delisle codicum bibliothecae praefectus officiose mihi indicauit[1]: sed nullus eorum Isidorum continet. Fuit autem Bellouaci codex Isidori anno 1664, id quod ex catalogo eo anno exarato constat, quem idem mihi Delislius monstrauit. Quare cum multos alios Bellouacenses codices hodie in uicinorum hominum manibus esse ille indicasset, ne quid intemptatum relinquerem, ipse m. Julio a. 1869 Bellouacum profectus comiterque a uiris eruditis exceptus, sed desiderii mei nequaquam compos factus sum. Qua occasione oblata sacerdotem Barraud laudibus iustis libenter prosequor, qui praeter ceteros officiose quamquam frustra rei meae operam dedit. Periisse autem librum nunc eo certius mihi constat, quod eo ipso tempore quo Bellouaci degebam 'expositio retrospectiva' in ea urbe quidquid rerum anti-

---

[1] Sunt codices Parisini 1456 2769 8087 9429 9517 9601 9652 10861 17339 17654.

quarum in illis regionibus est omnium oculis proposuit,
quae codicum quoque inde a saeculo VII scriptorum olim
ecclesiae cathedralis nunc domini Le Caron de Trous-
sures sat magnum numerum exhibuit; nam ibi quoque
quod optaui nequidquam quaesiui.

Multum et difficultatis et dubitationis habere codi-
cum ordinem ad temporum quibus scripti sunt rationem
redigendum constat; id quod eo magis intellexi, quod
diuersis iudiciis nitendum mihi erat: modo enim oculi
mei, modo bibliothecarum catalogi, modo quae uiri
docti hic illic dixere iudicii ansam praebuerunt. Sed
eius difficultatis euitandae uiam uidi nullam, neque uero
multum (si tamen aliquatenus) a recto me aberrasse
spero. Omnia carmina omnesque carminum fontes me
nosse non audeo affirmare; auxilium uirorum doctorum
in re difficillima (nec ut puto inutili) olim imploraui[2]);
gaudebo etiam si, quae forte non obtulerunt, postea
succrescent; diligentiae uero laudem si qua est mihi
detrectatum iri non credo. In re critica factitanda et ipse
quantum potui praestare studui — nec tamen in eis
praesertim quae libris recentioribus debemus ueras
lectiones pro interpolatis ubique indagari posse arbitror
— et insigne auxilium eo nactus sum quod Francis-
cus Buecheler u. cl. singulas schedas inspexit coniec-
turasque suas plurimas, inter quas esse emendationes
palmares multas apparebit, mecum communicauit: cui
non possum quin debitas publice quoque gratias agam.

Huius praefationis duplex est consilium, primum
ut de fontibus carminum quae scitu digna uisa sunt
sed quae in ipsorum adnotatione non adscripsi, me-
morem, deinde ut carminum quae ex anthologia expunxi
rationem redderem. Sunt sane, fateor, a me quoque
admissa, quae ab antiquitate aliena putauerim, in qui-
bus cum adfirmare et negare pariter in promptu sit,
traditam rationem sequi maluerim. Quaenam ea sint,
docebunt indices.

[2]) cf. praef. I p. VIII.

I

Carmen 482 ex antiquissimo omnium fonte papyro Herculanensi deductum in initio fasciculi prioris poni debuit; quod cum ibi facere neglexerim, nunc repetere liceat. Neglexi autem, quia maioris epicique poematis reliquiae huic syllogae non aptae uidebantur; at nunc quia nullis recentioribus quidem nostratium exemplaribus continetur recipiendum duxi. Auctorem erui posse non credo; nam quod Seneca dicit de benef. VI 3 *'Egregie mihi uidetur M. Antonius apud Rabirium poetam, cum fortunam suam transeuntem alio uideat et sibi nihil relictum praeter ius mortis, id quoque si cito occupauerit, exclamare: Hoc habeo, quodcunque dedi!'* id quidem non probat, nostrum carmen esse, de quo Seneca agat, cum a poetis plurimis primo illo Romanorum imperatorum aeuo res ex historia Romana petitae epice tractatae sint; immo quod Rabirium *magni oris* aestimat Ouidius ex Pont. IV 16, 5, hoc in nostrum quadrare non uidetur.[3]) Sed in incerto relinquo, speciosamque saltem esse coniecturam illam Ciampittii lubens profiteor. Edidit autem ille primus hoc carmen, et quidem accurate singulos papyri ductus repraesentans, in Voluminum Herculanensium tomo II Neapoli a. 1809 edito; quem sequor, nisi quod Kreyssigii, qui cum uberrimo commentario post Sallustianam commentationem Misenae a. 1835 repetiuit, emendationes addidi; plurima uero Italus iam feliciter correxerat. Textum meum cum Ciampittiano iterum contulit H. Thorbeckius amicus.

Carmina 483 484 Isidoro et argumentis et in codicibus adiunguntur. Cur receperim, cf. praef. fasc. I. p. VI. Plura de codicibus Italis, in quibus leguntur, ex Areualiana ed. Isidori haurire licet: in Reginensi

---

[3]) Apud Velleium II 36, 3 'maxime nostri aeui eminent princeps carminum Vergilius Rabiriusque' legendum uidetur 'Vergilius Variusque.' Quamquam alia quoque mirandi iudicii apud Velleium inueniuntur.

Vaticano 1260 saec. IX post caput libri de natura rerum, quod est de monte Aetna, legi 484, deinde 483 (Areualius tom. I p. 662); in Florentino S. Marci 604 saec. IX post Isidor. origines his uerbis 'Incipit Hisidori presbyteri sermone nitidiori: Tu forte' sqq. incipere c. 483 (quod ipsum certe non esse Isidori episcopi primi uersus docent) (ib. p. 664); in codice Albanio saec. X post caput 50 libri de nat. rerum sequi 'uersus qui uidentur esse compendium plurium capitum libri de natura rerum, usque ad caput de nominibus uentorum [c. 484]' (tom. II p. 421; tituli horum uersuum omnes indicantur tom. I p. 666: 'De sole [*Sol oriens faciem stellarum euiscerat omnem* sqq.], de Arcturo, de Boote, de Pleiadibus, de Orione, de Lucifero, de Vespere, de cometa, de Sirio, de duodecim signis, de tonitruo, de fulminibus, de arcu caelesti, de nube, de pluuiis, de niue, de glacie, de uentis'). Qui cum omnes 'ita clare Isidori uerbis insistant, ut etiam allegorias eius mysticas non praetermittant', quin medii aeui essent non dubitaui neque eos nancisci operae pretium duxi. Solum c. 484, quod in multo antiquioribus iam libris est, recepi. Ceterum librorum carminis 483 non antiquissimus Bambergensis saeculi VIII longobardicis litteris scriptus (nam Ouetensis saeculi VII ignotissimus est), quem et ego Heidelbergam missum contuli et meum collationem cum A. Thorbeckii amici apographo iterum comparaui, sed Parisinus 7533, quamquam decimo demum saeculo exaratus esse uidetur, optimus est: cum in plerisque et fere omnibus anthologiae carminibus eam regulam certissimam esse expertus sim, libros quo uetustiores eo meliores, quo recentiores eo deteriores esse, eamque normam non ad maxima tantum temporum interualla sed saepe uel ad singula saecula pertinere intellexerim.

Carmen 485 ex Halmii rhetorum latinorum editione p. 63 sqq. sumpsi, cf. ib. p. VI. De codice Parisino litteris longobardicis scripto, ex quo primus hoc c. edidit, cf. Quicheratius (bibl. de l'école des chartes sér. I tom. 1 p. 51 sqq.) et Ecksteinius in Anecdotis Parisinis rhetoricis Halis Sax. a. 1852 editis. Versus 1—3. 33. 93 primus edidit L. Delisle in iisdem annalibus IV III 161.

Sequitur carmen de ponderibus et mensuris, in quo totus (exceptis u. 38. 111. 120. 131) ab Hultschio pendeo, qui uir eius disciplinae peritissimus edidit metrol. scriptt. II p. 88 sqq. Addidi scripturam codicis *P*, qui tamen a *BC* non ita multum recedit. Addere iam possum etiam Vossianum in quarto 33 inscriptione carminis memorabilem, cuius manus secunda (saeculi fortasse XI) ad A^1 propius accedere, m. prima reliquis similior esse mihi uidetur.[4]) Auctorem carminis audacter dixi

[4]) Litteris rectis manus prima, obliquis secunda in sequentibus significata est. 1 peonis 3 corporis 8 semiobolū 7 minuta, 'at. minora' 9 scripulum (sic ubique) 11 lentis ueraciter octo 15 h — federe cepto 16 reptis 17 (om. m. pr.) *scripla tria dragmam faciunt quo pondere doctis* 18 aenis 21 sicilius 22 sextola 24 quatuor 25 h̃ — et add. supr. lineam (m. 2?) 26 *tut — notatur* m. 2. post 27 linea uacua 30 hanc deest 32 quẽ. 33 Nã — que deest 34 centum erunt. post 35 signum, cui in imo marg. u. 37 m. sec. scriptus respondet: *Cecr. — hec uocitare talentum.* 36 enam. 37 in textu m. sec. scriptus: Cecr.] *Nã — hec docuisse talentum* 38 sex, 'sexaginta' — bis — dragmas 39 aenis 40 obolo minus ẽ manue talentū 42 seu 43 coepimus 44 *domini p. p. h.* a m. 2 45 deest 46 illa deuncis 47 *in reliquo — certum* m. 2 48 *bit — triplex* m. 2 (nāque est — semuncia) 50 bissem 51 septunce — cincunq, uocarĩnt 57 Vmida — mauis 58 pandetur (*pandatur*) 59 in om. latoque notetur in anglo 60 Angulus deest Et (*Vt*) 61 quatuor (sic ubique) 62 anfora *fit* cibus (ex ciuus) 63 arpeio 64 urnã — et om. 65 sestarius 66 aurit quod 67 cotilas 68 ecninas 69 qui — assumpt' 71 Aequo sextarii 72 capiat 73 cotila ciatos (sic plerumque 74 debato 'ciato' — quoque add. m. 2 75 nunc, erasum — appendere uelis 76 oxibafũ 77 Ad mistrum — sed) ad — mistri 78 gam̃ 79 pondus deest comp. 80 sextario cyatus — q̃ ÷ (÷ a. m. 2) 81 exobafi — sexcuncia 82 mistro simulare (*similare* m. 2) 85 hunc — rnam m. 2 86 *Est* 87 ac (*hac*) 89 superat 90 *triplex* 91 ueteres in mg. 93 bissem 94 liei 95 oliui 97 assensu — *sunt* 99 putei — perhenni 101 *aut tanta* in mg; dant tanta m. pr. 103 dicitur 104 arundo 107 descend*at* — ima 108 dicta (*ducta*) superfacie

Remum seu mauis *Remium Fauinum*, ductus inprimis titulo in cod. Parisino 7498 extante, qui codex cum eius aetatis sit (saec. IX), ut de additamentis temerariis cogitare non liceat¹, accurata et copiosa eius inscriptio multam ueritatis speciem habet. Est enim illa *Remi Fauini epistola de ponderibus ex sensu eiusdem clari oratoris ad Symmachum metrico iure missa*, a Keilio ad Prisciani opusc. praef. p. 396 memorata, cui simillimam Vossianus oct. 15 *(clari or.] auctoris)* exhibet adhibitus a L. Muellero ann. phil. 1866 p. 563, qui quidem Flauianum suum hinc arcere debuit. 'Ex sensu' igitur Rufini (nam is in codice praecedit; eius igitur auditor uel sectator Fauinus habendus est) ad Symmachum aequalem Rufini Fauinus scripsit: Rufinus autem discipuli assectatorisue opus (illo ut puto consentiente eiusque nomine non celato) in suum aliquod opus ni fallor recepit: quare fit, ut et in libris quibusdam Rufino adiunctum legatur et Priscianus postea, quacunque ratione huic libello manum admouit (nam difficile est ad decernendum), illud teste Voss. q. 33 '*ex opere Rufini uel Fauiani*' se sumpsisse dicat. Ceterum cum *epistolam* esse cod. 7498 inscriptio ostendat, illa 'nosse iuuat' u. 2, quae alias satis artificiose dicta essent, ad Symmachum, qui ponderum cognitionis desiderium Fauino expresserit, refero.

Carmina 488—493 secundum codicum uetustissimorum, licet mihi ignotorum (nam Italos codices nullos ipse uidi) aetatem huc posui. Describendi autem mihi sunt Parisini 2772, 4883A, 8094, quos contuli ipse.

tot q; quā in frustra sectatur 110 potest 111 pars om. 113 Ac (*Quod* ut est in A) si tantundem 115 conueniunt 116 Quod (*Ac* ut est in A) — humeros 117 coepisse 122 requires (*requiris*) 126 hic — deprehendere 127 siracusii 128 ut in PC (*siculũ* m. 2) 130 recenta (*retenta*) 134 diis — dicato 135 fiet 136 h̄ (*et* m. 2 ut in A) 137 quae 138 neutro
141 *est* — etere grassiǔr 143 discerpserit 144 quodque 145 cognouimus 146 libra 147 librā 148 hinc 149 m. 2. in m g. additus (*pars*) 150 exspecta 154 nihil 156 dep̄hendere 158 pars om. 159 aquā (*a* ex *is* corr.) totiens — notab̄ 162 parte om. 163 aquis: hic desinit V.

Parisinus 2772 membr. in q. saeculi X—XI Prosperi
continet epigrammata, Serenum Sammonicum, fol. 50
c. 495—506, Pauli et Senecae epistolas, fol. 53 r. c.
490 *Tiberiani*,[5]) quod primus ex codice recentiore Vindobonensi Hauptius in ed. Ovidii Halieut. p. 65 sq. edidit; fol. 54 r. *Versus sc̃i Cipriani* aliaque; deinde a fol.
56 r. uersus duodecim sapientum continet, quorum inscriptio eadem est quae in *GVTX* (nisi quod *hoc est*
deest; *basilii asmenii — euforbii — hilasii palladii
asclepiadis — maximiani —*); c. 567—590; 516; 638.
Excipiunt fol. 58 u. 'Ouidianae' praefationes in libros
Vergilii c. 2, 9—24 et c. 1, I—XII, monostichis quoque interpositis. Folio 61 u. carmen 672 sequitur; quod
postquam 'Finit,' his excipitur uersibus:

*Qui latas uario uestiuit gramine terras
Et nemorum densa ditauit robora glande
Iamque artus hominum pascens melioribus escis
Prisca atris uoluit seruire cibaria poscis* (l. *porcis),
Vos a spiritibus nigris tueatur ubique,
Qui lutulenta ima mergunt animalia abysso,
Lacteolisque agnis per prata uirentia iungat,
Quos agit ipse pia caeli super ardua uirga.*

Deinde *de communibus syllabis,* fol. 63 r. *Hylarii
de martyrio machabeorum,* fol. 70 u. *Tertuliani de excidio sodomę et niniue,* fol. 76 r. [Ausonii] *Incipit te-*

---

[5]) 'Tyberiani' uersus *Aureos subducit ignes sudus ora Lucifer*, quem adfert Fulgentius obsc. serm. p. 567 ed. Non.
Rothianae, eiusdem et argumenti et, ut puto, poetae est. Alii
eiusdem uersus sunt *Pegasus hinniens transuolat aethram metro
asclepiadeo* (Fulg. myth. I 26) et *Aurum, quo pretio reserantur limina Ditis* (Seru. Aen. VI 136). Omnino ueri est simile
librum philosophicum fuisse uariis metris a Tiberiano ad Platonis Socratisue sententias compositum, cuius nobis superest
praefatio, cf. 490 26 sqq. Hinc eius *librum de Socrate* Fulg.
affert contin. Verg. p. 754 M. Pars eius libri quae de hominum origine egit *Prometheus* dicta erat; cf. Fulg. myth.
III 7 '*nam et Tiberianus in Prometheo ait, deos singula sua homini tribuisse.*' cf. denique Seru. l. c. VI 532, qui prolixiorem
de mundo disputationem significat: cf. 490, 28 sqq.

chopegnii tes tus, fol. 79 r. Paulini Nolani carmina, fol. 87 v. Martiani Capellae uersus p. 34, 18—32; 35, 19—22 Eyssenh; uersus *Bis duo nam niuei* sqq. (cf. ad c. 727); a fol. 88 uaria, inter quae Catonis disticha, et fol. 107 u. carmen 640; descriptio ponderum; denique fol. 108 u. ex Boethio excerpta. '*Iste liber est de conuentu paradisi*' saeculi XIII uel XIV manus in folio 3 uerso adnotauit.

Codex *Parisinus 4883 A* membr. in fol. saeculo XI scriptus ex Regin. Vaticano 215 saeculi VIII exeuntis, de quo cf. Areualius ed. Isidori tom. II p. 305 sq., descriptus esse potest; eadem fere saltem continet in eis partibus de quibus hic agendum. Nam Parisinus inde a fol. 27 u. primum *Officia XII mensium* (c. 763), post *de arte poetria* uersus sex Horatii (art. poet. 72. 219. 281. 342. epod. 14, 7. 8), deinde c. 488, tunc *Versus de psalmis*, porro c. 489 et 490 continet, quae *Exempla diuersorum auctorum* rei prosodiacae causa collecta et non unam ob causam satis memorabilia excipiunt, de quibus alio loco agam; extant fol. 28 r. — 29 r. Hoc unum hic memoro: quinquagesimum quintum horum uersuum *Catus in obscuro coepit pro sorice picam* ex anthologia Salmasiani (c. 181, 3) esse eique (nam error est, quod librarius praecedenti uersui adscripsit, qui est Martialis IV 20, 2) notam *Catl*, i. e. Catalecta, prima manu additam esse. Hic igitur titulus tum iam in usu erat. Etiam uersui 112 (qui tamen est Iuuenal. 6,80) et 114 '*Pyramides claudant dignaque mausolea*' haec nota *Catl* addita est. — Haec uero pleraque in Vaticano quoque extant: p. 122 uersus prosodiaci; p. 127 carmen 488, uersus de psalmis, c. 489; p. 128 carmen 490. Quare hunc librum primarium mihi non fuisse ad manum doleo. Versus de psalmis adonii sunt, a uerbis *Rex tibi summe* incipientes.

Parisinus 8094 saec. XI Sedulium continet, quem praecedit Asterii carmen 491, subsequuntur 492 et 493. Italos codices antiquiores hic quoque non noui; ceterum in transcursu moneo, in Reginensi 1360 post c. 493 extare c. 26 hoc titulo *Avieni ṼC adamus cos alegro* (lege *ad amicos de agro*) teste Areualio. Sequuntur deinde Prosperi epigrammata, inde fol. 54 r. subscriptio iam a Maio edita, quae nescio an a me recipienda fuerit: *Explicit liber beati Prosperi de epygrammatibus.*

Haec Augustini ex sacris epigrammata dictis
Dulcisono rethor čponens carmine Prosper
Versibus exametris depinxit pentametrisque,
Floribus ex uariis ceu fulget nexa corona.
Vnde ego te lector, relegis qui haec sedulus, oro
Intentas adhibere sonis celestibus aures. (fol. 54 u.)
Istic nam inuenies, animum si dira subintrat (l. — *ant),*
Maxime quod doceant sacrę moderamina legis
Obseruare homines uel quid sibi maxime uitent,
Sidereum cęli cupiunt qui scandere regnum.

Aliis deinde Prosperi et Ausonii opusculis interpositis folio 56 carmen 682 et Monnicae epitaphium (670) quaeque ad id indicaui sequuntur; deinde scripta ad rem logicam spectantia.

De codice miscellaneo *Vossiano q. 69* hic nihil adnotandum, nisi c. 494 inter multa alia sacra carmina, hymnos, ecclesiarum inscriptiones extare, quae pleraque ad saeculum IX pertinere uidentur; cur illud receperim uide praef. fasc. I p. VII: Chintila enim rex erat Visigothorum ab a. 636 ad a. 640. Syllogae meae carmina insunt haec: 670 et 390, utrumque fol. 19 r.

Iam ad duodecim sapientum duodena carmina (c. 495 — 638) peruenimus. Quorum cum ea quae *Polysticha* inscripsi et codices secutus ultimo loco posui (627 — 638), in editionibus dissipata dispersaque fuerint nec in reliquis iustus ordo adhuc exhibitus sit, ignotum hucusque mansit, quo consilio quaque ratione haec carmina composita sint mediocria certe sed ea ipsa re insignia, quod uersificandi quandam quasi scholam antiquam uariosque poetandi progressus nobis ostendunt[6].

---

[6] Quamquam ignoro, magistrine an discipuli scripserint; sane et 'iuuenes' illi (638, 3) uel Asmenii discipuli uel reliqui undecim 'sapientes' intellegi possunt.

Scilicet duodecim illi scholastici tempore ignoto, sed quod antiquitatis ultimis temporibus non posterius fuisse [7]) et poetarum nomina et uersuum elegantia et adiectiuorum talium uelut *colorificus mirificus tabificus laetificus* (cf. et *clarificat*) frequens usus luculenter monstrant, certamini poetico ita indulserunt, ut argumentis eisdem singulis propositis monosticha, deinde disticha tristicha tetrasticha hexasticha conscriberent. ultimo autem gradu suam sibi quisque materiam eligentes maiora carmina componerent (627 — 638). Nullus autem eorum reliquis maior minorue habebatur; quare quamquam eundem nominum ordinem in omnibus dodecadibus seruatum uidemus, tamen ne quisquam efferretur uel contemneretur, primum locum in unaquaque serie alius eorum et is quidem qui omnino prioris dodecadis principem sequitur tenet; ideo et reliquorum ordo ratione certa instabilis est. Exempli causa, qui in prima serie enumeratur tertius, secundus est in altera, primus in tertia, in quarta deinde ultimum locum occupat, in quinta paenultimum, et sic deinceps progreditur usque ad quartum locum. Iam puto intellegetur artificiosa illa concinnatio, quae in libris uetustis et optime omnium in *C* elucet, in Petauiano autem et recentibus codicibus (ubi nonnulla eorum Vergilio attribuuntur) et in editis satis frequenter conturbatur. — Vetustissimus codicum est *Vossianus* in quarto *86* (*V*, de quo cf. praef. fasc. I p. XXXVIII sqq.), quem ideo in inscriptione nominaui, optimus autem accuratissimusque *Parisinus 8069* (Thuaneus) quem dixi *C*. Librorum familias quas p. 49 breuiter indicaui, pluribus explicare taedet. Ipsorum poetarum uitam plane ignoramus, cum praeter c. 638, quo Iulianus Asmenio diem natalem gratulatur, et si uis c. 630 Eusthenii de Achille et 631 Pompiliani de Hectore, quae hos duos inter se maxime coniunctos fuisse docent, nihil ad ipsos spectans in car-

---

[7]) Asclepiadii uersibus 629, 9. 10 usus est qui consolationem ad Liuiam scripsit u. 371 sq.

minibus extet. Possit aliquis ludere, *Basilium* esse
Vettium illum Agorium Basilium Mauortium cos. a. 527
Horatii emendatorem, *Maximinum* autem elegiarum
poetam qui eodem tempore uixit,[8] *Vitalem*que putare
eundem 'filium Catonis' cuius c. 683 titulus extet: nec
tamen est quo ea coniectura ad saeculi sexti initium
haec carmina referens certis argumentis firmetur.

Hunc puto locum esse, quo codex C accuratius describatur. Nolo quidem quae fasc. I p. XLI dixi hic
repetere; haec tamen dicenda sunt: continet folium 1 r.
Iac. Aug. Thuanj nomen et enumerationem librorum
bibliothecae alicuius[9]); folii 1 u. columna prior (duabus enim columnis 32 fere linearum exaratus est C)
Martial. V 56 et quae fasc. I l. c. enumeraui; ante c.
227 autem hi uersus medii aeui extant:

O uos, est aetas iuuenes quibus apta legendo,
   Discite (eunt anni more fluentis aquae)
Atque dies dociles uacuis non perdite rebus:
   Nec redit unda fluens nec redit hora ruens.
Floreat in studiis uirtutum prima iuuentus,
   Fulgeat ut digno laudis honore senex.[10])

Post c. 277 carmen inceptum est *Disce precor
iuuenis . . . . Laudetur . . .* ; post 269 est *Porphirii ad Constantinum imperatori*|*Constantine decus. lux
aurea secli.*|*Sancte tui cesar uatis miseres*; post illud

---

[8]) Possis etiam cum Metrorio Maximino confundere, cuius
artem metricam Maius edidit auctt. class. III p. 504 sqq.

[9]) *Incipiunt nomina librorum gramatice arti*ˢ. *Domni. F.
tres donati minores. unus donatus maior. Due cōiugaciones. precianellus minor. Catho. Sedulius. Arator. avienus. Prudencius.
boecius. aritmetica. oracius. iuuenalis. psius. Beda. omerus. maxencius. aetimologia. Virgilius. dialectica. Comitum donati. Foca.* —

[10]) *B*=Bruxellensis 10859 saec. IX Miconis glossas, c. 392
sq. all. continens; a Theodoro Oehlero collationem factam
Baehrius v. cl. mihi monstravit. 2 anno *C* 3 *num* uanis? 6
Perugeat *C* digno *C* magne *B* senex om. *C.* — In *B* praecedit fragmentum: *Infantes . . . . . . t Malueram potius, cuncti
sed sponte patrarent Gratia . . . . eriti ultio nulla foret.*

Claudiani epigr. 32 (Mey. 1121) hac forma:

*Dulcia mella m̦ · semp tu dulcia mandas.
Et quicquid dulce · mella putare decet.*

Deinde c. 83, u. 4 et 6; Ouidii amorum III 11, 35 sq.; ad marginem a manu prima minutissime scriptum fol. 1 fin. et fol. 2 init. bellulum illud poematium quod n. 739 posui; fol. 2 r. ante et post c. 268 uersus medii aeui quos p. 206 in adn. dedi; post alia Salmasiani carmina (cf. l. c.) sententiasque prosarias *Driandri* (i. e. Periandri) aliorumque denique (carmini 264 fol. 2 u. subnexum) c. 740 Alcimi Iocique Ouidiani permulti usque ad fol. 3 r.; c. 28; fol. 3 u. selecta quaedam ex c. 716 (ceterum cf. infra ad folium 127), iterumque sententiose dicta ex Ouidio Horatioque; fol. 4 u. 'Prisciani' c. 486; fol. 5 u. prosaria nonnulla nullius pretii; *Versus Virgilii de nutrice sua elia* (Martial. I 20); fol. 6 r. et u. c. 733; fol. 7 r. c. 672, c. 2, 1 — 8; fol. 7 u. c. 741. Tandem ipse *Vergilius* insequitur qui folia 8 — 113 occupat. Finis codicis praeter ea quae l. c. enumeraui haec quoque continet: Epidii oratoris uitam Vergilii fol. 114 r.; deinde c. 1, 1 — 10 fol. 114 u.; Culicem Diras Copam f. 114 u. — 119 u.; carmina 645 644 646 fol. 119 u. — 120 u.; Moretum; Vergilii epitaphium (*Mantua me genuit* sqq.); fol. 121 u. c. 256, 257, 392, 393, 261; quae excipiunt Monosticha duodecim sapientum (c. 495 sqq.,) inter illa autem et Disticha (c. 507 sqq.) c. 160 intercedit errore antea omissum (cf. fasc. I p. XXIX). Deinde reliqua usque ad c. 638 (fol. 126 u.) ordine procedunt; *Versus Sibyllae* (ex Augustino ciu. dei XVIII 23), Ausonii (nomine non addito) monosticha de Caesaribus; aliae quaedam e carmine 716 sententiae[11]); Martialis III 76,

---

[11]) Has in C extare cum in ipsa editione neglexerim, hic addere placet. Sunt u. 4 (*Grandem*), 5, 7, 10, 11, 13 (*contempni — ferre*), 21, 23, 27, 28, 34, 65 (*cepit*), 36, 37 (*affitiar grauis*), 64; quae sequuntur non cum illis cohaerent, sunt enim haec: *Nescit quae proprium destramine ingere colum, Iste*

VI 23; denique (fol. 127 u. — 128 r.) dialogus Terentii cum persona cf. l. c. additis prouerbiis nonnullis prosariis. Haec continet codex pretiosissimus, scholae olim usui destinatus, in eis partibus quae Bembinus quoque Vergilii continet tam similis ei ut eius apographum putes. —

Codex Ausonii praestantissimus, *Vossianus* formae maximae *no. 111*, saeculo IX ineunte longobardicis litteris scriptus, Holderi beneuolentia in usum meum conlatus est. Eius libri quaterniones a primo ad quartum usque deperditos esse eo constat, quod in imo margine folii 8 u. QV, item 16 u. QVI, 24 u. QVII, 32 u. QVIII et 40 u. QVIIII manu prima scriptum extat. In summo folio 1 r. rubro atramento a manu prima scriptum legitur † *Abhinc Auson^{ii} opuscula* |*Ausonius*| *Lectori salutem* (Auson. p. 330 ed. Bipont.), dehinc Ausoniana plurima sed nullo ordine composita. Inter quae ea quoque extant, et ita quidem reliquis intermixta, ut ex eadem opusculorum Ausonii collectione, ex qua reliqua omnia, profecta esse appareat, quae quia in aliis quoque codicibus non Ausonianis inueniuntur in eisque saeculis XV et XVI prius quam in Ausoniano nostro inuenta erant, iam a Scaligero et Pithoeo in syllogas suas receptae sunt. Ut autem accuratius dicam: post Ausonii *Praefationem* et *Ephemeridem* sequitur *Incipit eglogar', de nominib' septem dier'*, (*Nomina quae septem* sqq. p. 227 ed. Bip.), deinde *Monostica de mensibus* (*Primus Romanas ordiris* sqq. p. 229 Bip. A. L. 1052 Mey. 639 ed. m.), *Item disticha* (*Iane noue*, p. 229 B.), alia eius generis (p. 231. 230. 231. 231. 226 [*Nonaginta dies* sqq.] B.), *In quo mēse quod signū sit ad cursū solis* (*Principium Iani sancit* sqq. p. 232 Bip. A. L. 1051 M. 640 ed. m.); alia quae sunt p. 234. 235. 236 ter. 234 ed. Bip.;

suum feruens mittatur titio colum. Hic digitus naso turpem deportet odorem Eœtremum frater canis inducatur in antrum O V^{a}uldulfe tuus nasus dum stercora mittit. Agnoscis lepidum monachum!

Monostica de erumnis erculis (Prima Cleontei p. 221
B. Anth. L. 583 M. 641 ed. m.); sequitur *Quinti Ciceronis
hi uersus eo pertinent ut* sqq. . . . *quod superius quoque nostris ueribus expeditur* (p. 233 B. A. L. 66 M.
642 ed. m.); deinde *Hic uersus sine auctore est* sqq.
(p. 228 Bip. 643 ed. m.); hunc uersum deinde Ausonius refellit (p. 228 B.); p. 170 Bip. et plurima alia
Ausonii. Folio 14 r. extat illud *Cui dono lepidum* (p.
332 B.), sequitur *Quod uitae sectabor iter* (p. 217 B.);
De uiro bono pytagorica ατιοασις (*Vir bonus et sapiens*
sqq. A. L. 111 M. 644 ed. m.); Ναι και ου *pitagoricon*
(*Est et non cuncti* sqq. 285 M. 645 ed. m.); *De aetatibus. Hesiodion* [12]) (*Ter binos deciesque* sqq. 1078 M.
646 ed. m.); deinde illud *Miraris quicunque* (p. 223 B.)
et alia Ausoniana plurima', donec inde a fol. 32 r.
Paulinus Ausoniusque inuicem se excipiunt. In fine codicis inde a folio 36 aliorum carmina, quae n. 647 — 656
edidi,[13]) nominibus auctorum ubique fere appositis, leguntur, eisque interpositi illi quoque de Vergilianis
operibus uersus Ouidio attributi, quos iam n. 1 et 2 e
codice Romano saec. V — VI exhibui. Scilicet post 651
decasticha, post 653 tetrasticha (no. 2), quae cum 652
ibi cohaerent, post 654 monosticha inueniuntur. Solum
c. 656 posteriore tempore additum est; quo codex finitur.
Codicem hunc praestantissimum esse, lectiones eius cum
reliquis conferentibus facile apparebit. Etiam in uersiculis de Vergilio haud raro meliores lectiones praebet

[12]) Adponere debui uersus Hesiodi ex quibus sumptum
est quique apud Plutarchum de defectu oraculorum c. 11 leguntur (Hes. ed. Goettling. fg. 163):
Ἐννέα τοι ζώει γενεὰς λακέρυζα κορώνη
Ἀνδρῶν ἡβώντων· ἔλαφος δέ τε τετρακόρωνος·
Τρεῖς δ' ἐλάφους ὁ κόραξ γηράσκεται· αὐτὰρ ὁ φοῖνιξ
Ἐννέα τοὺς κόρακας· δέκα δ' ἡμεῖς τοὺς φοίνικας
Νύμφαι εὐπλόκαμοι, κοῦραι Διὸς αἰγιόχοιο.

[13]) Petronii apospasmatia inter c. 649 et 650 extantia,
(c. 159 et 162 Mey.) hic cum Buecheleri ed. min. conlata habes:
Petr. c. 14: 1 *regnat*] *pugnat* 2 *uicere nuda* 3 *cinica — cera.*
c. 83: 1 *fenore* 3 *adolator* 4 *nuptias ad proemia* spectat 5 *prudentia panis* 6 *disertas.* —

quam ipse illé Romanus uetustissimus, adnotandumque
est, eum solum omnium esse, qui hos uersus pro uno
totoque habeat, cum reliqui omnes eos singulis Vergilii
libris praeponant. Quam rem si cum bonitate lectionis
coniungas, magis fidam eorum originis imaginem in
nostro codice seruatam concedes, utpote qui ab uno
poeta certo profecti et postea demum (nec tamen illo
inuito) in Vergilianos codices translati sint. — Quod
uero ad c. 639 — 641 et 644 — 646 attinet, iam puto
ex eo quem supra posui conspectu elucet magisque
etiam, si quando Ausonianus Vossiani contextus plene
notus erit, elucebit, collectionem in *E* exhiberi uel ab
ipso Ausonio factam uel saltem ad eius uoluntatem con-
cinnatam. Animaduertas exempli causa, quam accurate
Q. Ciceronis uersus isque qui *sine auctore* est Ausonio
abiudicentur; uterque autem certas ob causas Auso-
nianae collectioni insertus est. Quin quod in Ciceronis
uersuum inscriptione de '*nostris uersibus*' sermo est,
non possum non credere, hanc inscriptionem ab ipso
iam Ausonio esse factam. In tam fida certaque libri
nostri traditione id quoque sine temeritate statuere posse
mihi uideor, omnia carmina ibi extantia, quae Ausonio
ibi non abiudicantur, eius esse genuina poemata. Nec
res ipsa stilusue repugnat. At tamen in anthologiam
recepi illa, postquam diu haesitaui, ne quis in ea desi-
deraret, quae ut expectaret aliqua ratione fieri poterat.
Scilicet c. 644 et 645 antiquo iam aeuo ex Ausonio ex-
cerpta et Vergilianis poematiis adiuncta, deinde ipsum
Vergilii nomen adepta esse uidemus, quo iam in Bem-
bino saec. IX libro in aliisque post illum ornata sunt;
in quibus omnibus textus bonitas et plenitudo aliquanto
ab E degenerauit, quo et ipso Ausoniana magis quam
Vergiliana origo defenditur. Idem in eis codicibus fac-
tum est, qui reliqua illa quae enumeraui, ut solebat in
paruulis his lusibus, sine auctoris nomine receperunt.
Cum E cognatus est solus, quantum sciam, codex Ma-
riangeli Accursii, a Burmanno ad carmina nostra hic
illic memoratus, de quo nil habeo quod referam. Ce-

terum ut hoc obiter moneam, idem fere carminum genus, idem stilus quo Ausonius usus est in permultis huius anthologiae poematiis deprehenditur; ut ab eius sectatoribus composita possimus putare.

Iam ad reliqua carmina pergamus, quae apis Matinae more modoque hic illic decerpsimus. Breues autem erimus, non omnes codices descripturi sed ea tantum dicturi e quibus aliquid lucis ad carmina nostra redundet. *Valentianos*¹⁴) igitur primum libros quibus usus sum — eram enim in oppido illo a. 1869 — uno conspectu enumerabo. In quibus apte utendis Mangeartii catalogus Parisiis a. 1860 accurate nec tamen ad amussim editus magnopere me adiuuit. Primum igitur dicam de *codice 330 bis*, qui saeculi decimi secunda parte scriptus ad rem astronomicam et similia spectantia complura complectitur. Statim fol. 1 codicis ab initio manci post tractatum astronomicum aliquem carmen 679 continet. Sequitur *Libellus Bedę de teporib*; Deinde a folio 28 *Ordo solaris anni*, cui hic illic uersus carminis 640, sed etiam christiani quidam versus velut 'Prima dies februi ē iam qua patitur policarpus' uel [ad XV. kal. Mart.] 'Atque Valentini sedenis sorte kalendis' uel [XIIII kal. Mart.] 'Sic Iuliana et bis septenas ornat honore' uel etiam leonini uersus interpositi sunt. Fol. 35 r. uersus de diebus Aegyptiacis (c. 736) leguntur quos et Mangeartius p. 665 inde edidit et ipse contuli; deinde post alia multa fol. 76 u. sqq. LXVI (nam per totum codicem singula numeris insignita sunt) *Uersus de singulis mensibus* (639); LXVII (394); fol. 77 r. LXVIII c. 395¹⁵); fol. 77 u. LXVIIII *Versus de XII signis* (Cic.

---

¹⁴) Quos *Valencenenses* hic illic perperam dixi, cum eam nominis formam curiae urbis inscriptam esse audissem: sed medio aeuo *Valentiana* urbs audiebat, antiqua non est. —

¹⁵) Huius carminis cum editione mea in fasc. I data collatio haec est: *Tetrastikon autenticum de singulis mensibus*. I$\widetilde{A}$ (sic nomina omnia breuiata sunt) 3 *seclique* 4 *porpureus* 5 *amict'* 7 *dedala* — *iacto* 11 *uer edus* — *gurrula* 12 *atque]* *et* 13 *mirto uenerem uenerē uera̅tur apt̄* 14 *alma thetis* 15 *odores*

b*

Arat. 320 sqq. quos p. XXXVI contuli), LXX c. 640 iterum, sed uersibus 1 — 2 in fine positis et u. 3 omisso; LXXI *Uersus cicli anniuersalis: Linea x̄p̄e tuos prima ē qui continet annos*, octo uersus leonini; sequuntur alia prosaria oratione a Beda praecipue scripta.

 Codex 396 saeculo IX exeunte scriptus folio 2 recto a carmine 687 (*Conflictus ueris et hiemis*) incipit, cuius titulus saeculo fere XIII renouatus est, sed earundem litterarum a prima manu factarum uestigia subter illis apparent. Auctor carminis non indicatur. Sequitur fol. 3 r. *Hucbaldi* ad Carolum imperatorem carmen; in quo quibus adluditur poematis quae '*Milo poeta tuus, noster didascalus olim*' scripserit, ea statim fol. 5 sqq. sequuntur: *Glorioso regi Karolo Milo supplex* et *De sobrietate*. In fine codicis a manu recenti, saeculo XV attribuo, c. 869 (Ouid. amor. I 6, 59 sq.) et 869 a additum est.

 Non magis quam is de quo dixi, *codex 395* eodem tempore exaratus Conflictum ueris et hiemis, quem manus saec. XI in fine libri fol. 106 post magnum illud Milonis de sobrietate opus adscripsit, auctori certo tribuit. Puto tamen, Oudinum ea re quod in hoc libro Milonis carmen praecedit commotum hoc quoque poema nusquam auctori alicui adtributum et fortasse uere antiquum (comparandum est argumentum cum c. 199) Miloni adscripsisse, cuius plura etiam in hoc codice extant.

 Codex 393 saeculi IX foliis 88 et 89 post 'Annei Senecae prouerbia' c. 659 — 662 continet, quae ex inscriptionibus sepulcralibus descripta esse omnia apparet, quamquam secundo eorum locus ubi extiterit non additus sit. Primum etiam in codice Palatino a

16 *paphiae* 18 *Linier* 23 *disignat* 24 *fīgas* 25 *coloratus* 26 *rutulos — ligat ex legat* 27 *saguineos* 28 *quae in medio* 29 *Fontanas* 30 *Cerno (corr. in Cerne) ut diuerso* 32 *genitū (corr. in genitā) — echaten* 33 *Surgentes* 35 *lacertū* 37 *ipsa — foetus* 39 *bromius* 41 *Carbaseo post quē tunc artus indutus amictu* 42 *Memfidus* 43 *cōpescitur* 44 *memfideis* 45 *coniecto* 46 *hems* 47 *reuocent* 48 *uerna] hiberna. —*

Grutero edito extat, sed ibi (Gruter. inscrr. p. 1163, 2) 'Romae in fronte Parad. Beati Petri', in nostro libro 'Rome in imagine Constantini' esse narratur. Quas tres inscriptiones, quamquam dubitans, in hoc uolumine eadem de causa qua inscriptiones in Salmasiano extantes recepi, scilicet quia aliis quoque eiusdem codicis partibus usus sum. Quae sunt hae: fol. 137 r. c. 645, fol. 138 r. c. 484, fol. 138 u. c. 679, fol. 139 r. (ubi etiam distichon ex Suet. Domit. 23 legitur) c. 663, fol. 139 u. c. 664 [16]). Est autem codex ille omnium paene princeps, qui Senecae adscriptam satiram contineant.

Codex 394 saeculi X folio 47 r. c. 664 et fol. 47 u. c. 727 cum leoninis uersibus quos ibidem adieci continet.

Denique ex *codice 373* (saec. IX exeuntis) c. 667 sq. edidi, *codex 164* (saeculi IX) c. 484 et *codex 88* (saeculi eiusdem) c. 666 continet; quos praeter 164 a Mangeartio iam adhibitum contuli omnes. —

Ad alios libros uenimus. Carmen 665 Schenklio debetur, qui edidit in libris inscriptis Sitzungsberichte d. kais. Akad. d. Wiss. XLIII 1863 p. 71. Idem codex c. 488 habet. — 668 ab Vsenero pleniore apparatu editum (ed. schol. Lucan. I p. 6) sero uidi; nec tamen ex eius libris, cum (praeter Bernensem 363 saec. VIII uersum 1 continente) saeculum X non excedant, multum fructus redundat. u. 5 *Fulminis* (sic) plerique codd. habent, quod et ego amplexus sum et u. 6 *sint* correxi, antequam Vsenerum id iam fecisse Buechelerus me admonuit. cf. Addenda. —

Parisinus 8093 saeculi noni, ex parte autem decimi, poetas plerumque Christianos exhibet, Longobardicis litteris scriptus. Sedulium, Eugenium (cui in libris et editis et scriptis Euantii c. 669 nulla quantum uideo ratione iniectum ad Anthologiam retuli), Dracon-

---

[16]) similiter carmina sua cod. Rehdigeranus saec. XIV uel XV elegit, qui c. 645, distichon Suetonianum, 663 et 664 continet.

tium, Martinum, Damasum, deinde fol. 32 Bassi epitaphium Monicae c. 670 (solus hic codex nominat auctorem adhuc non obseruatum) et Theodulfum continet. Iam a sacris recedens fol. 37 c. 671 (Phocae uitam Vergilii) exhibet, in quo a Bursiano pendeo, qui suam collationem liberaliter mecum communicauit. Iterum christiana Hilarii carmina sequuntur (folio 51 u. subscriptum 'Nic. Fabri est'); fol. 52 — 59 Auieni fabulae, sed male insutae, cum initium earum sit fol. 94 u., ubi c. 26 *(Auieni)* et Auieni prologus extant. — Vergiliana illa quae fol. 60 — 68 extant, cum codicem a. 1869 iterum inspicerem, a manu saeculo XI non antiquiore scripta esse mihi uisa sunt; continent haec folia: c. 1, 1 — 10; Culicem; c. 672 (non contuli); c. 256, 257 (tres uersus ut in *C*; ultimum de bubus manus saec. XIII addidit), 160 (quattuor uersus ut in *C*); c. 2, 1 sqq. — Inde a fol. 69 codex iterum saeculo IX tribuendus est: Diras, Copam, c. 645, 644, 646, Moretum, c. 672 (quod hinc edidi), c. 2, Aeneidis finem, Vergilii epitaphion, inde a fol. 81 u. duodecim sapientum carmina non omnia (cf. p. 49), quae Bursianus contulit, fol. 84 sqq. Catonis disticha continet. De fol. 94 u. uide supra; fol. 95 duodecim sapientes scriptura saeculi XI continuantur. Hic est finis codicis; reliqua (uersus medicinales saec. XIV scripti) ab eo aliena sunt.

Transeamus ad *Turicensem 78 olim 451*, quem anno 1867 contuli. Quem Marquardi Freheri olim fuisse inde efficio, quod c. 684, in nullo alio codice quantum scimus extans, ex eius uiri cod. membranaceo a Pithoeo sumptum Scriuerius teste Burmanno adnotabat eiusque lectiones cum *T* congruunt. Post ecclesiastica multa fol. 47 — 52 Serenus Sammonicus eumque excipit c. 682 a L. Muellero ann. philol. 1866 p. 396 primum editum et ab Hertzbergio ib. 1866 p. 788 retractatum. In Reginensi 421 extare Areualus docuit Isidorianorum c. 100 (t. II p. 319). Mirabar autem, cum in Parisino 8094 non solum Ouidio — id enim medio aeuo non mirabile — sed certo eius operi, Arti amatoriae adscriptum legi. Eo usque siue ignoratio siue mendacium processit. Ceterum quod ad *Panem pastorem* is codex refert, recte agit. Post uaria minuta fol. 95 u. c. 683: cuius titulo 'filii Catonis' addidi cod. Parisino 2772 fidens. Quamquam negari non potest, cum Catonis disticha ibi praecedant, neglegentia fieri potuisse, ut haec uerba adscriberentur. Ceterum de Catonis nomine index conferendus est. — Catonis disticha, carmen Helperici, scholia ad Sammonicum, Eugenii carm. 5, 5—6; c. 685 (quod aenigma nondum solutum est), c. 686. Hoc edidit pr. Vsenerus, qui poetam Christianum putat: sed u. 14 sq. *cultura deorum uirtutumque cadit* deos simul cum uirtutibus laudat amborumque interitum queritur: quod qui potuit Christianus homo facere? Quod autem pergit *fingit sibi quisque colendum, Mens uaga quod suadet*, id sane praecipue ad Christianos inter se iam dissentientes pertinet, cum Ariani et catholici summa pertinacia se inuicem oppugnarent. Ceterum carmen centoni Vergiliano simile memoratu dignissimum est, utpote quod infelicissimum Italiae statum Germanorum migrationis tempore depingat. Inde c. 687, quod fortasse non recipiendum quis dicat, cum Germanicum quendam animum prodat: nec tamen id certum, formaque poesis prorsus est antiqua. Sequuntur Isidori uersus in bibliotheca eius positi, c. 664, c. 688—688c non distincta inter se; ecclesiastica quaedam; Prisciani periegesis (fol. 127—148 u.); deinde uersus duodecim sapientium (c. 495—590; cf. p. 49) usque ad fol. 153 r. Denique post carmina quaedam a Germano certe monacho conscripta[17]) et distichon Columbani

---

[17]) Quam bene sub patulae recubabas tegmine siluae!
  Quam male nunc ustus es, miserande lepus!
  Quam celeri infelix ibas per pascua cursu,
  Quem nunc inplicitum sic mea mensa tenet!
5 Quae tibi securitas fuerat sub stirpe iacere:
  Quis tibi persuasit sollicitare canes?

Quinque puto tremulas carpentes faucibus herbas

Omnis mente pius fugiat mortale uenenum,
Quod mulieris habet lingua superᵇua male
nitidum illud distichon 689, dein uersus Sibyllae, ecclesiastica uaria prosaria, fol. 157 c. 689ᵃ, sententiaeque litterarum ordine compositae sequuntur, folio autem 159 codicis continuatio abrumpitur. In rebus orthographicis perpauca huic codici uitia insunt, qui inde a fol. 47 ad finem eadem manu scriptus est. Biniones inde a fol. 51 numeris insigniti sunt.

De codice Bellouacensi iam dixi. Pergam ad *Parisinum 13026* olim Sangermanensem 1188, qui ab Eutyche grammatico incipiens eique uersiculos librarii[18]) subiungens ad 'Maronis Virgilii aepithomas XII' (fol. 11—60) progreditur; glossarium sequitur *(Ango stringo* usque ad *Abrotanū. mulier*); fol. 41: *Hos uersiculos Cruindmelus composuit . . ex multis grammaticorum libris excerpta:*

> Siluiculas capreas distentas lacte misellas,
> Quas rapuit subito mors insaciata periclis
> Abstulit et clara mundi de luce sagitta.
> 5 Sed sub morte nouem fuerant hac arte repertae,
> Gestabant quoniam clausos sub uentre tenellos
> Hac sine luce capros fulua sub pelle quaternos.
> Cum quibus una fuit sterilis quoque forte petulcus
> Quintus (eratque caper lasciuo incensus amore).
> 10 Quattuor ergo nouem faciunt, quas quinque secuntur.
> Hoc ego ut potui digessi cuspide stili;
> Parere namque tuis uolui, Sacer optime, iussis. —
> 'Gramine florigero cornutam pasce capellam,
> Illius ut uestrum ualeat lac tendere uentrem.'
> 15 Non uobis tumidum fert ipsa misella capella,
> Quod solis uapore exaruerunt gramina siluae,
> Nec uirides carpit flores nec densa salicti,
> Illius ut lac nostrum possit tendere uentrem.
> Pascere tu precipis: cupiam apparere iussis.

6 q̃m clauso *T* 7 quaterno *T* 8 C quib; *T* sterĕlis que *T* 9 infestus *T* 10 Quartus nouem ergo *T* cuspy̆te *T* 12 parc̄re: *cf. u.* 19. 14 la *T* 17 salĕcti *T* 19 *num* cupiamque? iussa *T*

[18]) *Qui cupit exercere mea dicta omnia plane,*
Paulatim somnus delectet illum hominemque.
Discite me pueri, gaudet tunc cor quoque uestrum.
Linquite uos reliqua acta, sumite me quoq̄. solum.
Vsque adeo firmus potero ēē pectora ūra.

fol. 44—75 Prudentius; fol. 75 r. c. 507—518 et (75 u.) c. 555—557, 2. Statim sequuntur c. 717 et 718; deinde post formas *esto* et *estote* explicatas carmen elegiacum *De pasione Hypoliti beatissimi martyris* (fol. 75 u. — 78 r.), *Auieni fabulae* (— 84 r.), c. 642, c. (84 u.) 645, 392, 393 (cf. in Addendis). Boethii et Capellae quaedam sequuntur. In anthologiae carminibus ad Vossianum q. 86 hic proxime accedere liber uidetur, nec tamen nisi uulgatissima eius continet.

Cum in c. 719 a Martenio pendeam — nam codex Corbeiensis ubi nunc sit nescio — et in 720 a Mommseno, ad *Parisinum 4841* transgrediar, haec dicere contentus, post 722 epitaphia Christiana quattuor extare, primum quidem (teste codice Paris. 8319) Albini, tertium Leonis papae, ultimum Augustini Anglorum apostoli; in secundo Carolus rex memoratur. Etiam fol. 93 Albini et fol. 99 Bedae carmina inueni. Itaque illud *Alcuini uet. et Clementis* (cf. ad 723), quod nonnullos fefellit, ad uerba *Ex V. C.* in schedis Heidelbergensibus adscriptum, significat, Albinum (Alcuinum) et Clementem (Prudentium poetam) in eo codice ex parte legi.

De sequentibus non habeo quod dicam. C 725 et 726 Neroniani aeui sunt, ab eclogarum Vergilianarum imitatore composita. *Codex Parisinus 8440* a Symphosii (u. Addenda) et Aldhelmi aenigmatis incipit, ita tamen ut c. 728 sq. in summo folio 1 r. praecedant. Post Aldhelmum fol. 37 r. hi uersus extant paulo recentiore manu scripti:

> *Vnde tuos, sodes, uoluisti tendere gressus?*
> *Quaeq; soli uasti transisti competa nota?*
> *Aut quae progenies genuit te semine claro?*
> *Et quo pompiferoq; uocaris nomine, lector?*
> 5 *Dic, ubi dormisti transactae tempore noctis?*
> *Quis tibi dulciferos uictus concessit opimos?*
> *Atque filoxiniae* (sic) *transdux munera tanta?*
> *Et monstra fabulas nobis, gratissime doctor,*
> *Magnificas, uolumusque tuas audire loquelas,*
> 10 *Quo modo terrigenae se densant foedere pacto;*
> *An proles placidae conspargunt semina pacis,*

Vtrum inter soboles accrescunt proelia dira[19]
Armatus cecidit coetus seu lite duelli
Candida sanguineique oliuarent iugula nimbi:
15 *Clarus quis doctor docuit te tempore prisco?*
Cum quo praecipuo discis nunc rite magistro?
Aut quos mellifluos explanas famine fastos?

Hos uersus excipit Eugenius 'contra aebrietatem' et c. 658: cuius optimus est fons, nisi quod Mignii codex Toletanus hic illic etiam melior, qui tamen ad eandem familiam pertinet. Nam et hi duo soli non omnia haec de philomela carmina in unum confuderunt. Deinde c. 730, quod nolim antiquitati abiudicare (cf. c. 205. 209); c. 390; *uersus* (fol. 39 u.) *de triclinio papae*; *uersus de mensibus* sapphici si dis placet, quibus fol. 40 codex finitur. Ecce prima eorum stropha:

Oriens annus Ianuarius mensis
Fit inquid nouus xp̄i p̄ aduentum,
Currunt undique sidera per astris,
Hyemps canescit.

Vossianum in quart. 33 accuratius describere nolo, cum in Keilii gramm. lat. III p. 389 sqq. id iam factum sit. Quae ad meam rem in hoc libro miscello spectant, haec sunt: fol. 58 r. extat c. 727, 15 — 22 cum hac figura quaestionis solutionem ostendente:

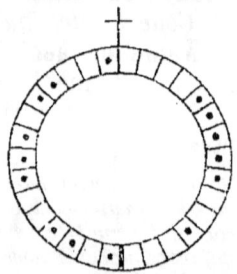

Fol. 73 r. — 75 r.: carmen 731, quod Lactantii scriptoris illius ecclesiastici esse et rem cum Christiana fide quodammodo cohaerentem tractare nemini dubium erit, qui

---

[19] Versus 12 et 11 transponendi sunt. Non est indigna memoratu haec discipuli alicuius monachalis ad amicum natu maiorem alius scholae discipulum epistula.

tractatus p. 195 adn. adlati finem considerauerit. Possis fortasse inde efficere, Lactantiani poematis finem perditam esse ibique poetam humanam Phoenicisque resurrectionem comparasse; ad quod coniciendum me inclinare fateor. — Fol. 115 r. ad 116 r.: 'Prisciani' c. 486; sequitur usque ad fol. 127 lib̄ Prisciani ad Simacū de figuris numerorū. — fol. 132 r. post Rufinum: c. 732; c. 'Prisciani' 645; c. 627; c. 'Catonis' 664. Deinde post librarii uersiculos[20] c. 26 sine titulo; c. 484; fol. 134 u. metrica quaedam. — fol. 159 r. Explicit lib̄. IIII. Catonis. Incipit uersus de filomella (c. 658). — fol. 176: Scotti cuiusdam uersus de alphabeto, quos L. Muellerus mus. rh. XX 357 edidit, a meo opere aetate sua alieni, Symphosii imitatione insignes.

Carmen 736 antiquum esse non contendo, nec tamen neglegere uolui, cum superstitio dierum Aegyptiacorum antiquo iam aeuo ualde propagata fuerit. Atque de Parisino 8069 cum iam dixerim, ad c. 742—759 pergo.

De his carminibus quid sentiam, in uniuersum iam exposui ann. philol. 1868 p. 698 sqq. 710. Scilicet omnia Claudiani fere aeuo scripta eique argumentis et quantum licuit stilo similia nonnullis eius codicibus nescio quo errore postea irrepsere: Vaticanum (V) dico, Ambrosianum (M), Cuiacianum (C); a reliquis absunt.[21] De VM nil nisi ea quibus usus sum nota esse doleo, ut ne de ordine quidem carminum constet; nec tamen dubito quin L. Muellerus Wilmannsii collationibus usus plura de eis prolaturus sit. C non nouimus nisi ex primo folio ed. Claudianeae a St. Clauerio Parisiis a. 1602 publicatae: sed inde iam efficere possumus, recentia apographa v et a ex C uel ei simillimo deriuata, sed

[20] *Ardua scriptorum prae cunctis artibus ars est.*
Difficilis labor est duriusq; flectere colla
Et membranas bis ternas sulcare per horas.
Quare, lectores, praecelsum poscite diuum,
Vt procul apellat, quicquid scriptoribus obstat.

[21] Apparebit hinc, cur c. 759 Claudiano uulgo tributum ei abiudicans huc receperim: cf. adn. h. c.

in breuius redacta esse (ita, ut exemplum proferam quod indagare licuit, c. 760 in *v a* deest, erat autem in *C;* cf. adn. ad h. c. Claudiani tamen stilum id nequaquam sapit). — Quorum *v* descripsit Th. Mommsenus CIL. I p. 412 et Herm. I p. 133 sq.; *a*, quem ante oculos habeo, sunt schedae illae Diuionenses, de quibus fasc. I p. XXXII dixi quaeque ex Salmasiano et hoc Cuiaciano concinnata sunt. In quibus cum ordo carminum solutus, ordo autem librorum *VMC* ignotus sit (nisi quod 742, Claudiani in sphaeram Archimedis, 751, 749, 750 hoc ordine in *V* legi Heinsius ed. Burm. p. 22 testatur), ordinem libri *v* seruaui, praemisso ut maximo omnium c. 742, subiectis titulis 754 sqq., de quibus ita Clauerius '*Erant praeterea in uet. codice et schedis Gnosianis* [apographo recenti, ni fallor] *multa et uaria opuscula neque bella satis neque genuina meo iudicio, qualia sunt haec praecipue* [754—758]'. C. 1121 Mey. quod in *VM (C)* non extat, cum praeter *v a* in reliquis quoque Claudiani codicibus legatur, ut genuinum eius opus omisi.

Parisinus 12117 olim Sangermanensis 434 ab initio c. 486 continet, titulo a m. pr. omisso; fol. 138 r. c. 761 legitur, fol. 147 r. *Bedae* carmen (389 Mey.), quod p. XXXVIII contuli. folio 172 u. extat '*Prisciani*' c. 679. Plura de libro astronomica plerumque et ad temporum rationem spectantia complectente dicere non uacat.

Praetermissis nonnullis, ad *Parisinum 8319* peruenimus, qui post Aratorem Fortunatum Bedam epitaphia quaedam, inter quae fol. 40 u. c. 668, Maximinianumque continet; deinde fol. 44 r. c. 687, fol. 45 c. 491, 767, 768 et post ecclesiastica quaedam fol. 49 r. c. 720 extat. Catonis disticha et Eugenii uersus contra ebrietatem fol. 54 u. c. 683 excipit, deinde a fol. 55 u. ad 59 u. Symphosii aenigmata (cf. Addenda), inde a fol. 60 prosaria nonnulla leguntur. 767 sq. ed. pr. Quicheratius bibl. de l'école des chartes s. I t. II p. 144.

In edendis c. 773 — 782 Ribbeckium non rectam iniisse uiam puto, cum librum recentissimae notae (Helmstadtiensem a. 1470 scriptum) primarium ducem sequeretur. Contra id quod in his carminibus ubique fere uerum inueni, libros quo uetustiores eo sinceriores esse, id hic quoque accidit, si quidem librum *B* ex Grossei collatione iudicamus: quam solam utpote Scheleri illa qua Ribbeckius utebatur multo meliorem ego adhibeo. Rationem meam neglexi in eo quod c. 776, 778, 781, 782, quae non in Bruxellano sed in Rehdigerano tantum saec. XIV uel XV extant, hic iam posui: quod quidem feci, quia omnium horum fons primarius idem fuisse uidetur omniaque ad unum aliquem librum archetypum Vergilii nomine praeditum redeunt. Omnia non Vergilii quidem, at antiquissima puto; ad c. 782 cf. quae dixi ann. philol. 1870 p. 282: quod e Vergilii libro epigrammatum sumptum uidetur. Sed et 776 Vergilii ipsius esse potest, in quo si scribimus

Pallide, mole sub hac, Calidi, es (iniuria saecli!),
  Antiquis sospes non minor ingeniis sqq.

L. Iulii Calidii epitaphium prorsus ei aptum habemus, quem 'post Lucretii Catullique mortem multo elegantissimum poetam' fuisse Cornelius Nepos testatur uit. Att. 12, 4.

Carmen difficile explicatu Aemilio Probo seu mauis Cornelio Nepoti in libris multis appositum hic non tangam. — 784 sq. antiqua esse ualde dubito, sed dedi quod alterum Augustino tribui uidetur. — De 786 cf. adn. — 787 primo carmen fuisse, deinde recentiore tempore inscriptioni Romae adhibitum esse puto. — 788 in Hamburgensi Vergilii cod. saec. IX non extare Hermannus Schrader beneuole me edocuit. — 789 Euclerium illum senatorem christiana ueteri religioni miscentem Boetii indoli et fere aeuo tribuerim. — Nec 791 excludendum puto, cum Patricius Hiberniae apostolus quinto iam saeculo floruerit. Num sit editum, nescio. Codex lectu difficilis Hibernicus est olimque in urbe Armagh seruabatur. —

Codex Parisinus 3761 saeculo XIII forma octaua scriptus inde a folio 62 r. ad fol. 75 u. alia atque reliqua manu poemata multa continet medii aeui pleraque. Incipit ab illo *Nobilibus fueras quondam constructa patronis*, quod edidit Wernsdorfius PLM. V III 1356; sequitur c. 734, c. 631, c. 630, c. 683; *Comparatio uirtutum* leoninis uersibus ut sequentia quaedam scripta; post quae epitaphia hominum Francorum, epigrammata deinde a Presselio (revue de philologie I p. 407 sqq.) partim edita, c. 796 sq. intermixtis, quae quamquam medio aeuo adscribenda certissimum habeo, tamen propter Martialis imitationem in omnibus eis conspicuam hic addam.

(1) *Rufini natam Graecus uehementer amabat.*
Hic scortum petit, haec pro coitu pretium.
Hic munus pro nocte dat, haec pro munere noctem.
Quod dederat, repetit mane. puella negat.
5 *Nactus conueniens tempus, cum mater adesset,*
Rem quasi commissam postulat. illa silet.
Dum silet, obiurgans rem mater reddere iussit.
Noctem cum pretio uir tulit, illa nihil.

(2) *Olim diues eras, nunc es de diuite pauper*
Factus. quid facit hoc? sola superfluitas.
Alea, Bacchus, amor meretricum fecit egentem:
Numquam qui sequitur haec tria, diues erit.

Ad Cherulum
(3) *Cherule, tu cenas apud omnes, nullus apud te.*
Alterius siccas pocula, nemo tuum.
Vel tu redde uicem uel desine uelle uocari;
Dedecus est, semper sumere nilque dare.

Ad Quintinum
(4) *Et fugis et culpas, Quintine, superfluitatem:*
Hoc uirtutis amor non facit, immo rei.

(5) *Ad cenam saturum, ieiunum ad pocula Plancus*
Me uocat. in neutro sum tibi gratus ego.

(6) *Tura piper uestes argentum pallia gemmas*
Vendere Milo soles, cum quibus emptor abit.
Coniugis utilior merx est, quae uendita saepe
Numquam uendentem deserit aut minuit.

Horum epigrammatum ultimum Martiali ipsi in codice Anglicano tribuitur, de quo in ed. majore Martialis disseruit Schneidewinus. Intermixta autem his omnibus carmina sunt medii aeui originem nullo modo celantium, uelut *De Christo* uel *De Adam*. C. 793 ante illud ad Quintinum (uide supra); post illud ad Milonem aliaque leonina mediiue omnino aeui (inter quae est quod de ceruisia agit) c. 794, quod antiquum putauerim, positum est. Sequitur Hildeberti *Qui solei ante alios Cicerone disertior esse* et c. 795, Hildeberti *In noctem prandes, in lucem, Turgide, cenas*, alia, inter quae etiam Ouidii Amorum III 11, 35. 36; c. 786, Epitaphium Hertae Odonis filiae, Hildeberti *Nuper eram locuples multisque beatus amicis*, eiusdem *Par tibi Roma nihil, cum sis prope tota ruina, (B. III 5. M. 395)* alia medii aeui. Apparet, omnem hanc syllogam e medii aeui potissimum poetis consarcinatam esse, nec tamen antiquiores prorsus deesse; quare ea carmina quae et re et sermone ab antiquitate non aliena mihi uisa sunt recipienda esse duxi.

Fabulas a Nicolao Perotto transcriptas Aesopias n. 799 — 830 dedi. Codex Perotti, cuius aetas ignoratur, deperditus est; primus edidit ex apographo peiore Neapolitano Cassittius (Neap. 1809) ante Iannellium (Neap. 1811), primus ex Vaticano meliore, quem 'desinente saeculo XV uel initio subsequentis' scriptum iudicat, Maius class. auctt. e Vatt. codd. III 278 sqq.; optime ed. Orellius (ed. Phaedri Turic. 1832 p. 115 sqq.; append. p. 9 sqq. ubi etiam c. 798 p. 242 legitur). De quibus, cum multum disputatum sit, Phaedrine sint necne, antiquaene an recentes, eaeque etiam res inter se confunderentur, satis clara fit res ipsius Perottiani prologi uerba contemplanti *Non sunt hi mei, quos putas, uersiculi, sed Aesopi sunt, Auieni et Phaedri, Quos collegi . . . . Saepe uersiculos interponens meos.* Quid si fabulae Auieni 30, Phaedri 32, aliae horrida uersuum structura facile dignoscendae ipsius Perotti in ea sylloga occurrunt, nonne fide dignior est ipse *Aesopo* reliquas tribuens, quam Neapolitanus uaniloquus Phaedrum in partes uocans? Quem *Aesopum* nec medio nec recentiori aeuo tribuendum esse, uersuum bonitas aperte monstrat; antiquo iam tempore nec fortasse eo postremo eum falso nomine Phaedri imitatorem extitisse credo. Quare has fabulas a me recipiendas esse, cum olim negauerim, nunc intellexi.

Carmina 831 — 854 nonnisi cum magna recentioris originis suspicione me recepisse fateor. Quamquam Symmachorum quoque Aniciorumque indoli ea congruere negare nolim, qui de 'priscis' (831, 2) ita loqui et imagines illustrium uirorum ueteris aeui in atrio compositas talibus uersibus exornare potuerint. Dubius itaque, cum iam Meyerus anthologiae addiderit, remouere ea non ausus sum. De 855 cf. adn. h. c. Primus ea edidit Maius class. auctt. e Vatic. codd. III p. 359 sqq. Eadem prorsus quae dixi in carmina 856 — 863 quadrant, quorum bina de Assyriis, de Persis, de Amazonibus, de orbis terrarum dominis agunt.

866 sq. antiqua esse uidentur; primum de Veneris cum Amore statua rosam auream crinibus gerente, alterum de amuleto Gorgoneo agit. Reliqua ad 873 usque antiqua esse nec affirmo nec nego: idem de reliqui numeri multis dico. Auieni carminis 876 'codex Vossianus' (qui ex ed. Veneta descriptus fuisse potest) deperditus est; extat fortasse Panormi in bibliotheca senatoria codex Auieni quo Victor Pisanus in editione illa principe curanda utebatur, cf. Phaedrus ed. Orellius p. 141. — 877 quamquam ex Mazocchio notum pro inscriptione nemo habebit; antiquum tamen uix crediderim.

Sequuntur 878 — 881 carmina Claudiano uulgo affixa, prorsus tamen ab eo aliena. Quod editionem principem Camertis (Viennae a. 1510) non uidi, doleo, quae fortasse aliquid lucis dedisset; nunc in Aldina ex ed. Burm. acquiescendum erat. Eiusdem omnia poetae esse possunt. — 882 ultimae antiquitatis carmen quod uir quidam doctus Varroni obtrudit non mirari non possum. — 883 sq. Nemesiano adscripta recipere fortasse non debui, nec tamen id nomen omnisque carminum traditio quae dicitur tam certa est, ut a supplemento meo aliena uideantur; ceterum 883 saltem antiquum esse nullus dubito. — 885 quod 'lusum nouicium scite fac-

tum a Mureto aliquo' Buechelerus dicit, non habeo quo
repugnem. — Ad 890 sqq.: In Bineti libro post c.
690 — 715 haec leguntur: *Ista quae subiiciuntur uel
ex V. C. manusc. clariss. I. C. Iacobi Cuiacij uel ex
munere Ios. Scaligeri* [i. e. ex cod. Vossiano q. 86]
habui, nonnulla et in Italia conquisiui [haec sunt
890 — 892]: deinde habet c. 112. 436. 145. 132. 181.
891. 88. 217. 156. 793. 196. 224. 892. 732. 760. c.
870 M. 387 M.; c. 890 in praefatione habet.

De sequentibus pauca habeo quae addam. 893 lu-
cida illorum temporum imago est, quo Christianorum
iam erant urbes, deorum cultores tantum 'pagani' in
agris supererant. 894 sqq. recentia esse fere affirma-
uerim. In magno illo carmine 897 Ouidium infeliciter
imitante pentametrorum prior et altera pars non solum
persaepe similiter exeunt, sed etiam paenultima idem
patitur *(Deposuisse deum non puduisset eum* u. 62, cf.
24, 32, 44, 50, 70; cf. etiam 82 *Electusque Paris
arbiter esset eis:* quae omnia medii aeui artem olent).

Nec de Pithoei carminibus accuratius agam, suum
cuique iudicium relinquens quae antiqua quae medii
aeui quae recentia putare uelit. Ipse Pithoeus de opera
sua p. 581 ita disserit '. . *plura non modo dubiae ue-
tustatis, sed et recentiora ac nostri fortassis saeculi,
quae ex aduersariis . . sine delectu congestis facile in-
repserunt, eius potissimum incuria qui ea primum ex-
cerpenda et in mundum redigenda susceperat.*' M.
Tullius ille qui sit (c. 903) nescire me fateor, sicut c.
889 de Iulio Caesare nil certi scio. Marcelli de medi-
cina carmen rusticas formas nominum *(nasturcum* 39,
bedella i. e. βδέλλα 51) exhibet.

Manutiana carmina 914 — 917 quod recepi, quam-
quam antiqua esse non spopondi (p. 297), iam nunc
paenitet. Nam ut alia taceam, *turris* illa in monte Ca-
pitolino posita (914, 35) medium aeuum aperte ni fallor
monstrat. Adde quod Catulli coma Berenices antiqui-
tati uergenti ignotissima erat: ad cuius exemplar quod

916, 8 factus est, recens aeuum et quidem post Catullum saeculo XIV denuo inuentum carmini assignat.[22]

Denique a c. 918 ad finem Caspari Barthii polyhistoris carmina posui. De his iudicare ut ad liquidum res perducatur, plane difficile est. Diligens enim, quamquam iudicio omnino destitutus, codicum scrutator erat Barthius, nec desunt in quibus nondum cognita ab eo reuera inuenta esse constat, cf. c. 766 quod Andreae oratori ille primum tribuit (aduers. LVI 16), nescius hoc nomen multo post, Aldhelmi arte metrica a Maio publicata, confirmatum iri. Nec tamen idem fraudis suspicione uacat, quotque uersus celerrime effudere potuerit ipsum iactantem legas aduers. II 15. XIV 15 all. Memorabile etiam, carmina 'Vestricii Spurinnae' nomen utcunque mentita 918 — 921 et christianum illud 928 dicendi cogitandique genere ni fallor satis simili scripta esse. Quae cum ita essent, meum putaui, omnia in conspectu ponere, suo cuique iudicio relicto. Ceterum plurima, si ficta, scite ficta sunt. Codicum, quos commemorat, praecipuus est (si quidem extitit) Martispurgensis, ex quo carmina 918 — 921, 932 — 934, longum carmen christianum (adu. XLIV 17) peruigiliique Veneris fragmentum Senecae adtributum se habere dicit; cf. ad 918.

II

Eo iam peruentum est, ut quae Meyerianae farraginis carmina carminumue fragmenta mihi omittenda fuerint, prout res postulet, vel breuiter indicem vel fusius enarrem. Et primum quidem quod in prioris fasciculi praef. p. VI dixi, me omnia ea carmina uel fragmenta, quae a quouis antiquitatis scriptore afferantur, omissurum, hoc quid efficiat iam accuratius ex indice subiecto elucebit. Sumpsit Meyerus (in plurimis

---

[22] Quod uero *E Beronicaeo* legitur 916, 8, prout in Catulli codicibus *Ebore niceo*, id ad recentis aeui suspicionem firmandam adhibere nolim, cum *Beronica* forma nominis recta a Catullo adhibita sit.

Burmannum, is uero Pithoeum Scaligerumue secutus) ex Varrone carmina 33. 59. ex Cicerone carmina 5. 16. 17. 19. 21. 52. 61. 62. 63. ex Liuio c. 6. 9. 10. 11. ex Festo c. 7 (cf. Seruius). ex Seneca rhetore 71. 119. 121. 124. ex Velleio 772. ex Seneca philosopho 16. 17. 84. 126. 127. 132. 846. ex Petronio 57. 1615 a. ex Plinii H. N. 67. 607. ex Quintiliano 65. 743. ex Plinii epp. 193. 195. 196. 197. ex Martiale 80 (Augusti epigramma). ex Suetonio 64. 68. 72 — 75. 83. 118. 760. 774 — 778. 781 — 788. 790 — 794. 844. ex Apuleio 15. 20. 58. 208. 226 — 229. ex Gellio 12. 23 — 28. 36. 38. 53. 54. 60. 120. 140. 773. 1004. ex Terentiano Mauro 174. 191. 192. 224. 1700. ex Nonio 18. 21. 34. 35. 37. 39 — 49. 51. ex Chirio Fortunatiano 81. 573; etiam 850. ex Diomede 78. 81. 174. 238. 239. ex Historiae Augustae scriptoribus 22. 206. 207. 212. 795 — 811. ex Lactantio 17. 29. ex Macrobio 55. 56. 63. 120. ex Augustino[23]) 32. 570. 620. ex Orosio 14. ex Sidonio 261. ex Rustico 856.[24]) ex Prisciano 78. 125. ex Fulgentio 179. 240. ex Isidoro 76. 78. 82. 116. 570. ex auctore de ultimis syllabis (Gramm. Lat. ed. Keil. IV p. 219 sqq.) 205. ex Phoca 287. ex commentatoribus: Terentii Donato 31. Vergilii Probo 50. 98. 113. de 222 cf. Donat. Vergilii Donato: 98. 222. Vergilii Seruio 7. 78. Vergilii Philargyrio 123. Horatii 79 (e Cruquianis). 780. Lucani 71. 141. Iuuenalis 30. 198. 199. 779. ex Altercatione Hadriani et Epicteti: 1553. 1554.

[23]) Ex eiusdem de ciu. Dei XVIII 23 uersus Sibyllae in tot codices singillatim defluxerunt ut anthologiae huic ceteroquin aptos putares.

[24]) Hoc epigramma, quia Rustici ad Eucherium papam epistula nemini in promptu est (ed. Sirmondus ad Sidon. p. 34), hic addere libet (=B. II 180, cf. Aen. I 607 — 609):

Virgilium uatem melius sua carmina laudant,
In freta dum fluuii current, dum montibus umbrae
Lustrabunt conuexa, polus dum sidera pascet.
Semper honos nomenque tuum laudesque manebunt.

In his maximus numerus est fragmentorum Varronis (34 — 51), Ennii (15 — 22), Ciceronis (60 — 65), Maecenatis (81 — 84), Lucilii (29 — 31), Laberii (54 — 56).

Deinde omittenda erant carmina quae poetarum eorum quorum opera integra extant uel sunt uel esse putantur eorumque in codicibus inueniuntur et editionibus adiciuntur. Ipse Meyerus iam omisit Germanici Arateorum uersus, quos Burmannus V 51 posuit, sed qua erat timiditate ultra non ausus est progredi. Ego haec expunxi: Catulli (ap. Ter. Maur.) c. 1700. Tibulli c. 1695. 1696. Domitii Marsi, quod est in codicibus Tibullianis, de Tibullo: 122. Ciceronis Arateorum u. 320 sqq.: 1028.[25]) Petronii 151 — 169. 171. 172. 173. Vergilii Catalecta (85. 86. 89. 90. 92. 93. 94. 100 — 106) et Copam 107, quibus addendae sunt Dirae incerti auctoris 108. Martialis: 201 — 203 (Mart. liber epigr. 29 — 32). 204 (I 116). 558. Hoc ex Martial. III 66, 1 — 4 *Par scelus admisit Phariis Antonius armis* sqq. et Mart. V 69, 7. 8 *Quid prosunt sacrae pretiosa silentia linguae* sqq. recenti ut puto tempore conflatum et *Valeriani* nomine ex Valerio Martiale errore facili detorto inscriptum est. Primum extat fonte non indicato, in G. Fabricii Roma ed. 1587 p. 156, quo libro uetera recentiaque mixta continentur. — Quae sub Martialis nomine H. Iunius aliique ediderunt et Schneidewinus in appendice ed. mai. collegit, ea praeter ea quae ex *A* edidi ad unum omnia medii aeui puto, nec quidquam antiquitatem redolent. — Porfirii uersus: 237. Symmachi 266 — 273. Ennodii 264. —

Eugenii Toletani 386. 387. Inter eius enim poemata utrumque carmen inueni in codicibus Parisinis saeculi IX 2832 et 8093 signatis, 387 etiam in codice

---

[25]) Hos uersus in cod. Valentiano 330 bis saec. X inueni fol. 77 u., ubi a Meyeri textu hisce discrepant: *Uersus de XII signis.* 2 *genus* 4 *cancri* 5 *Nunc* 9 *sagittapotens* 10 *ore] corni — uadarepgit 11 locŭ — orbĕ. —*

Thuaneo 8071 saec. IX — X inter eiusdem epigrammata, ut codicis Zwetalensis inscriptionem *Iuliani* carmini 386 additam a Scaligero commemoratam inter errores referendam putem. Quod uero 387 a Bineto *Domini Euantii* esse dicitur, eius erroris causam statim aperiam: nam et in aliis Eugenii libris carmen 669 Domni Euantii Eugenianis intermixtum legitur, et id in libro 8071 ante ipsum illud 387 positum est. Ceterum ne quis habeat quod desideret, utriusque carminis codicum cum textu Meyeriano collationem instituam (*a* est 2832, *b* 8071, *c* 8093). 386: De inuentoribus litterarum *ac* 1 Moÿses *c* ebreas *c* 4 fenices *ac* 5 *ut ap. Mey.* 2 Abraam siras *ac* caldaicas *ac* 3 minori *ac* egyptias *a* egiptias *c* 6 prompsit *a* ietarum q̃as *c*. uersus secundum codices ordinaui. — 387: De animantibus (animatibus *b*) ambigenis (anbigenis *c*) *abc* 1 Hęc *a* anbigene *c* constat *b* 2 conmixtus *c* 3 creatur *abc* 4 titirus *abc* obibus *c* ouis *b* hyrcoq; *b* 5 musmonem *abc* ex *om. abc* uerbeno *abc* 6 aque *b* adque *c* 7 Ad *bc* catula *abc* quoeundo *c* liciscam *abc*.

De Ausonio cf. supra p. XVIII.

Postremo loco dicendum est de Claudiano, cuius editionibus inde a Camertina anni 1510 carmina 878—881 adiungere solent nullo neque interno neque externo testimonio adiuuante. Quare haec si quae alia digna duxi quae in supplementum meum reciperentur. Quae uero ex ipsis Claudiani codicibus Vaticano Ambrosianoque recepi, de eis cum longum esset omnia repetere quae in ann. philol. 1868 p. 698 sqq. 706 disputaui, ad hanc dissertationem legentes refero; cf. etiam p. XXVII sq. —

Omittenda fuerunt deinde, quaecunque medii aeui esse uel certa testimonia extant uel internis sed eis certissimis de causis apparet, neque exceptionem admittendam duxi, si quae medii aeui carmina res ad antiquitatem quodam modo pertinentes tractarent, sed ea alius propriaeque collectionis esse puto. Medium autem aeuum inde ab initio saeculi VII me computare in solisque Hispanis etiam ultra hunc terminum me paullulum euagari iam in fasc. I p. VII dixi. Omisi igitur c. 389 M. quod in solo codice Parisino 12117 saeculi XI in eoque *Bedae* adscriptum inueni[26] quodque Wandalberto Prumiensi tribui dicitur in cod. Bruxell. 10615 — 10729 saeculi XII; omisi c. 393 quod est *Theodulfi* III 9 ed. Sirmondi; omisi *Hildeberti* Cenomanensis episcopi carmina a Meyero recepta, quae sunt haec: 395 et 879 — quorum illud '*Par tibi Roma nihil, cum sis prope tota ruina*' (cuius uersum Gulielmus Malmesburiensis lib. IV Hildeberti nomine addito laudat) in Hildeberti ed. Benedict. p. 1134 extat, hoc '*Vix scio quae fuerim, uix Romae Roma recordor*' pars est maioris poematis hisce uerbis '*Dum simulacra mihi, dum numina uana placerent*' incipientis et ib. p. 1135 sub titulo *Item idem de Roma* extantis. Eiusdem generis, ut obiter hoc moneam, sunt uersus de urbe Roma apud Wernsdorfium V III 1356 editi '*Nobilibus fueras quondam constructa patronis,*' quos in codice Paris. 3761 saec. XIII inueni, quique in ed. Bedae a. 1563 Basiliae edita p. 538 cum aliis quibusdam de Treuerensium urbe compositi sunt. — Porro omisi Hildeberti ad Odonem (ed. Bened. p. 1333) uersus (912 M.) '*Nil artes, nil pura fides, nil gratia linguae*' et Meyeri c. 921 quod in ed. Bened. p. 1333, in codice Parisino 7596 a saec. XIII fol. 171 r. inter reliqua Hildeberti carmina, sed ab alia manu alio atramento eodem tamen saeculo scriptum repperi: '*Formula uiuendi praesto est*

---

[26] A Meyeri editione his in locis codex (fol. 147 r.) discrepat: Vers' domni Bede ad cōponendū orologiū. 1 m̄ses (*sic plerumque*) 6 spacio conectit 7 tibri in sp'erā 9 Ianua 10 horas 11 aeque 14 hisdem 20 q 21 moetas 30 quę 31 romonebit
dani 33 docebit 36 męta 37 uarios 38 s; 41 *deest* 45 extensa 53 caedendi 55 supp̄mas 60 cohercet 62 fingit 76 *post* pedibus *trium litterarum spatium uacuum* usque] q; (*fol.* 147 u.) 78 *post* Vndenis *manus recens* olarum *addit in spatio a m. pr. relicto* clarum *om. m. pr.* 79 cęlo 80 septa. —

tibi: pauca loquaris,'[27]) quodque medium aeuum aperte prae se fert. Quod uero in eodem et aliis codicibus Hildebertianis intermixtum est de Hermaphrodito c. 786, id errore aliquo huc uenisse et uere ex antiquitate fluxisse mihi persuasum est cf. ib. Denique quod c. 668 in codice Turonensi Hildeberto adscriptum esse in ed. Bened. p. 1369 narratur, falsum esse eo arguitur, quod in Valentiano 373 saec. IX iam extat, e quo edidi. Obiter moneo, carminum eorum quae Presselius (revue de philologie I p. 403 sqq.) ex cod. Par. 3761 edidit, multa in codicibus et diu iam in editionibus Hildeberti inueniri; quae edidit ex cod. Par. 7999, omnia esse medii aeui.

Praetermisi porro Marbodi c. 640 M., Alani ab Insulis c. 396, Gerberti c. 394 omninoque et quae uersibus leoninis scripta sunt (840, 855, 885), et quae singulorum uersuum finibus inter se consonantibus, quamquam ceteroquin arte metrica non destituta, ab antiquitate segreganda sunt c. 1058 et 1110, et quae praeter fines consonantes rhythmica quoque uersuum structura medium aeuum ostentant c. 990 et 991, cuius quidem coniunctionis minutula quaedam et popularia iam Romanis nota erant uelut c. 280 sq. ed. meae, non autem tam magna et exculta.[28]) Carmen 989 M. autem sola arte

---

[27]) Varietas lectionis a Meyeriana haec est: *Titulus deest.* 2 utsq. 4 poscat 5 ac] & — od˘is 6 et idē illū.

[28]) Nec tamen mihi temperare potui, praesertim in re tam difficili diiudicatu, quin haec carmina in adnotatione saltem legentibus repraesentarem. Inuenit ea Niebuhrius in Vaticano codice 3227 Ciceronis oratt. Philipp. manu saeculi X scripta, edidit mus. rhen. III p. 7 sqq.

990 M.

O Roma nobilis, orbis et domina,
Cunctarum urbium excellentissima,
Roseo martyrum sanguine rubea
Albis et uirginum liliis candida,
5 *Salutem dicimus tibi per omnia,*
Te benedicimus: salue per saecula.

rhythmica, nullis uero uersuum finibus inter se consonantibus compositum eodemque est rhythmo scriptum quo threnus ille de Oedipode, quem Maur. Schmidtius philol. XXIII 545 ex Statii cod. Rehdigerano saeculi XIV edidit, qui incipit 'Dixi patris infausta pignora, Ante ortus damnati tempora; Quia uestra iacent corpora, Mea dolent introrsus pectora' et iam finibus con-

   Petre, tu praepotens caelorum clauiger,
   Vota precantium exaudi iugiter!
   Cum bis sex tribuum sederis arbiter,
 10 *Factus placabilis iudica leniter,*
   Teque precantibus nunc temporaliter
   Ferto suffragia misericorditer!

   O Paule, suscipe nostra peccamina,
   Cuius philosophos uicit industria.
 15 *Factus oeconomus in domo regia*
   Diuini muneris appone fercula,
   Vt, quae repleuerit te sapientia,
   Ipsa nos repleat tua per dogmata.

     991 M.

   O admirabile Veneris idolum,
   Cuius materiae nihil est friuolum,
   Archos te protegat, qui stellas et polum
   Fecit et maria condidit et solum.
 5 *Furis ingenio non sentias dolum;*
   Clotho te diligat, quae baiulat colum.

   Saluto puerum non per hypothesim,
   Sed serio pectore deprecor Lachesim.
   Sororun Atropos ne curet haeresim,
 10 *Neptunum comitem habeas perpetim,*
   Cum uectus fueris per fluuium Athesim.
   Quo fugis, amabo, cum te dilexerim?
   Miser quid faciam, cum te non uiderim?

   Dura materies ex matris ossibus
 15 *Creauit homines iactis lapidibus.*
   Ex quibus unus est iste puerulus,
   Qui lacrimabiles non curat gemitus.
   Cum tristis fuero, gaudebit aemulus.
   Vt cerua fugio, cum fugit hinnulus.

   Addam etiam c. 989 M.

('Galli poetę ioci' ed. pr. post Pindarum Thebanum, Fani a. 1505. Codicem nullum noui praeter Florentinum 91, 26

sonantibus posteriori quam c. 989 M. aeuo originem debere arguitur.[29] —

Deinde reieci c. 1074 M. '*Dulcis amice, bibas gratanter munera Bacchi*' quod uenationis accipitrariae commemoratione u. 11 facta ('*Vnguibus accipitris captam rogo percipe praedam*') ab antiquitate alienum esse apparet. Extat in codice Sangallensi 573, quocum Schenklius contulit l. saepius l. p. 43. Omisi ut par erat, epitaphium Henrici tertii imperatoris (828 M.), cuius u. 1—4 in cod. Parisino 6630 saec. XIII sub Vergilii nomine afferuntur; propterea ut puto, quod 'Caesarem' nomine

anno 1464 scriptum, ubi Bandinio teste inter Ouidiana sub titulo '*In iocis Galli poetae*'. Etiam Gudiano Guelferb. 342. s. XV ex. inesse dicitur.

> *Lydia bella puella candida,*
> *Quae bene superas lac et lilium*
> *Albamque* (lege Album, quae) *simul rosam rubidam*
> *Aut expolitum ebur Indicum,*
> 5 *Pande, puella, pande capillulos*
> *Flauos, lucentes ut aurum nitidum.*
> *Pande, puella, collum candidum*
> *Productum bene candidis humeris.*
> *Pande, puella, stellatos oculos*
> 10 *Flexaque super nigra cilia.*
> *Pande, puella, genas roseas,*
> *Perfusas rubro purpurae Tyriae.*
> *Porrige labra, labra corallina,*
> *Da columbatim mitia basia.*
> 15 *Sugis amentis partem animi,*
> *Cor mihi penetrant haec tua basia.*
> *Quid mihi sugis uiuum sanguinem?*
> *Conde papillas, conde gemipomas,*
> *Compresso lacte quae modo pullulant.*
> 20 *Sinus expansa profert cinnama,*
> *Vndique surgunt ex te deliciae.*
> *Conde papillas, quae me sauciant*
> *Candore et luxu niuei pectoris.*
> *Saeua, non cernis, quod ego langueo?*
> 25 *Sic me destituis iam semimortuum?*

[29] Cf. Lenormant in biblioth. de l'école des chartes I 1 p. 321 sqq., qui simile carmen tempore Chlotarii II regis Francorum factum affert aliudque ex Vita S. Droctouaei, saeculo qui sexto uixit, resuscitare quamquam frustra temptat.

non apposito poeta in his alloquitur: *Caesar, tantus eras
quantus et orbis; At nunc exigua clauderis urna* sqq.
Dicendum iam est de aenigmatis uel problematis quae
n. 1059—1065 Meyerus exhibet, V 119—125 Bur-
mannus. Quorum ego n. 1061 sub n. 727 edidi, quam-
quam antiquum esse (cf. etiam Muellerus ann. philol.
1865 p. 217) affirmare nolo; omnes — nisi quod de
1060 prorsus nihil Burmannus affert — in codice olim
Claromontano, tunc Meermanniano, qui nunc uidetur in
Britannica liberi Baronis de Philipps bibliotheca n. 1694
extare (cf. Haenelii catal. librorum mss. p. 850.) post
rhythmos Gibuini saeculi X scriptoris erant. De Hugone
Metello ut auctore c. 1063 — 1065 Meermannus cogitauit.
Ad medium certe aeuum 1065 hac hominum enumera-
tione '*cleris agricolis militibusque*' (u. 6 *eques* est pro
milite, ut in c. 870 M.) u. 2 refertur; 1064 eius iam
temporis est, quo Arabici quos dicimus numeri noti
erant, id quod non factum est ante annum 1100. Sci-
licet aenigma, cui corruptelam inesse iam Meermanus
uiderat, sed cuius sanandi uiam non inuenerat, hoc est:

*In lauro residens bis sex uolitare columbas
    Aspiciens dedit hunc forte columba sonum:
Si numerus duplici bis crescerel ordine uester,
    Essetis centum, me uolitante simul. —*
5 *Vt te non lateat uolitantis summa cohortis,
    Ex triginta tribus extitit illa cohors.*

Versus 1 non 'pugnat cum ultimo uersu,' si legi-
mus *bis tres*. Intellegendus autem est triginta trium
columbarum numerus, Arabicis scilicet numeris *33* scri-
ptus. Hic numerus *duplici ordine*, i. e. et triginta et
tribus crescentibus, *bis* crescit, i. e. primum ad 66,
deinde ad 99 augetur. Ita u. 4 optime intellegitur, si-
mulque solutio uersibus 5 et 6 apposita rectam se pro-
bat. — Si igitur haec aenigmata medii aeui et alterum
quidem posterioris medii aeui partis habenda sunt, in
reliquis autem nil prorsus est, quod non eidem tempori
aptius sit quam antiquitati, si porro ipse codex, qui est
saeculi XIII (cf. Burm. ad V 118), praeter Symmachiana

quaedam sola opera medii aeui, uelut Iuonis, Anselmi, Hildeberti, Hugonis Metelli, Gibuini continet, non uideo, cur reliqua illa aenigmata mihi exhibenda sint;[30]) praesertim cum illud ipsum aeuum aenigmatum satis studiosum feraxque fuerit. Nam 1061 M. (727) quidem ex alio fonte edidi: in quo et ipso Nigrorum Candidorumque oppositionem antiquam esse mihi non credibile est. Quare alia quoque, quae ex hoc codice Meermanni innotuerant, antiquitati abiudicanda puto, cui nullis quoque causis internis abiudicantur, quin 1033, 5 sq. dictionem ab ea alienissimam exhibent. Sunt autem haec:

Summa Virgilii in his uersibus continetur (B. t. II p. 726. M. 861)

Feruet amore Paris. Helenam rapit. utitur armis
Graecia. Pugnatur. diruta Troia iacet.
Exulat Aeneas, fugit, aequora circuit, intrat
Italiam. Turnus uincitur. Alba manet.[31])

Anni diuisio (B. V 64. M. 1033)

Bis duo tempora sunt anno, menses duodeni,
Hebdomadae decies quinque duaeque simul.
Ter centum decies senos cum quinque diebus
In se collectos quilibet annus habet.
5 *Horae sunt centum per septem, mille per octo,*
Sex per denarium, si numerando probes.

De quattuor temporibus anni (B. V 65. M. 1034)

Ver aestas autumnus hiems sunt quatuor anni
Tempora, quae currus lustrat, Apollo, tuus.
Ver sua grana serit, fouet aestas semina, fota
Colligit autumnus, lecta recondit hiems.

---

[30]) 1059 *Vt tot emantur aues, bis denis utere nummis* — 1060 *Pulcra domus terris fuerat sub tempore prisco* — 1062 *Vxor abit duplex, redit una, meat quoque duplex* — 1063 *Aedificat centum graduum collectio scalam* — 1065 *Bis sex conuiuis bis senos diuide panes* sqq.

[31]) Aut u. 1—2 interpolati sunt aut in inscriptione legendum est *Homeri et Virgilii.*

De rustico ebrio (B. V 129. M. 1069)

Rusticus ad tectum gressus referebat ab urbe
  Errans ac titubans, pectus agente mero.
Sistit iter, potum geminat, furor occupat artus,
  Exulat a sensu mentis aitque sibi:
5 'Stulte, quid egisti? uas istud proiice! certe
  Fortior est pedibus cantharus iste tuis.
Tres habet iste pedes, at tu gemino pede constas.
  Quo merito tripedem deuehit ergo bipes?'
Finierat. uas deponit. cui sic ait: 'audi,
10 Amphora, curre, trium diceris esse pedum!
Tu me fortior es. quid ais? iuro tibi: claua,
  Si cito non properes, es luitura moram.'
Dixerat. illa silet; stat stultus, concipit iram,
  Insanas armat ebria claua manus.
15 Percutit et frangit uas, uinum defluit, ansa
  Stricta fuit, 'glut glut' murmurat unda sonans.
Credit glutonem se rusticus inde uocari;
  Dedecus inpositum noluit ergo pati.
Totum uas minuens manus ebria duplicat ictus,
20 Ad finem 'glut glut' duplicat unda sonum.
Mentis inops exulque sui, post omnia stultus
  Ad tectum fracto uase reduxit iter.

Haec igitur carmina omnia, quamquam ultimum natiuo quodam et uiuido colore delectet, ab anthologia remoui. Remoui etiam *de pica dialogismum* (V 151 B. 1085 M.) similibus causis ductus, qui est hic:

Albedo. Nigredo. Pica. Natura.

A. *Sis mea candida, sis.* N. *Non, sed mea nigra uoceris.*
Nat. *Candida nec dici nigra nec esse potest.*
A. *Es mea.* P. *Non.* N. *Mea.* P. *Non; naturam consulo.* Nat. *Libram*
Dirigo: respondet pondere libra pari.
Nec tua nec tua sit; dubius color errat in illa,
  Qui diuisorem nescit habere suum.

Potui remouere etiam 762, quod non antiquum esse et mihi fere persuasum est et Schenklius ostendit ber. d. kais. akad. 1863 p. 51; potest tamen sexti esse saeculi, quare non omisi, praesertim cum multas uoces Romanorum insolitas habeat. Item c. 687 secludere nolui, quod cur Miloni S. Amandi monacho anno 872 mortuo Oudinus in suppl. scriptt. eccles. II p. 236 tribuat, quem plurimi secuti sunt, equidem nescio; codicum enim ne antiquissimi quidem ullum auctoris nomen praebent. Denique hoc adnotandum est, eorum quoque carminum quae in syllogam meam recepi, non pauca esse quae medio aeuo equidem adscribere maluerim, nullis autem certis causis huc illucue trahentibus adesse potius quam deesse uelim: cf. indices.

Iam ad recentioris aetatis carmina ab anthologia excludenda pergentes in transitu ad carmina 'codicis Io. Gerhardi Vossii' peruenimus, quae non pauca Burmannus dedit ex schedis N. Heinsii manu exaratis, 'Epigrammata quaedam vetusta ex codice v. c. Iohannis Gerardi Vossii descripta' inscriptis, quae uoluminis Heidelbergensis (n. 358. 44) partem efficiunt. Qui codex Vossii num hodie extet, nescio; nil de eo memoriae proditum alibi inueni. Pauca quaedam eius ex Vossiano suo II, i. e. Leidensi bibl. publ. no. 78, quem ex editione uetusta desumptum conicit, profert Naekius ed. Val. Caton. p. 369 sqq., quae pauco infra asterisco notaui. Continent autem eae schedae, ut meam sententiam proferam, praeter ea quae ex aliis anthologiae codicibus nouimus prorsus nihil quod non medio uel etiam posteriore aeuo scriptum sit. Quod ut probem, singula earum carmina enumerabo.

1. *Militis uxorem clamidis mercede subegit Clericus et piperis clam tulit inde molam* sqq. (B. V 197. M. 1126). Hos uersus ab antiquitate alienos esse et ad posteriorem medii aeui partem pertinere, qua poetae in clericos ludibria frequenter factitabant, apparet.

2. *Pius Papa in laudem Homeri. Viuet Maeoni-*

des sqq. Distichon Pii II siue Aeneae Siluii Piccolominii (mortui a. 1464), cf. infr. n. 19 et n. 6. 7. 20. 44.

*3. *Virgilius in laudem Homeri.* (B. II 173. M. 254), quod n. 788 ex aliis libris edidi: u. 1—4.

4. *'Ouidius.'* Ipse licet uenias Musis comitatus, Homere, Si nihil attuleris, ibis, Homere, foras.

*5. *Alexandreis*; tetrastichon ex Gualteri de Castellione Alexandreide: *Arbitror augmentum* sqq.

6. *Pius pater summus in laudem Homeri. Argumenta, locos, uersus totumque poema*[32]) sqq. (B. II 181. M. 857); quos Pii II uersus Burmannus sagacitate incredibili pro antiquis uenditauit.

7. *Idem Pius in laudem eiusdem. Viuet Maeonides* sqq. decem disticha.

8. *Carmen Galiēi imperatoris* (B. III 258. M. 232) ex Trebell. Poll. Gallien. c. 11 sumptum, quod auctius ex Bineti codice edidi no. 711.

9. *Iulii Caesaris. Thrax puer* sqq. c. 709.

10. *Caesaris de Cesto formoso* (= Martial. VIII 46).

11. *Nota. Est orare ducum species uiolenta iubendi Et quasi nudato supplicat ense potens* (B. V 206. M. 1135). Extat etiam cod. Valentiano 178 saec. XII fol. 145 inter alios medii aeui uersiculos.

12. *Ridiculum de uetulis* (= Martial. I 19).

13. *De promotis ad dignitates. Optimus esse soles, te fecit honor meliorem; Aestimo, quod fies de meliore bonus* (B. V 210. M. 1139).

14. *De inconstanti muliere:* Propertius II 9, 1—4. 19—20.

15. *Epitaphium Iugurtae. Fratris caede madens, Numidarum rector iniquus, Hostis item Romae pulsus ab arce ruit* (B. II 22. M. 728). Aliud epigramma in Sallustii cod. Leidensi 403 a. 1438 scripto extat: *Qui cupis ignotum Iugurte noscere lethum, Tarpere* (l. *Tar-*

---

[32]) Cum Meyero confero: 3 *sumpsit Ulissis* 4 *Cartagoque* 6 *laeto* 8 *laeto* 9 *Drances* 11 *quicquam* 12 *Quatuor—Paridas.* 'f. *pandas*' in mg. Heinsius.

peiae) montis pulsus ad ima ruit. Versu 2 poetarum alter alterum imitatus est.

16. *Virgilius in laudem Caesaris. Caesar tantus eras quantus et orbis* sqq. (B. II 153. M. 828). Hi primi quattuor uersus carminis in obitum Henrici III imperatoris (mortui a.1056) scripti sunt! cf. Wattenbachius Anzeiger f. kunde der deutschen vorzeit 1867 p. 4 et supra p. XLI.

17. *Epitaphium Senecae:* c. 667.

18. *Epitaphium Ouidii* = Ou. Trist. III 3, 43—76.

19. *Epitaphium parentum Pii Papae: Siluius hic iaceo, coniux Victoria mecum, Filius hoc clausit marmore Papa Pius.*

20. *Pius ad poetam: Discite* (ex *Desine* ab ipso Heinsio correctum) *pro numeris nummos sperare, poetae: Mutare est animus carmina, non emere* (B. V 211. M. 1140); cf. quae dixi ad n. 6.

21. *Adriani Augusti de forti milite* (B. II 118. M. 209): c. 660.

22. *Hectoris Troiani uirorum strenuissimi tumulus* (B. I 102. M. 241): edidi n. 631.

23. *Aliud eiusdem;* hexameter leoninus: *Troum protector Danaum metus hic iacet Hector.*

24. *Epitaphium Achillis;* edidi no. 630 (B. I 98 M. 1614).

25. *Aliud eiusdem: Hectoris Aeacides domitor clam incautus inermis Occubui, Paridis traiectus arundine plantas* (B. I 97. M. 638).

26. *Epitaphium Alexandri. Sufficit huic tumulus, cui non suffecerat orbis. Cui nimis angusta* (adde *est*) *res, fuit ampla nimis* (B. II 15. M. 702). Extat et in Horatii cod. Leid. 353 saec. XV, ubi u. 2 sic: *Res breuis ampla fuit, cui fuit ampla breuis.*

27. *Epitaphium Antenoris. Hic iacet Antenor Patauinae conditor urbis, Proditor ipse fuit quique sequentur eum.* In Antenore commemorando multi erant medio aeuo Itali, cf. 693. 694 M.

28. *Ouidii:* uersus de Vergilio quos n. 1 edidi, praeter praefationem.

29. *Sulpicius Carthaginiensis. Iusserat haec rapidis aboleri carmina flammis* (B. II 174. M. 222), hexastichon ex Donati uita Vergilii descriptum.

* 30. (B. II 196. M. 837)
Diruta quae flammis olim Maro Pergama dixit,
  Iam flammis[33]) *moriens iussit et igne dari.*
Non tulit Augustus rapuitque ex ignibus ignes
  Et tristi e busto tot sacra busta tulit.[34])
Quae uestra, o Teucri, Vulcanum iniuria laesit?
Neptunus certe dignior ultor erat,

Hexastichon ad praecedentis carminis u. 5 et 6 (*Infelix gemino cecidit prope Pergamos igni Et paene est alio Troia cremata rogo*), quae quidem proprium carmen efficere puto quaeque Probus in uita Vergilii reliquis non subnectit, similitudinem effictum uidetur.

31. *Pastor arator* sqq. c. 872 (B. II 213. M. 249).

32. *De grege pasto, rure sato, duce nempe subacto*
  Nec lac nec segetes nec spolia ulla tuli!

(B. II 204. M. 866). Et hoc ut 31 (cf. ib.) in cod. Gothano extat.

33. *Aliud. Pascua rusque canens peragraram, bella sequebar,*
  Nondum finieram Virgilius: perii.

34. *Aliud. Siluas rura acies cecini. mihi Mantua mater,*
  Nomen Virgilius, Parthenope tumulus.

(B. II 205 sq. M. 867 sq.). 31—34 disticha ex certamine poetico orta puto ut c. 507—518; cf. ad 34 inprimis c. 511.

35—39. Vergilii epitaphium notissimum (M. 98); anthol. n. 256. 257. 261. 263.

* 40. *Laus Virgilii. Alter Homerus ero uel eodem maior Homero, Tot clades numero* (*mumero* cod.) *dicere si potero* (B. II 179. M. 855); medii aeui distichon leoninum, quadruplici consonandi artificio notabile.

41. *Basilii*, 42. '*Caesaris*', 43. '*Ouidii*' de Vergilio carmina, quae edidi n. 634; 672; 1, 1—10.

[33]) flammis *Heins.* flammas *cod.* iusserat ipse *Burm.*
[34]) tulit *cod.* ducum *Burm.*

43. *Atimeti et Homonoeae* epitaphium (B. IV 142.
M. 1274), in Gothano quoque ad n. 31 memorato obuium.
44. *Pius papa contra podagram: Si sacer est sanguis Christi de corpore fusus* sqq. tetrastichon.
45. *In laudem Salustii* (= Martial. XIV 191).
46. *De indigna sepultura quae est epita͜ Licini tonsoris Octauiani:* c. 474 (1 *paruo* 2 *nullo*).
47. *Vacca de cauda per congelationem amissa* (B. V 179. M. 1109):
Cum superest, nihil est nihiloque minus, quod habemus;
  Cedat: et est magnum, quod fuit ante nihil.
Nil mea cauda fuit, mihi dum coniuncta maneret;
  Maxima sed, postquam desiit esse, fuit.
48. *Epitaphium uaccae ex muscis morientis quod cauda caruit* (B. V 180. M. 1110):
Quae dum stulta fuit, doctos docuisse probatur,
  Haec postquam sapuit, uermibus esca datur.

Cum c. 48 syllabis et in mediis et in ultimis uersibus consonantibus medio aeuo posteriori tribuatur, similitudo argumenti ab antiquitate prorsus abhorrentis etiam praecedens huc collocat.
49. *Fides ficta* (B. V 207. M. 1136):
Qui se multorum fidei committere curat,
  Auguror hunc leuiter posse carere fide.
Menstrua quaeque fides faciem cum tempore mutat,
. . . .
50. *Indigna promotio asinorum* (B. V 208. M. 1137):
Regna licet teneat sceptrumque leonis asellus
  Iuraque det populo, semper asellus erit.
Asperior tamen est, in sede leonis asellus
  Si positus fuerit, quam fuit ipse leo.
51. *Indigni mores huius saeculi* (B. V 209. M. 1138):
Fit de nocte dies, tenebrae de luce serena,
  De stulto sapiens, de sapiente nihil,
Fit Cato mentis hebes, linguam facundus Ulysses
  Perdidit: instabiles nunc habet aura (*aula* Heins.) *uices.*

Catonem pro summae sagacitatis exemplo adhiberi medii aeui est, quod Dionysii Catonis distichis deditum erat; antiquis Censorius Cato seueritate et simplicitate, Vticensis animi fortitudine incluti erant.

52. Epitaphia Ciceronis, quae edidi n. 603 et 614, et aliud, quod etiam in Mediceo 76, 20. (n. 784).

Horum igitur omnium carminum apertum est nullum praeter ea quae in aliis codicibus anthologiae inseruientibus inuenimus praeterque maiorum poetarum fragmenta tunc notissimorum ullum antiquitatis uestigium prae se ferre. Quae omnia cum uel in nullis codicibus uel in eis qui saeculum XV non excedunt extent, ea quoque quae nullis externis indiciis, uelut leoninis uersibus uel Pii Papae commemoratione, ad posterius aeuum referunt, antiquitati abiudicare ausus sum, cui nulla re alia nisi Burmanni licentia obtrusa fuerant.

Reliqua iam recentioris aetatis carmina a Meyero originis partim non inscio admissa quam breuissime enumeremus. 112 Antonii Telesii siue Thylesii poetae Consentini est qui uixit saeculo XV (= B. I 135), cf. Meyer. ad h. c. — 114 et 115 odas 'Horatianas' saeculo proximo confictas et a. 1760 publice editas uerbo tetigisse sufficit. — 190 (= B. VI 94) non est Turni, sed Balzacii poetae Gallici saeculo XVII uiuentis, id quod aperte constat e Balzacii editione a Menagio Parisiis a. 1665 duobus grandibus tomis curata, ubi tom. II p. 38 libro carminum tertio sub titulo 'Ficta pro antiquis'[34]) et altero illo 'Indignatio in poetas Neronianorum temporum ad nobilissimum Sammauranum Montauserii Marchionem — majoris operis fragmentum' carmen 72 uersuum extat, cuius u. 13 — 42 nostrum poema *(Ergo famem miseram aut epulis infusa uenena* sqq. cf. I. p. XV.) efficiunt. Haec me edocuit Baehrius u. cl. oblata Eggeri Parisiensis ad se epistula cf. etiam L. Muellerus mus. rh. XXV 436 sqq. — Quod cum ita sit,

---

[34]) Quamquam tom. I p. 612 de eo ita dicit: *Le fragment, qui est après l'épigramme* (239), *a esté tiré d'un parchemin pourri en plusieurs endroits et à demy mangé de vieillesse!* 'après': i. e. post 239 in magno litterarum munere amico cuidam misso.

neque c. 1073 (B. V 135) '*Spemque metumque inter, rebus male natus agendis*', inscriptionis c. 877 a Mazocchio primum editae neque ipsius antiquae paraphrasim, a Balzacio dissert. XXVII ad Sarasinum luci donatam; ab alio atque ipso Balzacio profectum esse credo. — 580 Leonardi Arretini est; cf. Meyer. h. l. — 670 (B. I 149): *Quos habet unus amor, quos perdidit ensis et unus, Vna habet extinctos marmoris urna duos*' sqq. inter carmina Porcelii Itali saec. XV poetae extare Burmannus ostendit; qui cum idem carmen etiam in codice Huydecoperiano 'quo Epigrammata nonnulla antiqua et recentiora continebantur' legi doceat, eiusdem poetae aliorumue eius aeui ea quoque carmina quae ex hoc codice n. 856 — 863 edidi, quaeque neque ad antiquum neque ad recens aeuum sine dubitatione referri possunt, credi possint. Ceterum cum *urnam* Pyrami et Thisbes hoc carmine Porcelius celebret, obiter reliquas urnarum epigraphas apud Meyerum extantes hic componam: sunt enim Antenoris c. 694, Atestes 645 et 693, Pallantis 690, Stesichori 708, Scipionis 724, Hasdrubalis 726, Statii 842, Germanici (a Michaele Marullo scripta) 758, Vespasiani et Titi 770, pleraeque ne habitae quidem pro antiquis ab eis qui primi ediderunt. — 710 '*Romulus adgreditur regnum*' sqq. Cuspinianus qui ad Cassiodor. fast. p. 68 primus edidit, 'Monastica cuiusdam nostratis poetae' appellat (Germani igitur alicuius sunt); idem ibid. p. 60 carmen 1561 '*Primus in Italia Ianus*' sqq. affert, quod 'Quidam nostrae aetatis insignis poeta' condiderit. Vtrumque Burmanni oscitantia recepit. — Deinde disputandum est de quibusdam epigrammatis n a r r a t i o n e s i o c o s u e apud antiquos scriptores occurrentes in uersus redigentibus, quae ideo hic componere in animo est, ut unusquisque quantillum fidei antiquitati eorum sit iudicare possit. Carmen II 128 B. 63 M. '*Vigilantem habemus consulem Caninium, Qui consulatu somnum non uidit suo*' ad Macrobii exemplar II 3, 6, eadem uerba nisi quod *suo* post *consulatu* ponit exhibentis, a Scaligero p. 218

d*

(qui *Qui* omittit) factum est. — C. 789 M. II 78 B.
'*Ternos uetusti congios Falerni ... Exinde plebs Quiritium uocauit Non Claudium Tiberium Neronem, Sed Caldium Biberium Meronem*', quod Suetonium Tiber. 42 '*propter nimiam uini auiditatem pro Tiberio Biberius, pro Claudio Caldius, pro Nerone Mero uocabatur*' imitatur, Bonciarius Epistt. p. 301 sq. primus 'e codice epigrammatum Latinorum inuento in monasterio quodam Aruernorum' et Burmannus patruus ad Suet. l. c. 'ex schedis Mss. Goldasti' ediderunt; recens esse omnes consentiunt. — Sic et c. III 217 B. 987 M. '*Formosissima, Lai, feminarum, Dum noctis pretium tuae requiro, Magnum continuo petis talentum. Tanti non emo, Lai, poenitere*' ad imitationem Macrobii II 2, 11 factum est; quod cum Binetus qui primus edidit Martialis nomine in codice insignitum dicat, Mart. et Macr. breuiatis formis inter se confudisse uidetur (edidi n. 892).

E Graeco in Latinum sermonem antiquo iam aeuo epigrammata uertebantur, cuius rei exempla et alia et in scriptoribus hist. Aug. extant; ita Germanicus Caesar 708 et 709 e Graecis uertit etiamnunc extantibus, Apuleius c. 712 e uersibus Menandri perditis, Ausonius c. 647 ex Hesiodo. C. 490 Tiberiani, saltem quoad sententias, e Platone translatum dicitur. Valde autem dubito, num Antipatri illud anth. gr. VII 15

Οὔνομά μευ Σαπφώ· τόσσον δ'ὑπέρεσχον ἀοιδᾶν
θηλειᾶν, ἀνδρῶν ὅσσον ὁ Μαιονίδας

antiquo iam aeuo in illud quod habemus 709 M II 210 B. conuersum sit:

Tantum ego carminibus superaui Sappho puellas,
Maeonides quantum uicerat ante uiros

quamuis Pergami latine extare codex Moroni teste Burmanno doceat; ego potius a Cyriaco Pergami Graece inuentum et sine fraude in Latinum conuersum puto. Sed meum non est, de inscriptionibus disserere. Quare breuiter moneo, c. 582 ex inscriptione apud Appian. bell. ciu. I 97 conuersum primum apud Apianum inscrr.

p. 193 editum esse. — 1077 (= Hesiod. ἔργ. κ. ἡμ. 289 sqq.) a Guarino Veronensi Latinum factum est, cf. Bandinii catalogum II p. 306 de cod. Medic. 39, 9 saec. XV. Primus ed. Duebnerus e cod. Gothano saec. XV in ann. philol. VIII (1828) p. 309. — In c. 909 (707 M.) haesito, utrum Pithoeus an alius quis recentiorum Latina apposuerit. — c. 871 ex Appiano, cuius nomen in alio codice Gothano anni 1495 additum est, conformatum esse uidetur, cf. ad h. c. — c. 1545 M. (B. I 22) ex Meleagri ep. 113 uersum primus edidit Binetus. Hanc quoque uersionem recentem puto; nullo saltem codice confirmatur, uideturque ex eis unum esse carmen quae Binetus 'in Italia conquisiuit.' — C. 1551 M. recentissimo tempore, post primas demum Apuleii editiones, ex Orpheo apud Apul. de mundo 37 conuersum est. — Denique carmina ea, quorum recentes scriptores Meyerus ipse indicat, haec sunt: 1537 — 1543. 1546. 1547. 1566. 1567. 1568. 1569. 1576. 1580. 1581. 1582. 1593. 1594. 1599. 1604. 1606. Sed et 1595 et prosarium illud 1605 (etiam 1574 prosa oratione constat!) recentia esse quiuis primo obtutu animaduertit.

In fine huius capitis inscriptiones et antiquae quae sunt et quae non antiquae, genuinas et spurias enumerabo, quae in Meyeri sylloga extant et alteri uolumini operisque socio relinquendae sunt. Numeris Meyerianis nomino: 1. 2. 3. 4. 8. 13. 189. 193. 278. 563. 572. 578. 579. 582. 589. 591. 592. 593. 594. 595. 597. 600. 601. 602. 604. 607. 608. 609. 610. 622. 623. 624. 625. 628? 629. 645. 679. 690. 693. 694. 708. 709. 723. 724. 725. 726. 758. 761. 770. 812 — 819. 822 — 827. 829 — 832. 841. 842. 847. 848. 864. 881. 882 — 884. 886 — 890. 898. 930. 934. 936. 1002. 1008. 1016 — 1019. 1071. 1145 — 1536 (praeter 1163, 1173, 1225, 1318, quae sub numeris 712, 683, 684, 722 edidi). 1543. 1548. 1549. 1550. 1555 — 1560. 1562. 1563. 1570 — 1576. 1577 — 1580. 1582 — 1593. 1596 — 1604. 1606. 1615. 1695. 1702. 1703. 1704. — In meo primo uolumine eae tantum inscriptiones, quas aut codex Salmasianus exhibet aut ego in aliis libris inueni propterque conexum cum ceteris eorum carminibus praeterire non potui, receptae sunt; quas in indice enumerabo.

ADDENDA ET CORRIGENDA.

Ad Fasciculum I

p. IX. Hagenus ann. philol. 1869. p. 730 etiam Cic. ad Att. I 16, 18 in certamen uocat, recte ni fallor.

p. X. sq. De alio Ouidio, quod idem proponit, cogitari non licet, cum poetam illum pro uero Ouidio Sulmonensi se haberi cupere iam carminis 1 praefatio doceat, praecipue u. 1 — 2. Cupiuit autem id uaniloquentia ductus, quia Ouidius summus erat illorum poetarum, qui post Vergilium florebant.

p. XI. cf. nunc ad c. 4 Mommsenus et Hauptius Herm. t. IV p. 350 sqq.

p. XIV. In Cluniacensi monasterio librum A non fuisse Gasto Boissier in censura libri mei (revue crit. 1869 p. 201) paene certum effecit, qui ad catalogum eius bibliothecae inter annos 1158 et 1161 conscriptum, quem Delislius (Cabinet des mss. de la bibl. imp. t. II) editurus sit, libri A mentionem nullam habentem refert.

p. XV. Salmasium emendationes suas adscripsisse libro A, antequam Scriuerius hunc uiderit, testatur Scriuerii nota ad III 111 Burm. (c. 250, 1) 'Ms. officia; et emendatum offucias': hoc enim Salmasius emendauit.

p. XVII dele uerba 'et Philibertus de la Mare et,' et scribe 'consiliarius'. Ipsum circiter annum 1756 codex A Parisios uenit, cf. Boissier l. c. Delislius l. c. I p. 426.

p. XVIII sqq. Salmasii codex a. 1869 denuo a

me inspectus addenda haec praebuit: p. 196 illa Apici *sqq. m. pr. addita sunt; p. 228 numerum XII in margine hodie abscisso olim extitisse putandum est; p. 262 sqq. manus quaedam saeculi fortasse XI uel XII rubro colore multa adleuit (foliorum ibi excisorum uestigia nulla inueni); quo fere tempore quae epigrammatis adscripta sint, denuo inuestigaui:* dur˙ *super* spretis *scriptum p. 49 (c. 21, 44); fortasse* iura *super* pia *p. 105 (c. 199, 22);* h̄ populis *in mg., ad 'propria'* h̄ *addito, p. 179 (c. 354, 5); illud autem* cypris eas *p. 182 (c. 364, 4) in mg. A positum recenti potius aeuo additum est. — p. XXI: ad Senecae c. 232 (p. 121) rubro adscriptumst* XXI; *quod olim me fugisse doleo. Quare (cf. p. XXII) p. 134 liber XXII, p. 141 l. XXIII, p. 156 l. XXIV incipere putandus est. Ex illa autem re, quam p. XXII ex. memoraui, sequitur, libros XX et XXI partes unius maioris syllogae fuisse: quorum prior Coronato, Luxorii qui fortasse syllogam* A *instituit (p. XX) amico, sacratus erat. Etiam ad c. 22 (p. 81) numerus rubro adscriptus erat, sed erasus est, ut una tantum lineola appareat: itaque p. XXI adn. 12 recte suspicatus sum. — Litterae initiales librorum XVII (p. 108), XX (p. 118), XXII (p. 134), XXIII u. 18 (p. 142), XXIV (p. 156) uariis coloribus pictae sunt: non igitur singuli libri, sed librorum syllogae ita distinguuntur.*

p. XXX sq. Obelus *quem dixi nunc mihi uisus est recenti manu factus esse ubique; quare de eo nil olim disputatum uellem.* Chresimon *uero ubique a manu prima adpositum (de uno loco c. 353, 7 dubito) — quod etiam in Parisino 7496 saec. IX ad c. 486, 59 et in Turicensi 78 saec. IX—X ad c. 683, 19 et 684, 7 postea inueni, quorum uersuum posterior nullo modo ibi corruptus est — ex antiqua illa Suetonio memorata nota ortum etiamnunc puto, quamquam quid sentiam (χ et* ρ *litteras olim* ⤬ *deinde* ℞, *nunc* ℞ *compositas esse) demonstrare typothetae non reddant facile. ceterum cf. Hagen l. c. p. 735.*

ADDENDA ET CORRIGENDA

p. XXXVII moysi *recte legi Hagenus ostendit cl.* euang. Luc. *9, 33.*
p. XL fin. 'Omisi — dicam' *dele.*

c. 1 *praef.* 8 *lege* 'cämine E.' 1, IV, 9 *fol. 39 r. in* E *incipit.* 1, VII, 10 *libri* E *uersum in contextu ponere debui; emenda* gentes sociae; flat bella iuuentus. *cf. c. 653, 48.* 1, VIII, 5 patria prof. *Muellerus.* 1, VI, 4 *fol. 39 u.* E. —
2, 4 continent *b* nsra *E.* munere nostro *Muell.* 5 modulatur *E recte.* 8 sonos] melos *E recte. ad* 8 *cf. Aeneidis initii u.* 1. — 2.
3, 4 scenam cum euripo *Meyerus.* 4, 63 Ambieras *et* caedere *Buech.* 77 Attis *id.* 84 Soluere decreuit si pacta, foedera, leges *conicio* 107 Attis *Buech.*
5, 2 Quae cuncta generas et regeneras in dies *Buech. recte.* 3 Quae *id.* tuam] fidem *id.* 4 arbitra harumque omnium *id.* 6 reparas *cum B utique scribendum.* 27 Et hanc, *om.* ferre, *Buech.* 28 Veni, ueni *id.* 32 hoc *om. id.*
6, 7 Venite, adeste *Buech.* 14 *num* fecero ex uobis? 18 agam gratias *puto.*

Post 6 *inserendum est carmen acrostichon et telestichon* 6 a *ex euangeliorum codice saec. VI — VII uncialibus litteris a Scoto monacho scripto, in bibl. Maihingensi principum de Oettingen-Wallerstein seruato, fol. ult., unde ed. Wattenbachius anz. f. d. kunde d. deutsch. vorzeit* 1869 *p.* 292:

> Lux mundi laeta, deus, haec tibi celeri cursV,
> Alme potens, scribsi soli famulatus et unI,
> Vt te, uita, fruar teque casto inueniam cultV
> Rectaque per te ad te ducente te gradiar uiA.
> 5 Excelse cernis deus, quae me plurima cingunT
> Nota et ignota tuis male nata zezania satiS.
> Tu sed mihi certa salus spesque unica uitaE.
> Inmeritum licet lucis facias adtingere limeN.
> Verba nam tua ualida imis me tollunt AuernI;
> 10 Sola haec misero mihi te, uitam, dabunt seruulO.

Corrigere quidquam in carmine ultimam saec. VI (VII.?) rei metricae barbariem, uelut c. 481, *prae se ferente nolui.*

p. 21 Epigrammata *addendum erat: hoc enim titulo Salmasiani syllogam fuisse inscriptam ex adn.* p. 144. 246 *elucet*; *cf. etiam p.* 208.

c. 17, 48. Hoc *delendum puto. ib.* 311 *lege* 'Manes.'

c. 26 *in Vossiano q.* 33 *saec. X fol.* 133 *u. sine inscr. extat*: 1 respondi 2 dm̅ exoro — aruaque uiso 4 Inde 5 Tunc — palestra 6 ac foenore libens 7 cano ludo lauo caeno 8. 9 *desunt. Libri Br fons esse uidetur.* Auieni ū. c̃. adamuscos alegro *inscr. cod. Regin.* 1360 *saec. IX teste Arcualo ad Sedul. praef. p.* 74. *Sed cod. Leidensis* 348 *a.* 1470 *scriptus* Horatio *tribuit.*

c. 84: *in marg.* XIII *nigro colore sed a m. pr. additum est.*

88, 8 'Vrania' *num retinendum?*

92, 1 adque *retinendum.* occasu *A* (occassu *typotheta*).

124, 2 et . . maris *iam Meyerus.*

148, 5 solet quis scrupea *legendum?* carruchia Buech.

151, 2 acim *sic A, recte.*

In c. 160 *ut in* 256. 257 *Parisinus* 8093 *saeculo XI — XII tribuendus est; habet u.* 1 — 4. — 4: Sibilat hic moriens, hic gemit iste fremit *Paris.* 2773 *saec. XI, u.* 3 — 4 *continens.* — 6 serpes pene *Rehdigeranus.*

Codex Lipsiensis saec. X (cf. p. LXIII) haec carmina: 160, 3; 2. 31, 2 (Qui et ille). 39. 97 (dyra, *rell. ut A).* 674 (Ad puellam quam in somnis uiderat. 2 Dulcis 4 Somne] Me). 23 (Ad pictorem. 3 syrica 5 deest). 276. *Versus quos ad c.* 641 *dedi* (Turpe — mutilum — caput; *cum inscr.* De tinioso). 256. 259 (Abietine). 256 (2 habes). 257 (1 V. e. composui; *rell. ut C) continet, multis Martialis inmixtis, inter quae hoc est:*

Ad eum cum quo cenabat (*cf. Mart. I* 20)
Boletos solus sumens atque ostrea uoras:
Boletum, qualem Claudius edit, edas.

186 — 188 *continet cod. Berolinensis Santen. ms. Diez. B. 66 saec. IX, cuius lectiones sat corruptas ed. L. Muell. mus. rh. XXV 455.*

198, 57 coniunx] cons̄, *in mg. a m. pr ĩun, A*
199, 82 *lege* Berecyntia. 84 Oedippi *(tamquam ab* Ἵππος *deriuetur) ponendum.*
217 *inscr.* amanti] amatae? *cf. u. 20 sqq.*
218, 2: *cf.* 715, 4.
221 *in cod. Gothano IV* 1047 *saec. XV extat*: Cupidinis. 1 feruet N. 2 alchidae, bachum. 3 *deest.*
232: *adde in mg.* XXI.
235, 5. 6 *lege* uirecta.
240, 15 uincatur *emendandum.*
256 *sq. cf. ad* 160.   256, 2 Commune *Donat. uulg.* 256 *in Bern. 626 s.* XI *est.* 258, 1 bacci *etiam* C. 261, 1 tegitur *etiam Phoca.*

268 *(quod in Vindobonensi 257 saec. XV extat) post Bourdelotum in duo epigrammata Buechelerus Q. Ciceron. p. 20 recte diuidit: qui Bosiani codicis carmen Ciceroni adscribentis testem falso perhibet Binetum, cum Vinetus fuerit.*

c. 286. *Symphosii codices*[35]) *anno* 1869 *contuli Parisinos* 5596 *saec. IX (F),* 8055 *(G) et* 8440 *(H) saec. X,* 8319 *(I) et* 2773 *(K) et* 8088 *(L) saec. XI. Ex his KL ad recensionem priorem, quam B dixi, FGHI ad alteram siue ad D pertinent. In sequenti enumeratione cum suae quemque librum recensionis restitutione mea ita conferam, ut grauiora tantum exhibeam, reliquis omissis.*

I Libri recensionis D.

1 — 17 *om. FI.* Incpnt enigm̄ Symphos̄ H; *post* 17 *habet G* 4 nobis semper *G* 12 diuersa *G* 18

---

[35]) *Romae codices extare saeculi noni Palatinos* 1746 *et* 1719 *Wilmannsius docuit mus. rh.* 1868 *p* 403.

utrumque *F* et m. *GHI* diuersa et munera *H* 20
Adte pars *F* 21 — 23 *om*. *F* 21 D. a. dĩ, semper
uicina profundis *GI*. 23 magistri *H* 25 grauatuīn *I*
27 multas *FI* 28 domus *FH* recludo *FH* sed cludo
I 31 Vincor *et* uinco *F* 32 Sed *FH* 33 uiris *F* 34
De terra nascor *I* semper in imo *GH*] semper in alto
FI 36 sunt *alterum om*. *F* 43 medias—auras] longa
delapsa ruina *repetit G* 44 excipit *I* quia me *F* 46
connixa, *corr*. m. 2, *I* XII *ante* XI *GI*; *utrumque om*.
F. Fluminei pisces *I* 54 formonsa *F* formonsę *I* 58
iam *om*. *F* 59 Iamque *F* me adhuc *(om*. natum*) F*
XV *om*. *F* 62 .īnea *I* XVII *ante* XVI *FGI*. 63 ne
quid *F* 65 tamen *om*. *F* ipsas profici *F* 67 licicia
ale *F* XVIII — XLIV *om*. *F* 72 Rauce sonans *GI* 73
quasi] qua *G* quaṣ *I* 76 seūo *H* (duro m. 2) predita
GH prǫdita *I* 79 ipsa *H* 80 uidebat, *sed corr*., *I*
81 labore *I* XXIIII Gurgulio *GI* 92 romae *GI* troiae
H XXVI Gruis *H* 97 Vtraque *GHI* conplexa *I* 101
sedeo *GI* (redeo *H*) XXX Pediculi *G* Peducleus *H* Pe-
duculus *I* 106 sed tu *I* 107 Et si quid non capies
I XXXI Fenix *HI* Fornix *G* 110 solos *GHI* mares
GI 112 *om*. *H* cilicus *IG* sed non sum *GI* 116 mul-
taque cum *GHI* 122 pecorum *GI* 123 fecundo *I*
126 patris matris *H* 130 quae sum *I* 131 maritum
GHI 134 quia me *I* 137 dormito *I* 141 latina *GI*
142: *GI* cum *B* congruunt, quod abhinc saepe fit.
143 terris *GI* unguor *HI* oliua *GI* 144 *GI* = *rec*. *B*.
Cepe *I*. 149 quia *GHI* ullas *I* 150 Purpora *FI*
robore *F*; *GHI* = *rec*. *B*. 152 sponsym *F* si possem
H XLVI *om*. *F* 154 e *HI* sim *GI* Thus *FG* 156 me-
dius *et* meror in ignis *F* 157 Et *GI* 158 *GI* = *rec*.
B (negauit *I*). XLVIII — LI *om*. *F* Murra *I* Sucinum
myrrae *G* 161 odor *I* frondi *H* 166 *GI* = *rec*. *B*.
Sed calibis seu dura sū precisa metallo *H*. LI *om*.
solus *H*. 170 desinet *I* m. p. *G* LIII *ante*. LII *GI*.
173 Et nunc *GHI*. Inde ab LIII *F omnia omittit prae-*

ter LVIII, LXXXIII, XCIX. Hamus *G.* 177 *GI* = *rec.*
B. ferronis *pro* mucronis *H* 184 Sed) Aď *I* LVII Galigarius (clauis *add. m. 2) I.* Clauis caligarius *G* LVIII
Capilli *H* 191 mallo *F.* LIX Pila uel turbo *H* 192
compta capillis *GHI.* 193 mihi crines, *sed corr. m.
pr., I* 195 sum *GI* 196 sobolem *I* LXI *hic om. H.*
Anchora *GI* 204 inhesit *I* 207 sunt mihi, *corr. m.
pr., I* quos unus *GI* 210 Septa *GI* pennis *I* 212
descendens *et* reuertar *H* LXVI *om. I* LXVII Laterna *G*
223 coruscis *I* 224 nisi si quod *GI* nisi quod *H* LXX
Clepsedrus *GI* Clapsedra *H* 229 riuis *GI* 230 Est
labor *H* Elabor *I* LXXIII Vtrus *H* Vtris *G qui u.*
234 *desinit.* 235 recedat *I* 236 *I* = *rec. B* Nunc
mihi *H, fidissimus rec. D assecla.* LXXV. LXXIV *I.*
237 s hospes *I* 238 adfines *sed corr. I* 239 quoque
om. H. Calix *H* 240 refugi *I* 242 de nimphis *HI*
medios *et* in *H* ab undis *I* 249 scandimus *I* LXXIX
Scopae *H* 253 iuncta *H.* Tintinabulum *H.* 255 *I* =
rec. B 257 *I* = *rec. B (nisi quod* longe *cum A habet
et* sed *om.)* LXXXI *om. H* Lacuna *I.* 258 est) sed
I 259 que *om. I* redemita *et* cauata *I* 260 *I* = *rec. B*
(misera *et* me] ante). Conditum *inscr. om. H* 261
qui] quo *H.* in acetum *om. H* uersum *F* Vinum amarum *H.* — *I inscr.* = *rec. D, sed a m. sec.* 264 actum
F 266 *ante* 265 *FH.* LXXXIIII (*in I ante LXXXII*)
267 Nomen habens grecum *I* 268 *om. I* 269 = *rec.
D, deinde* = *rec. B* (dum *et* peregit) *in I* 275 mihi *I*
quoque] q.; *H* pondus in illo (est *add. I) HI.* 278
corpora *I* 279: Stribilis *I* aerea *H* 282 sedes *H, olim
in I* 290 *sq. iam post* 281 *in I.* 285 *I* = *rec. B* 287
H = *rec. B* 288 primum *et* duris *I* 296 *ante* 292
in I. peperit *I* Mulier cum geminis *H.* 294 seuus *I*
294: tenet *I, ubi* 294 *sq. in mg. additi.* 299 Qui
id q̃habet *I* para~ *I* Funabulum *I* 300 luciferum
I 301 doctus *I* De VIII tollas VII et remanet VI *I*
De VIII ůt tollas VII et sex remaneut *H* 303 credes *I*

304 tenens *I* 306 latentis *I* 307 huius mihi munera *I* 313 uarios *I* 314 uidit. *F* claudit *ex* claudet *I* C: Sepulchrum *H* 315 relinquor *I* remanens *H* 317 uitae] mortis *I*. *Hic H addit* LXI *sine titulo* (198 uno). Finit enigmata simphosii *I*, om. *H*. *In F duo Aldhelmi aenigmata tetrasticha addita sunt* (Ventus *et* Pauo), *deinde:* Explicit enigma symphosi. —

II. *Libri recensionis B.*

(*Librum L cum non accurate contulerim, nil e silentio meo effici licet*)

Incipit praefatio enigmatis simphosii *K* 1. 2 *om. K* u. 9 — 131 *folio exciso in K desunt. Aenigmata* 1, 4, 5, 7, 8, 10 — 18, 25 *extant in L, deest prologus.* 19 utrimque *L* diuerso munere *L* 27 magnas ////////// offero parua *L* 28 sic claudo *L* 58 iam] tunc *L* 71 conchilium *L* 92 rome *L.* — *K u.* 132 *sqq.*: 144 rursus dependo tumescens XLVIII Myrra 166 calidis 169 non piger et alter 173 Et tunc LVI Gallica 192 copta capillis LXVII Laina LXVIII *deest* 224 nisi uel uiderit LXX Clipsidra 230 Et trador LXXII Hic tibus ligni 233 modico q. in ligno uehebat 236 Et mihi magna animae non nulla facultas 242 Infrigor lumphis 243 Magna m. d. moll. semper ab igni 244 Antesq. suco intus *sqq.* LXXVIII *hic deest.* 252 et *om.* 259 Auricula, *om.* que — redimita — cauato 260 misera — mea mater me dimisit LXXXIII V. uersum in acetum. 266 *ante* 265. 269 dum *om.* 275 totum pondusq; n. 88: Strigille. 295 Sedica — fato] medica 287 maesta *om.* 293 poena. n. 95: Fune ambulans. 96 *deest* 97: Echo 98: *iterum* Echo. 313 nulla dismine ueri 315 remansi 317 morti post] post oma; *deinde* n. 78: 251 Et simul. — Explicit enigmata symphosii. —

Iam et de Symphosii aenigmatis in Historia Apollonii Tyrii citatis, cum suas codicum eius narrationis collationes (e quibus libellum editurus sum) Tycho Mommsenus *liberaliter mecum communicauerit, multo accuratius quam antea iudicare licet. Ea aenigmata sunt: n.* 11, 13, 89, 63, 59, 69, 77, 78; *quorum lectiones ad contextum meum enotabo, praemisso A (Laurentianum* 66, 40 *saec. IX) omnium esse optimum, sed mutilum; B (Tegernseeense fragmentum saec. IX) secundae familiae esse decus,* β *(Oxoniensem saec. XI) eam peius iam repraesentare.* XI *om AB.* refultans β. tacitus *om.* β XIII *om. AB.* innumerum β relinquo β. LXXXIX *om. AB.* intro per ignes β. *pro u.* 283 *sq.*: Circum (cicum β) data (*lege* Circumdat) flammis hinc inde uallata nec uror; Nuda domus, nudus ibi (nudusque huc omnis *interpolati*) conuenit hospes β; *uersus quartus nullus est.* LXIII *om. A.* adhaesit *B*β. tota *om.* β. limpha β quae se non *B*β profudit β. LIX. compta comis *A* (*ut Salmasianus*), uicta comes *B*, cincta comis β. et non sum *A*β. compta *A*β, nudata *B* (*fortasse* et non sum nuda: *sane sententiae hoc aptissimum est*). enim *om. B* mihi crines *AB* uidit *A cum Salm.* manibus *A* manum *B* (mittunt manus β) rursumque manu remittunt (*om.* in auras) *B*. [Sphaera solutio est]. LXIX est secundum *om. B*β Fulgur *AB* choruscus *A cum Salm.* r. l. c.] diuini sideris instar *B* (cf. 389, 39), radiata luce coruscans diuini sideris instar β. nisi quid (quid *om. B*) uiderit *AB* nisi in se quod uiderit β. LXXVII *om. B*β. Et prope cum sint pariter, non se pertingere possunt *A*. LXXVIII. qui *B*β scandit *A* (tendimus *B*β). continet] conserit *A*; *sed hic uersus* Omnibus aequalis mansio, omnis unus conserit ordo *pro illo in B*β; *et sequens:* Quicumque alta (Alta quicumque *B*β) petunt, per nos comitantur ad auras *AB*β. *Nec hic quartus uersus ullus est. Apparet, discrepantiam illam duarum recensionum etiam in Apollonii Historiam translatam esse, dum librarii ipsa Symphosii exemplaria euoluerent; insunt autem, quae nos in Symphosio non inuenimus ideoque aut uestigia lectionum alioqui perditarum aut sane fallentis memoriae fetus iudicabimus. Sed illud memoratu dignum, Laurentianum cum Salmasiano interdum concinere, ubi omnes alii aliter habent.*

c. 327, 2 Inflatumque caput papulis *Doehnerus* emendauit in scriptione gratulatoria philologorum Lipsiensium ad G. Hermannum a. 1839 p. 9, cl. Verg. Georg. III 564.

352, 3 nota *et* 6 Quae demum *Buechelerus*
359, 9 turbae *Doehnerus*

c. 389. Addere debebam codicis Lipsiensis (Rep. I 74) saec. X lectiones ab Hauptio nunt. societ. Saxon 1850 p. 11 sqq. publicatas. Sunt autem hae: fol. 14 r. Versus in laude solis 1 potest — digarit [ligaret *recte* Haupt] 3 diffundit 4 Pulchrius sereno [aethereo *L. Mueller mus. rh. XXV* 454] 5 chaus — tum] hinc 7 Gurgite cum roseo 9 [rutiloque ubi *Heins.* rutila . . ab Oeta *Muell.*] fulgit 11 Haec — et semina [et saecla ferarum *Haupt.*] 12 *ut B.* [13 quot *ter Haupt.*] post 14: Dulcia mellifluae dum claudit munera uitae. Ast ubi iam Titan croceum conscendit in orbem, *rell. ordinat ut B.* 15 [*proprie* 17] tamen — clauserat [*sic*] 16 Mox siluae 17 et *deest* 18 fructus 20 hic] ac — aether [*probat Muell.*] 22 aequus — ab euro [auro *iam Haupt.*] 23 Dum pretio fulgens imitatur lumina foebi [*recte*] 24 Hic solus 25 Fas nimis est ireque iubet per florea rura [mireque iuuat *Haupt.*] 26 O mirum uirtutis opus 27 Nec non et in igne suo 30 Hic corpus hic uita regit hic uita resurgunt 29 Namque — fenix ustis 30 foebeo 31 Haec — post fata uigorem] ut nascatur ab igni 32 Nascit [*cf.* 731, 166] 33 surgit quae defecit 34 sedit — foebi 35 inmissum 37 uernanti 38 *deest* 40 diuidis 41 que *om.* 43 Sol labor et triuiae [Sol claror Triuiae *Haupt.*] — [numina *id.*] 44 lumine cursus 45 Soliperboreo [Sol Hyperionio *Burm.*] fulgit 46 repit, *sed corr.* — sol] cum — olimpum. *uersus ordinat ut B.* 47 gratus 48 seruit — leporem 49 que *om.* 50 Sol est] haec est 53 [cui uicino *Haupt.* cui sera nouo *Muell.*] 54 resplendit 56 unus] idem 57 lira? liba? [lyra blanda *Haupt.*] 58 decus [57 *sq. delet Haupt.*].

390 *sine inscr. in Vossiano q.* 69 *s. IX fol.* 19
extat. 1 q; 3 tecta loconũ 8 calibe 9 Lenconico (*sic*)
parit daudatur 10 iacinctus — eat *deest* 14 Prespicuãq;
rosã 15 dispettis 20 Prespicuã lincem 21 tygris 23
uitient — lausera 24 batrum 27 irundo 28 filomella
sonat 29 prespicua 30 pulchra 31 incestis 32 euceriã
Sequitur carmen de sancto Stephano.

392 *addendi sunt libri Vossianus q.* 33 *saec. X*
(*Vo*) fol. 133 *et Parisinus* 13026 *s. IX — X* (*P*) *fol.* 84:
sine inscr. 2 ypp (ipp *Vo*) olite *Vo P* theuthranta lio lonon
oepalon alce *P* lice *et* ebalon *Vo.* Ebalus *et* theutras
Vo ubique. 3 teutranta *P*. 4 teut̄hras *P* 5 aeros *Vo.
u.* 6. 5. 4 *Vo. Ante* 5 *extat in P* Aepidi teuthras puer
oebalus ilia theutras! 6 theutras *P* 7 Aepidi teuthras
dorascli donus *P* Epiclite theutras dorachi clonus *Vo* 8
teuthra *P* mesus *P Vo* cloñ *P* clonon *Vo* Epigramma
Adriani imperatoris de pugna amazonũ *Vindobonensis*
2521 (*olim* 281) *saec. XII fol.* 35 *r., quem Hartelius
mihi contulit. Lectiones nouelli codicis praetereo.* Verus
adriani impr *Paris.* 6630 *saec. XIII p.* 1.

c. 393 *idem P* (*post* 392) *et cod. bibl. publ. Leid.*
135 *p.* 127, *quem L. Muellero debeo,* ('*ualde uetusta
scriptura*') *sine inscr. continent.* 1 tyrsis *L ubique.* theaon
P ortis L orci *P* collo *P* 2 sabina *P* sabine *L* 3 suae
cognito *P* saconita *L* 4 tirsis *P* 5 teon et thirsis *P*
efebus *L* 6 teon *P* melodus *P* melod̄iis *L* 7 clauce *P*
almon *PL* nisa *L*] enna *P, priore* n *fere euanido.* theon
*P. — Non abs re duco, horum carm. imitationes medio
aeuo factas* (*cf. ad* 392) *hic addere:*

B. II 259. *M.* 870.

Occumbunt fixi iaculo mucrone sagitta
   Ora latus iugulum Scaeua Rufinus Atis.
Brutus Atim perimit, Milo Scaeuam, Cotta Rufinum,
   Graecus Atis, Medus Scaeua, Rufinus Arabs.
5 Iam uir Atis, sed Scaeua puer iuuenisque Rufinus,
   Dux Atis, armiger at Scaeua, Rufinus eques.
Scaeua nothus, generosus Atis, de plebe Rufinus,

Magnus eques, medius dux, famulusque minor.
Flauus Scaeua, niger Atis, inter utrumque Rufinus,
10 Blandus Atis, patiens Scaeua, Rufinus atrox.
Absque modo largus lasciuus parcus, amator
Laudis Atis, formae Scaeua, Rufinus opum.
Scaeua Rufinus Atis bonus arcu cestibus armis,
Voce Rufinus, Atis carmine, Scaeua lyra,
15 Scaeua pila cursuque Rufinus Atisque palaestra,
Ore Rufinus, Atis corpore, Scaeua coma.

B. M. —

Noctis ut horrentes rupit lux orta tenebras,
Surgit ab excelsa Tyrso Porus Otho Tolosa.
Tyrso canes parat atque capum Porus, Otho sagittas.
Aprum Tyrso Porusque gruem, ceruum necat Otho.
5 Vectus equo Tyrso, mula Porus; at pedes Otho.
Tyrso Tuscus erat, Gallus Porus, Otho Sicamber.
Crine niger Tyrso, Porus albus, flauus et Otho.
Otho Tyrso Porus iuuenis barbatus ephebus.
Nisae Tyrso placet, Megalae Porus, Otho Suaui.
10 Suaui ceruus, grus Megalae datur et fera Nisae.
Thrax Megale genus, Angla Suauis, Nisa Toringa.
Nisa lyram, Megale citharam gerit, organa Suauis.
Nisa ferit Megaleque trahit, tonat ore Suauis.
Nisa rosas, Megale uiolas olet† et thyma Suauis.
15 Nisam Tyrso, Porus Megalen rapit, Otho Suauim.
Et sic nocturnae redierunt omnibus horae.

c. 394. *C = Caroliruhensis Aug.* 167 *saec. IX,
Bedam continens et fol.* 13 *u. c.* 394 *et* 639 *permixta.*
V = Valentianus 330 *bis s. X fol.* 76 *sq.* LXVII
(*post* 639) Item uersus de eisdem mensibus *V,* om. *C.*
3 reduci *CV* 4 luctea *C* croceas herbas *g* (*glossema
saec. fort. XI in V*) 5 dulciae maiae *C* maie *V* exa-
gona *CV* certamina ꝉ ludos *g* 7 deuertit *CV* 8 aera
CV recte. 10 lucis, *corr. m.* 2, *V* 11 serpens *g*
14 Vnde *CV.* — *Idem V post* 394 *habet* 395: LXVIII.
Tetrastikon autenticum de singulis mensibus. *Nomina
adsunt sed breuiata.* 4 porpureus 5 amict[7] 7 iacto

11 uer, edus — gurrula 12 et 13 mirto uenerem uenerē ue.ratur apł^{nc} 14 alma thetis 15 odores 16 paphiae 18 Linier 23 disignat 24 fīgas 25 coloratus 26 rutulos — legat *sed corr.* 27 saguineos 28 quae in medio 29 Fontanas 30 Cernŏ ut diuerso 32 genitū *sed corr.* — echaten 33 Surgentes 35 lacertū 37 ipsa — foetus 39 bromius 41 Carbaseo post quē tunc — amictu 42 Memfidus 44 memfideis 45 coniecto semina 46 hems 47 reuocent 48 hiberna.

411, 4 Pugnaque *Hauptius ed. Gratii p.* 40. *sed si uitium inest, quode dubito, in* una *quaeras.*

414. *Versus* 3. 4 *ex S nouum epigramma efficiunt, quo Atacini quaestioni scholasticus aeui posterioris respondit.*

447. 437. 438 *Vindobonensis* 2521 *saec. XII teste Hartelio fol.* 40 r. *continet.* Epitafium magni Alexandri 1 magna succisa (*sic coniec*i) 2 còncidit 3 ipse iacētis. *sine inscr.* 437 *et* 438. 1 fortuna duorū. 3 terras] uires.

437, 3 uenerabile *Muellerus recte, cf. Gualterus de Castellione ap. Buecheler. Petron. ed. p. XLIX.*

465, 1 fregerat; 466, 4 Lustrata reiectus *et* 10 omnis; 473, 1 uenis; 474, 1 mare: felix,; 4 Naidas *et* 6 Hic; 478, 5 mitulus *ed. Buech.*

472, 3 En etiam *L. Mueller.*

479, 1 *cf. Anth. gr. V* 67 Καπίτωνος. Κάλλος ἄνευ χαρίτων τέρπει μόνον, οὐ κατέχει δέ.

480, 3 *cum V et L. Muellero* (*mus. rh. XVIII* 435) breuisque *et* postlata *legendum.*

481: *p.* 296 *adn. post* de litteris *rasura in B. u.* 149 Pulchram angusto *Hagenus. u.* 34 uagantes: *lege* uagans.

481. *Haec aenigmata multo plenius e cod. Vindobonensi* 67 *edidisse Moneum (anzeiger f. kunde der deutschen vorzeit* 1839 *p.* 219 *sqq.) sero me comperisse doleo. Codicem dixi V. Etiam in Parisino* 5596 *saec. IX (P) nonnulla inueni. In cod. Lipsiensi Rep. I* 74 *saec. X extare cum titulo* Questiones enigmatum re-

thoricae aprtis (*l.* artis) *Hauptius testatur (ber. d. saechs. ges. d. wiss.* 1850 *p.* 3). *VP edam; iam a me edita cum ed. mea conferam*, Emendandi laborem raro adhibui.

De olla

Ego nata duos patres habere dinoscor.
Prior semper manet alterque morte finitur.
Tertia me mater dura mollescere cogit
Et tenera gyro formam assumo decoram.
5 Nullum dare uictum frigenti corpore possum
Calida set(Calidos et *V*)cunctis salubres porrigo pastus.

De sale (481, 5—10) 4 solutam, r. c. ligatam
5 uiris 6 sine me patria

De lucerna

Me mater nouellam uetus de germine finxit
Et in nullo patris formata sumo figuram.
15 Oculi non mihi lumen ostendere possunt,
Patulas et flammas ore produco coruscas.
Nolo me contingat imber nec flamine uenti,
Dum amica lucis domi delector in umbris (cf. 481, 1—4).

De scamno

Mollior horresco semper consistere locis,
20 Vngula firma mihi . . si caute ponatur,
Nullum iter agens sessorem dorso requiro.
Plures libens fero, meo dum stabulo uersor.
Nolo mihi frena, mansueto inueni pendas,
Calcibus et senum nolo ne uerberer ullis.

De mensa (481, 11—16) 25 Ego mater ornata dum c. multus *P* colligo *V* 26 Cunctus *P* libens trado *VP* 28 turpi *V* 29 nulli—reddunt *V* 30 pede me per angula *V* 27—30: Oscula nā quae cara expoliata uestibus quos ego lactaui nuda me pede p angula uersant *P*.

1—6 *P:* 1 denuscor 2 prior qui—alter qui mortem 3 molescere 4 giro formata summo figura 5 nulli (*recte?*) —frigente 6 Calida cunctis salubres porrego pastus.

De calice (*ib.* 17) De uitro *P* 31 Nullus *VP*
uti *V* mea *P* sola lux *V* lux sola *P* umbraignem *P*
33. 32 *P* 32 bile *P* labellus *P* 33 ferro *P* nascens
fero *V* 34 putredo *V* 35 prestinam *P* defunctos *V* suspes in formam *P* 36 oscola porrego *P*.

De uesica
Teneo liquentem, sequor membrana celatum,
Verbere nam cursu uisu quem cernere uetor,
Impletur domus inuisis sed uacua rebus,
40 Permanet dum cibum nullum de pondere gessi,
Quae dum clausa fertur, uelox ad nubila surgit,
Patefacta nullum potest tenere manentem.

De ouo (*ib.* 23) 43 natus] animatus 44 Prior — coauus 47 uenter mihi diruptus — patescit 48 possum sic.

De mola (*ib.* 29) 49 Eua sum] cuasi 50 senecta 53 producor 54 uacantes — comprendere locum.

De scala
55 Singula si firmis uiuens constituo plantis,
Me roganti uiam ire negabo directam (Mihi *et* negatur *Mone*),
Gemina sed soror iungatur (iungat si *V*) latere meo:
Coeptum ualet iter uelox percurrere quisquis.
Subito mihi pedem nisi calcauerit ille (illi *V*),
60 Manibusque capit (cupit *V*), nunquam corrigere ualebit.

De naue (*ib.* 47). 62 iacior 65 B. defunctam auis nec mordebit ulla 66 uia currens n. d. pl.

De grano (*ib.* 35). 67 pater ego l. p. n. assumo 68 Et teror cara simul ne p. tristent 69 g. c. — parentem 70 Etsi multum — uel paruo 71 timor 72 Si maiori — fructu.

De uite (*ib.* 41), De uinia *P* 73 Vna f. locum longinquos porrego uictos *P* 74 Caper *V* ferum seccat *P* s. f. *V*. 75 plorat *P* 76 simile damnandus*P* genere *V* natus *P* 77 Sique d. *P* 78 Sanguinem dum furum *P* seruant *V*. —

ADDENDA ET CORRIGENDA LXIX

De oliua (*ib.* 53) 79 N. illustrem ante tempus g. p. 80 que *om.* s. p. 81 ualet quiuis — paruos 82 i. p. iunctos 83 lenis 84 doloris.

De palma (*ib.* 59) 86 n. m. c. l. 88 de ramis et nullum cultori 90 Et amata cunctis flore sum socia iustis.

De cedria

Me mater ut spinis uiuam enutrit iniquis,
Vt dulcem faciat, inter acumina seruat.
Teretinam formam rubentem confringo ceratam
Et incisa nullam dono de corpore guttam,
95 Mellea cum mihi sit sine sanguine caro,
Acetum eructant exta (extra *V*) clausa saporem.

De cribro (*ib.* 65). 97 Sum s. p. 98 ad] in 99 Extra mihi manu nulla 100 Quos — ruptus 101 Cunctis meliora — seruans uilia 102 Et bonis uacuum inanem.

De scopa (*ib.* 71) 103 Fero florigeras s. d. m. c. 104 c. d. h. m. 105 T. u. serum d. m. n. 105 Et redacta s. c. u. d. 106 horrenda me terrae 107 S. d. a. u. s. m. n.

De pice (*ib.* 77) 109 u. n. creta 110 gladio] ualde 111 nam ego 112 p. m. 113 Plurem — muto si c. nigrum.

De melle (*ib.* 83) 115 lapsu 117 Bisque idem natus, semel in u. cr. 118 r. in p. 119 Me q. milia, alia inu. u. 120 Aureamque.

De apibus (*ib.* 89) 121 quae non 122 I. f. patri 123 tantum 124 cretus nullos de uentre 126 Meos i. c. diuitiarum c. a.

De oue (*ib.* 95) 128 nullius 129 oberrans 131 uellere *Moneus* 132 Pauperaque — nam] tamen *Mon.*

De igne (*ib.* 101) 133 mihi est pater 135 P. m. 138 cunctis uitam.

De membrana (*ib.* 107) 139 uita — tota 142 des. s. m. 143 Me postquam m. eeges et u. murantur 144 Portoque millia.

De literis (*ib.* 113) 145 sororis *P* 146 uniti *V*

nos *om.* *V.* 14G N. f. mult. *V* 148 *sq. om. P.* Et
meritum *V* s. d. *V* 150 pari] p̄ *P.*

De sinapi (*ib.* 119) 151 paruulo parpus 153 c.
f. sublimi p. humero u. 154 magnae reputant me e.
naturae 155 gyro.

De papyro (*ib.* 125) 157 D. amn. 158 uiresco
159 non quaero 160 Alieno testis 161 Profundi filius
dum figor l. a. 162. Sicque — limina.

De serico

Michi arbor una, quae uilem conferat escam,
Qua repleta paruis (parum *Mon.*) produco uellera
magna,
165 Exiguos collapsa foetos pro munere fundo
Et talis effecta mortem assumo libenter.
Nobili perfectus forma (formam *V*) me Caesares
ulnis
Efferunt et reges infra supraque mirantur.

De piscibus (*ib.* 157) 170 uacando — nullum —
quemque 171 est et mortem 172 uoluenti 173 t. i.
uolo 174 uitale — thorum.

De speculo (*ib.* 131) 175 Vtrum *Mon.* umbram
176 V. pr. 177 Tales ego u. m. 178 uisu diff. 179
Licet exiguos.

De nympha

Ore mihi nulla petenti pocula dantur (dantur pocula *V*),
Ebrius nec nullum reddo post idem fluorem.
Versa mihi datur uice bibendi facultas
Et uacuo uentri potus ab imo defertur.
185 Poplice depresso conceptas denego lymphas
Et sublato rursum diffuso confero nimbos,

De spongia (*ib.* 142) 187 dat pater figuram mihi
188 m. n. — l. u. 189 Nil p. s. 190 Et quae me con-
cepit, hanc ego genero postquam (191) manu leuis capta
grauis sum manu demissa 191 Ei quae.

De uiola

Paruula dum nascor, minor effecta senesco
Et cunctos praecedo maiori ueste sorores.

195 Extremos ad brumae me primo confero mense
    Et cunctis amoena uerni iam tempora monstro (m.
      t. *V*).
    Me reddit illustrem paruo de corpore sumptus,
    Et uiam quaerendi docet qui nulli uidetur.

    De rosa (*ib.* 149) 201 paruus in 203 Vtero dum nascor, doctorem matri rependo 204 Et parturientem.

    De lilio (*ib.* 155) 205 ocultus *P* patola matre *P* 206 honeste confixa *Mon.* confixus *VP* porregit asta *P* 207 nec]n *P* tempora longa *P* 208 Et *VP* tactus *P* 209 Osculum in nobis feruntur causas amores *P* donentur *P* 210 Reddemus *P* signa flauentia *VP* in labris *P* (159. 160. 158 *uersuum ordo*).

    De croco (*ib.* 161) 211 aestiuis — umbris 212 Et mihi sepultum 213 Auct. fr. l. ass. pruincs 214 propinquam 215 Michi d. p. 216 Modicus — clausis.

De pipere

Pereger externas uinctus perambulo terras
Frigidus et tactu praesto sumenti calorem.
Nulla mihi uirtus . . si mansero semper,
220 Vigeo nam caesus, ualeo multum confractus.
Mordeo mordentem, morsu nec uulnero dentem.
Lapis mihi simul finis, defectio lignum.

De glacie

Corpore formata (formatam *V*) pleno de paruulo patre
Nec a matre feror, nisi feratur et ipsa.
225 Nasci uetor ego sine patre genito . .
Et creata (creatam *V*) rursus ego concipio matrem.
Hieme conceptos pendens cum seruo parentes,
Rursus in aestiuo coquendos ignibus apto.

De hedera

Arbor mihi pater, paries e lapide (namet lapidea
    V, *correxi*) mater.
230 Corpore nam mollis duros dirumpo parentes.
Nec ei me (enim *Mon.*) nulla nec uincunt frigora dura.
Vnus bruma color unusque (unoque *V*) simul et
    aestu (esto *V*).

Surrecta propriis uetor consistere plantis,
Sed manibus alta peto cacumina tortis.

De muscipula

235 Vinculis extensa multos comprendo uagantes
Et soluta nullum queo comprendere pastum.
Venter nullus mihi, quo possint (possim *V*) capta reponi,
Sed multa pro membris firmantur ora tenendi.
Opes mihi non sunt, sursum sed pendor ad auras.
240 Nam mihi fortuna remanet, dimittor si modo tensa.

De uento

Nascens curro uelox grandi (grande *V*) uirtute sonorus (sonos *V*).
Nam fortes reprimo, infirmos releuo sursum,
Os mihi cum nullum, dente nec uulnero quemquam,
Mordeo sed plures siluis campisque morantes.
245 Cernere me (nec *Mon.*) quisquam uinclis quoque (potest *Mon.*) neque tenere
Macedo nec Liber uincit nec Hercules unquam.

De glacie

Arte me nec ulla ualet durescere quisquam.
Efficior dura, multos quae facio molles.
Cuncti me solutam cara per oscula gaudent
250 Et nemo constrictam manu uel tangere cupit.
Speciem mihi pulchram dat rigor et auctor (albor?),
Qui saeuos abire iubet, torpescere pulchros.

De uermiculis sericis formatis

Concepi innumeros, de nido amitto volatus,
Immensum paruis corpus assumo de membris,
255 Millibus et uestem e plumis contexo nitentem
Et texturae sonum nec auribus concipit ullus.
Si quis forte meo uideatur uellere tectus,
Excussam uestem statim reiicere temptat.

. . . .

Conspicuum corpus arte mirifica sumpsi.

60 Multis caua modis gemmarum ordine nector.
　Publicis concepta locis in abdita nascor.
　Confero sed lucrum uacua de luce referta.
　Nullum mihi ualet frigus nec bruma uigescit (uile-
　　　scit V),
　Sed calore semper molli sopita fatigor.

De terra

265 Os est mihi patens, crebro qui (quia?) tunditur ictu.
　Reddo libens omnes escas, quas sumpsero lambens.
　Nulla mihi fames, sitim quoque sentio nullam
　Et ieiuna mihi semper praecordia restant.
　Omnibus ad escam per miros effecta sapores
270 Quaeque (Atque *Mon.*) mihi gelidum durat per
　　　secula corpus.

　. . . . .
　Vna mihi toto ceruix pro corpore constat
　Et duo libenter nascuntur capita collo.
　Dum capiti currit . . . .
　Lenes reddo uias, calle quas tero frequenti.
275 Nullus mihi comam tondet nec pectine uersat.
　Vertice nitenti plures per oscula gaudent.

De castanea

　Aspera dum nascor, a matre cute producor
　Et adulta uigens leni circumdor amictu.
　In tactu sonitum de uentre profero magnum
280 Et corrupta tacens uocem quoque profero nullam.
　Nullus in amore certo me diligit unquam,
　Nudam ni tangat et uestem tulerit omnem.

　. . . . . . .
　Quattuor en istas gerens ego clausas figuras,
　Pandere quas (has *add.* V) paucis deposcit ratio breuis.
285 Humida sum sicca, snbtili corpore crassa,
　Dulcis amara, duro gestamine mollis.
　Dulcis esse nulli possum nec crescere iuste,
　Nisi amaro duroque carcere nascar.

De pluuia

Mirantibus cunctis nascens infligo querelas,
290 Statim deficio, qui maior a patre nascor.
Me gaudere potest nullus, si terrae coaequor;
Me cuncti superas laetantur carpere uias.
Improbus amara diffundo pocula totis
Et uidere uolunt quanti tantique refutant.

De uino

295 Innumeris ego nascor de matribus unus,
Et genitus nullum uiuum relinquo parentum.
Multae me nascente subportant uulnera matres,
Quarum mors mihi est potestas data per omnes.
Laedere non possum, me si quis oderit, umquam,
300 Et imiqua meo reddo quoque satis amanti.

. . . .

Multiplici ueste natus producor a matre,
Nec habere corpus possum, si uestem amitto.
Meo subito nascor in uentre, fero parentes,
Nam uiuo sepultus uitam et idem resumo.
305 Deductus superis nec umquam crescere possum,
Dum natura facit corpus succendere plantis.

Item de rosa

Mollis ego duros de corde genero natos;
In conceptu nunquam amplexu uiri delector.
Sed dum infra meis concrescunt filii latebris,
310 Nascens quisque meum dirumpo uulnera (disrumpit
    uulnere *Mon.*) corpus.
Postquam uelantes decorato tegmine matrem
Saepe religati frangunt commune . . fortes.

. . . .

Venter mihi nullus, infra praecordia nulla.
Nam tenui feror semper in corpore sicco.

  De uinum *P* 295 ergo *P, om. V* 296 Genitus qui *P*
uiuentem linquo *V* uiuo relinco *P* — parentem *V* 297 Multæ
me *P* me *om. V* nascentē *P* nascentes *V* matris *P* 298
mihi mors *P* omnis *P* 299 me riguis *P* 300 reddam meo
quaeratis amanti P.

315 Cibum nulli quaero, ciborum millia seruans,
   Currens uno loco, lucrum ac confero damnum.
   Membra mihi duo tantum in corpore pendent.

. . . .
       . . . . .

   Duo generant multos sub numero fratres
   Homine sub uno diuisos quisque naturam.
320 Pauper ac diues pari labore premuntur.
   Pauperes semper habet, diuites quam saepe requiret.
   Caput illis nullum, sed os cum corpore cingunt.
   Nunc stantes nunc iacentes (Nam st. nam i. *V*)
       plurima portant.

De sole

   Semine nec ullo patris concreta renascor,
325 Vbera nec matris suxi, quo crescere possem,
   Vberibusque meis ego saepe reficio multos.
   Vestigia nulla figens perambulo terras.
   Non caro nec anima mihi sunt, nec cetera membra,
   Attamem aligeras reddo temporibus umbras.

De uerbo (*ib.* 167)

330 Vna mihi soror est, unus et ego sorori.
   Coniux illa mihi, cuius et ego maritus.
   Nam numquam uno sed multorum coniungimur ambo,
   Sed de longe meam praegnantem reddo sororem.

   334 suos — ex ũto 335 *ut B.*

   De igne (*ib.* 170) 339 in corp. pennas 341 competa. *uersum ordo ut in B.*

   De rota (*ib.* 176) 342 Ass. quae u. c. i. m. 343 defecta — comprendo 344 rerum c. 346 Cumque mei paruum t. c. cursum 347 simul est et

   De luna (*ib.* 182) 350 Q. que uias percurrens ambulo m. 351 Et bis i tatum c. percurro p. a. 352 I. n. glacies nec umquam fulgora cerno 353 N. t.

   De caelo (*ib.* 188) 354 Promiscuos — uultus 355 Pulchrum — sed turpis *desunt* — semper 356 mirantibus fero 359 Atque meo malos c. b. capio t.

De umbra (*ib.* 200) 360 D. humidis 361 i. quoque p. r. 362 I. a. m. non ulla s. a. t. 363 Neque u. ego comprendere p. 364 et] a 365 totum m. neque u.

De stellis (*ib.* 194) 368 conetur] queat 369 Seruant ipsae suos moderatos ordine cursus 370 P. et uultum turpem n. d. ullum 371 n. s. sequuntur. — *Secuntur duo aenigmata prosaria. In P Symphosii et Aldhelmi nonnulla secuntur.* —

Ad Fasciculum II

482, 10 gesta] e *abest;* c *pro* g 12 cohibere] c *incertum* 14 ferro] f *inc.* 16 Romana] n *apparet* 18 *lege* doluisse: d *enim, non* p *legitur,* 26 coni///nx *papyrus* 27 Phariis] I *pro* H *est.* 30 terris] *alterum* r *non certum.* 45 saeptam] e *totum adest* 49 ruuntur *conicio* 50 o . . . a] o *certum* 51 m *certum* 57 e *prius deest. Monere aptum puto, me effigiem codicis prorsus talem, qua singulae litterae supra infraque easdem atque in papyro uicinorum uersuum litteras ponerentur, repraesentare noluisse.*

p. 13: Clarus u. d. n. mutabilis a. *Dracontius et quidem I* 13.

484: *Vossianus q.* 33 *s. X fol.* 134: Uersus de duodecim uentis. 2 Hi quoq; sex 4 aparthias artoo 5 finctum 9 hinc 15 dorida 20 Libonothus 23 nomen] ueniens — fauonii 24 attide 25 hinc 26 chore — zephiri 27 Argesteuque grai — cognimine prisco. —

485, 19 illo *P recte, (sic et Buecheler).* 99 mihi] magi' *Buech.* 127 Adsimulatio, cum nomen *idem* 129 Regibus et *Ahrens* 141 dein nuntia *Buech.*

486 *etiam Vossianus oct.* 12 *s. IX — X teste Hertzio (Priscian. I p. XXI) libri C inscr. habet. u.* 46 (At si *sqq.*) *post* 48 *ponit Buech.*

489 u. 1 *Beda art. metr. (ed. Migne t. XC p.* 164) *affert* (Omnia] Haec tua), *sine nomine.*

De 492 *sq. Parisinus* 8092 *dignus est qui inspiciatur.*

517, 2 hic *cum codd. Buecheler*. 531, 2 uinxit *id.* 568, 1 aëra mulcent *id.* 584, 3 undifrago *id.*

c. 627: *Vossianus q.* 33 *saec. X fol. 133r.*: De XII uirtutibus Herculis magni. 1 prima 2 *om.* quae. populat q; hidra 3 ẽ sus, *sed corr.* — erimantius anguis 6 hipolite — uincula 7 augei 9 Tunc — pempto 10 gerionem

c. 645 *ibid. p.* 132 *extat.* Uersus Prisciani eloquentissimi de Est et Non *inscr. Plerumque cum D consentit.*

p. 112 *adn.* 671] *lege* 672.

c. 668 (*ex Vseneri ed. schol. in Lucan. I p*. 6): *Bernensis* 363 *saec. VIII uersum* 1 *continet; u.* 1—6 *in Bernensi* 45 *saec. X (B), Vossiano q.* 51 *saec. X (V), Montepessulano H* 113 *saec. XI (M), et Bruxellensi* 5330 *olim Gemblacensi saec. X (G), sed in quo u.* 5—6 *saeculo XI additi sunt, leguntur. Turicensis* 97 *saec. XI (T) et Berolinensis fol.* 368 (Γ) *u.* 1—4 *continent.* Idẽ Lucan' *B* Lucanus de semet ipso *M* Epitaphion eiusdem *G* Titulo carent *VT* 1 cordaua̍ᵇ *Bern.* 363. cordoba *B* proelia *MT* 2 hinc gener inde socer *Sixianus* 3 nunquam *TΓ* nu///quã *G* 4 tractum *V* serpat *BM* serpit *V* serpant *GΓT* comma *M* coma *BVTΓ* Fluminis *U* (*Vossianus fol.* 63 *saec. X u.* 5—6 *continens*) Fulminis *BVMG* ꝉ fulminis *supra scr. U* 'quod qui frustra tuentur, certe quae sint *corrigere debebant' Vsener.* 6 uero *U m. pr.* ův *V* sapiat *G* feriet *V* fieret *BGMU* ꝉ ferir& *supra scr. B.*

c. 672 *lege 'Augusto Caesari.' Bembino similem inscr. habet Paris.* 8093 *s. XI—XII fol.* 67. *Ad c.* 682 *cf. Iaenicke ann. philol.* 1868 *p.* 391, *qui Sangallensem* 899 *s. X contulit* (2 hirpigena, *an recte?* — petule 5 brute 9 aridus iolae — brutiole fatude finit; *rell. ut in T) et Liudprandum in relatione de legat. Const.* 10 *u.* 1 *et* 3, *in Antapodosi* 5, 32 *u.* 2—3 *adhibuisse docuit.*

680, 2 *in sylloga libri Paris.* 4883 *A* (*cf. p. XI*) *adfertur*.

684, 4 *lege* Treuiri.

709 *in cod. Ambrosiano E* 41 *s. XV* Iulio Caesari, *in G* 64 *ibid. s. XV* Octaviano *tribuitur, quod me docuit F.* Umpfenbach. *E* 41 = ϛ, *nisi quod* 2 Flumine 3 Qumq, imo 4 Persecuit 5 conderet urnae.

ad 716 *cf. praef. p. XV adn.*

723 *adn. lege* et Clementis. 2 uis *et* 9 Ceres *iam Hauptius* 11 lumina *sic P recte ib.* 15: iuuei oſ *P*

731, 53 ī *V*

·766, 10 *cf. Aldhelmus p.* 232 *Gil.* 'et Andreas orator inquit: filius ipse hominis, qui deus est hominis'.

c. 799—830. *Sero uidi, L. Muellerum in ed. Phaedri a.* 1867 *eadem atque ego coniecisse* 806, 4 *et* 809, 12; *cum Buechelero consentire* 805, 6. *Idem* 799, 5 tibi *ante* quam *recte ponit;* 810, 2 q. u. Phryx sophus; 812, 1 Post; *ib.* 18 Correptus 19 impotentis; 814, 13 O. f. pl. u.; *ib.* 15 me certe haud falles, ait; 815, 6 saeua societas; 816, 8 Partus *et* conplesset; 819, 4 cancri s. ut h.; 829, 11 I. c. n. s. sed sub dio par tibi: *haec coni. Mueller. Non probo quod proceleusmaticos tollit omnes; nam fabulae non sunt Phaedri e* 814, 7 *et* 825, 1 *inuicem se tuentur.* — 801, 22 *coni. Dresslerus* aliam; 802, 22 facilis est consensio; 805, 3 Quid est? *ib.* 4 Religio; 825, 5 *et* 828, 9 at (*pro et idem*.

869 *omittere debui: est enim distichon Ouidi. amor. I* 6, 59. 60.

898, *quattuor uersus, e cod. Monacensi saec. XI. medii aeui sententias continente profert Moneus anzeige* 1838 *p.* 506.

DABAM FRANCOFVRTI AD MOENVM MENSE SEPTEMBRI A. MDCCCLXX.

CARMEN
PAPYRI HERCVLANENSIS

Anthol. lat. 1, 2

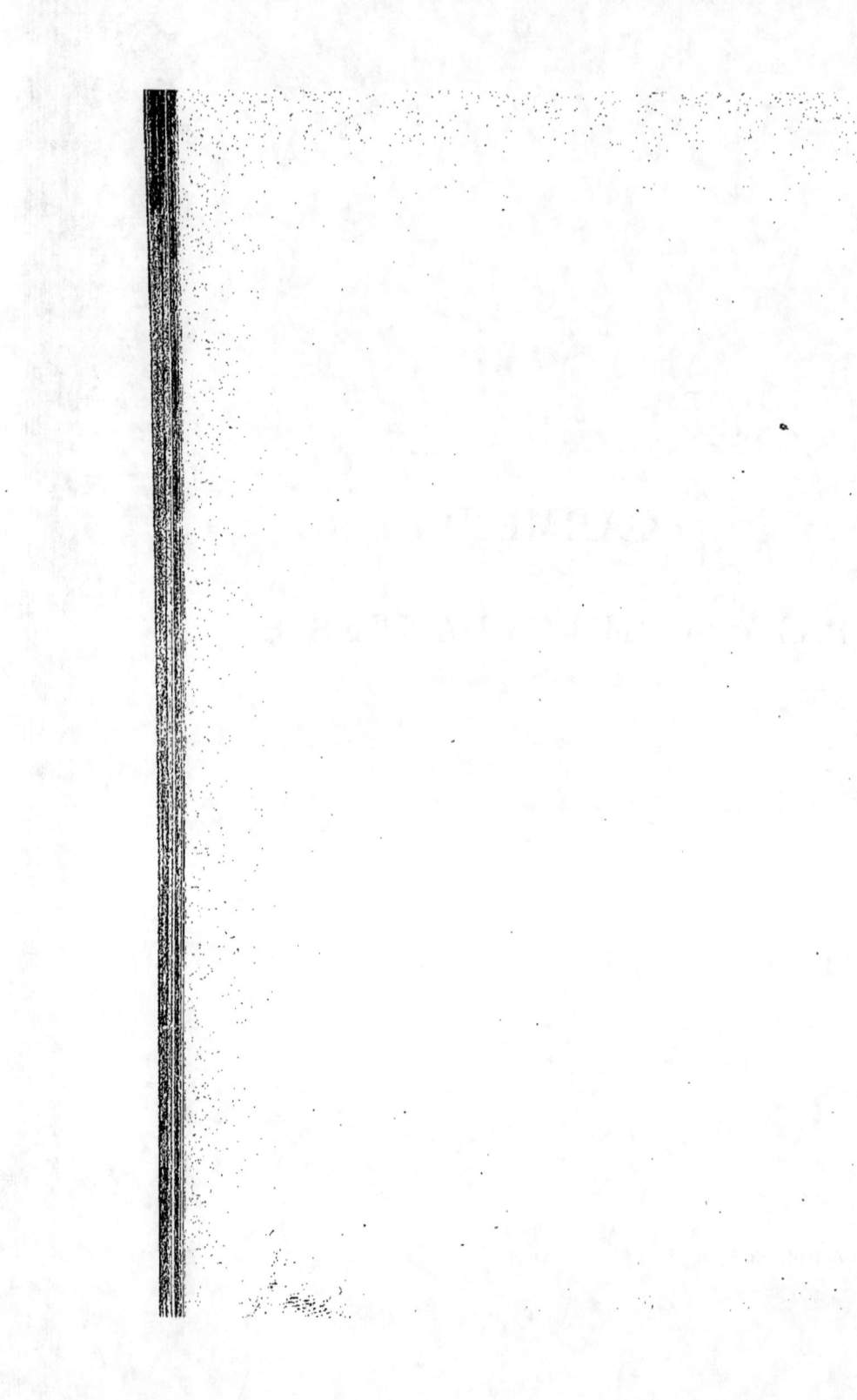

482

olumna I) B. M. —

*M*axim . . . . ael . . tia . . . .
. . Cesar *f*a . . . ap . . . hariam . . . . s.
. . rt his ille . . . . . nato cum . . . . eiia por . .
Quem iuuenes *g*ran*d*aeuos erat *per cu*ncta . . . . . .
5 Bella fide dextraque po*t*ens rerumque per us*um*
Callidus, adsidu*us tr*actando in munere . . . . .
Imminet opsessi*s* Ital*u*s iam turribus *ho*stis
A . . . . *s*, nec defu*it* impetus illis.

col. II)

. . . . cedunt pa*tr*iis . . . . *m*ia te*rr*is
10 . . . . a . i . . . . *m*agis, quam *s* . . . . *g*esta laterent
Cum . uper . . . . . lius Pelusia *m*oenia Caesar
. . . erat im*p*eriis animo*s* cohi*b*e*re* suorum
Quid capitis? iam *c*a*p*ta iacen*t* quae . . . .
Subruitis ferr*o m*ea moenia? quon*d*am er . . . ostis

*Litteris obliquis exarata uirorum doctorum supplementa sunt;
sed quibus eorum H addidi, ea in papyro incerta sunt.*
  Rabirium *Ciampittius et plerique* (cl. Seneca de benef. VI 3),
Albinum *Eggerus auctorem carminis habent.* 1 Ma *K* (*Kreys-
sigius*) caelestia *K* 2 f *H* apud *K* Phariam *Fea*
3 Fert *et* oppugnato *K* portu *K* 4 p *H* grandaeuos *et* pér
cuncta *C* (*Ciampittius*) secuti *K* 5. 6. em. *C* d *H* Martis
suppl. *C*, belli *K* 7 *em. C, Fea et* (hostis) *K* 8 em. *C*
s *H* 9 *suppl. C.* t *H* deformia *C* haec praemia *K* 10 Et
foeda illa magis, quam si nos g. l. *C* s *H* a *H* si congesta
K 11 cuperet *C* super *Fea* illius *K* moenia *C* 12 cóe-
perat *Fea; rell. suppl. C* r *H* 13 *suppl. C*, qui et quae prae-
mia belli? 14 *suppl. id.*, qui et erat hostis

1*

4 CARMEN

Haec mihi cum s ... a plebes quoque .... uictrix
Vindicat h..... mulam Romana poten*tia* *t*andem
(*col. III*)
.... Alexandro *t*ha*l*amos in*tr*a*r*e deorum
Di... etiam po*t*uisse deam u*i*disse.... m.... s
Ac*t*iacos, cum caus*a* *f*ores tu *m*ax*i*ma *b*elli,
Pars etiam im*p*erii. quae femina *ta*nta? uiror*u*m
Quae series antiqua *f*uit? ni gloria mendax
Multa *uetu*statis nimio con*c*edat honori
(*col. IV*)
. . . . *en* . . . .
Saepe c*g*o, quae ue*t*eris cu*r*ae *s*ermonibus . . . . .
Qua . . gitu . . . . t . . n nunc qu*ae* . . . . . . usas
Ex s . . gu . . . . . *m*o*r*as uitae libet. Est mihi con*i*unx
. . . h . . . i posse*t* *P*ha*r*iis subiungere *r*egnis
Qui s*t*a*t*uit nos*tr*aeque mori pro nomine gentis.
H*i*c igi*tur* *p*artis *a*ni*m*um didu*ct*us in om*n*is
Quid uelit, incertum est; terr*is* quibus aut quibus undis
(*col. V*)
. . . . . *t*umqu . . . . . mq . . . . . xia turba co*i*ret
Praeberetque suae spectacula tr*i*stia mortis.
Qualis ad instantis acies cum *t*ela pa*r*antur
Signa tubae classesque simul terrestri*bu*s armis,
Est facies ea uisa loci, cum saeua coire*nt*
Instrumenta necis, *u*a*r*io congesta paratu:
Vnd*i*que sic illuc campo deforme co*a*ctum
Omne uagabatur leti genus, omne timoris.
(*col. VI*)
. . . . a . . . . err*o* tu . . t i*l*le uen . . .

15 s *H* socia *K*; nunc sibi u. *C* 16 p *H* suppl. *C*, qui et hanc famulam 17 suppl. *C*, qui et F as et Alex. 18 Dico *C* Diram *K* potuisse *K* doluisse *C* tumultus *K* triumphos *C* 19—22 suppl. *C* 22 u et u et o *H* 23 e *H* 24 suppl. *C*, qui in fine angor. uestris *K* 25 Quas igitur *K* ae *H* quaerere causas *C* 26 Exsiguasque *C* Exsanguisque *K* m *H*. rell. suppl. *C* iu] ⌊ papyrus 27 h *H* Parthos *C* qui *C* si *K*; rell. *C* 28 suppl. *C* 29. 30 suppl. *C* His et animus *K* 31 t *H* Delectumque locum (forum *C*) quo noxia *CK* 32—38 suppl. *C*. 33 t, 36 u, 37 m *H* 39 r *H* Hic cadit incumbens ferro, tumet ille ueneno *C*

*A*ut pen*dente s*u*is* ceruicibus aspide mollem
*L*abitu*r* i*n* somnum trahiturque libidine mor*tis*.
*P*erc.... *ad*flatu breuis hunc sine morsibus an*guis*,
*V*olnere seu tenui pars inl*i*ta parua u*e*neni
*O*ci*us* interem*it*; laqueis pa*rs* co*gitur* artis
*I*n*ter*s*ae*ptam *a*nimam pressis effundere uenis,
*I*n*m*ersisque .... o clauserunt guttura fauces.
*H*as in*ter* strages solio descendit *et* inter

v. VII)
A ...... *a*lia . nc ....
Sic illi in*ter* se *m*isero sermone *f*ruuntur.
Haec regina gerit. procul ha*n*c o .... a uidebat
Atropos in*r*ide*ns* ... r diuersa .... *m*
Consilia interit*us* quam *i*am ...... a manerent.
Ter fuerat reuocata *di*es; cum pa ...... atus
Et patriae *com*i*t*ante suae cum mili*te* Caesar
5 Gen*tis* Alexan*d*ri c ... en . ad moen*ia* uenit
Signaque constituit. sic omn*is t*error in artum

vl. VIII)
..... *e* ..... por ... u ... austr .. e . urbem
Opsidione tamen nec corpora moenibus a ... nt,
Castraque pro muris atque arma pedestria ponunt.
10 Hos inter coetus *t*alisque ad bella paratus
Vtraque sollemnis iterum reuocauerat orbes:
Consiliis nox apta ducum, lux aptior armis.

40—47 *suppl. C* (41 perculit *C* percutit *K* 46 freto *C*
toro *Morgensternius*) 40 n *et* e *ante* suis, 42 r, 44 g, 45 ter-
sae *et* a, *H* 49—56 *suppl. C, qui et* 50 occulta, 51 inter
et uagantem (labantem *K*), 52 sua fata (suprema *K*), 53
parte senatus (pauca moratus *alius ap. K*), 55 cupiens (cin-
gens *K*). 48 a, 49 r *et* e m, 50 o, 51 m, 55 s *et* e *H*.
54 dominante *Morgensternius* 57 e *H* Obterere adnisi *C*
portarum claustra per *C* nec *Fea* 58. 60 *suppl. C.*
58 arcent *C* aptant *Heynius* absunt *Fea*

CARMINA

CODICVM QVORVNDAM

SAECVLO NONO ANTIQVIORVM

CARMINA
CODICVM ISIDORI ANTIQVISSIMORVM
(CODICIS OVETENSIS)

483
SISEBVTI

Tu forte in lucis lentus uaga carmina gignis
Argutosque inter latices et musica flabra
Pierio liquidam perfundis nectare mentem.
At nos congeries obnubit turbida rerum

B = Bambergensis 787 *saec. VIII fol.* 102 *u.* 103 *r. ipse contuli.* *H = Bernensis* 219 *saec. X. Hagenus contulit.* *P = Parisinus* 7533 *saec. X, optimus horum trium. Bursianus contulit.* *L = Leidensis (Voss. fol.* 1) *ab Is. Vossio e uetusto codice fideliter ut uidetur descriptus; attulit Burmannus.* Ouetensem *s. VII — VIII, Reginensem Vatic.* 255 *s. IX, Regin. Vat.* 1260 *s. IX, Florentinum S. Marci* 604 *s. IX, Arevalus post Grialium commemorat. In BH post Isidori de rerum natura, in P post eiusdem 'de sidera' extat. In BP nullis uersuum interuallis scriptum est.* x = 'alii' *siue scripti siue impressi ap. Areualium ed. Isidor. t. VII p.* 183. M = *liber de computo, ed. Muratorius anecd. latin. t. III p.* 160, *ubi u.* 16. 17. 43. 44. 24—29. 45—61 *extant. Inscr. om. BHP, rell. noti.* — *Isidoro* Aldhelmus *p.* 232 Giles, *sed recte Sisebuto* Visigothorum *a.* 612—620 *regi et Clemens Scotus tribuit et* M, *qui 'CVI. Item Sesebutus de eclipsibus Solis et Lunae dicit:'* 1 Tu erte *B* lucu *BHPL* lucis *x* lentis *B* naga *om. P, add. m. rec.* 2 argutusque *Aldhelmus qui u.* 2 *adfert.* arcutosque *in L* labra *L* 3 perio *B* pyerio *PL* ierio — mentem *om. H* 4 ad *BH* congeres *B*

Ferrataeque premunt milleno milite curae.
Legicrepi tundunt, latrant fora, classica turbant,
Et trans Oceanum ferimur porro, usque niuosus
Cum teneat Vasco nec parcat Cantaber horrens.
En quibus indicas, ut crinem frondea Phoebi
Succingant hederaeue comas augustius umbrent!
En quos flammantem iubeas uolitare per aethram!
Quin mage pernices aquilas uis pigra elephantum
Praecurret uolucremque pigens testudo molossum,
Quam nos rorifluam sectemur carmine lunam.
  Sed tamen, incuruus per pondera terrea nitens,
Dicam, cur fesso liuescat circulus orbe
Purpureumque iubar niuei cur tabeat oris.
Non illam (ut populi credunt) nigrantibus antris
Infernas ululans mulier praedira sub umbras
Detrahit altiuaga e specula, nec carmine uicta
Vel rore Stygias . . . .

  5 feratumquę p̃munt *B* melleno, *corr. m. pr.*, *B*   6 legecrepi *P*   clasica *B*   turbant *om.* *P*   7 portusque *Heins.*
  8 Con *B*   tentet *cj. Areu.*   uarto *B*   cat *om.* *B*   orrens *BH*   chorrens *P*   9 Est *B*   crimen *B*   foebi *BHP*   10 sugcingant *P*   edere ne *BH* camas (*uel* acmas) agustius umbrant *B* chomas *P*   11 In *B*   flamantem *H*   iubeat uelita. referetram *B*   12 magnę pnicies *B* pernicies *HL* pernices *P*, *Regio-Vatic. alter*   pigię leuantum *B*   elefantum *HP* pernicius aquilam sus pigra uolantem *Clemens qui u.* 11 *et* 12 *affert*.   13 pcurrit *B* precurreret *H* pigrens *Cuperus* molosum *P*   14 quam nostrumflā sectemus charmine *B*   sextemus *H* sectemus *L*   15 Est amen *B* Stamen *HL* incurus *P*   p *B* terręa *B*   nitentes *H*   16 dicat *B*, *om.* *M*   quur *HM*; *sic ubique Scal.*   liuera *B* libescat *H* liliuescat *P* lidescat *L* lunalibescit *M*   urbi *B*; *om.* *H*   17 purpureiñque tuaɛ *B* quas *B* quur *HPM*   ores *B* horis *M*   18 illa *B*   poli *H* contris *B*   19 inuernus *B* ulululans *H*   predira *H* phaedira *L* subumbrans *B*   20 detrait *HPL* altiuago e (e *om.* *B*) speculo *libri*, *em. Dousa*   ne *libri* nec *Buechelerus* carmina *H*
  21 saniem despumat in herbas *add. Barthius* 'ex uet. cod.' *ad Stat. Theb. II* 284. stygis authere terra matri crepantem *Vlloa*. *Nullam lacunam agnoscit* *B*; Vel r. st. *in initio uersus* *H*; *in medio* *P*. stigias *P*   negrore stigiasti inciuilemque facit clangore *B* clamorem *Scal*. astra *B* atram *HL* atrham *P*

Vincibilemque petit clangorem (quippe per aethram,
Qua citimus limes dispescit turbida puris,
Inuiolata meat); sed uasto corpore tellus,
25 Quae medium tenet ima polum, dum lumina fratris
Deserit umbriferis metis, tum sidere casso
Pallescit, terrae umbra rotae dum transeat axem
†Aggerei uelox cumuli speculoque rotanti
Fraternas reparet per caelum libera flammas.
30 Sed quia mira putas, cur, cum uis maxima solis
Bis nouies maior cluceat quam terreus orbis,
Non circumcingat terrestris lumine metas,
Sume ratum rationis opus. Namque aspice Phoebum,
Quam sublimis eat conuexa per aurea mundi
35 Quamque humilem terram conlustret cursibus altis:
Hic ingens, utcumque libet, uel desuper ignis
Sparserit obliquo uel cum radiauerit axe,
In terram radii franguntur. cetera solis
Lumina, qua maior iaculis radiantibus exit,
40 Nil opstante globo tendunt per inania uasta,

23 quasitimor *B* quasitimus *HPL*   dispescit *Scal.* dispi-
cet *B* dispicit *L* despicit *H* dispexit *Px* despexit *x* turpida *L*
24 inuiolat˜ *B* inuiolatum erit *M*   set fasto *B*   tello. his *B*
25 que *BL*   mdium *L*   imo *HL* in imo *B* immo *M*   lumina
Scal. culmina *BHPLMx*   frs̄ *B* fratres *M*   26 detinet *Scal.*
desinet *BLx* desinit *H* deserit *PxM*. motis *BHPL* noctibus
M metis *Scal.* dum *BM* sidera *BHP* sidere *M* sydera *L* capsu
B crasso *Scal.*   27 pallascit *H* pollescit *M* terrae *HPML*,
                              e v
om. *B* teres *Scal.*   rote *BH*   ax. agg.] exhumorageri *B* (e *et*
v *m. pr.?*) agere *M* aggere *x* ageret *x*. num Aetherei? (Aerii
Buech.) cumuli *BPL* cumulo *M* tumuli *Scal.* cumulis *H* speclo-
que rosant *B* rosanti *HPML* rotanti *L in mg.*   29 fraternis *L*
repararet *H*   flammis *BHL*   30 putat *P*   cur cum] cıη *B*
circum *HPL* uix *B*   31 bis *om. B*   luceat *x*   qua *B* urbis *B*
32 Nunc *Arev.*   terrestres *HPL*   mutas *B*, *corr. m. sec.*
33 foedum *BHL* foebum *P*   34 erat *BHL* aureā *B*   35
humile *B*   curribus *BH* cursibus *Px*   36 utcunque *P* et
(ei?) usque *B* ut *P* ut *HBLx*   quum *x*   ignes *H* ignis *P*
37 oblico uelet (ei?) us radiauir ataxe *B*   38 terra *B*   39
quam *BP* quae *et* edit *conicio*   40 nihil o///ante *B* u *m. sec.*
in ras.; olim l *uel* i. optante *H* potante *P* uestan *B*

Donec pyramidis peragat uicta umbra cacumen.
Per quam cum Phoebe gelidos agit uda iugalis,
Infima uicinis nonnumquam decolor umbris
Fratre caret uacuoque exanguis deficit ore. —

Cur autem sola spolietur lumine luna, 45
Nil uero mirum est. quippe illam lucis egentem
Lux aliena fouet, quam cum pars proxima metae
Inuidet, expectat radios male caerula fratris.
At chorus astrorum reliquus non tangitur umbris,
Et proprium cunctis iubar est nec sole rubescunt. 50
Sed sudum . . . .
Porro ultra solem rapitur cum uertice caeli.

Iam cur semenstri non semper palleat orbe,
Inflexi praestant obliquo tramite cursus.
Namque uagans errore rato cum deuia tortos 55
† Dum legit anfractus, metam sol eminus exit
Intorquetque peplum noctis radiatque sororem.
Haec eadem ratio est, subitis ubi frangitur umbris
Augusti solis rutilum iubar, indiga lucis

41 donet H purammidis pagam uicita B recta Burm.
42 confoedem litus aciet utad B cum foede gelidosa cetuda
HPL ualidos Scal. qui rell. emend. iugales H iugalis BP
43 infirma B nouum quam M um. umbris B 44 frater P
frater acaretia suoque B curet uacuaque M quae P defecit P
defficit hora M 45 quur BM au B spoliatur lumina B
46 nihil uirum miru, om. est, B nil uero mirum mirum est H
luces B 47 cum om. B proximi moete H pximi nocte inui-
dit expecta B radius M rula B cerula H fratres M
49 ad B coros BH ad chorum austrorum M reliquos B
50 iobar, om. est, B 51 sed suum nullo lacunae indi-
cio B. sudum om. M semper mittunt a corpore solem add.
Scriuer. ex coni. adiens atralibus impete celso add. Vlloa -
52 cum] etur̃ B 53 quur menstruo M sementri B pallea
B 54 infrlexi H inelixi L elico HL ilico P illico iam
tramite M obliquo Scal. eloco tramitte cursum B cursu HPL
55 uacans B rat L cum] ceu Buechelerus toratos P
tortus M 56 Tum M Colligit Scal. fortasse Deligit. leget
anSfractutus B sole minus H eminam B 57 introiuitque
B sororem P 58 hec H ibi x, cur Scal. u. 60. 59
Vlloa 59 angusti solistibum B indicat B indica PL

Quando inter terram et solem rota corporis † alma
Luna meat, fratrem rectis obiectibus arcens.

484
De uentis
B. V 114; M. 1056

Quattuor a quadro consurgunt limite uenti.
Hos circum gemini dextra laeuaque iungantur
Atque ita bis seno circumdant flamine mundum.

60 inter] in *B*   alma *Ar.*   almę *B*   almae *Px*   alme *HL*   albi *M*   almi *Pith., Heins.*   61 meet *B*   merat *M*   retrectis *B*   obiectibus om. *M*   argens *BHL*   urgens *P*   arguens *M*   arcens *Scal.*   Explicit. amen. dō gratias *B*   Explicit *P*, om. *H*. Finem deesse Barthius putat.

Sisebuti hoc quoque carmen extat (ap. Burm. A. L. II p. 325):
  'Magnus ubique deus, nunquam mutabilis auctor'   (= *Dracon-*
  Chare mihi in aeuum ualeas tu Teudila semper   *tius* I 128,
    Atque animo grato nomen amantis ama.   *ubi macula-*
  Qui tibi diuinum iussit concedere notum,   *bilis*)
    Ipse tibi tribuat Sandrimer alma uia (*lege*, alme, uiam).
  Te dominus uerax ueraci gratia seruet,
    Vt nomen meritis uindices ipse tuis.
  Sit leo de tribu Iuda tibi fautor ubique,
    Sit tibi uitae lux Christus ubique pius!

484. *G* = cod. Ouetensis s. *VII—VIII*, contulit Grialius ad Isidor. de nat. rer. post cap. 37, quod eadem continet atque hoc carmen; sed nonnulla Grialii potius. quam codicis puto
    L = cod. Cassiodori s. *VIII—IX*, inter Librii codd. 229, cf. Catalogue of the collection of mss. . . . formed by Mr. G. Libri, Lond. 1859, p. 53. continet v. 1—7.   *M* = Mediceus 16, 39 s. *IX* init. (Bandinius catal. I p. 294). continet v. 1—8
    D = Caroliruhensis olim Durlacensis n. 36 (contulit Holderus) s. *IX—X*.   *R* = Reginensis Heinsii ap. Burm. (Regin. Vatic. 1260 saec. IX)   *W* = Valencenensis 164 s. *IX.* fol. 27 u. apud Mangeartum catal. p. 150.   *V* = Valencenensis 393 s. *IX* fol. 138 r.; ipse contuli.   *x* = unus uel plures Areuali mss. (Albanius saec. X, Ottobonianus, Vaticanus, Veronensis)   *p* = Pithoei lectiones singulares; is u. 4—27. 1—3 ponit.   *b* = Burmanni Vossianus uel Leidensis eiusdem   Versus de uentis *G*   Versus de duodecim uentis *Rb*   De uentis *p*   Versus uentorum *x. Inscr.* om. *DLWV(M?)*   1 Quatuor *GM*   limine *Mx*   Quattuor — limite om. *L*   nti om. *V*   2 Hos circum *GM*   Hi (Hii *L* Huic *W*) quoque sex *LDVWp*   iunguntur *M*   recurrunt *p*   3 senos *M*

Primus Aparctias Arctoo spirat ab axe:
Huic nostra nomen lingua est Septentrio fictum.
Circius hinc dextro gelidus circumtonat antro;
Thrascian Graeci propria dixere loquella.
Huic laeuus Boreas glaciali turbine mugit;
Frigidus hic Aquilo nostris uocitatur in oris.
At Subsolanus medio flat rectus ab ortu;
Graecus Aphelioten apto quem nomine signat.
Huic Vulturnus adest, dextra qui parte leuatur;
Attica Caecian Grais quem littera signat.
Nubifero flatu laeuum latus inrigat Eurus,
Dorica quem simili designat nomine lingua.
At Notus e medio solis dat flamina cursu:
Austrum rite uocant, quia nubila flatibus haurit.
Euronotus cui dexter adest, quem nomine mixto
Euraustrum Latia dixerunt uoce Latini.
Libonotus laeuam calidis attaminat auris;
Aestibus inmensis ardens Austroafricus hic est.
Abscessum solis Zephyri tuba florea seruat,
Italia nomen cui dictum est uoce Fauoni.
Huic dextram tangit dictus Lips Atthide lingua;

4 aparcias *M* aparthias *WLDV* alto qui *G* artioo *L* arto o *D* altus *Mx* 5 factum *p* finctum *DL* fictum *VW* huic nomen nostra e lingua septemtrio fixit *G* septentrion fincxit, *om.* est, *Mx* 6 hunc *Mx* huic dexter *G* gelido *G* *Rxb* dextra *et* Arcto *ci. Pith.* 7 thras *L* traciani *M* thrascian *DVWp* thraseian *b* graii *G* graecia *L* grazu *M* greci *VW* loquela *W edd.* 8 hinc *p* boreus *G* boria *M* 9 hinc *DVWp* 10 m. fl. r.] flat rectus solis *G, fort. recte* 11 apelioten *G Burm.* ephelioten *W* 12 Huic at V. d. de p. l. *G* leuatus *DVWp* 13 caecian *DWp* caetian graiis *V* litora signant *G* 14 leuigatas irrigat auras *G* irrigat *V* 15 dorida *DVWp* 16 nothus *DVW* 17 quia] q₂ *V* 18 euronothus *DVW* oui *D* 19 Euroaustrum *V* Euraustrum *WD* Latia] patria *Burm.* 20 libonothus *DW* liponothus *V* adtaminat *G* adnominat *x* 21 istibus *b* immensis *GV* 22 Abscessum (abc. *W*) solis *DVWp*] Solis ab occasu *GRb* tuba (tubida *D* tumba *p*) florea *GDRVWpb* 23 Ex Itala nomen *G* Italia ueniens cui *DVWp* fixum est *G* 24 attide *GDVWb* attice *p*

Africus hic propria ueniens regione uocatur.
At tu, Core, fremis Zephyri de parte sinistra;
Argesten Grai uocitant cognomine prisco.

25 hinc $DVWp$ hic G 26 at *ex* ac D ta b chore DWb fremens VWp 27 argestem W quē grai D raii b Graio uocitarunt ore Camoenae G cognomine prisco VWb dictū
prisco D, *om.* p

CARMEN
CODICIS PARISINI 7530

B. M. — 485

De figuris uel schematibus

Collibitum est nobis, in lexi schemata quae sunt,
Trino ad te, Messi, perscribere singula uersu
Et prosam uersu pariter † placare uirorum.

Κόμμα

Particulae membra efficiunt, haec circuitum omnem.
Particula est comma. ut uersu tria commata in illo: 5
'Arcadiam petis, inmensum petis, haud tribuam istud.'

Κῶλον

Membra ea sunt, quae cola uocant; ea circuitum explent.
'Nam qui eadem uult ac non uult', colon facit unum.
Huic adiunge sequens: 'is demum est firmus amicus.'

Περίοδος

Circuitus, peri quam dicunt odos, orta duobus 10

---

485. *Inscripsi ut P (cod. saec. VIII). V.* 1—3 *praeter illa*
'Collibitū est nob in lexis a' *et* 'pariter placare uirorum,'
deinde u. 33 *et* 93, *in P nunc euanidi, ex Sirmondi apographo
noti sunt.*   3 Et prosa et *P* Et prosam *Ritschl* planare
Halm. replicare priorum *Ritschl. Cetera qui emendarint, uide
apud Halmium rhett. lat. p.* 63 *sqq.*   4 et membra, *Quicherat*
   5 coma *P*   7 Membrea sunt *P* circuitu *P*   8 uul hac
P   9 his P   10 ados *P* ora *P* orsa *Ahrens* orta *Sauppe*

Membris, ut praedicta, uenit tetracolon adusque.
Nam si plura itidem iungas, oratio fiet.

Ἀνάκλασις

Est reflexio, cum contra reflectimu' dicta.
"Non expecto tuam mortem, pater', inquit. at ille
'Immo', ait, 'expectes oro neue interimas me."

Ἀντιμεταβολή

Permutatio fit, uice cum conuertimu' uerba.
'Sumere iam cretos, non sumptos cernere amicos.'
'Quod queo, tempus abest; [quod tempus abest] ne-
queo' inquit.

Ἀλλοίωσις

Differitas fit, differre hoc ubi dicimus illi.
'Excitat hunc cantus galli, te bucina torua.
Te ciet armatus uictus, huic otia cordi.'

Ἀντίθετον

Oppositum dico, contra cum opponimu' quaedam.
'Doctor tute, ego discipulus; tu scriba, ego censor;
Histrio tu, spectator ego; adque ego sibilo, tu exis.'

Αἰτιολογία

Redditio causae porro est, cum, cur ita, dico.
'Audi, etsi durum est; nam uerum quod graue primo
Consilium acciderit, fit iucundum utilitate.'

Ἀνθυποφορά

At si aduersa mihi referam, relatio fiet.
"Sed moueas te, lucifugus, sis in medio audax!'

11 tretacolon *P* 13 reflectio *P* reflectimus *et sic ubi-
que P* 14 pariter inquid *P* 15 ait *Fröhlich* aut *P* autem
Sauppe expectis *P* 17 supto *P*, em. *Q* (*Quicherat*) 18 cui
[quod *ego*] tempus adest [abest *ego*] *suppl. Sauppe* inquid *P*
19 Ἀμοισις *P* differe *P* dicimu illo *P* 20 buccina
torba *P* 21 cordis *P* 22 Appositum *P* 25 Αετιολογία
P 26 aud. *P* uero *P* 27 iogundum *P* 28 Ανειποφορα
P rellatio *Schn.* (*Schneidewin*) 29 in medium *Ahrens*

Anthol. lat. I, 2

'Ludo est, indoctus cui pes, malus optigit umbo?" 30
Ἀπόκρισις
Fit responsio ad haec, quae contra fingimu' dici.
'Irascetur: sperne. dabit damnum: reparabis.
Caedet: ne toleres. nex imminet: emorere, inquam.'
Ἐπαναφορά
Est repetitio, cum uerbo saepe incipio [uno].
'Ipse epulans, ipse exponens laeta omnia nuptae, 35
Ipse patrem prolemque canens, idem ipse peremit.'
Ἐπιφορά
Desitio contra, cum uerbo desino in uno.
'Vt possem, fecit fatum; dedit haec mihi fatum:
Si perdam, abstulerit fatum: regit omnia fatum.'
Κοινότης
Haec duo coniunctim faciunt, communio uti sit. 40
'Vis callere aliquid: discas. uis nobilitari
Ingenio: discas. uis famam temnere: discas.'
Ἀναδίπλωσις
Fit replicatio, si gemines iteramine quaedam.
'Ibo in eum, sit uel pollens ut fulmine dextra,
Pollens fulmine dextra, fero uis praedita ferro.' 45
Βραχυλογία
Est breuitas, raptim paucis cum dicimu' multa.
'Mentem contempla; nam consilio ualuit: fors
Decepit. si peccat, homo est. concede; fatetur.'

30 Laudes induotus *et* optige ambos *P*, *em. Ahr.* 33 Cedet me tolere *apographum Sirmondi*, *em. Sauppe* ne si minor *apogr.*, *em. Ritschl* At sum minor *Sauppe* qui sim minor *Hahn* 34—42 *post* 63 *posuit G. Dzialas* 34 απαναφορα *P* uno *add. Q* 37 Desisto *P* 40 ut sit *P*, *em. Ahr.* 42 dicas uis *P* 43 ανδίπλωσις *P* 45 uis *Ahr.* bis *P* 46 partim *P* raptim *Sauppe* carptim *Q* 47 uoluit *P* 48 si peccat *Fröhlich* sepe ad *P. alii* spem *uel* fit *uel* bene *ante* saepe, at *ponunt*

Διαφορά

Si uerbum diuerse iteres, distinctio fiet.
'Cuiuis hoc homini dones: homo si modo, nolit.'
'O mulier, uere mulier! scelera omnia in hoc sunt.'

Πολυσύνδετον

Multiiugum dico, articulis quod pluribu' iungo.
'Ille hunc fallit, at hic gaudet, nos uero timemus
Praesertim in peregri ne fas abrumpere tentet.'

Διαλελυμένον

Abiunctum contra est, si nullis singula necto.
'Cognoscas, qui sis, cures te, uir sapiens sis,
Et peius serpente time illum qualibet unum.'

Διῃρημένον

Dispersum dico, quod †passum uno ordine reddo.
'Ambo Iouis merito proles, uerum ille equitando
Insignis Castor, catus hic pugilamine Pollux.'

Διέξοδς

Fit percursio, percurro cum singula raptim.
'Maiorem uim †haud inueniet, parilem simili in re
Vincemus, non audebit certare minore.'

Ἐπιπλοκή

Fit conexio, posterius si necto priori.
'Cum sensi, dixi; cum dixem, deinde suasi;
Cum suasissem, abii; simul atque abii, indupetraui.'

---

49 διαφωρ. *P* diuersae *P*   50 O muli *P*   52 Πω
λυνδετων *P* Multilongum *P*, em. *Q*   53 at *P* et *Sauppe*
54 praesentim *P* tentet *Q* t et ire *P*   55 Διαληλυμενων
P   57 Et prius uerb. time illum quaelibet *P*, em. *Ahrens*
58 διερειμμένων *P*, em. *Q* Disparsum *P* dico *ego*] reddo *P*
quod sparsum *Sauppe* uno *Q* non *P* haud *Ahr.*   60 castus
C pullux *C*   61 διεξοδως *P*   percussio *P*   62 haud *Ahr.*
non *P* Non uim maiorem inu. *Christ.* Vel uim del. *Ahr.*
63 certeare minorem *P* audebunt c. minores *Ahr.*   64 connexio *P*   65 dixem *Sauppe* dixisse *P*   66 indupretraui *P*

Ἐπανάληψις
Illa resumptio fit, quaedam cum dicta resumo.
'Cognitus est nobis, iam cognitus, ac bene noui.'
'Tu uero sapiens cunctis, immo ipsa Minerua.'

Ἐπιτροπή
Fit concessio, cum quiduis concedimus †optet.
'Nesciuit uel non potuit uel noluit: ut uis,
Pone, tibi permitto; tamen non debuit uti.'

Ἐπιφωνούμενον
Intersertio., cum inseritur sententia quaedam.
'Pollet enim forma, quod regnum aetatis habendum,
Fortuna, quae sola potest quemcunque beare.'

Ἐπίζευξις
Fit geminatio, cum sensus geminamus eosdem.
'Thebae autem, Thebae, uicina urbs inclutaque olim.'
'Mi nate, o mi nate, meae spes sola senectae.'

Ἐπεκφώνησις
Exclamatio ea est, quam ut motus reddo repente.
'A, postquam uictum uideo me, tu improba et amens,
Fortuna, es, quos sublimas mox ipsa premendo.'

Ἰσόκωλον
Fit parimembre, ubi membra aequalia circuitus sunt.
'Cui nec finis adest cupiendi nec modus extat
Vtendi, citus in dando est, celer in repetendo.'

Μερισμός
Cum priuis propria attribuas, fit distribuela.

---

67 επαναλημφις *P*   68 ac *Schneidew.* at *P* est *Sauppe*
est bene nobis *Ahr.*   69 imo *P*   επιτροπν *P*   70 opte
P   71 Hisce uti *Froehl.*   72 Ponet ibi *P*   επιφω-
νουμενων *P*   77 inclytaque *P*   78 meae] memeae *P*
80 at *P* ah *Halm* ut *Schn.* amans *P*   81 praemendo *P*
ισοκωλον *P*   82 pare membre *P*   aeque et *P* aequa-
lia *Sauppe*   84 citius *P*   in] i *P*   85 primis, sed ead.
manu priuiis corr., *P* destribuela *P*

'Huic furta in manibus, fuga plantis, uentre sagina.'
'Tu sumptu pauper, dando dis, ingenio rex.'

Μετάβασις

At remeatio fit, cum rursus me redigo ad rem.
'Verum longius excessi nec tempore in ipso
90 Fortasse indulgens animis: ergo redeo illuc.'

Μετάφρασις

Fit uariatio, cum simili re nomina muto.
'Regnauit Libyco generi, regnauit et Argis
Inachiis, dominatus item est apud Oebaliam arcem.'

Μετάκλισις

Declinatio, cum uerbum declino parumper.
95 'A primo puerum rectum est condiscere recte.'
'Dignos digna manent, plerumque bonis bene uortit.'

Ὁρισμός

Definitio fit, cum rem definio pro me.
'Diligere, hoc prorsum est uelle id, quod prosiet illi:
Nam qui ad se reuocat quod uult, mihi sese amat ipse.'

Ὁμοιοτέλευτον

100 Confine est, simili fini cum claudimu' quaedam.
'Quom minus indignatur, ibi magis insidiatur,
Vt metuas noxam, si non ostenderit iram.'

Ὁμοιόπτωτον

Aequeclinatum est, quod casu promimus uno.
'Auxilium, non consilium, rata, non cata uerba,
105 Rem, non spem, factum, non dictum quaerit amicus.'

<small>
86 faga *P*   88 rematio *P*   89 *puto* tempore iusto,
91 in re *Sauppe*   92 gene *P*   93 *uide ad u.* 1
εκκαλισις *P, em. Saupe.* an "Εκκλισις?   94 uerbo *B*   ωρισμός *P*   98 dilige *P*   uelle id quod *Sauppe* uert id *P*
prosit et *P, em. Emperius*   99 uult mihi, sese *Sauppe.*
mihi] *puto* hic   ομοιοπτελευτον *P*   100 Confinies simili *P*
101 quom *Halm*   com *P*   102 Vt noxam metuas *P*,
transpos. Q   non] n. *P*   ομοιοπτοτον   103 aequae clinatum
P   aequicl. *Ahr.*
</small>

22 CARMEN

Πολύπτωτον

Multiclinatum contra, uariantibu' quod fit.
'Tu solus sapiens, tibi cuncti cedere debent,
A te consilium petere et tua dicta probare.'

Παρονομασία

Supparile est, alia aequisono si nomine dicas.
'Mobilitas, non nobilitas.' 'bona gens, mala mens est.' 110
'Diuidiae, non diuitiae.' 'tibi uilla fauilla est.'

Προσαπόδοσις

Est subnexio, propositis subnectere quaeque.
'At nos non ut tu: nos simplicitate, tu arte.'
'Hoc das, hoc adimis nobis: das spes, adimis res.'

Παραδιαστολή

Subdistinctio fit, cum rem distinguimus ab re. 115
'Dum fortem, qui sit uaecors, comemque uocat se,
Quom sit prodigus, et clarum, qui infamis habetur.'

Παρένθεσις.

Interiectio, cum quaedam medio ordine famur.
'Huc ut uenimus, interea — nam tempus erat uer
Et sacrum Florae et Cereri nemus — imus ad aras.' 120

Παρομολογία

Est suffessio, cum sensi pro parte fatemur.
'Verum Academia †est. esto: tamen omnia nulli
In dubium reuocant. at quaedam et pleraque, si uis.'

Πρόληψις

Anticipatio fit, contraria cum occupo uerba.

πολιπτοτον *P*   106 contraria uariantius quod sit *P*, em. *Q* (= *Quicherat*) *Halm Ahr.*   107 dere om. *P*   παραονομασια *P*   109 alia *Sauppe* tale *P* alid *Ahr.*   110 mouilitas non uilitas *P*   112 subnectio *P*   113 tuare *P, em. Sauppe*   114 adimes *bis P, em. Q*   προδιαστολε *P*   116 forte *P* quia *P* qui *Schn.*   uaecor *P*   117 quom *Halm* quod *P* si *P* sit *Q*   παρεντεσις.   118 Interfectio *P*   120 Cereris *Sauppe*   121 suffasio *P*   122 est] ait *Halm*   123 ad *P* sibi *P* si uis *Q*   προλησις *P*

125 'Credo, ille et flebit multum et iurabit, amicos
Producet testes: sed uos rem quaerere par est.'

Παρόμοιον

Adsimile, † a momento cum simile hoc facio illi.
'Nam plebeius homo, ut ferme fit libera in urbe,
Reg[nat] † ibi et puncto regnat suffragioloque.'

Παρρησία

130 Inreticentia, cum uerum reticere negamus.
'Dicere, quod res est, cogor; uos ista, Quirites,
Vos facitis, dum non dignis donatis honores.'

Πρότασις

Propositum, cum proponas, quod deinde repellas.
'Est ornanda domus spoliis: hic ornat amicam ·
135 Exuuiis. leges discendum est: discit amores.'

Πάντα πρὸς πάντα

Cuncta ad cuncta, ut: 'Gens Graia, Afra, Hispanica
seruit;
Nam partim meritost ultus, partim insidiantes
Praeuenit, partim uictor uirtute subegit.'

Συναθροισμός

Est conductio conquegregatio, cum adcumulo res.
140 'Multa hortantur me: res, aetas, tempus, amici,
Concilium tantae plebis, praenuntia uatum.'

Συνοικείωσις

Conciliatio, diuersum si conciliamus.
'Prodigus [est] et parcus idem: [nam] nescit uterque
Vti opibus, peccant ambo, res dedecet ambos.

---

125 illae fleuit *P* iurauit amico *P* 126 producit *P*
pars est *P* 127 At simul *P* cum agnomento *Fröhlich*
128 nan *P* 129 Regnat *Q* Reg *P* ibi et] *num* ibei? suf-
ragio loqui *P, em. Ahr.* 131 ita *P, em. Q* 133 propositio
P, em. Q; id add. Sauppe proponis *Ahr.* 137 meritostultos
P 138 preueni *P* inuictos *Ahrens* συναεροισμος *P*
141 concilia *P* denuntia *P, em. Halm* dementia *Q* natum *P,
em. Schn.* συνοικιωσις *P* 142 fit *add. Q* diuersa ubi
Froehlich. 143 est *et* nam *add. Q* 144 dederet *P*

Τρίκωλον

Teriuga sunt, quae respondent secum ordine trino.   145
'Si neque diuitiis polles neque corpore praestas
Nec corde exuperas, cur te dicam esse beatum?'

Χαρακτηρισμός

Fit depictio, cum uerbis ut imagine pingo.
'Pocula, serta tenens flexa ceruice iacebat,
Limodes, grauis optutu, madido ore renidens.'   150

Ἐπιτίμησις

Est correctio, cum in quodam me corrigo dictu.
'Nam tarde tandem — tarde dico? immo hodie, inquam.'
Vel sic: 'non amor est, uerum ardor uel furor iste.'

Προυπάντησις

Fit praeoccursio, si reddas priu' posteriori.
Vt: 'pluuias cernas nolle istos ac cupere illos: 155
Artrantes cupiunt imbrem noluntque uiantes.'

Ἀναστροφή

Esse reuersio et in prosa solet, ut fit in istis:
'Pauxillam ob culpam.' 'male quod uult.' 'praecipiti
in re.'
'Troianos facit ire ut diuus Homerus aues ut.'

Ὑπερβατόν

Transcensus porro est, cum intersita pendula claudo.   160
'Atque ego, quod negat hic quiduis, ius eripit omne,
Fas abolet, laedit leges, haec omnia mitto.'

τρικωλων *P*   145 trina *Sauppe, sed cf. u.* 2   χαρακοηρισμος *P*   148 depinctio *P* uerb. *P*   149 ferta *Quich.*   150 Limonides *P, em. Haase*   επιτειμησις *P*   153 uerbum *P*   154 redas prius *P*   155 accipere *P, em. Sauppe*   156 Arantes *P, em. Froehlich*   agrestes *Ahrens*   agricolae *Sauppe*   158 pausillam occultam *P, em. Ahr.* praecipit *P, em. Schneidewin*   159 duuius *P*   160 interposita *P, em. Q*   161 quiduis *Sauppe* uiuis *P*   162 laede *P*

Ἀντεναντίωσις

Exaduersio fit, minimis si maxima monstras.
'Non parua est res, qua de agitur' pro 'maxima res est',
165 Vt dictust Aiax 'non infortissimu' Graium.'

Ζεῦγμα

Nexum est, si uarias res uno nectimu' uerbo.
'Oebalon ense ferit, Lycon hasta, Pedason arcu.'
Nunc mediost 'ferit' et fini pote principioque.

Μεταβολή

Si uerbum uarie mutes, uariatio fiet.
170 'Quis nos propter te dilexit? quando aliquem tu
Iussisti? quas res gessisti? cur ita abundas?'

Ἀλλοίωσις aut Ὑπαλλαγή

Fit mutatio multimodis. 'Bello Africa flagrat,'
Afros cum dicas bellare. et tempora quando
Et casus numerosque figurando uariamus.

Ἔλλειψις

175 Fit defectio, cum uerbum, quod subtraho grate,
Defit. 'Curat enim nemo nec corrigit hanc rem,
Sed culpat.' quippe hic 'quisquam' subtraximu' grate.

Πλεονασμός

Exuperatio fit, quod causa appono decoris,
Cum uacat, ut: 'quarta uix demum exponimur hora;'
180 'Saucius ille leo' — quia 'uix' pote tollere et 'ille'.

Περίφρασις

Est autem circum illa locutio: 'bucera saecla'

. . . .

'Fac discas' pro 'disce', et pro 'dic' 'dice loquendo.'

---

164 pro maxima *Ahrens* sed proxima *P*   165 in fortissimus *P*   167 Lycon ferit *Christius* astapidason arci *P*, em. *Q*   168 medius *P*; mediost *ego* mediumst *Christius* fuerit *P*   169 uariae *P*   170 non *P*   171 iunxisti *Schneid.* iuuisti *Sauppe*   νναλλαγη *P*   172 multis modis *P*   ελλυπσις *P*   177 subtrax *P*   178 sq. quod] quom et cum] quod *Christius*   180 uim *P*   182 lacunam agn. *Halm*

Προσδιασάφησις
Si plenum cumules, adsignificatio fiet.
Vt: 'mihi non placet hoc animo,' quippe [hinc] 'animo' ₁₅
aufer,
Et nihilo minus est plenum; uerum auxerit illud.

προσδιαγραφεσις *P*, em. *Schn. et Sauppe*   184 comules at significatio *P*   185 hinc add. *Halm*, hic *Schn.* tu quippe *Sauppe*   186 Enihil *P* illum *P*

CARMINA
CODICIS VINDOBONENSIS 16

486
REMI FAVINI
De ponderibus et mensuris

B. M.

Pondera Paeoniis ueterum memorata libellis
Nosse iuuat. pondus rebus natura locauit
Corporeis: elementa suum regit omnia pondus.
Pondere terra manet: uacuus quoque ponderis aether
5 Indefessa rapit uoluentis sidera mundi.
Ordiar a minimis, post haec maiora sequentur.
Nam maius nihil est aliud quam multa minora.

$A = $ *Vindobonensis olim Bobiensis saec. VIII—IX fol.* 48
r. u.; 70 *u.; contulit Endlicherus* (*ed. Vindob.* 1828) $P = $ *Parisinus* 7496 *saec. IX fol.* 246 *et* 249; *contuli* $B = $ *Guelferbytanus Gud.* 132 *saec.* X; *cont. Hultschius* $C = $ *Guelferbytanus Gud.* 64 *saec.* X; *cont. idem* $G = $ *Sangallensis* 817 *saec. XI; cont. Schenklius; quem, ut specimen corruptelae latius serpentis, hic illic exhibeo.*
De ponderibus A *Inscriptione carent PB all. cf. Anthol. fasc. I p. XIX.* Remi Fauini epistola de ponderibus ex sensu eiusdem clari oratoris ad Symmachum metrico iure missa incipit *Parisinus* 7498 *saec. IX et fere Voss. oct.* 15. Remi Fauini de ponderibus et mensuris C, *Monacensis* 18375 *saec.* X; *all.* Itē Prisciani liƀ de ponderibus et m̄suris ex opere Rufini ut Fauiani: *fI. de ponderibus et mensuris cod. Voss. q.* 33 *saec.* X *fol.* 115 *r. et fere Reginensis ap. Burm.* (*i. e. Vatic.* 1709). *Versus Prisciani grammatici de figuris numerorum et ponderum* G *Incipiunt uersus Prisciani de ponderibus Paris.* 8069 *saec.* X —XI *fol.* 4 *u.* 1 peonis A (peoniis A^2 *i. e. m. sec.*) poeniis C poeoniis C *m.* 2, G 2 rerum A (*corr.* A^2) C locabit A^1
1
7 n A^1 minora A^1 minuta A^3PBC *rel. uulgo*

Semioboli duplum est obolus, quem pondere duplo
Gramma uocant, scriplum nostri dixere priores.
Semina sex alii siliquis latitantia curuis
Attribuunt scriplo, lentis uel grana bis octo,
Aut totidem speltas numerant tristesue lupinos
Bis duo; sed si par generatim his pondus inesset,
Seruarent eadem diuersae pondera gentes.
Nunc uariant: etenim cuncta haec non foedere certo
Naturae, sed lege ualent hominumque repertis.
Scripla tria dragmam uocitant, quo pondere doctis
Argenti facilis signatur nummus Athenis;
Oleaeque a dragma non re sed nomine differt.
Dragmam si gemines, erit is quem dicier audis
Sicilicum: dragmae scriplum si adiecero, fiet
Sextula quae fertur; nam sex his uncia constat.
Sextula cum dupla est, ueteres dixere duellam.
Vncia fit dragmis bis quattuor; unde putandum
Grammata dicta, quod haec uiginti quattuor in se
Vncia habet: tot enim formis uox nostra notatur,
Horis quot mundus peragit noctemque diemque.
Vnciaque in libra pars est quae mensis in anno.

    9 dragma A, *cm.* A^3 scriplum A scrupulum PB scripulū CG 11 attribuo A^1 adtribuunt A^2G scrupulo B scripulo PC uel grana bis A uergantur P uergantur in BC uergentibus G 13 Biduo PB^1C 14 diuersa P 15 etenim] etcum A^1 haec non A nunc (*om.* haec) PBC^1G federe G 17 Scripula $PBCG$ namque *add.* PG ria A^1 (tria *m. tert.*)   dracmam G drachmam *uulgo, et sic infra*   uocitant A, *om. PBCG*; faciunt *Paris.* 12117 *saec.* XI   quo A quam *rell.*   18 facile A ethaenis P aenis B et acris G 19 olcae B olcis G quae ABC a] ad C, *om.* B $\tilde{N}$ P 20 geminas G erit APC aderit B eterit G is A, *om. PBCG*   21 sicilicum A, sicilicus *rell.*   scripulum PC scrupulum B dracmae scripulus G adicero A^1 adiicero A^3 22 q̄ P untia G c̄stat' P 23 duelam G 24 bis IIII A 25 grammata A^2P dragmata A^1 gramma BC XX et quatuor A 26 totidem f. C nostra ABC una P graeca A^3 *in mg.*   27 *ante* 26 A^1 27 In se horis A quod A^1C qu̇ᵛᵒᵗ P peraget A^1 28 q̄ P quae BC annum $PBCG$

Haec magno Latio libra est gentique togatae:
30 Attica nam minor est: ter quinque hanc denique dragmis
Et ter uicenis tradunt explerier unam.

Accipe praeterea, paruo quam nomine Grai
Mnam uocitant nostrique minam dixere priores.
Centum hae sunt dragmae; quod si decerpseris illis
35 Quattuor, efficies hanc nostram denique libram;
Attica quae fiet, si quartam dempseris unam.
Cecropium superest post haec † docuisse talentum
Sexaginta minas, seu uis, sex milia dragmas,
Quod summum doctis perhibetur pondus Athenis;
40 Nam nihil his oboloue minus maiusue talento.

Nunc dicam, solidae quae sit diuisio librae
Siue assis (nam sic legum dixere periti),
Ex quo quod soli capimus perhibemur habere,
Dicimur aut partis domini pro partibus huius.
45 Vncia si librae desit, dixere deuncem,
Ac si sextantem retrahas, erit ille decuncis.
Sed nullum reliquo nomen semuncia certum

30 non G ẕ P hanc B] s ad A^1 haec PCG hac A^3 *in mg.* ter quinis at A^2 31 uigenis B unum B 32 patrio *Vinetus* quam] cog C grai AB gradi P grandi C 33 nam A^1PCG mnam A^3B que A^3] quam A^1PCG, *om. B* nostri *et* minam *et* priores *om.* A^1, *qui* quam dixere duellam. minam A^3P mnam BCG dire C 34 heę G haec C erunt PCG quae si A decepseris C 36 nam fiet quartam si G emnam *libri* unam *Vinetus*. ei mnam *Schenklius. num* e mna? 37 Cecropeũ PG superem A docuisse *libri, nisi quod* uocare A^1, dixisse A^3 memorare *Hultschius* thalentũ P 38 Sexaginta A sex $PBCG$ minis A^1 mnas *Vinetus* bis *libri* millia A? *post* milia *add. C* denique, G milia dragmis A^1, *Hultschius*, dragmas A^2PBCG 39 summus PC ethaenis P aenis B 40 obolo] binis G. ue AG ne PBC talento A talentum BCG thalentum P 42 seu ABC seu͡ʳ P Siciliçus assis G 43 solidi A^3 solide G 44 dicimus A^2BC 4 cim' P ut G huius] usus C 45 deest PBC deerit G 6 Ac si PB axi A^1 at si A^3 assis C extantem C sex tandem G retrahas A^3B detrahas A^1PCG illaᵉ P decuncis A^2PBCG^2 deuncis A^1G^1 47 relinquo A^1 reliqua G

Dempta dabit, neque [quae] est huius sescuncia triplex.
Dodrantem reliquum uocitant quadrante retracto;
Cumque triens desit, bessem dixere priores.
Idem septuncem dempto quincunce uocarunt.
Post haec semissis solidi pars maxima fertur;
Nam quae dimidium superat, pars esse negatur,
Vt docuit tenui scribens in puluere Musa.
Cetera dicta prius, quibus est semuncia maior.

Haec de ponderibus: superest pars altera nobis
Vmida metiri, seu frugum semina malis.
Cuius principio nobis pandetur origo.
Pes longo in spatio latoque altoque notetur,
Angulus ut par sit quem claudit linea triplex,
Quattuor et medium quadris cingatur inane:
Amphora fit cybus hic, quam ne uiolare liceret,
Sacrauere Ioui Tarpeio in monte Quirites.
Huius dimidium fert urna, ut et ipsa medimni
Amphora, terque capit modium; sextarius istum
Sedecies haurit, quot soluitur in digitos pes.
At cotylas, quas si placeat dixisse licebit

48 dempto B quae est] *post Wernsdorfium Schenklius*,
est A^1 (namque est A^3 *in mg.*) PG, inest B enim est C huius
om. A sescuncia A^2 sexuncia A^1 sexuncia PBC 50 Cun-
que C defit P uesen A^1 besen $A^2 PB$ bessen G 51 septun-
ciem A^1 septunce est B septuncem ẽ C septunx est G
qcmque A^1, *em.* A^3 cincūq. PBC uocatus G 53 nam que
A^1 dimedium A 54 tenuis A^1 55 caetera P caetera C
est semuncia A^3 *rell.* septuncia P *ut uidetur* esse uncia A^1 esset
uncia A^2 57 Vmida P Humida *rell.?* malis A mauis PBC
59 Pes etenim l. G *in om. PG* altoque *om. PBCG* no-
tatur A^3 ℞ P *in mg.* 60 angelus A^1 ut A et *rell.* pars
B lancea G 61 quadris medium B 62 anphora A
cybus A cuius $PBCG$ cubus *uulgo* hic *uulgo om.*; hanc ne
cui *Schenkl.* quam *om. G* 63 tarpeio P im C 64 dime-
dium A fertur nam ipsa A^1 fertur nam ut ipsa PBC fert
urna ut ipsa A^3 nam fertur in ipsa G edemni A^1 medemni
A^3 medimna G 66 Sedeties P aurit A^1 quod $A^1 PBC$
indirit ospes A^1, *em.* A^2 67 Ad A colittas A^1 cotilas
$A^3 PBCG$ quasi C

Eminas, recipit geminas sextarius unus,
Quis quater adsumptis fit Graio nomine choenix.
70 Adde duos, chus fit, uulgo qui est congius idem,
E quo sextari nomen fecisse priores
Crediderim, quod eos recipit sex congius unus.
At cotyle cyathos bis ternos una receptat.
Sed cyatho nobis pondus quoque saepe notatur.
75 Bis quinae hunc faciunt dragmae, si adpendere malis:
Oxybaphon fiet, si quinque addantur ad istas.
At mystrum cyathi quarta est; sed tertia mystri
Quam uocitant chemen, capit haec coclearia bina.
Quod si mensurae pondus conponere fas est,
80 Sextari cyathus pars est quae [est] uncia librae;
Nec non oxybaphi similis sescuncia fiet,
Sicilicumque tibi mystro simulare licebit.
Coclear extremum est scripulique imitabitur instar.
Attica praeterea discenda est amphora nobis

68 Emina A^1 heminas *uulgo* 69 Qui *et* assumptus (ads. A^2) *libri, em. Endlicher.* graia A cenis A^1 cenix A^2 chenix G 70 duas *Endl.* chus A^2PB^2C huius A^1 chrus B^1 dius, *om.* fit, G c̄gius P 71 Aequo A^1PC A quo G ex quo A^3 sextarii A (*e sil.*) PC 72 recipit A captet P capit et CG capiat B *uulgo* unas P 73 cotile A^2C cotilem A^1 cotila PBG cyatos A^1 chyatos A^2 ciatos BG (*qui sic ubique*) batos PC 'alius ciatos' P *m. pr. supra lin.* uix A^1, *corr.* A^2
74 chyato A deciato B de bato PCG 'alius ciato' P *ut supra* quoque *om.* PBC 75 Vix A^2, bis A^1 *rell.* nunc PC dracmę C appendere uelis PBC 76 Oxabafum PBC hocsibafon A^1 oxybafon A^3 oxifalum G fient PC facient B si *post* quinque C, *om.* P u. 77 *om.* A^1, *add.* A^3 *in mg.* Ad BC mistrum *ubique* G mixtu C ciati ABC. cyati P sed A at P a BG ad C mustri C 78 ////emen A^1 clemen A^3 cyamen BP ciamen CG coclaria A bina *om.* G 79 pondus *om.* PBC componere BC cōp. P 80 Si sextarios A^1 Sextario A^3 *rell., em. Hultsch.* ciatus BC cyatus P quae] q̃; P utque G quā *Paris.* 12117 *saec. XI* est *om. libri*
81 hoc so baphi A^1 hoxyibaphi A^3 oxibafi B exobafi P exobafit C exifalo G sescuncia A^3 uncia A^1 sexcuncia BG sex uncia PC 82 Siciculūq: B Silicumque C mistro A^1 similare B 83 clocleare A^1 q̃ P quae BC 84 Attico C dicenda *man. recentior in* A

Seu cadus: hanc facies, nostrae si adieceris urnam. 85
Est et bis decies quem conficit amphora nostra
Culleus: hac maior nulla est mensura liquoris.
Est etiam terris quas aduena Nilus inundat
Artaba, cui superest modii pars tertia post tres,
Namque decem modiis explebitur artaba triplex. 90

Illud praeterea ueteres perhibere memento,
Finitum pondus uarios seruare liquores.
Nam librae, ut memorant, bessem sextarius addit,
Seu puros pendas latices seu dona Lyaei.
Addunt semissem librae labentis oliuae 95
Selibramque ferunt mellis superesse bilibri.
Haec tamen adsensu facili sunt credita nobis:
Namque nec errantes undis labentibus amnes
Nec mersi puteis latices aut fonte perenni
Manantes par pondus habent, non denique uina 100
Quae campi aut colles nuperue aut ante tulere.
Quod tibi mechanica promptum est deprendere Musa.
Ducitur argento tenuiue ex aere cylindrus,
Quantum inter nodos fragilis producit harundo,
Cui cono interius modico pars ima grauatur, 105

85 facies om. A^1, add. A^3 una PC   86 quae confit C
87 culleu/// ac P   hac A^3B hanc A^1 ac C hoc G   maioris
A^1, em. A^3 hac nulla est maior B   m̄sura P   89 arta ua
A^1, em. A^3 superest A^1 superat A^3 rell. modii om. G
90 modiis A^1BP modios A^3 modii C explebit A^1, em. A^3
91 ueteris A, om. PBC sensu G perhibere AG cohi-
bere PC coniuere B   92 serua P   93 librå P besen A^1
besem A^3 bessen G   94 plendas A^1, corr. A^3 lyei A
liei PB lyci C ligni G   95 semisse Tibrae P oliuae A^1
aliui P oliui A^2 rell.   96 Seu librāq. P Sedlibramque CG
melli P libri B, idem ante superesse C   97 asensu B
assensu PCG sunt] s PC   99 putei PBC puteo G forte
A^1, em. A^2 100 manantes A^2PB manentes A^1C ñ P
01 aut tante C aut tanta G   102 mecanica A^1, em. A^2
deprehendere PCG   103 dicitur A^1PCG ducitur A^3B tenu-
esue A^1 tenue (om. ue) P tenuiue A^2 rell. ex atre P ex-
stare G cilindrus A ubique celyndrus ubique G   104 arundo
BPG   105 cano P

Ne totus sedeat totusue supernatet undis,
Lineaque a summo tenuis descendat ad imam
Ducta superficiem, tot quae aequa in frusta secatur,
Quot scriplis grauis est argenti aerisue cylindrus.
110 Hoc cuiusque potes pondus spectare liquoris.
Nam si tenuis erit, maior pars mergitur unda;
Sin grauior, plures modulos superesse notabis.
Quod si tantumdem laticis sumatur utrimque,
Pondere praestabit grauior; si pondera secum
115 Conuenient, tunc maior erit quae tenuior unda est;
Ac si ter septem numeros texisse cylindri
Hos uideas latices, illos cepisse ter octo,
His dragma grauius fatearis pondus inesse.
Sed refert aequi tantum conferre liquoris,
120 Vt grauior superet dragma, quantum expulit undae
Illius aut huius teretis pars mersa cylindri.
Haec de mensuris. quarum si signa requires,
Ex ipsis ueterum poteris cognoscere chartis.
Nunc aliud partum ingenio trademus eodem.
125 Argentum fuluo si quis permisceat auro,

106 Nec A^1PC Neu A rec. totis G^1 uersusnatet G supernatat PC 107 q̄ P descendat AB^2 descendet B^1. descendit PC ima $PBCG$ 108 Ductam B superficie $PBCG$ tot aequa A^1 totque aequa A^2 totq. qua P totq: quę B tot quo quū C tot quaque G totidemque aequa A^3 frustra C secetur B 109 Qd̄ P scripulis PBC aerisque G cilindrus AC 110 potest PC 111 si om. A^1, corr. A^2 maiori PG pars om. PBC mergitur A^2PCG pergitur A^1 submergitur B 112 Si grauio A^1, corr. A^2 modulatus suo peresse A^1, em. A^2 113—115 post 118 ponit Christius 113 Quod A Ac PBC At G aut uulgo tantundē PB latices G^1 sūmatur P utrūq; supra scripto ĭq; m. pr. P 114 grauiors P^1, grauior si P^2 pondere PCG 115 Conueniunt $PBCG$ qui G 116 ac si A^1 at si A^3 quod si PBC septies A^1, em. A^3 humeros $PBCG$ (idque B ante septem) cilindri AC^1 117 illas P coepisse PG^2 caepisse BC 119 equi B 120 dedi ex PBC; corruptum dicit Hultschius Vt dragma superet sua A^1 dragma superet grauior A^3 unda G undas A^3 undę A^1PBC 121 mensa PB cilindri A 122 Hae P si om. G, tu C requiris PB requiras G 123 cartis B certis G 124 tradamus G

Quantum id sit quoue hoc possis deprendere pacto,
Prima Syracosii mens prodidit alta magistri.
Regem namque ferunt Siculum quam uouerat olim
Caelicolum regi ex auro statuisse coronam,
Conpertoque dehinc furto — nam parte retenta
Tantundem argenti opifex inmiscuit auro —
Orasse ingenium ciuis, qui mente sagaci,
Quis modus argenti fuluo latitaret in auro,
Repperit inlaeso quod dis erat ante dicatum.
Quod te, quale siet, paucis (aduerte) docebo.
Lancibus aequatis quibus haec perpendere mos est
Argenti atque auri quod edax purgauerit ignis
Impones libras, neutra ut praeponderet, hasque
Summittes in aquam: quas pura ut ceperit unda,
Protinus inclinat pars haec, quae sustinet aurum;
Densius hoc namque est, simul aëre crassior unda.
At tu siste iugum mediique a cardine centri
Interualla nota, quantum discesserit illinc
Quotque notis distet suspenso pondere filum.
Fac dragmis distare tribus. cognoscimus ergo
Argenti atque auri discrimina; denique libram
Libra tribus dragmis superat, cum mergitur unda.
Sume dehinc aurum cui pars argentea mixta est

126 possit $PBCG$ reprendere A^1 deprendere A^2B depḫendere PC 127 syracusi A^1B syracusii A^2G siracusii PC pdit P prodiit C alta prodidit A^1, em. A^2 128 Rege C siculo quam mouerat PC 130 Comperto, om. que, PBC forto A furti P retentam A recepta C 131 Arg. tant. edd. immiscuit AC 133 minor A^1, modus A^2 rell. 134 illaeso B diis PBG dicato PC 135 sitet PC 136 haec] et A^1, em. A^2 137 purgauerat P^1B^1 138 imponas C inpones G neultra A^1, corr. m. rec. neutro $PBCG$ praepondere PG p̄ponere C 139 summittis PCG quas A quam $PBCG$ coeperit PC ceperat G^1 140 pars A^3B par PC, om. A^1 aurum] hic desinit Parisinus 8069 141 nanq: C simil B a re. PB ari C crassior A^3 grassior A^1 crassius PBC 142 a A^1 in A^3BG, om. PC centrum G 143 discerpserit $PBCG$ 144 quodque A^1, em. A^2 quotue Christ. filo A^1, em. A^3 145 cognouimus $PBCG$ 146 libra P libras C librae G 148 hinc PBC mixtast A

Argentique meri par pondus, itemque sub unda
Lancibus impositum specta: propensior auri
Materies sub aquis fiet furtumque docebit.
Nam si ter senis superabitur altera dragmis,
Sex solas libras auri dicemus inesse,
Argenti reliquum, quia nil in pondere differt
Argentum argento, liquidis cum mergitur undis.
Haec eadem puro deprendere possumus auro,
Si par corrupti pondus pars altera gestet.
Nam quotiens ternis pars inlibata grauarit
Corruptam dragmis sub aqua, tot inesse notabis
Argenti libras, quas fraus permiscuit auro.
Pars etiam quaeuis librae, si forte supersit,
Haec quoque dragmarum simili tibi parte notetur.
  Nec non et sine aquis eadem deprendere furtum
Ars docuit, quam tu mecum experiare licebit.
Ex auro finges librili pondere formam,
Parque ex argento moles siet; ergo duobus
Dispar erit pondus paribus, quia densius aurum est.
Post haec ad lancem rediges pondusque requires
Argenti, nam iam notum est quod diximus auri,
Fac et id argento grauius sextante repertum.
Tunc auro, cuius uitium furtumque requiris,

149 que] atque P metri C mori G^2 pars A^1, em. m. rec.
idemque A^1, em. A^2 ubique G 150 inpositum G imposuit A^1 imposuitis A^2, em. A^3 expecta PBG expectare C pe
tua A^1 specta A^3 151 fit uenturumque G docebis A 152
ter senis] terrenis C ter fuerit G superabit ut A^1, em. A^3
153 decimus G 154 quā C nihil PC in pondera C 155 in
liquidis cum uergitur C 156 depndere B dephendere
(phę C) PC deprendero G, em. G^2 157 Si pars C
p//////rupti P corrupto uulgo, pars om. et in mg. add. A
par G 158 Nam quo euanida in P tersenis B pars om.
PCG inlibato A illibata BP 159 sub aquam $PBCG$ totiens $\overline{ee}$ PC mox esse B notabis om. G //////bis P
160 auro] hic desinit C 161 Par G queuis P 162 notetur] hic desinit G 163 aquis] hic desinunt PB 165 fingis A
finges ego   167 densior auro A, em. Christius   169 auro
typotheta apud Endlicherum   170 et Denisius que A
171 requires A^1

Finge parem argenti formam pondusque notato:
Altera quo praestat leuiorque est altera moles
Sit semissis onus: potes ex hoc dicere, quantum
Argenti fuluo mixtum celetur in auro.
Nam quia semissem triplum sextantis habemus, 175
Tres inerunt auri librae, quodque amplius hoc est,
Quantumcumque siet, fraus id permiscuit auro.
Causa[que] cur ita sit, prompta est, si discere uerum
Non pigeat ueterumque animos intendere chartis. 180
Nam si disparibus numeris accesserit idem,
Seruat inaequales itidem, tantumque manebit
Discrimen quantum fuerat prius, idque notabis,
Siue in temporibus quaeras, seu pondera rerum
Seu moles spectare uelis spatiumque locorum. 185
Quare diuersis argenti aurique metallis,
Quis forma ac moles eadem est, par addito pondus:
Argento solum id crescit, nihil additur auro.
Sextantes igitur quot tum superesse uidebis,
In totidem dices aurum consistere libris, 190
Parsque itidem librae sextantis parte notetur.
Quod si forte parem corrupto fingere formam
Argento nequeas, at mollem sumito ceram.
Atque breuis facilisque tibi formetur imago
Siue cybi seu semiglobi teretisue cylindri, 195
Parque ex argento simuletur forma nitenti,
Quarum pondus item nosces. fac denique dragmas
Bis sex argenti, cerae tres esse repertas:
Ergo in ponderibus cerae argentique liquebit,
Si par forma siet, quadrupli discrimen inesse. 200
Tum par effigies cera simuletur eadem
Corruptae, cuius fraudem cognoscere curas.
Sic iustum pondus, quod lance inueneris aequa,
In quadruplum duces; quadrupli nam ponderis esset,
Si foret argenti moles quae cerea nunc sit. 205

174 honus A^1 179 que *Hultsch.*, om. *A* et *Schenkl.*
189 quos tu *A*, em. *Buech.*   194 atque *Endlicher.* aeque *A*
195 cubi *Endl. finem deesse puto*

Cetera iam puto nota tibi — nam diximus ante —
Quo pacto furtum sine aquis deprendere possis.
Haec eadem in reliquis poteris spectare metallis.

487

HILARII

B. M.

Si uere exurunt ignes, cur uiuitis, undae?
Si uere extinguunt undae, cur uiuitis, ignes?

487ª·

EIVSDEM

Lympharum in gremiis inimicos condidit ignes
  Communis[que] ortus imperat alta manus.

487 *sq.* De septem miraculis mundi (*ed. Haupt. Ovid. Halieut. etc. p.* 67 *sqq. ex cod. nostro Vindob.*) *fol.* 56 (*p.* 71 *H.*): 'Quintum est de fontibus Gratianopolitanis, de quibus simul et latex emanat et ignis ... hinc Hilarius quidam ait: Si ... manus, et reliqua.' 'Hilarius] *Arelatensis, quem uersus fontis ardentis scripsisse Honoratus Massiliensis refert uit. Hil.* 11' (14).' *Hauptius*   2 extingunt *A*   487 a. *segregaui et* Eiusdem *inscripsi*   2 que *addidi*

CARMINA
CODICIS REGINENSIS VATICANI 215

B. V 88. M. 1054

488
Nomina feriarum

Prima dies Phoebi sacrato nomine fulget.
Vindicat et lucens feriam sibi Luna secundam.
Inde dies rutilat iam tertia Martis honore.
Mercurius quartam splendentem possidet altus.
Iuppiter ecce sequens quintam sibi iure dicauit.
Concordat Veneris magnae cum nomine sexta.
Emicat alma dies Saturno septima summo.

489
AVGVSTINI

B. M. —
De anima

Omnia sunt bona: sunt, quia tu, bonus, omnia condis.
Nil nostrum est in eis, nisi quod peccamus, amantes
Ordine neglecto pro te, quod conditur abs te.

Reginensem cod. 215 saec. VIII exeuntis (uel anni 805) haec carmina continere tantum ex Areualii ed. Isidor. tom. II p. 305 sq. noui.
488. Inscr. om. S (Sangallensis 878 anno 821 scriptus, p. 177); dedi ex Vat. p. 127 et P (Paris. 4883 A saec. XI, ex Vatic. ni fallor descripto, fol. 27 r.). Versus septem dierum cod. Claromontanus ap. Burm. 1 phebi *S* sacratus *Clar.* 2 uendicat *S* educens *P;* elucens *puto* 4 altum *Clar.* splendens percurrit ouantem *P* 5 ecce] inde *Gauricus* sibi uindicat alte *P* 6 magnae om. *S* magno *Clar.* sextus *Cl.* sexta sacratae *S* 7 almus *Cl.* summo] compta *P. — Secuntur in Vat. et P Versus de psalmis, deinde 489.*
489. Versus sci Agustini de anima P fol. 27 u. Primus ni fallor edidi. 2 nrm *P*

Omnia nam, quae sunt, a te sunt, te sine nil [est].
5 His sine tu, simul es pro cunctis his et in illis.
His sine [tu], quod es, es; non hi sunt te sine, quod sunt.
Ac nec id hi quod tu, nec tu quod hi, sed in illis
Totus ades: in te totus, totus et in ipsis.
Hi nam nec sibi nec toti tibi sed sibi sunt hoc
10 Quod sunt, in quantum sunt, in tantum sibi toti.
Vt natura docet ratio perceptaque monstrat,
Totus homo est anima (siquidem hic sibi totus habetur).
Quicquid abest, extra se nec in se sibi sentit.
Deficit in toto, cum totus † se sibi constat.
15 Dum stat corporeus, homo semper et hic et ubique
Non habet in sese aeternos et tempus et actum;
Sed habet hoc nec habet, est et non est etiamque
Tempus habet, uiuit cum corporealis et ipse;
Tunc habet, est cum tempore et hoc ipso sine non est.
20 Cum non corporeus erit ac ipsum neque tempus
Tunc habet et non est nec esse habet hoc, quod amisit:
En homo finit et est non iam homo; sic quoque tempus.
Non ita uis animae ut careat semper, sed ubique
Cum noua nempe nouo descendit corpore tota.
25 Semper habet et ubique, neque est et habet ubicumque.
Ex quo constat ut est, naturam sumsit ut esset.
Semper habet, quoniam esse quod est non desinet esse.
Sunt eique modi, qui cuncta secuntur, adhaesi:
Sensus et ingenium, ratio, mens, perspicua quae
30 Et diffusa manet, cum sit in corpore toto;
Emigrat, ubicumque aciem porrexerit extra
Subtilique oculo, quoquo se uerterit, adstat
Intuitu mentisque doletque cupit metuitque,

4 quae *ego* que *P* nichil *P* est *addidi* 5 es *ego* his *P* 6 tu *addidi* es qď es, non *P* 9 *num* nec sibi nec tibi, sed toti sibi (*cf.* 10) sunt hoc? 11 percautaque *P, correxi* 14 se: *fortasse* re 15 stat *i. e.* extat 16 aeterno sed *P, correxi* 17 Sed *ego* Sic *P* nec *ego* et non *P* 18 et ipse est *P* 19 hoc ipsum *P, correxi* non ~ *P.* est *ex u.* 18 *huc transposui* 23 *corruptus*; intereat *fortasse legendum* 27 q͞m *P* 28 eique *cf. L. Mueller. de re metr. p.* 272 aclęsi *P* 29 quae *ego* que *P* 31 *fort.* Emicat

Gaudet, et ista gerit gestu sine corporis ullo,
Vt deus inmortalis et intrectabile lumen.
Permanet ipsa, deus minime, similis sed in istis,
Nonque dei pars sed similis per talia uiuit.
Hoc uero esse quod est numquam desistit adesse.
Illius igneus est uigor, ex quo corporealem
Inspirando calet massam diffusa per artus.
Corporeis licet officia gestis uarientur,
Auditu uisu olfactu tactu quoque motu,
Illa tamen spirando calet animatque replendo
Omnia, nec quidquam † habet aut nec sumit ab ipsa.
Namque loco non corporeo concluditur ullo:
Est incorporea informis substantia quaedam.
At deus esse habet et fuit, est et semper in illo,
Dispar in hoc, quod cuncta tenet perlustrat et implet,
Totus ubique manetque patetque et regnat ubique.
Haec aut lapsa chaos aut ad [caelum] alta uolabit;
Haec loca sorte capit, sed dispar uiuit in illis:
Si felix fueris, hic tunc felicior extat,
Si infelix, etiam multo infelicior illic.

490

B. M. — TIBERIANI

Versus Platonis de Graeco in Latinum
translati

Omnipotens, annosa poli quem suspicit aetas,
Quem sub millenis semper uirtutibus unum

  39 corpore aleni *P, em. Buech.* 44 quidquam *ego* quidam *P puto* ualet aut desumit 49 manet et ubique patet et regnat ubique *P, em. Buech.* 50 caelum *add. idem* 52 exta *P.* 53 illuc *P Sequitur et in Vat. p. 128 et post prosariam breuem interpretationem huius carminis in P c. 490.*

  490. *P = Par.* 2772 *s. X—XI fol.* 53 *r.* *Q = Par.* 4883 *A s. XI fol.* 28 *r.* (= *P ad c.* 488). *R = Vindob.* 143 *s. XIII ab Hauptio collatus. Verborum diuisio in P corruptissima est, quam non affero. Ipse contuli PQ* Versus Platonis a (ad *PR*) quodam Tiberiano (quendam Tyberianum *R*) de *sqq.* (translate *R*) *PR* Versus Platonis de deo *Q* 1 suscipit *PR.* suspicit *Q* 2 mellenis *P* semp *om. Q*

Nec numero quisquam poterit pensare nec aeuo,
Nunc esto affatus, si quo te nomine dignum est,
Quo sacer ignoto gaudes, quo maxima tellus
Intremit et sistunt rapidos uaga sidera cursus.
Tu solus, tu multus item, tu primus et idem
Postremus mediusque simul mundique superstes.
Nam sine fine tui labentia tempora finis.
Altus ab aeterno spectas fera turbine certo
Rerum fata rapi uitasque inuoluier aeuo
Atque iterum reduces supera in conuexa referri,
Scilicet ut mundo redeat, quod raptibus astrum
Perdiderit refluumque iterum per tempora fiat.
Tu siquidem fas est in temet tendere sensum
Et speciem temptare sacram, qua sidera cingis
Inmensus longamque simul complecteris aethram
Fulmineis forsan † rapida sub imagine membris,
Flammifluum quoddam iubar es, quo cuncta coruscans
Ipse uides nostrumque premis solemque diemque.
Tu genus omne deum, tu rerum causa uigorque,
Tu natura omnis, deus innumerabilis unus,
Tu sexu plenus toto, tibi nascitur olim
Hic deus hic mundus domus haec hominumque deumque,
Lucens augusto stellatus flore † iuuentus.
Quem, precor aspires, qua sit ratione creatus,
Quo genitus factusue modo, da nosse uolenti.
Da pater, augustas ut possim noscere causas,

3 poterit quisquam *R* 4 effectus *R* effectu *Q* 5 quod maxima *PQR* 6 intremuit sistunt *Q* intremat et sistant *R* iuga *R* 8 supestas *P* mundu superextas *R* 10 alter *R* spectans *PQR* 11 facta *Q* 13 quod partibus *PQR*, em. *Buech.* quod partubus aethra *G. Hermannus* abstrum *P* austrum *Q* astra *R* 14 corpora *PR* tempora *Q* 15 Te si *Q* 16 saram *P*
                                                    c
saram *R* 17 immensus *Q* a&ram *P* 18 fulmencis *P* fulmineus *Q* forsam *R* imaginẽ *P* 19 coruscas *PR* coruscant *Q* 21 dei tu *Q* 20 aperis *Herm.* 22 oṁis *P* 24 haec *scripsi* hic *PQR* 25 angusto *P* stellatur *P* stellatus *QR* *puto* stellarum. iuuencus *Herm.* 26 p̄cor asspiras *P* si *Q* 27 modo da] moda *Q* 28 angustas *Q*

Mundanas olim moles quo foedere rerum
Sustuleris animamque leui quo maximus olim
Texueris numero, quo congrege dissimilique.
Quicquid id est uegetum, quod per cita corpora uiuit.

u. 30 *om. Q* maximi *P*   31 qua *Q*   dissimuliq; *Q*
32 quod *Q, om. PR* p concita *PR. finem deesse puto*

CARMINA
CODICIS REGINENSIS VATIC. 333

491
TVRCII RVFI ASTERII

Sume sacer meritis ueracis dicta poetae,
  Quae sine figmenti condita sunt uitio.
Quo caret alma fides, quo sancti gratia Christi,
  Perquam iustus ait talia Sedulius.
Asteriique tui semper meminisse iubeto,
  Cuius ope et cura edita sunt populis.
Quem quamuis summi celebrent per saecula fastus,
  Plus tamen ad meritum est, si uiget ore tuo.

R = *Reginensis* 333 *saec.* VIII—IX. O = *Ottobonianus* 35 *saec.* VIII—IX. A = *Reginensis* 1360 *saec.* IX. *Hos tres ex Mignii coll. patr.* XIX 779 *sqq. noui; quare moneo, ne quid e silentio meo de eorum lectionibus efficiatur.* P = *Parisinus* 8094 *saec.* XI *fol.* 2 V, *quem contuli; ex eo ed. Mabillonius. Hi omnes Sedulii carmen paschale continent.*

491. Hoc opus Sedulius int carthulas dispsū reliquit qd̄ recollectū adunatū atq; ad omnē elegantiā diuulgatū est a tᵛcio rufo asterio. v̄c excsule ordinario atq; patricio [*cf.* O. Jahn Ber. d. saechs. gesellsch. d. wiss. 1851 p. 350]. *Sume sacer sqq.* P. | *sequentes eiusdem indicant asterii uersus in summo folio* 45 r. *incipiens* Q (*Paris.* 8319 *saec.* XI). 491 *in* OPQ. 1 ueracia *Sirmondi* (ad Ennod. epp. I 24) *cod. Remensis* 5 iuuet te *Withofius* 7 scl̄a P fastus *libri:* nec fasti nec fasces *legendum*

492

B. M. —

BELLESARII

Sedulius Christi miracula uersibus edenS
Emicat, inuitans paruae ad sollemnia mensaE
Dignum conuiuam: non hunc, qui †carpescat illuD,
Vix quod nobilium triplici fert aula paratV,
Laetum quod ponit sub aurea tecta tribunaL, 5
In quo gemmiferi totque aurea uasa canistrI
Viuida pro modico portant sibi prandia uictV,
Sed quod holus uile producit pauperis hortuS.
At post delicias properant qui sumere magnA,
Nituntur paruum miserorum spernere germeN, 10
Tutum quod nihil est, dum nil cum uentre tumesciT
Insidias membrisque mouens animaeque †ludentI.
Si tamen his dapibus uesci dignantur egeniS,
Temnat diuitias animus paucisque quiescaT,
Exemplo adsumptus Domini, qui milia quinquE
Semotis cunctis modicis saturauit ab esciS.

B. M. — 493

Sedulius Domini per culta noualia pergenS
En loca prospexit multo radiantia florE:
Discurrit per prata libens, quo gramine DauiD
Vidit diuino modulantem carmina cantV.

492 *in ROAP.* Versus Bellesarii scolastici *A, P fol.* 34
r. post Sedulium; inscr. om. RO   2 solemnia *P (rell.?)* m̃sae
P   3 conuiuium *P*   quia *P*   carpescat *P* (carperet *rell.?*)
carpserit *cj. ed. Mignii recte*   4 quod] ad *AP* profert aulaea
R   5 poneret *P* spondit *R*   7 Vuida *ROA* Viuida *P* Vini
Mabillon   8 qd̂ holus *et* ortus *P*   9 dilitias *P*   11 Tutum
OAP Tantum *R*   quo *A* nil est *P* dum nil cum *OA* dum cum
nil *RP*; nil in uentre *Regin. alius*   12 m̃bris *P* que *om.*
libri animaequi *A* luenti *edd.*   13 dignatur *P* (dignantur
rell.?)   14 Temptat *P (rell.?)*   15 assumpsit *O*   quo *P*
    493. Inscr. om. *RPA, rell. Mignii*; carmen om. *O* Liberti
Barthii *cod. unus* Liberati *liber Labbei et alius Vsserii.* Liberii
uulgo   1 cuncta *Mabill.* gaudens *A*   2 perspexit *R* radien-
tia *AP*   3 quod *P* quo *RA* (?)   4 modolantê *P*

† Laudabili psallente uiro refluunt citharae meL.
Ille ubi grandisoni captus dulcedine plectrI
Vritur et celeri graditur per lilia passV
Sacratosque iterum † late conspexit amoenoS,
Aeterna Christi fluuius quos abluit undA,
Non passus torpere diu doctoris acumeN
Tunc sua Dauiticus dilectus plectra poposciT
Irrita polluti contemnens numina mundI.
Signa crucis fronti ponit, breuiterque triumphoS
Tangit, Christe, tuos numerosaque praemia libaT.
Ergo dum uario decorat sua rura colorE,
Stabunt hi † garrula dicti testudine uersuS.

    5 Laudabili *PA* Laudisceu *et* uiri *R* Laudato *Fabricius* Laudes hoc *Barth.* refluit cithara *R* cytherae *P*   6 grandissoni *P* plecthrI *P*   8 lucos *et* 9 fluuius *cj. Mign.* fluuios *codd.*   8 prospexit *A*   9 aeternam *A* fluuio *Mab.* abluit *PR* adluit *A*   10 Nam *P* Non *A*   12 contēpnens *P* contempsit *rell.*   14 numerossacri *A*   15 sua sura *R* uerarua *A* uera *P* decorantur uera *Mab.*   16 Stabant *P* in *R* garrula *PAR* gracili *Fabric.* puto parua. ducti *Mign.* testitudine *P*

CARMEN
CODICIS VOSSIANI Q. 69

B. M. —   494

Discipulis cunctis domini praelatus amore,
   Dignus apostolico primus honore coli,
Sancte, tuis, Petre, meritis haec munera supplex
   Chintila rex offert: pande salutis opem!

    494. In uelo quod ĩ chintilane rege rome dic. tũ ẽ *Vossianus saec. IX fol.* 18 *u. post inscriptiones ecclesiarum Romanarum.* 1 dr̃ *V*   4 chintilla *V. Hoc carmen ne charta periret addidi.*

CARMINA

CODICVM SAECVLI NONI

CARMINVM
CODICIS VOSSIANI Q. 86
SERIES ALTERA

Carmina duodecim sapientum

I Monosticha de ratione tabulae

495

B. III 75.
M. 445—456

PALLADII

Sperne lucrum: uersat mentes insana cupido.

$V = Vossianus\ Q.\ 86\ s.\ IX$ *(continet c. I—XII praeter
628 sq., 632, 635, 636) fol. 108 sq. 111 sqq. C = Parisinus
8069 s. X—XI fol. 121 u. sqq. qui solus omnia haec carmina, et
iusto ordine et poetarum nominibus ubique seruatis, continet.
G = Sangallensis 273 s. IX (continet c. I—IV. V 543—550,
2. T = Turicensis 78, olim 451, s. IX (cont. c. I—VIII),
fol. 148 u. P = Parisinus 8093 s. X in. (cont. I—V. VI
555—561, 3. XI. XII 627. 630—632) X = Valencenensis 389
s. IX ex. (cont. c. II. V—VII. X. XII 627; 631; 633 sq.)
W = Vindobonensis 113 s. X (cont. c. II)*
  *VX Holderus, P Bursianus, CT ipse contulimus; GW Schenk-
lius (Sitzungsber. d. kais. Akad. d. Wiss. XLIII 1863 p. 62 sqq.)
dedit. — Librorum familiae: I, CP. II a, GTW. II b, VX. —
Petauianus Heinsii, quem non affero, cum C plerumque consentit.
Leuiora ex CV omnia afferam, e reliquis selecta. Nomina om.
PX, confundunt codd. recc. et edd., multa eorum etiam Vergilio
tribuunt. Non contuli Parisinum 2772 s. X—XI.*
  Monostica que scripta sunt a duodecis sapientib' id est
Palladii Asclepiadii Fustenii Pompeliani Maximini Vitalis
Basilii Asmenii Vomanii Euforbii Iuliani Hylasii C
  Incipiunt carmina quae scripta sunt post morte *(deest
particula folii)* a duodecim sapientibus id est Palladio Ascle-

496
ASCLEPIADII
Fraude carete graues, ignari cedite doctis.

497
EVSTHENII
Lusuri nummos animos quoque ponere debent.

498
POMPILIANI
Irasci uictos minime placet, optime frater.

499
MAXIMINI
Ludite securi, quibus aes est semper in arca!

500
VITALIS
Si quis habens nummos uenies, exibis inanis.

501
BASILII
Lusori cupido semper grauis exitus instat.

piado Eusthenio Pompeliano Maximiano Vitali Basilio Asmenio Vomanio Euforbio Iuliano Hilagio *P*
    Incipiunt uersus sapientum (sapientium *VG*) hoc (id *X*) est Basili Asmeni Vomani Euforbi Iuliani Hilasi (Nilasi *X* Ilasi *G*) Palladi Asclepiadi Eustheni (Eusteni *V* Euthemi *X*) Pompeliani (Pompeani *V* Pompeiani *X*) Maximini (Maximi *V*) Vitalis *VGTX*; sic fere *Bruxellensis* 5657 *s*. *XI* qui cont. *I—II. VI—XI* ultimorumque partem; inscr. om. *W*
    De diuersis causis (reb' *C*) addunt *CGTP*.
    I. *Extat in libris praeter XW. Inscr. om. V.* Inprimis (Sed primum *P*) singuli uersus senis uerbis et litteris de ratione tabulae (racione tabula *C*) *CGT*; de rat. tab. sing. uers. sqq. *P*.
    I 495—506. *Nomina om. CP, habent VT, incertum de G.* E:PIDO:
495 libido *C; supra scripta rubro colore picta sunt.* 497 nummus *T* 498 irosci *C* 499 *cf. c.* 82, 10: 'securus ludat amator, nummos quisquis habet.'

502
ASMENII
Sancta probis pax est: irasci desine uictus.

503
VOMANII
Nullus ubique potest felici ludere dextra.

504
EVPHORBII
Inicio Furias: ego sum tribus addita quarta.

505
IVLIANI
Flecte truces animos, ut uere ludere possis.

506
HILASII
Ponite mature bellum, precor, iraque cesset.

II Epitaphia P. Vergilii Maronis disticha

507
ASCLEPIADII
B. II 198.
M. 433—444
Tityron ac segetes cecini Maro et arma uirumque.
Mantua me genuit, Parthenope sepelit.

508
EVSTHENII
Vergilius iacet hic, qui pascua uersibus edit
Et ruris cultus et Phrygis arma uiri.

502 p̄b̄ *V*   504 Inito *V*   505 plecte *VGTP* plecto *C*
II *In omnibus extat. Nominum, quae ubique compendiis scribuntur, discrepantias non addam orthographicas.*
Inscr. om. *TGW*   Distica *C* Distica de uirgilio *P* Epitafium uirḡl duob. uersb. *X* Itē idē ipse [h. e. *Vergilius ipse!*] de titulo eiusdē hoc ē epitaphio binis uersib; *V*
507. 1 Titiron *C* hac *C* a *V* segites *V* m. pr. *P*   2 genuit *CP* generat *VGTXW*   508. 1 Virgilius: *sic ubique CPTXW sed* Vergilius *VG* edidit *V*   2 ut *C* ruri *CGT* phrigis *C* frugis *V* frygis *G*

509
POMPILIANI
Qui pecudes, qui rura canit, qui proelia uates
In Calabris moriens hac requiescit humo.

510
MAXIMINI
Carminibus pecudes et rus et bella canendo
Nomen inextinctum Vergilius merui.

511
VITALIS
Mantua mi patria est, nomen Maro, carmina siluae
Ruraque cum bellis, Parthenope tumulus.

512
BASILII
Qui siluas et agros et proelia uersibus ornat,
Mole sub hac situs est: ecce poeta Maro.

513
ASMENII
Pastorum uates ego sum, cui rura ducesque
Carmina sunt. hic me pressit acerba quies.

514
VOMANII
A siluis ad agros, ab agris ad proelia uenit
Musa Maroneo nobilis ingenio.

515
EVPHORBII
Bucolica expressi et ruris praecepta colendi,
Mox cecini pugnas. mortuus hic habito.

509. 2 hic *T* requieuit *V* 510 2 inextinctus *C* meru *m. pr. V*, *corr. m. sec.* 511. 1 carmine *X* 2 parthenoque, *sed corr., V* partinope *G* 512. 1 *prius et om. W* praelia *C* 2 ac *V* sitis *G* 513. 1 sum cui] cuius *P* 2 acerua *T' m pr., VG* 514. 1 plia *V* ueni *C* 515. 1 expressit et *TX*

516
IVLIANI

Hic data Vergilio requies, qui carmine dulci
  Et Pana et segetes et fera bella canit.

517
HILASII

Pastores cecini, docui qui cultus in agris,
  Proelia descripsi. contegor hoc tumulo.

518
PALLADII

Conditus hic ego sum, cuius modo rustica Musa
  Per siluas, per rus uenit ad arma uirum.

III Disticha de unda et speculo

519
EVSTHENII

B. V 101—112
M. 517—528

Redditur effigies liquida cernentis in unda,
  Qualis in aduerso speculorum cernitur orbe.

520
POMPILIANI

Formas pura refert oculis spectantibus unda,
  Quales obiecto speculi fulgore uidentur.

521
MAXIMINI

Fontis aquae reddunt simulacra imitantia uerum,
  Qualia leue refert speculi, cum cernimus, aequor.

---

516. 1 uergt *V* carmina *GTW*   517. 2 hic *VGTWX*
en *CP*   518. 1 musia *V* (*a m. sec. in ras.*)
III *In omnibus praeter XW extat.* Itē distica (*om. P*)
de *sqq. CP De duobus heroicis uersib; (sic, nil amplius) V.*
Inscr. om. TG.   519. 1 Eustħ *om. V*   currentis *CPTG*
cernentis *cod. papyr. Vossii* uisentis *V*   520. 1 Pēm *V*
2 obiectu *CPTG* obiecti *V*   sp.] laterum *C*   521. 1 fontes
T, sed corr., *G* ncia *C* imitauırum *V*

522
VITALIS
Exprimit oppositas immobilis unda figuras,
Leuati quales speculi nitor ipse remittit.

523
BASILII
Apparet mendax inlimi fonte figura,
Qualem reiectat speculi nitidissimus orbis.

524
ASMENII
Vnda quieta refert alto de gurgite formas
Ac ueluti speculum nitido splendore coruscat.

525
VOMANII
Spectantis faciem nitidissimus adsimulat fons,
Sicut in opposito speculi solet aequore cerni.

526
EVPHORBII
Forma repercussus liquidarum fingit aquarum,
Qualis purifico speculorum ex orbe relucet.

527
IVLIANI
Fontibus in liquidis simplex geminatur imago,
Vt solet a speculo facies splendente referri.

528
HILASII
Effigies liquido respondet ab aequore fontis,
Qualis et a speculo simulatrix umbra resultat.

522. 1 obpositas V 2 leuiati C 523. 1 m̃dax V inlimi in VP 2 nitorsimus, *corr. m. pr.*, G 524. 1 Ast V 2 spec.] nitidum C coruscans *libri*   525. 1 spectaris *m. pr.* V mundissimus *edd.* assimilat C 2 oposito V 526 *ante* 525 *edd.*   526. 2 lucet V *m. pr.*   527 2 facie G 528. 1 Paĩ (*ut iterum ad c.* 529) V Effugies T resplendet *Scriuerius*   2 cualis C unda GT

529
PALLADII

Effingit species purissimus umor aquarum,
Plana uelut speculi uiuas imitantia formas.

530
ASCLEPIADII

Fonte repulsatur depicta tuentis imago,
Ceu leui in speculo solet apparere figura.

IV Disticha de glaciali aqua

531
POMPILIANI

B. V 89—100
M. 505—516

Qua ratis egit iter, iuncto boue plaustra trahuntur,
Postquam tristis hiems frigore iunxit aquas.

532
MAXIMINI

Sustinet unda rotam patulae modo peruia puppi
Et concreta gelu marmoris instar habet.

533
VITALIS

Quas modo plaustra premunt undas, ratis ante secabat,
Postquam brumali deriguere gelu.

h
529. 1 umor *T m. pr.* umor *V* humor *CGP*   2 plena *CPT* [*nonne et G?*] uelud *V* imitancia uerum *C*   530. 2 ceu] cu *V* figuram *P*

IV *In eisdem extat. Itẽ distici (om. P) de sqq. CP De glacie pentametris uersib; V. Inscr. om. TG. Ouidius Trist. III* 10, 31 *sqq.*: Quaque rates ierant, pedibus nunc itur et undas Frigore concretas ungula pulsat equi' *sqq.*   531. 1 Quadratis *C, G m. sec.* cogit *C* plustra *G*   2 hiemps *CV* iungit *C* uinxit *TG.* 532, 1; 533, 2; 533, 1; 532, 2 *C*   532. 1 patulando *CP* pupim *C*   2 Et *CP* Ut *VTG*   533. 1 unda *C*   2 diriguere *CVTG*

534
BASILII
Vnda rotam patitur celerem nunc passa carinam,
In glaciem solidam uersus ut amnis abit.

535
ASMENII
Quae solita est ferre unda rates, fit peruia plaustris,
Vt stetit in glaciem marmore uersa nouo.

536
VOMANII
Semita fit plaustro, qua puppis adunca cucurrit,
Postquam frigoribus bruma coegit aquas.

537
EVPHORBII
Orbita signat iter, modo qua cauus alueus ibat,
Strinxit aquas tenues ut glacialis hiems.

538
IVLIANI
Qua puppes ibant, hac ducunt plaustra iuuenci,
Pigrior ut cano constitit unda gelu.

539
HILASII
Amnis iter plaustro qui dat, dedit ante carinis.
Duruit ut uentis unda, fit apta rotis.

540
PALLADII
Plaustra boues ducunt, qua remis acta carina est,
Postquam deriguit crassus in amne liquor.

534. 1 nunc (ñ *V*) *libri* modo *edd.* passam *C*   535. 2
Et *C* Ut *VTG*   536. 1 quia pupis *C*   u. 2 *om. C*   537.
1 caus aluas *V* Eūs. *V*   2 stringit *C* hiemps *CV*   538
om. CP. post 542 *ponunt edd.*   1 ac *V*   2 constetit *V m.
pr. T*   539. 1 Iuĩ *C* dat *om. V*   2 diruit ut uentus *C*
540. 1 Pãl *om. V* Hil *C* carinę *V* (est *om.*)   2 diriguit *CTVG*

541
ASCLEPIADII

Vnda capax ratium plaustris iter algida praebet,
Frigoribus saeuis ut stetit amnis iners.

542
EVSTHENII

Plaustra uiam carpunt, qua puppes ire solebant,
Vt rigidus Boreas obstupefecit aquas.

V Tristicha de arcu caeli

543
MAXIMINI

B. V 17—28
M. 469—480

Thaumantis proles uarianti ueste refulgens
Multicolor picto per nubila deuolat arcu
Iris et insigni decorat curuamine caelum.

544
VITALIS

Cum sol ardentis radios in nubila iecit
Cumque colorifico nimbos fulgore repleuit,
Apparet uariis distincta coloribus Iris.

545
BASILII

Clara sub aetheriis fulget Thaumantia proles
Nubibus, ut radiis pluuium sol attigit imbrem,
Et picturato caelum uelamine cingit.

---

541. 1 Paĩ *C*   2 inhers *V*   542. Eũf *C*   1 pupes *C*
puppis *P*   2 Cum frigus (frigiis *C*) *CPT* Cum rigidus *V*
Frigidus ut *G* *ut uidetur*, edd.
    V *In eisdem et X extat.* Tristica de arcu celi *CP* De
arcu caelestiae triplicis uersiculis *V* De Iride triplicis uer-
                              Tau
sibus *X* De arcu *T. om. G*   543. 1 mantis *C*   2 pictu *VX*
   3 insignis *X*   aruamine *V*   544. 1 Iũt *V*   fecit *libri*
                             i
3 uariis *V* radiis *CPTGX* distanta *V*   545. 1 taumancia
C ãmantia *V*   2 adtigit *V*

546
ASMENII
Discolor aetheriis apparet nubibus Iris,
Postquam flammiferi rapuerunt lumina solis,
Et caelum uariis miranda coloribus ornat.

547
VOMANII
Imbriferas nubes radiis ubi contigerit sol,
Luce sub aduersa uarios iacit unda colores.
Dicitur haec Iris picto spectabilis arcu.

548
EVPHORBII
Cum tetigit nubes radiis fulgentibus atras
Phoebus et aduerso lumen resplenduit imbri,
Tunc Iris uario circumdat nubila cinctu.

549
IVLIANI
Mirifico nubes ambit Thaumante creata,
Quas cum ex aduerso tetigit rota fulgida solis,
Tum iacit insignis per nubila densa colores.

550
HILASII
Nuntia Iunonis uario decorata colore
Aethera nubiferum conplectitur orbe decoro,
Cum Phoebus radios in nubem iecit aquosam.

546. Ast V 1 aethereis V m. s. in nubibus G atris. sed corr., C 2 postque C num conplerunt? 3 uariis V radiis $CPTGX$ 547. 1 imoriferas V 2 iacet X 3 ducitur C (teste Burm.) TGX dr V spectaculis libri 548, 1. 2; 549, 3. 1. 2; 548, 3 libri, transpos. Scal. 548. 2 pheb' C foebus $VTGX$ 3 nubila] cingula CP 549. 1 mirifice 'codd. quos contulit Is. Vossius' taumante C nte m. s. in ras. V 2 ex om. CP solis om. C 3 tunc iacet C 550. 1 nuncia C uaria C 2 nubificum C ore CP. Hic desinit G. 3 sq. phębus C foeb; VTX aqua sam V

551
PALLADII

Nubila cum Phoebus perfudit lumine claro,
Tum fit ut umor aquae subfulgeat atque colores
Sub uaria specie iaciat mirabilis arcus.

552
ASCLEPIADII

Cum radiis imbres et aquarum pendulus umor
Tangitur, existit, quam Graecia nominat, Iris
Multorum insignis uario splendore colorum.

553
EVSTHENII

Iris habet uarios subiecta luce colores,
Quam sol imbrifera fulgens de nube creauit,
Cum pepulit radiis obstantia nubila claris.

554
POMPILIANI

Luce repentina cum sol impleuit aquosas
Aduersus nubes, effulget protinus Iris,
Picta ueste decens et multicoloribus alis.

VI Tetrasticha de Vergilio

555
VITALIS

Prima mihi Musa est sub fagi Tityrus umbra.
Ad mea gnauus humum iussa colonus arat.

---

551. 1 lumine] lumina *P* nubila *V* 2 tunc *C* umor *T* m. pr. *X* humor *CV* 3 iaceat *libri* 552. 1 umor *T* m. pr. *VX* humor *C* 2 q *C* 553. 2 imbriferus *X* 3 obstancia *C* lumina *CP* charis *V* 554. Vōm *VT* 1 implerat *X* aquosus *V* 3 decens *VTX* lucens *C*
VI *In omnibus praeter GW extant.* Tetrastica de uirgilio *CP.* Item epitaphium uergͤ (uirgīi *X*) quattuor uersibus. *VX.* inscr. om. *T. In P fines uersuum euanidi sunt* 555. 1 titirus *C* 2 nauis *CP* gnauus *X*

Proeliaque expertos cecini Troiana Latinos
    Fertque meos cineres inclita Parthenope.

556
BASILII

Hoc iacet in tumulo uates imitator Homeri,
    Qui canit Ausonio carmine primus oues,
Ad cultos hinc transit agros, Aeneidos autem
    Non emendatum morte reliquit opus.

557
ASMENII

Bucolica Ausonio primus qui carmine feci,
    Mox praecepta dedi uersibus agricolae,
Idem cum Phrygibus Rutulorum bella peregi:
    Hunc mihi defuncto fata dedere locum.

558
VOMANII

Tityre, te Latio cecinit mea fistula uersu
    Praeceptisque meis rusticus arua colit.
At ne Musa carens uitiis Aeneidos esset,
    Inuida me celeri fata tulere nece.

559
EVPHORBII

Romuleum Sicula qui fingit carmen auena
    Ruricolasque docet, qua ratione serant,
Quique Latinorum memorat fera bella Phrygumque,
    Hic cubat, hic meruit perpetuam requiem.

3 que] qui *CP* expertes *X*   4 ferque *CPT*, *X m. pr.*
inclyta *VX*   556. 1 honeri *C*   3 hic *VT* aeneidis *VXT*
auctor *X*   4 ñ *V* reliquid *CV*   557. 1 bocolica *CP* bu-
culica *T* ausonia *C* fecit *T*   3 phrigibus *C* frigib; *VT*
558. 1 titire *C* lacio *C*   3 ac ne *libri*, corr. *Burm.* uiciis
CP anaeidis *V*   4 inuida *codd. recentes* infida *CVTX*
neci *CPTX* nece *V*   559. 2. 3 secant (sant *V m. pr.*) quiue
libri phrigaque *C* frigaque *TV* frygique *X*

560
IVLIANI

Qui pastorali peragrauit Maenala Musa
  Ruraque et Aeneae concinit arma Maro,
ille decem lustris geminos postquam addidit annos
  Concessit fatis et situs hoc tumulo est.

561
HILASII

Haec tibi, Vergili, domus est aeterna sepulto,
  Qui mortis tenebras effugis ingenio.
Maenalium carmen qui profers ore Latino
  Et cultus segetum bellaque saeua ducum.

562
PALLADII

Primus ego Ausonio pastorum carmina uersu
  Conposui et quo sint rura colenda modo;
Post, quibus Aeneas Rutulos superauerit armis:
  Vatis relliquias hic pia terra fouet.

563
ASCLEPIADII

Sicanius uates siluis, Ascraeus in aruis,
  Maeonius bellis ipse poeta fui.
Mantua se uita praeclari iactat alumni,
  Parthenope famam morte Maronis habet.

564
EVSTHENII

Quisquis es, extremi titulum lege carminis, hospes.
  Hac ego Vergilius sum tumulatus humo,

---

560. 1 musam *C* c̃cinnit *V*   3 decim *P*   postque *C*
4 satis *P*   561. 1 Virgilio *Francius*   3 moenalium *P, qui
in hoc uersu desinit*   562. 2 quo] quę *C*   modo] humo *C*   4
reliquias *CVT* relliquias *X* haec *VX* hic *CT*   563. 1 arcreus
V   4 partenope *V*   564. 1 ospes *C*

Qui pecudum pastus, qui cultus fertilis agri,
  Mox Anchisiadae bella ducis cecini.

565
POMPILIANI

Vergilio mihi nomen erat, quem Mantua felix
  Edidit. hic cineres uatis et ossa iacent.
Cuius in aeternum pastoria fistula uiuet,
  Rustica mox, eadem Martia Calliope.

566
MAXIMINI

Carmine bucolico nitui, cultoribus agri
  Iura dedi, cecini bella Latina simul.
Iamque ad lustra decem Titan accesserat alter,
  Cum tibi me rapuit, Mantua, Parthenope.

VII Tetrasticha de quattuor temporibus

B. V 52—63.
M. 493—504.
'Ouidius:

Verque nouum stabat cinctum florente corona,
Stabat nuda Aestas et spicea serta gerebat,
Stabat et Autumnus, calcatis sordidus uuis,
Et glacialis Hiems, canos hirsuta capillos.'

    3 pecodum *T m. pr.* part' *V* cultum *VTX* cultus *C*
565. 1 uirgilis *C* uirgilius *TX* uergilio *V*   2 hinc *T*   3 pastoris *X* uiuit *V m. sec.* manet *C*   4 mox] post *X* marcia *C*   566. 1 carmina *TX* buc(boc *C*)olica *CT*   3 decim *C*
VII *in VCTX extat. Inscr. om. T.* Tetrastica (*om. VX*)
de quattuor temporibus *VCX* anni *add. V*   Oụidii *V* Eñs *T*
Bãs *C.* sunt uersus Ouidii Metam. *II* 27 *sqq.*   1 circum *C*
cintum florentē coponã (or *m. s.*) *V*   2 aestas *om. T*
3 auptumnus *C* auctumus *T ubique* calcat' *V* sordibus *CT*
sodidus *X*   4 hiemps *VC ubique* irsuta *X* capillis *V*

567
BASILII

Vere sinum tellus aperit floresque ministrat.
Tempore solis ager messis fert pinguis opimas.
Fecundos, autumne, lacus de uitibus imples.
Vis hiemis glacie currentes alligat undas.

568
ASMENII

Frigoribus pulsis nitidum uer aethera mulcet.
Scindit agros aestas Phoebeis ignibus ardens.
Autumno dat hiems mixtum uicina teporem.
Labentes haec durat aquas et flumina nectit.

569
VOMANII

Ver pingit uario gemmantia prata colore.
Ignea uestit agros culmis Cerealibus aestas.
Vitibus autumnus turgentes detrahit uuas.
Frigidus hiberna est grauibus niue nubibus aether.

570
EVPHORBII

Vere Venus gaudet florentibus aurea sertis.
Flaua Ceres aestatis habet sua tempore regna.
Vuifero autumno summa est tibi, Bacche, potestas;
Imperium saeuis hiberno frigore uentis.

---

567. Basilii] Asm̄ C_1 qui ad 568 Vom̄ et sic deinceps solito ordine; ad 578 iterum Bās C   2 messes V   3 fecundus libri (corr. V m. s.)   cutibus V   4 gemis glacies V
568. ASM̄ V   1 nitidus C   uer om. X   2 aestas es phoebos V   3 mixtus C mixtū TX mistū V   tepore T   569. 1 pinget, corr., C   gēmancia C   calore V   3 autumpnus C turgentis TX   4 frigib; T   hiberno VTX hib non C   grauidus et nubilus edd. uett. grauidis Heins.   570. 1 sertis] tris (i. e. terris) V   2 flaba cerer V   3 bacce CX bache V
4 hibęro C

571
IVLIANI

Vere grauis fundit tellus cum floribus herbas.
Frugiferas aruis fert aestas torrida messes.
Pomifer autumnus tenero dat palmite fructus.
Mox humus hibernis albescit operta pruinis.

572
HILASII

Vere nouis laeto decorantur floribus arua,
Et riget aestiuis hirsutus campus aristis.
Labra per autumnum musto spumantia feruent,
Et ponunt frondes hiemali frigore siluae.

573
PALLADII

Ver placidum uario nectit de flore coronas.
Spicea serta ligat calidissima solibus aestas,
Temporaque autumnus cingit tua, Bacche, racemis.
Tristis hiems montis niueo uelamine uestit.

574
ASCLEPIADII

Ver agros nitidum gemmis stellantibus ornat
Et feruens aestas pinguissima frugibus arua.
Mox autumnali redolet uindemia fetu.
Fronde nemus male nudat hiems amnesque rigescunt.

u. 571, 2—572, 1 *om. X*   571. 3 pomiferas *C* frutū *V* fructum *T* fructus *C*   572. 1 noū *V* nouus *C* lecto *C* laeta *T* laeto iacto *V*   2 hyrsut' *V*   3 spumancia *C* spumantis *V*   573. 1 placidus *C* comas *V*   3 temporeq; *C* autumno *libri* (*sic et T*), *corr. Lindenbrogius* cincgit *V* bacce *CX* bache *V*   4 moueo *m. pr. V* uertit *C*   574. 1 geminis *C* stillantibus *libri*   2 frigib; *V*   3 uindimia foeta, *corr.*, *T* (foetu *T m. s. X*)   4 hieps *V*

575
EVSTHENII

Purpureos flores humus effert uere comanti,
Et Cereris donis horrescunt arua per aestum.
Bacche, tuo tempus fluit autumnale liquore.
Obtegitur tellus per frigora ueste niuali.

576
POMPILIANI

Vere tepet picto Zephyris spirantibus aer.
Decrescunt celeres aestiuis ignibus amnes.
Temperies, autumne, fluit tua nectare dulci,
Perque hiemem lentus caelo niuis aduolat imber.

577
MAXIMINI

Veris honos tepidi flores, uere omnia rident.
Arua sub aestiuis undant horrentia flabris.
Vite coronatas autumnus degrauat ulmos
Decutit ipse rigor siluis hiemalis honorem.

578
VITALIS

Flore solum uario depingit odoriferum uer,
Falciferamque deam messes remorantur in aestu.
Dat musto grauidas autumnus pomifer uuas.
Sithonia glacialis hiems niue cana senescit.

575. Eūf *T*   1 purporeos *VX* purpureas *C*, *X m. pr.* affert *C* adfert *VTX* effert *edd. uett.*   3 bache *C*   autumnoq; *C* autumnali *V*   576. 1 zephiris *CVX* zephyrus *T* spumantib; *X*   2 cereres *C*   4 ymber *C*   577. 1 honus *V* trepidi *VX* florent *libri, corr. Tollius* floret *Scal.*   2 horrencia *C* fabris *V* flagris *T*   3 ulm'os *V*   4 honores *C*   578. 1 Vit om. *V* solus *C* odoriferus *C*   2 sq. fere euanidi in X   3 auctumnus *V* ūbras *V*   4 sithonias *C* caua *C* senescat *m. pr. V*

Anthol. lat. I, 2

VIII [Tetrasticha] de aurora et sole

579
ASMENII

Aurora Oceanum croceo uelamine fulgens
    Liquerat et biiugis uecta rubebat equis.
Luce polum nitida perfudit candidus orbis
    Et clarum emicuit sole oriente iubar.

580
VOMANII

Roscida puniceo Pallantias exit amictu,
    Astrigerum inficiens luce rubente polum.
Sol insigne caput radiorum ardente corona
    Promit, ab aequoreis Tethyos ortus aquis.

581
EVPHORBII

Extulit Oceano caput aureus igniferum sol:
    Fugerunt toto protinus astra polo.
Concessere deo tenebrae, rebusque colores
    Lux iterum cunctis reddidit alma suos.

582
IVLIANI

Tithoni coniunx roseo sublime rubore
    Infecit caelum lutea sidereum,
Cum sol igniferos currus e gurgite magno
    Sustulit et claris astra fugauit equis.

    VIII *in VCT extat.* Tetrasticha *om. C.* De ortu solis IIII. heroicis uersibus *V. Inscr. om. T.* 579. 1 Asm̊ *om. V* oceanus *C* croceå *T* 2 rubbebat *V* 3 polus *C* perfundit *C* orb̄ *V* 4 clarus *C* sol *C* 580. 1 pallantius *libri* 2 astrigerus *C* 4 thetio fortis *C* thetyos artus *T* 581. 1 Eū̃s *VT* capud *V* aureos *V m. pr.* 3 deo *euanuit V* 4 lux sic *V* 582. 1 coniux *V* iubare *C* rubare *T* 3 *num* Tum? 4 aequis *C*

583
HILASII

Nox abit astrifero uelamine cincta micanti
 Et redigit stellas, exoriturque dies.
Emicat Oceano Phoebi rota clara relicto
 Inlustratque nitens lumine cuncta suo.

584
PALLADII

Lutea fulgebat roseis Aurora capillis
 Et matutino rore madebat humus.
Tethyos undiuagae tum prosilit aequore Titan,
 Flammiferos uultus ore micante ferens.

585
ASCLEPIADII

Exoritur Phoebus perfundens luce nitente
 Et maria et terras stelliferumque polum;
Astraque cesserunt fulgentia crinibus aureis
 Et nox sidereas occulit atra faces.

586
EVSTHENII

Sol oriens currusque suos e gurgite tollens
 † Oceano claro reddidit orbe diem.
Flammiferumque iubar terraeque poloque reduxit
 Et pepulit radiis astra repente suis.

583. 1 Mox *T* habet *libri* hastrifero *V* cuncta *C* micani (?) *V* micantis *Heins.*   2 reddidit *T*   3 phoebus *V* claro *T* 4 illustratq; *C* nitentis *V*   584. 1 roreis *V*   2 hiemps *C* 3 thethyos *T* tethios *C* undiuagos *C* undifuga *V* undiuaga *T* cum *edd.*   4 ferens *CT* (*V*?) gerens *edd.*   585. 1 pheb' *C* foeb; *VT* (sic 590, 3)   3 fulgencia *C*   4 siderias *V* 586. 1 Eūf *T*   2 Oceani *Tollius fortasse recte* clarum *Burm.*

587
POMPILIANI

Memnonis ut genetrix infecerat humida caelum
    Et roseis manibus sidera dispulerat,
Phoebus Atlanteis ec fluctibus aureus orbem
    Sustulit igniferum luxque diesque redit.

588
MAXIMINI

Praeuia flammiferi currus Aurora rubebat
    Extuleratque alto gurgite Phoebus equos
Noctiuagosque simul radiis flagrantibus ignes
    Depulerat caelo reddideratque diem.

589
VITALIS

Vix Aurora suo rubefecerat aethera curru
    Summaque canebat roribus herba nouis:
Prosilit e mediis candens rota Tethyos undis
    Et uaga cesserunt sidera solis equis.

590
BASILII

Surgit ab Oceano Tithoni fulgida coniunx
    Et ueste ab rosea subrubet ipse polus,
Cum Phoebus radiis rutilum cingentibus orbem
    Depellit tenebras noxque peracta fugit.

587. 1 genitrix *C*   3 foeb; *VT* et athlanteis *C* ec *ego et libri c edd.*   588. 1 prẹmia *C* rudebat *V*   2 extoleratq; *V m. pr.* foeb; *V*   589. 1 Aurora uix *C* suo] sub *C (V?) T* athera *V* 2 canebant *C* 3 rotha *V* thetiof *C* thor *V* thethyos *T* 590. 1 titonis *C* tithonis *V* thitonis *T* coniuncx *C* coniux *V* 2 subruit *libri, corr. Scal.* 3 tum *C teste Burm.* 4 om. *T* fugit *C* fuit *V* ruit *Heins.*

IX Pentasticha de duodecim libris Aeneidos

591

VOMANII *Liber I*

Aeolus inmittit uentum Iunone precante
Troianis Libycasque uagos expellit in oras.
Solatur Venerem dictis pater ipse dolentem.
Aeneam recipit pulcra Carthagine Dido,
Cui Venus Ascanii sub imagine mittit Amorem.

592

EVPHORBII *Lib. II*

Cogitur Aeneas bellorum exponere casus
Graiorumque dolos et equum fraudemque Sinonis
Excisamque urbem Priamique miserrima fata,
Vtque patrem impositum forti ceruice per ignes
Extulerit caramque amiserit ipse Creusam.

593

IVLIANI *Lib. III*

Post casum Troiae fabricata classe superstes
Vela dat Aeneas urbemque in litore Thraces,
Mox aliam pulsus Cretaeis condidit oris.
Cedit et hinc Helenumque uidet praeceptaque sumit
Et caecum Cyclopa fugit sepelitque parentem.

IX *in CV extat.* Pentastica de XII libris aeneid. *C* De XII lib uergilii *V* 591. 1 uentos *V* 2 troiani *V* troianos *C, em. Buech.* libicasque *CV* Troianosque uagos Lib. *edd.* 3 uentrem *C* 4 Aenean *V* pulchra *V* cartagine *C* charthagine *V*. 592. 1 Eũs *V* aneas *V* casus *V* causas *C* 2 iunonis *V m. sec. (sic),* sinonis *m. pr.* 3 pamiq; *C* 5 claruq; *V* 593. 1 fabrica *V m. pr.* 2 thraces *V* tracis *C* 3 cretis *V* 4 credit & hic *V* (hinc *m. sec.*) elenumq; *V m. pr. C* discit *edd.* 5 et caecium *V* Aetnaeum *edd.* ciclopa *V* fuit *C* potentem *C*

594
Lib. IV   HILASII

Ardet amore graui Dido. soror Anna suadet
Nubere. iunguntur nimbo cogente sub antro.
Incusat precibus patrem contemtus Iarbas.
Nauigat Aeneas iussu Iouis; illa dolore
Inpatiens et amore necem sibi protinus infert.

595
Lib. V   PALLADII

In Siculas iterum terras fortuna reducit
Aeneam tumuloque patris persoluit honorem.
Tunc cogit naues incendere Troadas Iris.
Troes ibi linquunt socios. Venus anxia placat
Neptunum. somnus Palinurum mergit in undas.

596
Lib. VI   ASCLEPIADII

Sacratam Phoebo Cumarum fertur in urbem
Rex Phrygius uatisque petit responsa Sibyllae.
Misenum sepelit. post haec adit infera regna,
Congressusque patri discit genus omne suorum,
Quoque modo casus ualeat superare futuros.

597
Lib. VII   EVSTHENII

Tandem deueniunt Laurentia Troes in arua
Et pace accepta laeti noua moenia condunt.
Nocte satam Iuno Furiam euocat: illa Latinos

---

594. 1 Annaque *edd.*   2 sub astra *C* sub atro *V*
3 cõtentus *C* hiarbas *CV*.   5 inpaciens *C* amorẽ *V*   595.
2 aenean *V*   3 Tum *V*   4 sibi linquant sotios *C* liquunt
V m. pr. anexia *C*   5 undis *cod. Menagii*   596. 2 phri-
gius *C* frigius *V* sybillę *C* sibille *V*   4 patris *CV*
5 quoque *CV* m̊ caseus *C*   597. 1 laurencia *C* arma *V*
2 menia *C*   3 satum *V*

Inter et Aeneadas bellum serit et ciet arma.
Protinus auxiliis terra instruit Itala Turnum.

598
POMPILIANI *Lib. VIII*

Vidit ut Aeneas summa ui bella parari,
Arcadas Euandrumque senem sibi foedere iungit
Dardanioque duci sociatur Etruria tota.
Arma petit genetrix, dat Mulciber, in clipeoque
Res fingit Latias et fortia facta nepotum.

599
MAXIMINI *Lib. IX*

Ad Turnum propere Iunoni mittitur Iris
Instigatque animos. aciem mouet ille Phrygasque
Obsidet. in nymphas uersa est Aeneia classis.
Euryalus Nisusque luunt nece proelia noctis.
Vi Turnus potitur castris, ui pellitur inde.

600
VITALIS *Lib. X*

Placat et uxoris dictis et iurgia natae
Iuppiter. auxiliis instructus Troius heros
Aduenit. occurrunt Rutuli atque in litore pugnant.
Occidit a Turno Pallas uictorque superbus
Aeneae eripitur. Mezentius interit acer.

601
BASILII *Lib. XI*

Occisis proprium pars utraque reddit honorem.

598. Pom̄ *V*, om. *C*   2 archadas *C*   4 mulcifer *CV*
clipioq; *V*   5 fingit *Heins.* pingit *libri*   lacias *C*   forcia *C*
599. 1 Iunonia *edd.*   2 instatque *C*   acies *edd.* phrigasq;
C frigasq; *V*   3 nimphas *C* nimfas *V*   eneida *C* aenea *V*
4 eurialus *CV*   5 ui p.] impellitur *C*   600. 1 et iurgia *V*
satnia *C*   4 a īno *V*   supbos *V*   5 mezentis *C*   601. 1
Bas̄ *V*, om. *C*

Supplicibus Calydone satus negat arma Latinis.
Cum Drance alterno iurgat certamine Turnus.
Aeneas equitem praemittit, et obuia uirgo
Excipit. extincta Rutuli dant terga Camilla.

602

Lib. XII ASMENII

Troianis Rutulisque placet coniungere foedus.
Id Rutuli rumpunt. nato Venus alma medetur
Dictamno Rutulique luunt periuria uicti.
Cogitur Aeneae Dauni concurrere proles.
Pallantea necem misero dant cingula Turno.

X [Hexasticha] de Cicerone post mortem illius

B. II 158—169
M. 397—408

603
EVPHORBII

Hic iacet Arpinas manibus tumulatus amicis,
  Qui fuit orator summus et eximius,
Quem nece crudeli mactauit ciuis et hostis.
  Nil agis, Antoni: scripta diserta manent.
Vulnere nempe uno Ciceronem conficis, at te
  Tullius aeternis uulneribus lacerat.

604
IVLIANI

Corpus in hoc tumulo magni Ciceronis humatum
  Contegitur, claro qui fuit ingenio,
Quique malis grauis hostis erat tutorque bonorum,

---

2 calidone *CV*   5 excepit *V* extinctam *CV* camillam *CV*   602. Aĩn *V*   4 aenea *C* plis *V*   5 cingulo *V*
X *Extat in CVX; nomina om. X.* De cicero post mortem millius *C.* De titulo (Titulus X) ciceronis senis uersib; *VX.*
cf. *Velleius II* 66 'Nihil tamen egisti, M. Antoni' *sqq.*
603. 1 amici *C*   2 eximis *C*   3 ciues *V* hortis *V m. pr.*   4 deserta *V*   5 comfocis *V*, cumfocis *m. sec.*   at] a *CX*   6 tullis *C*

Quo paene indigne consule Roma perit.
Sed uigili cura, deiectis hostibus urbe
Supplicioque datis, praestitit incolumem.

605
HILASII

Vnicus orator, lumenque decusque senatus,
　Seruator patriae, conditor eloquii,
Cuius ab ingenio tandem inlustrata perenni
　Lumine praeclaro lingua latina uiget,
Occidit indigne manibus laceratus iniquis
　Tullius ac tumulo subditus exiguo est.

606
PALLADII

Quicumque in libris nomen Ciceronis adoras,
　Aspice, quo iaceat conditus ille loco.
Ille uel orator uel ciuis maximus; idem
　Clarus erat factis, clarior eloquio;
Ac, ne quid Fortuna uiro nocuisse putetur,
　Viuus in aeternum docta per ora uolat.

607
ASCLEPIADII

Marcus eram Cicero toto notissimus orbe,
　Cuius relliquias occulit urna breuis.
Dextera me patriae nuper ciuilis ademit,
　Eripui patriam qui prius exitio.
Si quis in hoc saxo Tulli legis aduena nomen,
　Non dedigneris dicere: Marce, uale!

604. 4 ind. cons. *euanuit* X　　5 *dedi ex* C. detectis *V edd.*
deuictis X urbem *VX, edd.*　　6 incolomem *V* incolumen *X*
605. Hȳl *C*　2 patria *X* aeloquii *V*　3 laude *Iacobs* tandem
libri perenne *Buech.*　4 Flumine *conicio* uocet *V* nitet *Iacobs*
5 indigne *euanuit* X inique *C*　6 ac *et* est om. X　　606.
2 qđ *V*　3 uel c.] t ciues *V*　4 eloquiis *C*　6 diuus *X*
　　607. Aš *C*　1 erat *libri, corr. Fabric.*　2 reliquias *V*
3 ademit *V*　4 exicio *C* exicia *V*　6 Ne *Broukhusius*

608
EVSTHENII

Tullius Arpinas ex ordine natus equestri,
    Sed uirtute sua consul in urbe fuit.
Quem Catilina malus coniuratique nocentes
    Senserunt uigilem ciuibus esse suis.
Hunc tamen (o pietas!) tres occidere tyranni;
    At Lamia ille pio subposuit tumulo.

609
POMPILIANI

Qui tenet eloquii fastigia summa Latini,
    Qui consul patriam caedibus eripuit,
Quique trium saeuo uitam dedit ense uirorum,
    Tullius en hac est ipse sepultus humo.
Sed uitae breuitas pensatur laude perenni;
    Quod mors eripuit, gloria restituit.

610
MAXIMINI

Tullius hic situs est, uenerabile nomen in aeuum,
    Clarus honore simul, clarus et ingenio,
Quem scelerata neci crudeliter arma dederunt,
    Quod patriae uindex ille fidelis erat.
Sed nihil infanda profecit caede tyrannus:
    Ingenium uiuit; corpus inane perit.

---

608. 1 natur V 3 catillina V 6 ad V supposuit X
609. 3 sequum C, seuo V 4 n hac em V en hac est CX
ille *Heins.* homo V 5 Si *Beckius* psatur C 6 quod
uulgo quo *libri* quam *Oud.*   610. 1 nñ aeuū V 3 Qua X
dedertus V 5 nil V nichil infandos C infanda V infandus X proficit V tyrannos C

611
VITALIS

Romani princeps populi, decus ordinis ampli,
 Maximus orator, ciuis et egregius,
Coniuratorum uindex hostisque malorum
 Proscriptus periit a tribus ille uiris.
Qui caesus grauiter, qui detruncatus acerbe
 Hoc Lamiae debet, quod iacet in tumulo.

612
BASILII

Doctrinae antistes, rerum mirabilis auctor,
 Tullius existens nobilis ex humili,
Cui dedit excellens ars oratoria nomen,
 Virtute ingenii uenit in astra sui.
Sed Fortuna nocens miserando funere raptum
 Carpsit et hoc uoluit membra iacere loco.

613
ASMENII

Eloquio princeps, magnis memorabilis actis,
 Tullius indigna caede peremptus obit.
Sed terras omnes impleuit nomine claro;
 Ingenium caeso corpore morte caret.
Viuit et ingenti pollet cum laude per orbem,
 Cuius in hoc tumulo membra sepulta iacent.

611 1. princebs C decis V ordine tẽpli X 2 ciues V, X m. pr.   3 hostisque] hostipi V 4 p̄scriptus V 5 caessus V 6 timulo m. pr. V 612. Bũ V Vomano cod. Petauii tribuit   1 antistis V m. sec. antestes X 2 tollius V ex muli X 4 ingenui V m. pr.   5 funeré V 6 oc V solo X, Petau.   613. 1 eloquii V princebs C 2 indigne X perentus V m. pr. obis C obid V 3 terras omnes VX terrã om̃ipotens C 4 Ingenio X m. sec. (sic) mort// caret C 5 en CX ingenii C ingentio V

614
VOMANII

Inclitus hic Cicero est Lamiae pietate sepultus,
    Quem Fortuna neci tradidit immeritae.
Maximus eloquio, ciuis bonus, urbis amator,
    Perniciesque malis perfugiumque bonis.
Qui sexaginta conpletis ac tribus annis
    Seruitio pressam destituit patriam.

XI [Hexasticha] de duodecim signis

B. V 29—39
M. 481—492

615
IVLIANI

Primus adest Aries Taurusque insignibus auro
Cornibus et Fratres et Cancer, aquatile signum,
Tum Leo terribilis Nemeaeus et innuba Virgo,
Libra subit caudaque animal quod dirigit ictum,
Armatusque arcu Chiron et corniger Hircus,
Fusor aquae simul et fulgenti lumine Pisces.

616
HILASII

Proditor est Helles et proditor Europaeus
Et Gemini iuuenes et pressus ab Hercule Cancer,
Horrendusque Leo sequitur cum Virgine sancta
Libraque lance pari et uiolentus acumine caudae,

---

614. Uól V Basilio *cod. Petau. tribuit*   1 inclitus CV inclytus X 2 inmeritae V 3 ingenio C *teste Burm.* cuius C ciues VX bonus] honor X 4 pfugiumq; V 6 seruicio C oppressam *Heins.* distituit V

XI *Extat in* CPV. De XII signis C De XII signis caeli heroicis uersibus V. *Inscr. om.* P 615. 1 que *om.* C 2 f̄rs CV et *om.* P 3 nemeus CV nem̄s P Nemees atque *Ald.* et *libri*   5 chyron CV hyrcus CV 6 furor V piscis P

616. 1 elles CP telles V *m. pr.* eropeus P 3 sanctam̄ V 4 pariz uiolento C uiolentis V

Inde sagittiferi facies senis et Capricornus
Et qui portat aquam puer urniger et duo Pisces.

617
PALLADII

Signorum princeps Aries et Taurus et una
Tyndaridae iuuenes et feruida brachia Cancri
Herculeusque Leo, Nemeae pauor, almaque Virgo,
Libra iugo aequali pendens et Scorpius acer
Centaurusque senex Chiron et cornua Capri
Et iuuenis gestator aquae Piscesque supremi.

618
ASCLEPIADII

Laniger astrorum ductor Taurusque secundus,
Tum sidus geminum et Cancri fulgentis imago,
Truxque Leo et Virgo, quae spicea munera gestat,
Et Libram qui Caesar habet, Chelaeque minaces
Atque arcu pollens et salsi gurgitis Hircus
Vrnaque nimbiferi Piscesque, nouissima forma.

619
EVSTHENII

Dux Aries et frons Tauri metuenda minacis
Et Ledae suboles et Cancri torridus ignis
Terribilisque Leo, species quoque Virginis almae,
Momentumque sequens, caudaque timendus obunca,

---

5 sagiferi V faties C (ti above) 6 E q̃ C (i above) portãt V uniger P
617. 1 princebs C 2 tindaride̜ C 4 scorpis C scorpios V
scorpius P 5 chyron CV cap C (i above) 618. 1 Corniger *edd.
uett.* immago C 3 spiceam munere V gestant C 4 qui
libri quam *edd.* 5 falsi C falsis P hyrcus CV 6 nim-
briferi C 619. Eusto͂ V Vit͂ C 1 arieịs V minacis
(ci *m. sec.*) V 2 soboles CP, V *m. sec.* suboles V *m. pr.*
3 leo] dõ V sp&ies C 4 timendis (*olim* timentus?) V ab-
unca CP abrunca V. *corr. Heins.* adunca *edd.*

Hinc tendens arcum, liquidi Caper aequoris inde,
Troiadesque puer geminique sub aethere Pisces.

620
POMPILIANI

. . . .

621
MAXIMINI

Nubigenae iuuenis uector Taurique trucis frons
Et proles duplex Iouis et Nepa torrida flammis,
Aestifer inde Leo iusta cum Virgine fulgens,
Quam sequitur Libra et uiolenta cuspide saeuus,
Semiuir Arquitenens subit et Capricornus aquosus
Et cui nomen aquae faciunt, Piscesque gemelli.

622
VITALIS

Corniger in primis Aries et corniger alter
Taurus, item Gemini, sequitur quos Cancer adustus,
Terribilisque ferae species et iusta puella,
Libra simul nigrumque ferens in acumine uirus,
Centaurusque biformis adest pelagique Capella
Atque amnem fundens et Pisces, sidus aquosum.

623
BASILII

Lanigeri ductor gregis, Europae quoque uector

    5 hic *CV(P?)*   6 troiadasq; *CP*   620 ersus (*i. e.* uersus) pompeliani desunt *rubris litteris et ordine inuerso C in mg.*   621. 1 iuuuenis *V* truci *P* fons *CV*   2 torridam *C* thorida *V* thorrida *P*   4 uiolencia *C* cuspides equus *V*
5 semifer *libri, corr. Burm.* arcitenens *V* arquitenens *CP*
6 nom̃ *C* fatiunt *C*   622 Vit̃ *iterum C*   1 ari es (ri *m. seq. in ras.*) *V*   3 speties *C*   4 gerens *edd.* in *V, om. CP*
5 uelagi *V m. pr.* capella *PV* puella *C*   6 sidus] id *C*
623 Cornigeri *edd.*   1 queq; *C*

Et duo Tyndaridae, tum Cancer sole perustus
Herculeaque manu pressus Leo et optima Virgo,
Hinc Trutinae species uenit armatusque ueneno
Scorpius atque Sagittifer aequoreique Capri frons,
Quique urnam gerit et Pisces, duo signa sub uno.

624
ASMENII

Principium signis ouium pater, inde Iuuencus,
Progenies duplex, et aquarum Cancer alumnus,
Pressa sub Herculeis manibus fera, iustaque Virgo.
Libra subest, caudaque gerens letale uenenum.
Tum geminus Chiron et Corniger aequoris alti
Dilectusque Ioui puer et (duo sidera) Pisces.

625
VOMANII

Dux gregis et placidum pandens subit aethera Taurus
Germanique pares et Cancro iam comes aestas
Atque Leo, primus labor Herculis, et pia uirgo.
Libra comes sequitur minitans et Scorpius ictu
Et qui tela gerit Centaurus et aequoris Hircus,
Deucalionis aquae et Pisces, postrema figura.

626
EVPHORBII

Velleris aurati fulget pecus aureaque Io,
Zethus et Amphion Cancrique figura calentis.

---

 2 phustus *C* 3 herculaeaq; *V* obtima *C* 4 sp&ies *C*
5 scorpius *P* scorpis *C* scorpios *V* frons *ex* fons *corr. C, ex*
fros *m. sec. corr. V* 624. 1 sator *edd.* paī *libri* unde *P*
2 et *om. V* 3 fero *V m. pr.* 6 delectusque *P* 625. 1
greḡ *C.* paridens *P. num* candens? *sed cf. Verg. Georg. 1 217.*
sub *CP* athera thaurus *V* 2 corona *V m. sec., olim* cancro
aestus *edd.* 3 herculi *V* 4 scorpis *C* scorpiyictus *V*
5 hyrcus *CV* 6 diucalionis *P* piscis *CP* 626. 1 ualleris
V m. pr. Io *C* 2 Tetus & anphion *C* orion *V*

Insequitur Leo saeuus et almae Virginis astra,
Hinc aequale iugum caudaque uenenifer unca,
Centaurusque minax arcu et Neptunia Capra
Quique refundit aquas, et Pisces, ultimus ordo.

XII [Polysticha]
627

B. I 42. M. 598

HILASII

Dodecasticha de Hercule

Oppressit Nemeae primum uirtute leonem.
Extincta est, anguis quae pullulat, Hydra secundo.
Tertius enectus sus est Erymanthius ingens.
Cornibus auratis ceruum necat ordine quarto.
Deicit horrisono quinto Stymphalidas arcu.
Abstulit Hippolytae sexto sua cingula uictae.
Septimus Augeae stabulum labor egerit undis.
Octauo domuit magno luctamine taurum.
Tum Diomedis equos nono cum rege peremit.
Geryonem decimo triplici cum corpore uicit.
Vndecimo extractus uidit noua Cerberus astra.
Postremo Hesperidum uictor tulit aurea mala.

    3 seutis et *C*   alma *V* astrum *edd.*   5 capra] proles
edd. 6 refudit *CV* piscis *V m. sec.*
  XII. 627. *In CPVX extat; Pet(auianum) ex Burm. affero.*
Polysticha *addidi.* Duodecastica. de hercule. Hȳl *C*, om. *P.* De
XII (duodecim X) laborib. (labor *V*) herculis *VX* Hȳl *add. V*
1 Compressit *uulgo* primum nemeę *C* primo *P* 2 q̄ popula
CP, dedi ex VX ydra *C* 3 teratius *V* tertia senectus *X*, om.
sus. erimantis *C* herymant' *V* 4 negat *C* *u.* 5—7. 10—1
fere euanidi in X 5 deic̄ *C* aerisonas *Heins.* stimfal (ll *C*)
idas *CV* 6 h(h *om. C*)yppolite *CV* inpolytae *P* 7 uin-
cula *libri, corr. Heins.* uitę *P* uinctae *Pet.* 7 augei *C Pet*
auges (?) *X* anguis taboḷū *V* undas, *corr. m. pr., C* 9 do
midis *V* nonu *sed corr. V* 9 pempto *C Pet.* 10 gereo
nem *C* geriorem *VX* decimum *V* 11 abstractus *uulgo*
12 post tremo *C*

628

PALLADII

B. I 136. M. 263

De Orpheo

Threicius quondam uates fide creditur canora
    Mouisse sensus acrium ferarum
Atque amnes tenuisse uagos, sed et alites uolantes,
    Et surda cantu concitasse saxa,
Suauisonaeque modos testudinis arbores secutae
    Vmbram feruntur praebuisse uati.
Scilicet haud potuit, quae sunt sine, permouere, sensu
    (Finxere doctam fabulam poetae),
Sed placidis hominum dictis fera corda mitigauit
    Doctaque uitam uoce temperauit;
Iustitiam docuit, coetu quoque congregauit uno
    Moresque agrestes expoliuit Orpheus.

629

ASCLEPIADII

B. III 104. M. 540.

De Fortuna

O Fortuna potens et nimium leuis,
Tantum iuris atrox quae tibi uindicas,
Euertisque bonos, erigis improbos,
Nec seruare potes muneribus fidem.
Fortuna immeritos auget honoribus,

---

628. De orpheo Pal̃ *C. Palladio tribuit Pet. Versus recte distributi sunt in C. In c.* 628 *sq.* 635 *sq., quae ex solo C noui, Petauiani quoque lectiones a Burmanno notatas affero* 2 trium *C* atrium *Pet.* 3 uago *C* 5 modo *Pet.* 6 umbra *libri* 8 fincxere *C* doctam *libri* docti *edd.* 9 placudis *Pet.* mitigant *C* mitigarit *Pet.* 11 iusticiam *C* qq *C* quos *Duebnerus* 12 expoliauit *libri* 629. *In C extat.* De fortuna. Asc̃i *C; eiusdem in Pet.* 'Accursius testatur in uetusto bibl. Vatic. codice hos uersus Caelio Firmiano Simphosio adtributos' *Burm.* 1 l&us *C* laetus *Pet.* at et leuis *Francius* 2 tibi *om. C* 3 eligis *libri, corr. Pith.*

Anthol. lat. I, 2

Fortuna innocuos cladibus afficit.
Iustos illa uiros pauperie grauat,
Indignos eadem diuitiis beat.
Haec aufert iuuenes ac retinet senes,
Iniusto arbitrio tempora diuidens.
Quod dignis adimit, transit ad impios.
Nec discrimen habet rectauc iudicat
Inconstans fragilis perfida lubrica.
Nec quos clarificat, perpetuo fouet,
Nec quos deseruit, perpetuo premit.

630

B. I 98. M. 1614

EVSTHENII

De Achille

Pelides ego sum, Thetidis notissima proles,
    Cui uirtus clarum nomen habere dedit,
Qui straui totiens armis uictricibus hostes,
    Inque fugam solus milia multa dedi.
Hectore sed magno summa est mihi gloria caeso,
    Qui saepe Argolicas debilitauit opes.
Ille Menoetiadae soluit me uindice poenas;
    Pergama tunc ferro procubuere meo.
Laudibus inmensis uictor super astra ferebar,
    Cum pressi hostilem fraude peremptus humum.

7 illos *C*   8 diuiciis *C*   *u*. 11 *delet Buechelerus, ut strophae sint binorum uersum; fort. recte*.   12 recteq; *C*, rectaque *Pet*. rectane iudicet *Heins*.   *'*630. *In CPV extat*. De achȳl *C*, sed demum ad c. 632, 10. Dae achille *P* Epitaphiũ achillis *V*. Eũs *C*, eiusdem *in Pet.*, om. *PV*. Pentadii *Scaliger*   1 tethidis *C*   nouissima *C teste Burm*.   2 nom̃ *CV*   3 statui *CP* uictorib' *CV Pet*. ortes *V*   5 m gta *C*   6 deuilitauit *V m. pr*.   7 illae menoetaade *V* ille manu eacide *CP Pet*. (ille interfectus subiit *uulgo*)   10 Cum *PV* con *C Pet*.

631

POMPILIANI
De Hectore

Defensor patriae, iuuenum fortissimus, Hector,
    Qui murus miseris ciuibus alter erat,
Occubuit telo uiolenti uictus Achillis:
    Occubuere simul spesque salusque Phrygum.
Hunc ferus Aeacides circum sua moenia traxit,
    Quae iuuenis manibus texerat ante suis.
O quantos Priamo lux attulit ista dolores!
    Quos fletus Hecubae, quos dedit Andromachae!
Sed raptum pater infelix auroque repensum
    Condidit et maerens hac tumulauit humo.

632

MAXIMINI
De Y littera

Littera Pythagorae, discrimine secta bicorni,
Humanae uitae speciem praeferre uidetur.
Nam uia uirtutis dextrum petit ardua callem
Difficilemque aditum primo spectantibus offert,
Sed requiem praebet fessis in uertice summo.

---

631. *In CPVX extat. De nectore* Pom *C.* Maximini *Pet. qui hinc ad c. 638 ubique nomina in C insequentia habet.* Epitaphiū Hectoris *V* De haectore *PX* Pentadii *Scaliger. Paene euanuit in X*   2 ater *C Pet.* alt *V* erit *Pet.*   3 uiolentis ictus *CP* uiolent hictus *V* uiolenti uictus *edd.* ſ ictus *in X legi potuit*   4 frygū *V*   5 caeides *C* eacides (e *m. sec.*) *V*   6 ieiunis *P*   7 p̄amo *C* illa *V fort. recte*   8 flectus *P* haecube *V* Hecubae *et* Andromachae *Francius*   10 c̃d////ŕit *V* (ic *add. m. s.*) merens *VC* atumulauit *Pet.* ns accumula////// *X*   632. *In CP extat.* Max̃, *titulo omisso, C. In Pet. deesse uidetur.* De Y littera *P P.* Verg. Maronis *edd. uetustissimae*   1 pitagorę *C* pytagorę *P*   2 spetiem *CP*   3 uia *edd.* una *C* unã *P* arduet *P*   4 primum *P*   5 sumo *P*

Molle ostentat iter uia laeua, sed ultima meta
Praecipitat captos uoluitque per aspera saxa.
Quisquis enim duros casus uirtutis amore
Vicerit, ille sibi laudemque decusque parabit.
At qui desidiam luxumque sequetur inertem, 10
Dum fugit oppositos incauta mente labores,
Turpis inopsque simul miserabile transiget aeuum.

633

B. III 85. M. 535

VITALIS

De libidine et uino

Nec Veneris nec tu Bacchi tenearis amore;
  Vno namque modo uina Venusque nocent.
Vt Venus eneruat uires, sic copia Bacchi
  Et temptat gressus debilitatque pedes.
Multos caecus amor cogit secreta fateri: 5
  Arcanum demens detegit ebrietas.
Bellum saepe ciet ferus exitiale Cupido:
  Saepe manus itidem Bacchus ad arma uocat.
Perdidit horrendo Troiam Venus improba bello:
  At Lapithas bello perdis, Iacche, graui. 10
Denique cum mentes hominum furiauit uterque,
  Et pudor et probitas et metus omnis abest.
Conpedibus Venerem, uinclis constringe Lyaeum,

---

6 uiolata *CP*. uia laeua *scripsi* sed *om. C*   u. 7—12
desunt *P* 9 pararit *cod. Huydecooperi* 10 q̇ *C. In mg. C*
'De Achȳl' (*u. supr. carmen Eusthenii*) 11 laborem *C*
12 acuum *om. C* transfugit *cod. Huyd.* 633. *In CVX extat.* Vĩ
de librĩ dine & uino *C*. De aebritatẽ (e *m. s.*) et libidin *V*.
Paene euanuit in X 'Basilii' *Scal.* (*ex Pet.?*) 1 uini *C* bachi
V capiaris *edd.* 2 m *C* 3 bachi *V* 6 archanum *CVX*
7 ciet] petit *libri recentes* exiciale *C* 8 tadem *C* itidem *V*
///dem *X* bachus *V* 9. 10 *om. V*, euanidi (*sed extabant*)
in X 10 at *C* ac *Pet.* et *cod. Voss. chartac.* laphidas *C*
iache *C* 11 furauit *C* furaũ *V* 12 habest *V* 13 lienũ *V*

Ne te muneribus laedat uterque suis.
15 Vina sitim sedent, natis Venus alma creandis
Seruiat: hos fines transiluisse nocet.

634
BASILII
B. II 190. M. 532
De XII libris Aeneidos

Primus habet, Libycam ueniant ut Troes in urbem.
Edocet excidium Troiae clademque secundus.
Tertius a Troia uectos canit aequore Teucros.
Quartus item miserae duo uulnera narrat Elissae.
5 Manibus Anchisae quinto celebrantur honores.
Aenean memorat uisentem Tartara sextus.
In Phrygas Italiam bello iam septimus armat,
Dat simul Aeneae socios octauus et arma.
Daunius expugnat nono noua moenia Troiae.
10 Exponit decimus Tuscorum in litore pugnas.
Vndecimo Rutuli superantur morte Camillae.
Vltimus imponit bello Turni nece finem.

u. 14 m. sec. in V scriptus. N&e *V* nec te *C Pet.* uulneribus *Moserus* 15. 16 *om. V, euanidi in X* sedant *C* 16 seruat *C* transsiluisse *C* 634. *In CVX extat.* $C\ no_n$ contuli. Prim' habet De XII libris aeneid. bas libicam require in principio eneid *C. requisiui nec inueni* De singulis libris uergilii aeneidos (dis *m. sec.*) *V* Versiculi Asmenii super XII Aeneidos libros incipiunt *Pet.* Asmenii super XII libros Aeneidorum incipiunt *Q (Paris. 7927 s. X) Inscr. om. X. Ouidio Nasoni alii tribuunt, uelut y (Paris. 7936 saec. XIV)*
1 libicam *Q* lybicam *X* urbe *Q* 2 etocet *y* etdocet extidiū *Q* dadēq; *Q* 3 canit in *y* 'aliqui hnt *canit* sine *in*' *mg. y, manu saec. fort. XIV* 4 helisę *VX* elisse *Qy*
5 Anchisę *V*] ad tumulum *Xy* quinte *V* 6 aenean *VQ Pet.* aencam *Xy* 7 Et *X* frigas *VXQy* italia bellum *V* lello *X* 8 heneae *V* socius *Q* 9 oppugnat *V* 10. littore *y* 11 rutili uincunt *y* mortae *V* 12 necae *V* finem *om. V*

635
ASMENII
De laude horti

B. III 51. M. 533

Adeste Musae, maximi proles Iouis,
Laudes feracis praedicemus hortuli.
Hortus salubres corpori praebet cibos
Variosque fructus †saepe cultori refert,
Holus suaue, multiplex herbae genus, 5
Vuas nitentes atque fetus arborum.
Non defit hortis et uoluptas maxima
Multisque mixta commodis iocunditas.
Aquae strepentis uitreus lambit liquor
Sulcoque ductus inrigat riuus sata. 10
Flores nitescunt discolore germine
Pinguntque terram gemmeis honoribus.
Apes susurro murmurant gratae leui,
Cum summa florum uel nouos rores legunt.
Fecunda uitis coniuges ulmos grauat 15
Textasue inumbrat pampinis harundines.
Opaca praebent arbores umbracula
Prohibentque densis feruidum solem comis.
Aues canorae garrulos fundunt sonos
Et semper auras cantibus mulcent suis. 20
Oblectat hortus, auocat pascit tenet
Animoque maesto demit angores graues;
Membris uigorem reddit et uisus capit,
Refert labori pleniorem gratiam,
Tribuit colenti multiforme gaudium. 25

635. *In C extat.* De laude horti Asm̃ *C, om. Pet.* Vomanio *Pet.*, Vergilio *edd. uett. tribuunt. Num deleto u.* 22 *binorum uersuum strophae restituendae sunt?* 2 laudem *Pet.* 3 praebet corpori *C teste Burm., Pet.* 4 saepe *a uoce* 'saepes' *Buech.* caepe *Wakefield* 5 Olus *C Pet.* 7 desit *C, Pet.* 8 cõmixta modis *C Pet. (ubi* modos?) 9 Atque *C* ambi *C corr. Ald.* 10 ductis *et* riuis *Buech.* irrigat *C* 12 terram *C teste Burmanno, all.* terras *C?* gemeis *C* 16 pampinus *C, em. Aldus* 19 canores *C* 20 auras *C Pet.* aures *edd.* 23 uisus *C Pet.* uisum *Ald.* rapit *Christius* 24 graciam *C*

636
VOMANII
De interno liuore

Liuor, tabificum malis uenenum,
Intactis uorat ossibus medullas
Et totum bibit artubus cruorem.
Quo quisquis furit inuidetque sorti,
   Vt debet, sibi poena semper ipse est.
Testatur gemitu graues dolores,
Suspirat fremit incutitque dentes;
Sudat frigidus, intuens quod odit.
Effundit mala lingua uirus atrum,
   Pallor terribilis genas colorat,
Infelix macies renudat ossa.
Non lux, non cibus est suauis illi,
Nec potus iuuat aut sapor Lyaei,
Nec si pocula Iuppiter propinet
   Atque haec porrigat et ministret Hebe
Aut tradat Catamitus ipse nectar.
Non somnum capit aut quiescit umquam:
Torquet uiscera carnifex cruentus.
Vesanos tacite mouet furores
   Intentans animo faces Erinys;
Est ales Tityique uultur intus,
Qui semper lacerat comestque mentem.
Viuit pectore sub dolente uulnus,

---

636. *In C extat. De interno labore Vom C. Euphorbii est in Pet., ap. Scal. ed. sec., Pith. mg.;* 'Caelii Firminiani Symphosii' *apud Scal. ed. pr., Pith.* 2 infectis *Oud.* 3 bibet *C* libet *Pet.* 4 quisque *C teste Burm., corr. Barth.* fuerit *C* forti libri, em. *Pith.* forte *Buech.* 5 ipsi *Francius* 7 gemit *C teste Burm.* 9 aratrum *C* 13 Non *Pet.* sopor *C Pet.* liei *C* u. 14: nec si pocula porrigat iuppiter *C, recte Pet.* 15 Aut *edd.* ministrᵉat *C* 16 radat *C* 17 nons *C* 19 futuros *C Pet.* 20 intentas amo face ferinus *C* 21 Letalis *Ald.* Est illi *Wernsd.* Est ales tuiq; *C* 22 cumest mente *C*

Quod Chironia nec manus leuarit
Nec Phoebus subolesue clara Phoebi.

637

B. I 169. M. 277

EVPHORBII
De Sirenis

Sirenes uarios cantus, Acheloia proles,
　Et solitae miros ore ciere modos
(Illarum uoces, illarum Musa mouebat
　　Omnia quae thymele carmina dulcis habet:
Quod tuba, quod litui, quod cornua rauca queruntur, 5
　Quodque foraminibus tibia mille sonat,
Quod leues calami, quod suauis cantat aëdon,
　Quod lyra, quod citharae, quod moribundus olor)
Inlectos nautas dulci modulamine uocum
　Mergebant auidae fluctibus Ioniis. 10
Sanguine Sisyphio generatus uenit Vlixes
　Et tutos solita praestitit arte suos.
Inleuit cera sociorum callidus aures
　Atque suas uinclis praebuit ipse manus.
Transiluit scopulos et inhospita litora classis: 15
　Illae praecipites desiluere freto.
Sic blandas uoces nocituraque carmina uicit,
　Sic tandem exitio monstra canora dedit.

24 quo *C* lauerit *C*, *corr. Ald.* 25 phebus subolesue *C*
637. *In CV (Pet.) extat.* De sirenis Euf *C* De sirenis *V*.
Iuliani *in Pet., Pith. in mg.* Festi Auieni *Pithoeus* 1 Sirenas
Pet. syrenas *C* sirenos ac uarios *V* achiloia *C* acleloia *V*
2 miseros *C Pet.* 3—9 παρένθεσιν puto; *an* 9—10 *ante* 3
ponendi sunt? 4 thimile *C* thymile. *V* thymale *Pet.* habet *om. Pet.* 5 fuerunt *libri (praeter Pet.?)* 7 Quodque
edd. leues et *C* et don *C* edon *V Pet.* 8 cythare *CV*
olor *om. V* 9 illectos *C* modolamine *V* uocem *C* uocă
V, corr. Heins. 10 marcebant *V (ar m. sec. in rasura)*
11 sisifio *CV* 13 inleui *C* sotiorum *C* 15 transiit ut *Heins.*
transiuit *conicio* scapulos *V (m. pr.?)* et *om. C* unospita *C*
littora *C* 16 Ille *CV* dissiluere *C* 18 sit *V m. pr.*
exicio *CV*

638
IVLIANI
B. V 132. M. 531

De die natali

…arus inoffenso procedat lumine Titan
…etificusque dies eat omnibus aethere puro,
…)sque simul iuuenes animis ac uoce fauentes
…)ncelebrate diem uotis felicibus almum,
…rosperus ut semper redeat uatique quotannis
…smenidae referant alacres sua munera nati.

638. *In CV (Pet.)* De sole. Iūl *C* De uı diebus *V* De die
\[n]atali Hilasii *Pet.*   3 animis animis, *corr. m. s.*, *V* et *edd.*
\[ia]centes *C*   4 concelebrarę *V*   5 q̄t annis *C*   Expliciunt
                                                          s
\[u]ersus. XII. sapienciū. *(sequuntur uersu sybillę) C. Sequitur*
\[d]e pedibus lib. IIII (c. 480) *nulla subscriptione interposita V*

CARMINA
CODICIS AVSONIANI VOSSIANI FOL. 111

639
[AVSONII]

B. V 86 M. 1052

f. 3 r.   **Monosticha de mensibus**

Primus Romanas ordiris, Iane, kalendas.
 Februa uicino mense Numa instituit.
Martius antiqui primordia protulit anni.
 Fetiferum Aprilem uindicat alma Venus.
Maiorum dictus patrum de nomine Maius.
 Iunius aetatis proximus est titulo.
Nomine Caesareo Quintilem Iulius auget.
 Augustus nomen Caesareum sequitur.
Autumnum, Pomona, tuum September opimat.

Ausoniana quaedam cur receperim uide in praefatione. E =
Vossianus fol. 111 *saec. IX Ausonium continens.*
  639. Monostica de mensibus *E* Versus de singulis mensibus
F (*Valentianus* 330 *bis, saec.* X, *fol.* 76 *v.*), *et Meermannianus*
s. XI. *Inscr. om. C* (*Caroliruhensis* 167 *saec.* IX) *fol.* 13 *v.*, *V*
(*Vossian. quart.* 86 *saec.* IX) *fol.* 91 *v.*, *P.* (*Parisinus* 7886 *s.*
IX—X) *fol.* 36 *r. in quo* Arati quę uidentur *adscriptum.*
  2 febroa *PV*   4 foetiferum *PCV* ferum *m. sec. in ras.*
E aprelem *F*   6 etatis *E*   7 caesarea *PV* cessareo *C*
8 aūg *C*   9 pomona *E* poma na *C, Meerm.* nam poma *PV*
Autumnus pomane tuus *F* septembre *CF, Meerm.* opimat *E*
                                                  e
uegitet *P* uegitat *CV Meerm.* uegitat *F*

Triticeo October fenore ditat agros.
Sidera praecipitas pelago, intempeste Nouember.
Tu genialem hiemem, feste December, agis.

640

B. V 85. M. 1051 [AVSONII]
In quo mense quod signum sit ad
fol. 4 r. cursum solis

Principium Iani sancit tropicus Capricornus.
Mense Numae in medio solidi stat sidus Aquari.
Procedunt duplices in Martia tempora Pisces.
Respicis Apriles, Aries Phrixaee, kalendas.
Maius Agenorei miratur cornua Tauri.
Iunius aequatos caelo uidet ire Laconas.
Solstitio ardentis Cancri fert Iulius astrum.
Augustum mensem Leo feruidus igne perurit.
Sidere, Virgo, tuo Bacchum September opimat.
Aequat et October sementis tempore Libram.
Scorpios hibernum praeceps iubet ire Nouembrem.
Terminat Arquitenens medio sua signa Decembri.

10 Iriticco *P* triceo *F* octuber *E* octimber *PF Meerm.*
obtimber *V* octember *C* foenore *CVF* fenore *P* 11 sydera
VP pylago *C* intempteste, *sed corr.*, *E* intempesta *CVF*
nouēuer *E*; nobēber *m. sec.* 12 dedi *ex E* (iemem *m. pr.*).
Imbrifer ast mensis tumque December adest *reliqui* (ymbri-
fer *F Meerm.* ast *FP* ∴ *C* tast *V*). — 640. dedi *ex EFP* (*qua
littera Parisinum* 2772 *saec.* X, *fol.* 107 *v., designo*). *Inscripsi
ut E.* De signis et mensibus XII *P.* Versus de duodecim
mensibus *Meerm.* 1ĩ uersus de XII signis *F fol.* 77 *v.* (*a F
fol.* 28 *uix discrepans*). *Inscr. om. F fol.* 28. 'Quidam ue-
terum' *Beda de temporum ratione* 16. *u.* 4—12 ante 1—3
FP Meerm. Beda fort. recte 2 in *del. Buech.* sidere *E* Sol
distat sidere *edd.* 3 *om. F* dupplices *E* tēpore *P*
4 aprelis *F* prhixeae *E* frixee *FP* 7 solistitio *E* soltitio *P*
cantri *P* austrum *Meerm.* 8 purit *E* 9 sidera *Meerm.* baccū
EP bachū *F* 10 octuber *E* octymber *P* semtis *F* 11 scor-
pios *E* scorpius *FP Meerm.* ibernū *E* nobēber *E* nouimbrē
P nouembrem *F Meerm.* 12 arcitenens *F* architenens *P.* —
Bernensis 417 *saec.* IX (*ap. Sinner. catalogi tom. I p.* 351), *sine
inscr.;* 4 aprilis *et* frixea 9 bachum 10 octimber 11 scorpius *et*
nouembri; *u.* 12. 1. 2; *deest* 3. — *cf. Bern.* 441 *s.* X *ib. p.* 39.

641

[AVSONII]   B. I 43; M. 583

Monosticha de aerumnis Herculis

l. 4 u.

Prima Cleonaei tolerata aerumna leonis.
Proxima Lernaeam ferro et face contudit hydram.
Mox Erymantheum uis tertia perculit aprum.
Aeripedis quarto tulit aurea cornua cerui.
5 Stymphalidas pepulit uolucres discrimine quinto.
Threiciam sexto spoliauit Amazona balteo.
Septima in Augeae stabulis inpensa laboris.
Octaua expulso numeratur adorea tauro.
In Diomedeis uictoria nona quadrigis.
10 Geryone extincto decimam dat Hiberia palmam.
Vndecimo mala Hesperidum destricta triumpho.
Cerberus extremi suprema est meta laboris.

Ad 641. *In G p.* 48 *post Verg. Culicis u.* 412 *sq. haec leguntur:*
    Alibi Spicula curuato pelluntur ferrea cornu.
    Alibi Gramineo formose iaces sine coniuge lecto.
    Alibi Turpe pecus mutinum (mutilum *Schenkl.*), turpis
              sine gramine campus
        Et sine fronde frutex et sine crine caput.

    641 *dedi ex EVS* (*Parisinus* 13026 *olim Sangermanensis*
1188 *s.* IX—X *fol.* 84 *v.*), *G* (*Sangallensis* 899 *s.* XI: *cf.*
Schenklius ber. d. k. k. akad. d. wiss. 1863 *p.* 67 *sq.*). Monostica (Monastica *G*) de erumnis erculis *EG; inscr. om. VS*
1 deonei *VS* tollerata *S* tolenata *V* 2 leraneam *E* lerneę *VS* irā *E* idra *V* hydra ; *S* 3 erimanth(t*E*)eū
librī tercia *S* pculit *E* 4 aeraspedis *V* aeripedes *S* 5 stimphalidas *EVS* 6 thereiciā *E* threciam *S* treiciā *V* expoliauit *VS* balte *S* belteo *sed corr. V* 7 Augei *Buech.* augeis
librī stabulus *E m.* 2 (*sic*), *recte m. pr.* impensa *G* 8 octa *E*
ba *add. m. sec.* adoria *librī* 9 diomediis *EVS* non *E*
10 gerione *ESG* cerione *V* yberia *S* impia *V* 11 esperidū
E hisperidum *S* spidū *V* districta *G* destracta *S* trihūfo *V*
12 extrema *sed corr. V* extrem *S* subp̄ma *V* supprema *S*

B. V. 41. M. 66   **642**
fol. 4 u.   QVINTI CICERONIS

Flumina uerna cient obscuro lumine Pisces
Curriculumque Aries aequat noctisque dieique,
Cornua quem condunt, florum praenuntia, Tauri.
Aridaque aestatis Gemini primordia pandunt
Longaque iam minuit praeclarus lumina Cancer   5
Languificosque Leo proflat ferus ore calores.
Post modium, quatiens Virgo fugat orta uaporem.
Autumni reserat portas aequatque diurna
Tempora nocturnis dispenso sidere Libra.
Ecfetos ramos denudat flamma Nepai.   10
Pigra Sagittipotens iaculatur frigora terris.
Bruma gelu glacians iubar †est spirans Capricorni,
Quam sequitur nebulas rorans liquor altus Aquari.
Tanta supra circaque uigent ui lumina mundi.
At dextra laeuaque ciet rota fulgida Solis   15
Mobile curriculum, et Lunae simulacra feruntur.
. . . .

Squama sub †aeterno conspectu torta Draconis
Eminet; hunc infra fulgentes Arcera septem
Magna quatit stellas, quam seruans serus in alta
Conditur Oceani ripa cum luce Bootes.   20
. . . .

642. Quinti ciceronis hi uersus eo pertinent ut quod signū quo tēpore inlustre sit nouerimus quod superius quoq; n̄sis uersib; [*Auson. ed. Bip. p.* 232] expeditur *E qui solus continet*   1 Flamina *Wakefield*   2 equat *E*   3 comunt florꝫ *E, em. Scal.*   5 mittit *puto*   6 lăguificsq; *E, em. Pith.*   7 modiū *E,* modicū *m. sec.*   8 equatǫ *E*   10 Et fetos *E* Effoetos *Pith.* dinudat *E*   11 pigra *E*   12 et aspirans *E* exspirat *Ianus Heluetius. corr. Meyer.* capricornu *E*   13 quem *Heins.* nebulis *Wakefield* rorās licor *E*   14 uigent umi (ubi *edd.* cui *Heins.*) flumina *E* uigent ui *ego* urgentur lumina *Buechelerus*   15 Ad dextera *E*   16 mouile *E. lacunam agnouit Buech.*   17 aetherio *Heins.* Arctoo *Scal.*   18 inter *E* infra *Buech. an* propter?   19 stellās *E, em. Canterus* serbās *E*   20 conditor *et* ripas *et* bootis *E, em. Canterus*

CODICIS AVSONIANI VOSSIANI FOL. 111

643
B. M. —

Quo die quid demi de corpore oporteat
Vngues Mercurio, barbam Ioue, Cypride crines.

644

AVSONII
De uiro bono

B. V 141. M. 111
Ribbeck. append.
Verg. p. 188.

Vir bonus et sapiens, qualem uix repperit unum
Milibus e cunctis hominum consultus Apollo,
Index ipse sui totum se explorat ad unguem.
Quid proceres uanique leuis quid opinio uulgi
. . . .
Securus, mundi instar habens, teres atque rotundus,
Externae ne quid labis per leuia sidat.
Ille diem, quam longus erit sub sidere Cancri
Quantaque nox tropico se porrigit in Capricorno,
Cogitat et iusto trutinae se examine pendit,
Ne quid hiet, ne quid protuberet, angulus aequis
Partibus ut coeat, nil ut deliret amussis;

643. Hic uersus sine auctore est. quo die *sqq. E* iobe *E*
cripride *E, corr. m. sec.* — secuntur Ausoniana. 644. De uiro
bono pitagorica atioacic *E inter Ausoniana. Ex Hor. serm. I*
4, 134 *sqq.* Publii Virgilii Maronis (P. V. M. CX) Uersiculi
De Est Et Non Finiunt | (Uersiculi *add. R*) Eiusdem (Publii
add. R) | De Institutione Viri Boni (inchoant *add. CX*) *RGCX*
et fere (qui De Viro Bono) *P* (*Paris.* 8093 *s. X*) 1 bonos, *corr.*
m. pr., R sapens, *corr. m. antiq., R* 2 e multis *Ald.* //////con-
sultos *R, postea* consultus *ead. m.* 3 fui *P* ãguẽ, *sed corr., E*
4 uariique *Par.* 7936 *s. XIV* leuis] lues *E* ferat *Bembus* epinio
E uolgi *E m. pr.* post 4 uersum excidisse putat Ribb. abens
E adq' *E* at *P* rotundas *RP* 6 lauis *E* labiis *R m. pr.* CX
fidat *RCXP* 7 illa *X* diem *libri* dies *Voss.* 96 *s. XV* quem
RCXP eat *puto* 8 in carripi (campi *Holdero teste*) *C* corno
EG cornu *RCXP* 9 cotigat *E m. sec.* (*sic*) et ψtonutrinae
(ton *ex* tor *corr.*) *E* exanime *C* 10 proturberet *RCXP*
11 qoeat *E* cheat *P* coceat *CX* deleret *R* amusis *E*

Sit solidum quodcumque subest, nec inania subter
Indicet admotus digitis pellentibus ictus.
Non prius in dulcem declinat lumina somnum,
Omnia quam longi reputauerit acta diei:
'Qua praetergressus, quid gestum in tempore, quid non?
Cur isti facto decus afuit aut ratio illi?
Quid mihi praeteritum? cur haec sententia sedit,
Quam melius mutare fuit? miseratus egentem
Cur aliquem fracta persensi mente dolorem?
Quid uolui quod nolle bonum foret? utile honesto
Cur malus antetuli? num dicto aut denique uultu
Perstrictus quisquam? cur me natura magis quam
Disciplina trahit?' sic dicta et facta per omnia
Ingrediens ortoque a uespere cuncta reuoluens
Offensus prauis dat palmam et praemia rectis.

645

B. V 139 M. 285
Ribb. app. V. p. 185

AVSONII

fol. 14 u.   **Est et Non**

Est et Non cuncti monosyllaba nota frequentant.

12 quocumque *G* ianua *G* subter *EG* subtus *RCXP*
u. 13 om. *RCXP*, add. man. rec. in *R* admet͂ *R* pollentibus
R hictus *E*   14 Nŏ prb *X* declinans *EG* declinatis *R* corr.
m. ant. *CXP* declinatus *R* antea   15 hacta *E* apta *CX*
16 Quo libri, corr. Schierius ad carm. aur. 41 (πῇ παρέβην;)
proptergressus quod *G*   17 sti *E*   asit *R* afit *PCX* (sic)
racio *C*   u. 18 om. *G* mici *E* sentencia *C* s&&ia *E*   19
Quid *G*   eg&em *E* egenum recc.   20 psēsi *C*   21 noluit *C*
quod *EG* quid *RCXP* molle (sic) *CX* feret (m. pr. fort. foret) *E*
furet *RCXP* onesto *E*   22 num] nŏ *X* uoltu *E*   23 perstrictis
R (ubi per) *CX* q. est? puto   24 trait *E*   25 ingrediens-
que *R*, corr. m. ant. hortoque *R* cnc *E* cunota *P*   26 det
ERPC(X?) dat *G*. — 645. ΝΑΥ. ΚΑΥ ΟΥ PITAGORICON *E*
post c. de uiro bono; codex Mariangeli Accursii Incipit de
pythagoricis diffinitionibus naikeoy *G* Titulo carent *V* (Voss.
q. 86 saec. IX fol. 91 v.), *S* (Parisinus 13026 olim Sangerm.
1188 saec. IX fol. 84 v.), *D* (Durlacensis 36, f saec. IX—X

CODICIS AVSONIANI VOSSIANI FOL. 111

His demptis nihil est, hominum quod sermo uolutet.
Omnia in his et ab his sunt omnia, siue negoti
Siue oti quicquam est, seu turbida siue quieta.
5 Alterutro pariter non numquam, saepe seorsis
Obsistunt studiis, ut mores ingeniumque,
Vt facilis uel difficilis contentio nata est.
Si consentitur, mora nulla, interuenit 'Est, est';
Sin controuersum, dissensio subiciet 'Non'.
10 Hinc fora dissultant clamoribus, hinc furiosi
Iurgia sunt circi, cuneati hinc †laeta theatri
Seditio, et tales agitat quoque curia lites.
Coniugia et nati cum patribus ista quietis
Verba serunt studiis salua pietate loquentes.
15 Hinc etiam placidis schola consona disciplinis
Dogmaticas agitat · · · certamine lites.
Hinc omnis certat dialectica turba sophorum:

fol. 18 *r.*) *in quo est post Prisciani periegesin.* Prisciano *tribuunt codd. recc. nonnulli.* Publii Virgilii Maronis Copa finit. Uersiculi (eiusdē Maronis *add. R*) de Est et Non incipiunt (incip̄ *R*) *RXC* (*X = Par.* 7927 *saec.* X). *Paris.* 8093 *non contuli.* 1 monosyłła *S* monosillaba *EGDX* u. 3. 4. 2 *Ribbeckius* 2 d&tis *E* nil *EG* nichil ÷ ominum *C* quo *libri*, *corr. codd. saec.* XV   3 et *om. D* s̄ *VS* omnia *om. R* sue *S* negotii *EVS* naegotii *D*   4 otii *EDV* totii *S* turbae *codd. recc.* quietis *libri, em. Ribb.*   5 non *om. X* numquam *D*, umquam *rell.* seorsum *D* *post* 5: Alter in alterius decertat (decerta, decepta) uoce notandis (noṇdis, nota) *libri recc.* 6 studiis studiores *D*   7 Vt *Bondamius* Et *libri* faciles et difficiles *R m. pr. GXC* dificilis *S* contencio *C* nata *EDVS* nacta *RXC* nancta *G*   8 Sic *ED*, ubi c̄ *m. sec.* interueniens est *D* est *alterum om. VSD*   9 In *EDVS* Si *G* contrauersum *XC* dessentio, *corr. m. ant. in* dissentio, *R* dissessio *E* dissenso *G* desenso *S* subiiciet *R* subbiciet *G* u. 13. 14. 10 —12 *Buecheler*   10 foras *D* foro *VS* dis (diss *X*)tultant *XC* hic *V*   11 tanta *Ribb.* teatri *GV* teatro *D* teathri *R* 12 sedicio *DC*   13 stā *E*.   14 studii *V* pietate loquentis *D* 15 placidis *libri mei* placitis *Reginensis, all.* schola *E* cola *S* scola *rell.*   16 docmaticas *D* dagmaticas *S* agittat *V* placido *EGVSD* placito *RXC*, do ex to *D cf. u.* 15 laeto *Gothanus recens* lento *add. Ribb.*   17 omnes *G* dialetica *GC* turbas *G*

Anthol. lat. I, 2

'Si lux est, est ergo dies? non conuenit istuc.
Nam facibus multis aut fulguribus quotiens lux
Est nocturna homini, non est lux ista diei.'
Est et Non igitur, quotiens lucem esse fatendum est,
Sed non esse diem. mille hinc certamina surgunt
† Hic pauci multi quoque talia commeditantes
Murmure concluso rabiosa silentia rodunt.
Qualis uita hominum, duo quam monosyllaba uersant!

B. III 292. M. 1023   646
Ribb. app. V. p. 181

fol. —   De rosis nascentibus

Ver erat et blando mordentia frigora sensu
    Spirabat † croceo mane reuecta dies.
Strictior Eoos praecesserat aura iugales,
    Aestiferum suadens anticipare diem.
Errabam riguis per quadrua compita in herbis
    Maturo cupiens me uegetare die.
Vidi concretas per gramina flexa pruinas
    Pendere aut holerum stare cacuminibus,

18 Estne dies *libri*] Si lux est *ego* Est lux *Ald., transp. Ribb. deinde* estne dies ergo *Ald., edd.* non *om. GXC* nū *m. rec. in R* stic *E* istic *DSXC* ista *V* istic *R* istuc *codd. recc.* 19 fulgerīb *EG* fulgoribus *rell.* quoties *VS*   20 nocturno *D* sta *E* ita *G*   21 quoties *VS* est *om. RCX* est *S*   22 set *E* seo *V* certamin *S*   23 Hic *EGVS* Hinc *DRXC* fatui *Buech.* rauci *Ribb. num* Inpauidi? multi multi quoquẹ *S* qui *Ribb.* cōmedtantes (i *add. m.* 2) *E* cōme; *S* comine *V* commemorantur *D*   24 concluse *RS* conclusae *V* rauiosa *E* silencia *C* rodent *G*   25 monosillaba (b *ex* u *E*) *EV* monosytĺa *S* monosrocaba *X* uersant *om. X*   646. *In E non extat. Accursius ex fide uetusti codicis Ausonio tribuit.* Publii Virgilii (P. V. M. *CX*) Egloga (gloga *X; sc. de uiro bono*) finit (fin. *R*). Eiusdem (Virgilii Ecloga *add. R*) de rosis nascentibus (uascentibus *C*) (egloga *add. CX*) incipit (feliciter inchoat *R*) *RCX; similia in P.*   1 er *C* mordencia *C*   3 eohos *X*   5 competa *RCX* comp&a *P m. pr.*   herbis *RP* hertis *C* ertis *X* ortis *recc.* hortis *Ald.*   6 uegitare *libri*

Caulibus et patulis teretes conludere guttas.
. . . .
Vidi Paestano gaudere rosaria cultu
 Exoriente nouo roscida Lucifero.
Rara pruinosis canebat gemma frutectis
 Ad primi radios interitura die.
Ambigeres, raperetne rosis Aurora ruborem
 An daret et flores tingueret orta dies.
Ros unus, color unus et unum mane duorum:
 Sideris et floris nam domina una Venus.
Forsan et unus odor: sed celsior ille per auras
 Difflatur, spirat proximus iste magis.
Communis Paphie dea sideris et dea floris
 Praecipit, unius muricis esse habitum.
Momentum intererat, quo se nascentia florum
 Germina comparibus diuiderent spatiis.
Haec uiret angusto foliorum tecta galero,
 Hanc tenui folio purpura rubra notat,
Haec aperit primi fastigia celsa obelisci,
 Mucronem absoluens purpurei capitis.
Vertice collectos illa exsinuabat amictus,
 Iam meditans foliis se numerare suis.
Nec mora: ridentis calathi patefecit honorem
 Prodens inclusi semina densa croci.
Haec, modo quae toto rutilauerat igne comarum,
 Pallida conlapsis deseritur foliis.

9 concludere *CX* u. 10 *periit. Codd. recc. partim* Nox assueta diu fecerat illud idem (sic *Par.* 7936 s. *XIV) partim* Et caelestis aquae pondere tunc grauidas (sic *m. rec. in mg. R), partim utrumque.* 11 candere *Scriuer.* 13 clara *Wakefield* gemina *CX* frutectis *RPCX* 14 interaura *C* 15 aura *RPX* tūc *suprascr. m. rec. R* 17 Ros unus *RP* ros unt *C* ros unorum *X* 18 una *om. C* 19 fosan *C* set *C* 20 Diffle *RPCX* l'difflatur *R in mg. m. rec.* spirat *C* 21 paphiae *libri* (ae *R*) 22 abitū *X* 23 nacencia *C*. 24 disparibus *recentes* 26 Hac tenus in *libri* (l' tenuis *R in mg.*) 27 prima *libri, corr. R m. pr.* oboelisci *CX* primae florens praeludia formae *ludunt recc.* 29 illa *C* exinuabat *libri* 31 patefeci *X* patefec̄ *C* 32 femina *CX* densi *C*

Mirabar celerem fugitiua aetate rapinam, 35
  Et dum nascuntur consenuisse rosas.
Ecce et defluxit rutili coma punica floris,
  Dum loquor, et tellus tecta rubore micat.
Tot species tantosque ortus uariosque nouatus
  Vna dies aperit, conficit una dies. 40
Conquerimur, Natura, breuis quod gratia [florum est].
  Ostentata oculis ilico dona rapis.
Quam longa una dies, aetas tam longa rosarum,
  Quas pubescentes iuncta senecta premit.
Quam modo nascentem rutilus conspexit Eous, 45
  Hanc rediens sero uespere uidit anum.
Sed bene quod, paucis licet interitura diebus,
  Succedens aeuum prorogat ipsa suum.
Collige uirgo rosas, dum flos nouus et noua pubes,
  Et memor esto, aeuum sic properare tuum. 50

B. V 142. M. 1078   647
                        AVSONII
fol. 14 u.   De aetatibus. Hesiodion

Ter binos deciesque nouem super exit in annos
Iusta senescentum, quos implet, uita uirorum.

    37 et *om.* X   riuuli *C* rutuli X   38 en *Burm.* tacta
                     o
rubore *P m. pr.*   39 speties *C*   40 Vna] Ipsa *R* Vna *rell.*
comficit *C* coflect *X*   una *R* (*sec. Ribbeckii silentium*) ipsa
PCX   41 gracia *C* florum est *om. RPCX; add. m. rec. in*
R florum *uel* talis *codd. recc.*   42 occulis *C*   44 uincta *C*
premit *recc.* breuis *RPCX*   45 rutilis *R* (*m. pr. ex* rutulis) *PCX*
eos *X*   46 cuidit *X*   48 *num* suo? sibi *Buech.*   49 uiro *R,*
corr. m. rec. Publii Virgilii (P. V. *PCX*) Maronis (M. *CX*)
(egloga *add. RCX*) de rosis finit *RPCX.* Eiusdem moretum
(ammoretum *C*) incipit *CX; idem in RP sequitur.*
    647. De aetatibus. Hesiodion *E, in quo post c.* 645. In-
cipit de aetatibus animantium hesiod *margine cum fine tituli*
auulso S (*Valentianus* 393 *saec. IX fol.* 137 *r.*). De aetati-
bus animantium. hesidion *G* Hesiodus de aetatibus animantum
s (*Valent.* 145 *saec. XII, ex quo ed. Mangeartus in catalogo bibl.*
p. 130) Virgilii *edd. uett: cf. Hesiod. frg.* 163 *Götil.*   1 nobem *E*

Hos nouies superat uiuendo garrula cornix
Et quater egreditur cornicis saecula ceruus.
5 Alipedem ceruum ter uincit coruus, et illum
Multiplicat nouies Phoenix, reparabilis ales.
Quem nos perpetuo decies praeuertimus aeuo,
Nymphae Hamadryades, quarum longissima uita est.
Haec cohibet finis uiuacia fata animantum.
10 Cetera secreti nouit deus arbiter aeui,
Tempora quae Stilbon uoluat, quae saecula Phaenon,
Quos Pyrois habeat, quos Iuppiter igne benigno
Circuitus, quali properet Venus alma recursu,
Qui Phoeben, quanti maneant Titana labores,
15 Donec consumto, magnus qui dicitur, anno
Rursus in anticum ueniant uaga sidera cursum,
Qualia disposite steterant ab origine mundi.

648

SVLPICII LVPERCI SERVASII IVNIORIS

fol. 37 u. B. III 97. M. 542

Omne quod Natura parens creauit,
Quamlibet firmum uideas, labascit,
Tempore ac longo fragile et caducum
    Soluitur usu.
5 Amnis insueta solet ire ualle

3 nobies *E* uidēdo *E*, *corr. m.* 2 garlula *S*, *corr. m. pr.* 5 uinxit *E* 6 nobies *E* phenix *s* reparauilis *E* 7 Quem uos *edd.* praeuertitis *E* praeuertimus *SGs* 8 nīphe *E* nimphae *Ss* amadriades *ESs* (*qui* y) 9 Haec *ESG* Hi cohibent *edd.* coibet *E* cohibet *SG* finis *E* fines *SG* 10 Caętera *S* Cętera *S* secreta *SG* nobit *E* dš *ES* 11—17 *in solo E extant; etiam Mariangeli Accursii codex Ausonio tribuebat. Schenklius alii carmini adscribit.* 11 qš stilo inuoluat *E* phaenon, *corr. m.* 2 *in* phaeton, *E* 12 pirois *E* quod *E* 13 arma, *corr. m.* 2, *E* 17 qualia *E* quali *Pith. fort. recte.* dispositi *E* dispositu *uel* disp-a *Buech.* disp-e *ego; secuntur Ausoniana.*

648. It uersus Sulpicii *sqq. E* Seruasii *scripsi* Serbasti *E* Sebasti *Scriuerius de uetustate add. Scal.* 1 creabit *E fortasse m. pr. sed erasum* 2 quã liu& *E* 3 ac *Scal. bis*

Mutat et rectos uia certa cursus,
Rupta cum cedit male pertinaci
    Ripa fluento.
Decidens scabrum cauat unda tofum,
Ferreus uomis tenuatur agris,
Splendet adtrito digitos honorans
    Anulus auro.

649

EIVSDEM

B. III 74. M. 543.
fol. 37 u.   De cupiditate

Heu misera in nimios hominum petulantia census!
    Caecus inutilium quo ruit ardor opum,
Auri dira fames et non expleta libido,
    Ferali pretio uendat ut omne nefas!
Sic latebras Eriphyla uiri patefecit, ubi aurum
    Accepit, turpis materiam sceleris;
Sic quondam Acrisiae in gremium per claustra puellae
    Corruptore auro fluxit adulterium.
O quam mendose uotum insaturabile habendi
    Inbuit infami pectora nostra malo!
Quamlibet inmenso diues uigil incubet auro,
    Aestuat augendae dira cupido rei.
Heu mala paupertas numquam locupletis auari:
    Dum struere inmodice, quod tenet, optat, eget.
Quis metus hic legum quaeue est reuerentia ueri,
    Crescenti nummo si mage culpa subest?
Cognatorum animas promtum est fratrumque cruorem
    Fundier: affectus uincit auara fames.

7 caedit E   9—12 cf. Ouidius ex Ponto epp. IV 10,
5 sq.   649. It eiusdem de cupiditate E   1 H add. m. 2
E   2 caęcus E (aę saepius pro ae) coruit E, corr. m. sec.
5 erifila E. ex Statii Theb. IV 211.   7 condã crisiaę E
p E   9 mendosaę E   10 nša E   12 num Excitat?
14 t eget add. E m. sec.   16 crescente E cura E, em. Buech.
17 patrumque edd.   18 fol. 38 r. fundere et Pith.

Diuitis est, semper fragiles male quaerere gazas:
20   Nulla huic in lucro cura pudoris erit.
Istut templorum damno excidioque requirit;
  Hoc caelo iubeas ut petat: inde petet.
Mirum ni pulcras artes Romana iuuentus
  Discat et egregio sudet in eloquio,
25 Vt post iurisonae famosa stipendia linguae
  Barbaricae ingeniis anteferantur opes?
At qui sunt, quos propter honestum rumpere foedus
  Audeat inlicite pallida auaritia?
Romani sermonis egent ridendaque uerba
30   Frangit ad horrificos turbida lingua sonos.
Set tamen ex cultu adpetitur spes grata nepotum?
  Saltem istud nostri forsan honoris habent?
Ambusti torris species exesaque saeclo
  Aptantur priscis corpora de tumulis!
35 Perplexi crines, frons improba, tempora pressa,
  Extantes malae deficiente gena,
Simataeque iacent pando sinuamine nares,
  Territat os nudum caesaque labra tument.
Defossum in uentrem propulso pondere tergum
40   Frangitur et uacuo crure tument genua.
Discolor † in manibus species, ac turpius illud,
  Quod cutis obscure pallet in inuidiam.

         I   h
    21 stnt (*m. pr.*) *E* exitioque *edd.*   33 pulcras (h *m. sec.*)
E   25 stipendia] p *a m. sec. in ras. E*; m *m. pr. ut uidetur*
27 atqui *E* at qui *ego* atque hi *Heins.* num fenus?   28 abaritia *E, corr. m. sec.*   29 egens *edd.*   30 orrificos *E*
31 Set *E* (sed *m. sec.*) ultu *E, corr. Oud.* uultu *Scal.*   32 sal-
         i
tim stud (i *m. sec.*) ūsi *E*   33 ex|ęsaq; *E*   34 abtantur
E raptantur *Heins.* aptantur *Vinetus* abduntur *edd.*   36 extātes mala *E, corr. m. scc.* mala *et* genae *Scal.*   37 Simanturq; *E, corr. edd. uett.* uncae *Buech.* num patent?
40 uaro *Burm.*   41 decolor *Heins.* immanis *Schrader* hac *E*
ac *m. sec.* at *Buech.*   42 obscurę *E* ab inuidia *Buech.*
u. 33–42 uersui 30 statim subiungendos puto; 31–32 post 26
colloco. V. 33 sq. et 42 non intellego. Buechelerus cl. Ammiano
XXXI 2, 2 sqq. de Hunnis cogitat.

650

PETRONII

B. III 131. M. 180
Petron. ed. Buech.
fg. 29

fol. 38 r.

Fallunt nos oculi uagique sensus
Oppressa ratione mentiuntur.
Nam turris, prope quae quadrata surgit,
Detritis procul angulis rotatur.
Hyblaeum refugit satur liquorem
Et naris casiam frequenter odit.
Hoc illo magis aut minus placere
Non posset, nisi lite destinata
Pugnarent dubio tenore sensus.

651

EIVSDEM

De somniis

B. VI 90. M. 170.
Buech. 30

fol. eod.

Somnia, quae mentes ludunt uolitantibus umbris,
Non delubra deum nec ab aethere numina mittunt,
Sed sibi quisque facit. nam cum prostrata sopore
Vrguet membra quies et mens sine pondere ludit,
Quidquid luce fuit, tenebris agit. oppida bello
Qui quatit et flammis miserandas saeuit in urbes,
Tela uidet uersasque acies et funera regum
Atque exundantes profuso sanguine campos.

Sequuntur 'Versus Petronii' (*Petr. satir. c.* 14 *p.* 15 *Buech. no.* 159 *Mey.*), 'Item eiusdem' (*Petr. c.* 83 *p.* 99 *B. no.* 162 *Mey.*), 650 'It eiusdem': metro falecio endecasillabo *add. m. sec. in mg. E*   4 adtritis *Scal.*   5 hibleū *E*   licorem *E*
6 maris *E, corr. Pith.* marcens *Duebnerus*   8 nō possī *E*
(v̄ *m. sec. in rasura.* possit *m. pr. teste Burm.*) 651 Iṫ eidem
de somniis *E cf. Lucretius IV* 962 *sqq.*   1 mendes *E teste Buech.*   2 delubrạ *E teste eodem* hab *E*, h *erasa* ethere *E*
3 quū *E*   prostata *E, corr. m. sec.*   5 facit *Barth.* uello, sed corr., *E*   6 seruit urbes *E m. pr.* eruit *Buech.*   8 ₚfuso (*i. e.* perfuso) *E, sic L. Muell.*

Qui causas orare solent, legesque forumque
10 Et pauida cernunt inclusum chorte tribunal.
Condit auarus opes defossumque inuenit aurum.
Venator saltus canibus quatit.. eripit undis
Aut premit euersam periturus nauita puppem.
Scribit amatori meretrix. dat adultera munus.
15 Et canis in somnis leporis uestigia lustrat.
In noctis spatium miserorum uulnera durant.

652

CLAVDIANI

B. ad VI 90. M.

fol. 38 u.   De eadem re

Omnia quae sensu uoluuntur uota diurno,
    Pectore sopito reddit amica quies.
Venator defessa toro cum membra reponit,
    Mens tamen ad siluas et sua lustra redit.
5 Iudicibus lites, aurigae somnia currus,
    Vanaque nocturnis meta cauetur equis.
Furto gaudet amans, permutat nauita merces,
    Et uigili lapsas quaerit auarus opes.
Blandaque largitur frustra sitientibus aegris
10   Inriguus gelido pocula fonte sopor.

---

   10 pauidi *et* corde *E, corr. Mommsenus.* pauido *Scal.* 11 *cf. Verg. Georg. II* 507   13 premite uersam *E*   puppim *edd.*   14 mnus (u) *E*   *u.* 15 *Buech., u.* 16 *Barthius delent* 15 latrat *E, corr. Burm.*   16 spatio *Scal.*   652 It Claudiani *E*   2 quiaes *E*   3 quũ *E*   5 cursus *E* (?) currus *Burm.* 6 moeta *E*   aequis *sed corr. E*   7 pmutat *E*   8 uigil *E, corr. Burm.* elapsas *E, em. Buech.* abarus *E*   *u.* 9. 10 *om. Burmannus* egris *E.*

653

fol. 39 *u.* **SVLPICII CARTHAGINIENSIS**
Hexasticha in Aeneidis libris.

B II 175. M. 286   Praefatio

Carmina Vergilius Phrygium prodentia Martem
 Secum fatali iusserat igne mori.
Tucca negat, Varius prohibet, superaddite Caesar
 Nomen in Aeneae non sinis esse nefas.
O quam paene iterum geminasti funere funus,
 Troia, bis interitus causa futura tui.

B. II 194. M. 223   I

Arma uirumque canit uates Iunonis ob iram
Et totum Aeoliis turbatum flatibus aequor,
Disiectas classes submersaque corpora ponto,
Hospitium Didus, casus quo gentis et annos
Aeneas Troiae fatumque et bella referret.
Quorum pars terrae, pelago pars addita famae est.

II

Conticuere omnes intentique ore loquentis
Ora tenent, ac tum dolus introducitur hostis
Et fallacis equi damnosum munus in armis
Perfidia notusque Sinon amissaque coniunx,

Sequitur 'Epiśrammatū obidii nasonis in libris eneidarum Vergili////', *quae dedi fascic. I p.* 1 *sqq.; deinde:* 653. It exastica Sulpicii cartaginiēsis in eisdem libris *E.*   *u.* 1—6 'Focae' *schedae Scaligeri*   1 frigiū *E*   2 secu *E m. pr.*   3 proibet *E*   4 aenea *E, corr. Buech.* non] num *Oud.* 5 runere fu////us *E, corr. m.* 2, *ut uidetur Holdero*   6 futuri, *E, corr. m.* 2   Liber primus. I *E. in sequentibus numeros tantum habet.*   8 tubatum *E* fluctibus *edd.*   9 summersaq; *E* pŏto *E*   10 cassus *sed corr. E* ānos *E*   11 aenean *E* uella *aut* ualla *E, corr. m. sec.* referre *E*   13 ingentiq; *E*   15 aequi *E.* num in aruis?   16 coniuncx *E*

Per medios ignes ablatus saeuaque tela
Anchises umero facilis pietate ferentis.

III

Postquam res Asiae disiectaque moenia Troiae,
Dant pelago classes. Polydori funera discunt
Atque Heleni praecepta, fidem cui fecerat usus,
Quae non accessus uia sit temptanda: Cyclopes
Et Scyllae rabies et ineluctabilis unda
Erroresque maris; labor in contraria uersus.

IV

At regina graui pectus succensa dolore
Ardet amore uiri, clausum uenatur amorem
Dumque capit, capitur: sentit, quos praebuit, ignes.
Aeneas altum sociis et classe petiuit.
Extructa regina pyra penetralibus instat,
Sorte fugam praestare mori; nec defuit hora.

V

Interea medium Aeneas tendebat in aequor,
Moenia respiciens causa flagrantia amoris.
Mox Siculae tenet arua domus Manesque parentis
Ludorum exequiis celebrat. quibus additur Iris
† In faciem Beroes classem flammare iubentis
Iunonis mentita dolo: namque illa monebat.

VI

Sic fatur lacrimans Cumarum adlabitur oris,
Descensusque parans adiit praecepta Sibyllae,

17 alatus *E* que *add. m. sec. in rasura* 18 umero *scripsi*
honor *E* oneri *Scal.* piaetate *E* 20 dãt *E* polidori *E*
21 husus, *sed corr., E* 22 nõ *E* tẽptãda ciclopas *E* 23
scillae *E* 24 errorisque *E* IIII *E* 25 successa *E*, s
in n *corr. m. sec.* 26 ueneratur *E, em. Burm.* 29 piṛa
E 30 mortem *E* morte *m. sec.* sorte *ego* morae *E* mori *ego*
33 sicula *E, corr. Oud.* 35 num Effigiem? beroex *E*, beroe
m. sec. 36 iunonem *E* mutata *Heyne* 37 fatur *potius quam*
fatus *E* oris *E* horis *m. sec.* 38 obiit *Schrader* sibillae *E*

Qua duce non fastum mortali limen aditur.
Hic primum maestos uidet inter cetera Troas. 40
Tum patrem agnoscit, discit reditura sub ortus
Corpora Romanosque duces seriemque nepotum.

VII

Tu quoque litoribus nostris, Caieta, manebis.
Seruat honos nomen: pietas testatur honorem.
Causam opus insequitur; bellum namque incipit esse, 45
Tyrrhidae iuuenum quod tunc conflauerat ira.
Turnus adest, monet, arma sibi contraria sumat.
Tum gentes socia arma ferunt, fremit arma iuuentus.

VIII

Vt belli signum cecinit sociosque uocauit
Turnus, tum uarias turbatus pectora mentes 50
Aeneas Euandron adit, facit hospitis usum
Atque operum causas, urbis cognoscit honores.
Arma rogat. Cytherea rogat, mox accipit heros.
† Tuque opere ars piget facti labor efficit artem.

IX

Atque ea diuersa penitus dum parte geruntur, 55
Iris adest, monet, arma sibi contraria sumat.
Caeduntur uigiles et mutua corpora fratrum,
Nisus et Euryalus, morte et pietate fideles.
Dumque petunt laudem, uincunt contraria fata.
Audacem Remulum leto dat pulcher Iulus. 60

39 faustum *Burm.* fastum *E* 40 mestos *E* 41 sub]
ub *E.* (*cf. Aen. VI* 680.) 43 nsīs cateta *E* 44 serbat *E*
piaetas *E* 45 causa *E*, *correxi* uellū *E* 46 tirrides
uuenū *E* (iuuenū *m. sec.*). Tyrrhid*ae pro* 'Tyrrhidarum] *poeta
falso intellegit Verg. VII* 484. 47: *fol.* 40 *r. cf. u.* 56 *u.* 48
in 'Ouidii' *argumento c.* 1, VII, 10 *in libris praeter E extat,
cuius uersum in contextu recipere debui.* 50 tum] et *in E
puto* uaria . . mente. 53 cithera *E* 54 lauor *E. Num*
Cumque opera adspiceret? factis *et* addidit *Burm*, acrem
coni. idem, fort. recte VIIII *E* 56 Ins *E. cf. u.* 47
58 eurialus *E* 59 petit *E* 60 laeto *E* pulcer *E*

X

Panditur interea caelum sedesque Tonantis;
Alternos questus Venus ac Saturnia promunt.
Illa dolos, haec bella mouet, sed uincitur ira
Mater. at Aeneas bello non segnior instat.
5 Vulnere Mezenti Lauso nam fecerat iram.
Quem tetigit uirtus, superat per fata periclum.

XI

Oceanum interea Phoebus superauerat ortu.
Extruit Aeneas dextra quaesita tropaea.
Condit humi socios, fatum quos condidit ante.
70 Legati responsa ferunt ueniamque petitam
Non negat. et contra pugnat secura Camilla,
Femina caede potens, casu temeraria tanto.

XII

Turnus ut infractos uidit cessisse Latinos,
Instat atrox pugnae[que] uices sibi percipit hostis.
75 Pectore secreto uiolatur uulnere teli.
Aeneas causa est; illi Iuturna neganti
Adfuit obsequio, cum mors finiuerat iram.
Sed sua fata uirum traxerunt quaerere mortem.

654

Tetrasticha in libris Vergilii

fol. 40 r. In Georgicis   B. II 193, 5 sqq.
M. 863, 5 sqq.

Sidera deinde canit, segetes et dona Lyaei
Et pecorum cultus, Hyblaei mella saporis.

---

61 seditque *E*   62 qu$\underset{}{\text{e}}$stus *E*   65 la$\overset{u}{\text{d}}$aem *E* Lauso *Oud.*   67 hortu *E*   68 q^{s}sita tropea *E*   71 et] at?
74 neces *E*] que uices *Oud.* $_{\text{p}}$cipit hos. *E* tes *add. m. sec.* ($_{\text{p}}$
= per *in E*)   75 sed recto *Oud.*   76 negāte *E*   77 cum]
quā *E* iam Mars *Heyne.* — *Sequitur* 'Tetrastica in cunctis
libris Vergilii praef.' (B. II 189, 1—4. M. 836, 1—4) *et* 'Bū̆c'
(B. II 193, 1—4. M. 863, 1—4), *quae dedi c.* 2, 1—8. *Deinde*
654. Geōr *E*   1 liaei *E*   2 hiblaei *E*

Principio breuiter uentura uolumina dixit.
Intercidit opus coepitque referre secunda.

In Aeneide

I

Arma uirumque canit mira uirtute potentem,
Iunonis studio disiectas aequore puppes,
Hospitium Didus, classem sociosque receptos,
Vtque epulas inter casus regina requirat.

II

Conticuere omnes. Infandos ille labores
Deceptamque dolis Troiam patriaeque ruinas
Et casus Priami docet et flagrantia regna,
Ignibus e mediis raptum deque hoste parentem.

III

Postquam res Asiae deceptaque Pergama dixit,
Tum Polydore tuos tumulos, tum Gnosia regna,
Andromachen Helenumque et uasta mole Cyclopas
Amissumque patrem Siculis narrauit in oris.

IV

At regina graui Veneris iam carpitur igni
Venatusque petit. capitur uenatibus ipsa
Et taedas Hymenaee tuas ad funera uertit,
Postquam Anchisiades fatorum est iussa secutus.

V

Interea Aeneas pelagus iam classe tenebat
Ludorumque patris tumulum celebrabat honore.
Puppibus ambustis fundauit moenia Acestae
Destituitque ratem media Palinurus in unda.

3 ureuiter *E*]A͡EN *E* I *om. E* 6 odio *E, em. Buech.*
8 aepulas *E* 11 primai *E, corr. m. sec.* 12 remediis *E* r *del.
m. sec.* 14 polidore *E* 15 ciclopas *E* IIII *E* 18 ipsa
Burm. ipsis *E* 19 himenee *E* 20 hãchisiades *E* h *del. m.
sec.* sequutus *E* 21 plagas *E, corr. m sec.* 23 aceste *E*

VI

Sic lacrimans tandem Cumarum adlabitur oris
Descenditque domus Ditis comitante Sibylla.
Agnoscit Troas caesos, agnoscit Achiuos,
Et docet Anchises uenturam ad sidera prolem.

VII

Tu quoque litoribus famam, Caieta, dedisti.
Impetrat Aeneas Latium regnumque Latini
Foedus agens. saeuit Iuno bellumque lacessit
Finitimosque uiros Turnumque in proelia mittit.

VIII

Vt belli signum Turnus Mezentiaque arma
Conciuitque duces, tum moenia Pallantea
Aeneas adit Euandri socia agmina quaerens.
Arma Venus portat proprio Vulcania nato.

IX

Atque ea diuersa dum parte, hic diua Cybebe
Puppes esse suas Nympharum numina iussit.
Euryali et Nisi caedes et fata canuntur,
Fecerit inclusus castris quae funera Turnus.

X

Panditur interea caelum coetusque deorum.
Iam redit Aeneas et Pallas sternitur acer.
Eripuit Iuno Turnum, Lausoque parentem
Adiecit comitem mortis Cythereia proles.

26: *fol.* 40 *u.* sibilla *E*   26 domum *Buech.*   27 trohas
E   achibos *E*   30 impetreat *E*   latinis *E* Latini *ego*
31 fedus *E* uellũq; *E*, *corr. m. sec.*   34 consciuitque *E*,
corr. Heyne   VIIII *E*   37 huic *Burm.* cibebe *E*   38 esse]
es *E* nĩpharũ *E*   39 euriali *E*   43 Lausique *E* Lauso-
que *Heyne*   44 cithereia *E*

112 CARMINA

XI

Oceano interea surgens Aurora uidebat 45
Mezenti ducis exuuias caesosque sodales
Et Latium proceres Diomedis dicta referre,
Tum qualis pugnae succedat Etrusca Camilla.

XII

Turnus ut infractos [hos] uidit et undique caesos,
Vltro Anchisiaden bello per foedera poscit; 50
Quae Iuturna parat conuellere; sed tamen armis
Occidit et pactum liquit cum coniuge regnum.

655

B. II 185. M. 289   *Augusto Caesari tributum*

. . . .

(22) Nescio quid fugiente anima, non sponte sed altis
Expugnata malis odio languoris iniqui:
Infertur Tyriae post uulnera uulnus Elissae?
(25) Sentiet applicitos turbata Sibylla uapores
Et iurata mori nec cingula reddet Amazon? 5
Di meliora date ac sensum reuocate nocentem
(Pace uiri liceat tanti), nec commoda linguae
Diuitis intereant, per quam Romana iuuentus
(30) Aeternum florere potest: quod iusserat ille,
Sit uetuisse meum. nam post sua tempora uitae 10
Non taceat, immo aeterna resonante Camena
Laudetur placeat uiuat relegatur ametur!

45 oceanum *E*, *fort. genuinum, quamquam ineptum (cf. u.*
37): *cf. Aen. XI* 1   49 infracto *E*, *corr. m. sec.* hos *add.*
Buech. uidis *E* et] set *m. sec.* cesos *E*   50 ρ phedera *E*
51 diuturna *E²*; *recte m. pr.* s& tamẽ *E*   60 liquid *E*
    It monostica in libris aeneidos *E*, *quae vide in carm.* 1
p. 2 *sqq. Deinde:* 655. It epigramma. ā. cesaris in confirma-
tione eorundem libror *E. cf. c.* 671, 22 *sqq.*   3 tiriae *E*
helissae *E*   4 sibilla *E*   5 singula reddet *E* mazon,
corr. m. sec., *E*   6 dii *E*   9 forere *E* quod] uerum quod
E   11 resonate *E*

Aenigmata B. — M. —

656

Si me retro legis, potui quae uiuere numquam, EUA
Continuo uiuam, sumens de nomine uitam.

657

Si me retro legis, faciam de nomine uerbum. ARRA
Femina cum fuerim, imperatiuus ero.

657ª

Si me retro legis, dicam tibi semper id ipsum; AUE
Vna mihi facies ante retroque manet.

657ᵇ

Mollior in tactu, sed durior omnibus actu ARA
Ille ego qui rabiem possum superare ferinam.

657ᶜ

Si me retro legis, facere qui uulnera noui,
Ex me confestim noscis adesse deum.

656—657ᶜ. Enigmata *E. a manu secunda adscripta sunt. nil mutaui.* EUA *et rell. alius adscripsit: Videtur* AVE *ad c.* 656, ЄVA *ad* 657, ARA *et* ARRA *ad* 657ª *pertinere;* 657ᵇ *versiculos obscuros medii aevi puto;* 657ᶜ: MUCRO *L. Muellerus.*

Anthol. lat. I, 2.

CARMEN
CODICIS MONTISPESSVLANI 306

658
B. V. 149, M. 39

De philomela

Distichon

Sum noctis socia, sum cantus dulcis amica:
  Nomen ab ambiguo sic philomela gero.

Item

Insomnem philomela trahit dum carmine noctem,
  Nos dormire facit, se uigilare iubet.

Dialogon tetrastichon

5 Dic, philomela, uelis cur noctem uincere cantu?

---

658. *M = Montispessulanus 306 saeculi IX ineuntis cf. Oehlerus philol. 1860 p. 355. P = Parisinus 8440 saec. X fol. 37 u., optimus. B = Bruxellanus 1828—1830 saec. XI fol. 35 r. contulit Noltius. T = Turicensis ap. Meyerum, L = Vossianus q. 33 s. X fol. 159. Iulium Speratum poetam Goldastus mentitus est; fortasse Eugenius Toletanus carmen scripsit, cuius poematum pars secunda, ex 'codice Gothico sanctae ecclesiae Toletanae, uulgo de Azagra' in Mignii scriptt. eccl. tom. 87 p. 389 sqq. primum edita, sed spuriis intermixta, id continet.*

Versus de filomela *M* Disticon in filomela *P* De philomela *B* Incipit uersus de filomella *L. inscr. om. T* Distichon philomelaicum *siue Mignius siue cod. Toletanus* (*Mi.*) 1 sotia *PL* dulos *L* 2 filomela *sic libri fere ubique. nomen a* μέλας *simulque*

a μέλος *deducit poeta. ante* 3: IT *P* Item *Mi.* 3 trahit diu *P* trahit per *B* transducit *MTL* trahit dum *scripsi et postea in Mi. repperi.* carmina *B* 4 iubet *P* docet *rell.* ante 5: Item dialogon tetrasticon *PMi.*

'Ouis ne noceat uis inimica meis.'
Dic age, num cantu poteris depellere pestem?
'Aut possim aut nequeam, me uigilare iuuat.'

Carmen

Vox, philomela, tua cantus † educere cogit,
  Inde tui laudem rustica lingua canit.
Vox, philomela, tua citharas in carmine uincit
  Et superat miris musica flabra modis.
Vox, philomela, tua curarum semina pellit,
  Recreat et blandis anxia corda sonis.
Florea rura colis, herboso cespite gaudes,
  Frondibus arboreis pignora multa foues.
Cantibus ecce tuis recrepant arbusta canoris,
  Consonat ipsa suis frondea silua comis.
Iudice me cycnus et garrula cedat hirundo,
  Cedat et inlustri psittacus ore tibi.
Nulla tuos umquam cantus imitabitur ales,
  Murmure namque tuo dulcia mella fluunt.
Dic ergo tremulos lingua uibrante susurros
  Et suaui liquidum gutture pange melos.
Porrige dulcisonas attentis auribus escas;
  Nolo tacere uelis, nolo tacere uelis!

6 Ne nocea ouis *MPLT Mi.; recte B* 7 nunc *MT* num cantus *L* Pestem dic a. n. p. d. cantu *T* 8 Aut] Ut *P* (?), *edd.* 9 Item carmen philomelaicum *Mi.* edicere *P Mi.* seducere *M m. pr. BL* educere *M*, s *erasa*, *T* ediscere *Pith.* 10 cui *ML* sui *T* u. 9—10 *post* 12 *in B, post* 13 *in T sunt.* 11 cithara *P* cytharas *L* 12 fabra *BL* fibra *T* 15 ruram *T* coepiste *L* 16 pignera *P* parua *Mi.* 17 ecce tuis *P Mi.* et coetus *MLT* et cętus *B* 18 frondia *P* 19 Iudicet me cignus *MPL* Iudicio cignus *B Mi.* garula *ML* cędit *B* cedat *rell.* hyrundo *ML* 20 cedit et *MPTL* cędit et *B* cedat *imitator Aluarus, Mi.* illustri *Mi.* inlustris *libri* spitacus *M* siptacus *L* psitacus *PBT* 21 tuos unquā *B* tuis *MT* tuis *P* 22 murmura *T* nanque *B* tuis *L* dultia *P* 21. 22. 19. 20 *transp. Schenklius* 23 tremulus *TPL* susurrus *TP* susuras *L* 24 suaue *MLP* suauae *T* guture *L* pangere *ML* 25 dulces sonus *Mi.* dulcis sonas *L* adtentis *LM* uiribus *L* odas *Pith.* 26 Nolo tac. u. *semel om. P* Nollo (*bis*) *Mi.*

Gloria summa tibi, laus et benedictio, Christe,
Qui praestas famulis haec bona grata tuis.

27 glã *BL* tibi summa *MPL* XP͞e *B*   28 seruulis *Mi*.
27. 28 *om.* *T* Explic. *L*

Ad hoc carmen spectant uersus cod. Paris. 2773
saec. XI fol. 83':

Ipse libenter auem filomellã nomine dictam
  Liqui pennigera carperet alta fuga
Quam iterum laqueis uellem si prendere possem
  I quaediu doleo quod malefecit auis.
Vox filomella tui resonabat dultiter (*sic*) ouans:
  'Nolo tacere uelis' (*cf. u.* 26) te filomella nimis.
Istos qui fixit (*sic*) ualeat per saecula rethor;
  Ore suo cecinit modicus de more . . .

Etiam Paulus Aluarus Cordubensis saec. IX monachus imitatus est, de quo uide ap. Burm.

CARMINA
CODICIS VALENTIANI 393

B. M. —

659
Romae in imagine Constantini

Credite uicturas anima remeante fauillas
  Rursus ad amissum posse redire diem.
Nam uaga bis quinos iam luna resumpserat orbes,
  Nutabat dubior cum mihi morte salus.
Irrita letiferos auxit medicina dolores
  Creuit et humana morbus ab arte meus.
O quantum Petro donauit Christus honorem:
  Ille dedit uitam, reddidit iste mihi.

B. II 118. M. 209

660
In memoria cuiusdam militis

Ille ego Pannoniis quondam notissimus oris
Inter mille uiros primus fortisque Batauos,
Hadriano potui qui iudice uasta profundi

V = codex saec. IX. fol. 88 u. sq. post Expl Prouerbia. 659. 2 rursū V ad] et *Buech*. 3 orbis V 4 *in textu omissus, in mg. a m. pr. additus.* dubia? 6 moribus V corr. m. rec. 7 XP̄s V. — 660. In memoria sqq. V statim post 659. Item uersus eiusdem (*Hadriani, cui tributa c.* 392 393 *praecedunt*) de quodā milite sorano P (*Parisinus* 6630 *saec. XIII fol.* 1 r.). *Inscriptionem esse, quae Budae* (*Ofen*) *extet, testatur Geo. Fabricius Romae suae p.* 135. 1 horis P 2 fortesque *Burm*. 3 adriano VP Traiano *Fabric*.

Aequora Danuuii cunctis transnare sub armis,
5 Emissumque arcu dum pendet in aere telum
Ac redit, ex alia fixi fregique sagitta;
Quem neque Romanus potuit neque barbarus umquam,
Non iaculo miles, non arcu uincere Parthus,
Hic situs hoc memori saxo mea facta sacraui.
10 Viderit, anne aliquis post me mea gesta sequatur!
Exemplo mihi sum, primus qui talia gessi.

661

B. M.

Lugduni in memoria geminorum

Hic gemini fratres iuncti dant membra sepulchris,
Quos iunxit meritum, consociauit humus.
Germine barbarico nati, sed fonte renati
Dant animas caelo, dant sua membra solo.
5 Aduenit † sagile patri cum coniuge luctus,
Defungi haud dubie qui uoluere prius.
Sed dolor est nimius Christo moderante ferendus.
Orbati non sunt: dona dedere deo.

662

B. M.

In tumulo cuiusdam medici

Praeteriens hominum sortem miserere, uiator,
Deque meis, restent quae tibi fata, uide.
En mihi terra domum praebet † cinisque sepulchrum
Vermis et exiguus membra caduca uorat.
5 Conditor omnipotens paradysi cum esse colonum

---

4 equora *P* danubii *P*; recte *V* (*sed* danubi *m. sec.*) et cod. Moroni transnatare *V* 6' sagittas *V*, corr. *m. rec.*

7 nec barbarus *V* unqm *P* ūq̇ *V* 8 Medus *uel* Maurus *Burm.* 9 memori *P* mori *V*, ubi moriens *m. rec.*
10 anne *ex* nnne *V* mea] me *V*, corr. *m. rec.* seqꝛtꞏ *V*
sequet· *P* 11 m *P* 661. 1 frs *V* 2 consotiauit *V*
3 forte *V*, em. *Buech.* 5 num subito? 7 nimus, em. *m. sec., V* XPo *V* 662. 2 denique *V* 3 cinerisque *Buech.*
4 *in textu omissus, in mg. a m. pr. additus* 5 paradisi *Buech.*
cum *V m. pr.* quē *V m. sec.*

Iusserat, hanc tribuit culpa nefanda uicem.
Nomine Felicem me olim dixere parentes,
  Vita dicata mihi hic, ars medicina fuit.
Aegros multorum potui releuare dolores,
  Morbum non potui uincere ab arte meum. 10

B. II 265. M. 853   **663**

Littera rem gestam loquitur; res ipsa medullam
  Verbi, quam uiuax mens uidet, intus habet.

664

(B. I 74.) M. 618
(617. 619)   **CATONIS**
             Nomina Musarum

Clio historias, Euterpe tibias, Thalia comoedias, Melpomene tragoedias, Terpsichore psalterium, Erato geometricam, Polymnia rhetoricam, Vrania astrologiam,
             Calliope litteras.
Clio gesta canens transactis tempora reddit.
Dulciloquis calamos Euterpe flatibus urguet.

  6 dicere, sed corr., *V*   9 potuit *V*   *Sequuntur in V
Ludus Senecae, alia, c.* 645 *et* 484 *et* 677, *distichon e Sueton.
Dom.* 23; *deinde fol.* 139: 663 *sine titulo.* 'Vergilii disticon'
Rehdigeranus s. XIV uel XV (cf. Ribbeck. app. Verg. p. 28).
  664. *T* = *Turicensis* 451 *saec. IX—X fol.* 118. *C* =
Caroliruhensis 36, f. *saec. IX—X fol.* 19. *L* = *Vossianus q.*
33 *saec. X fol.* 133 *u.* *X* = *Valencen.* 394 *saec. X fol.* 47 *r.*
P = *Parisinus* 7930 *saec. XI fol.* 204. *G* = *Sangallensis* 899
ap. Schenkl. ber. d. wien. akad. 1863 *p.* 69. Versus Catonis de
Musis uel nominibus philorum *C.* Incipiunt uersus Catonis
philosophi de nouem musis *L. Inscriptione carent VG.* Nomina musarum *T* Musarum nomina *X* Versus de VIIII musis·
et nomina · earũ *P*
  Praemissa illa Clio historias *sqq. ad marginem habent TX,
supra uersus VCL; in V non contuli* istorias *VC talia L* comedias *TLX* tragedias *X* Tsiphone *X* Terpsychore *L* Terpsicore spalterium *C* Eratho geometriācā *C* geumetricā *L* rethoricā *TXL* astroligiā *T* Caliope *TL*. Incipiunt uersus *C*
  2 dulciloques *P* urguet *TP* urget *VCXL*

Comica lasciuo gaudet sermone Thalia.
Melpomene tragico proclamat maesta boatu.
Terpsichore affectus citharis mouet imperat auget.
Plectra gerens Erato saltat pede carmine uultu.
Signat cuncta manu loquiturque Polymnia gestu.
† Vrania poli motus scrutatur et astra.
Carmina Calliope libris heroica mandat.
Mentis Apollineae uis has mouet undique Musas.
In medio residens complectitur omnia Phoebus.

3 comicolas ciuo *T*   lassiuo *X* lasciuįo *P* talia *P*
4 melpone *T* melpone *G*   tragica *TCGL* traicå *V* tragio *X*
maesta *V* mesta *rell.*   5 Tersicore *V* Terpsicore *CP* Tersiphone
X cytharis *TLPG* augere *G*   6 plecta *P* gerens *om. X*
eratho *VCP* casmine *T*   *u.* 8. 9. 7 *libri et edd.; solus P* 7.
8. 9. — 7 que *om. P* polimnia *VC* polimnia *P*   8 urani *G*
Vranie *edd.*   poliq. *C* poli *rell.* ipsa poli *Voss. recens* caeli
edd. scrutor, *sed corr.*; *X*   9 caliope *TGL* eroica *V*   10 ap-
pollineae *L* apolloneę *T*. *Aut* 10 *aut* 11 *spurius est.* 11 phębus
V phębus *XP*. *Inter* 10 *et* 11 *Diuus Apollo nouem musarū
nomina signat P, post* 11 *Cerne superficiem lector pariterque
medullam (cf. c.* 663) *idem. Finit codex V. Plerosque uersus
Papias affert.*

*Alii uersuum ordines habentur in Maii Mythographo secundo
c.* 24 (*u.* 1. 4. 7. 2. 5. 8. 3. 6. 9; = *c.* 619 *Mey.*), *apud Aldum*
(*u.* 9. 1. 2. 4. 5. 6. 7. 8. 3. 10. 11; = *B. I* 74. *M.* 617), *apud
Barthium aduers. lib. LII* 1 *ut inscriptionis uillae Manlianae*
(*u.* 9. 1. 6. 3. 4. 5. 2. 7. 8). *V.* 2 doctiloquos *et* urget, 5 af-
fectum, 6 ducto *Maius; leuiora omitto.*

CARMEN
CODICIS SANGALLENSIS 878

665

B. M. — Monosticha de mensibus

Primus, Iane, tibi sacratur nomine mensis,
    Vndique cui semper cuncta uidere licet.
Vmbrarum est alter, quo mense putatur honore
    Peruia terra dato Manibus esse uagis.
Condita Mauortis magno sub numine Roma
    Non habet errorem: Romulus auctor erit.
Caesareae est Veneris mensis, quo floribus arua
    Prompta uirent, auibus quo sonat omne nemus.
Hos sequitur laetus toto iam †corpore Maius,
    Mercurio et Maiae quem tribuisse iuuat.
Iunius ipse sui causam tibi nominis edit,
    Praegrauida attollens fertilitate sata.
Quam bene, Quintilis, mutasti nomen: honori
    Caesareo, Iuli, te pia causa dedit.
Tu quoque Sextilis uenerabilis omnibus annis
    Numinis Augusti nomen in †anno uenis.

665. *In S est, anno 821 scripto, p. 302; ed. Schenkl. l. c. p. 71. cf. c. 488. Ex P (Vaticano 9135 et Barberiniano 31, 39 siue apographo Peiresciano) ed. Mommsenus C. Inscr. Lat. I p. 411* 1 nomine *Buech.* et omnia *S* Ianus adest bifrons primusque ingreditur annum *P* 5 nomine *SP* 6—13 om. *P* 6 errore *S* 7 Caesarem ut Veneris mensi *S; Schenkl et ego corr.* Prompta *S* compta *puto* 8 quod *S* 9 laicus *S, correxi. fort.* tempore 10 Maia *S* ioue *S, corr. Sch.* 13 quam *scripsi* nam *S* iam *Buech.* mutati sed corr., *S* honore qui *SP* 14 Caesare qui *P* Caesari *S, correxi* Iulio *SP, em. Buech.* 16 in ora *Buech. puto* uehis

Temporis autumni September uincte racemis
  †Velate iam numero nosceris ipse tuo.
Octobri laetus portat uindemitor uuas:
  Omnis ager Bacchi munere uoce sonat.
Frondibus amissis repetunt sua frigora mensem,
  Cum iuga Centaurus celsa retorquet eques.
Argumenta tibi, mensis, concludo, December,
  Qui quemuis annum claudere [iure] potes.

17 Temporibus autumnis *P* Temporis autumni *S* Tempora maturis *Haupt.* septimber *S* uincta *S* uineta *P* uincte *ego*   18 iam] e *Haupt.* Vuarum numero *uel* Munere iam uitis *scribi possit*   21 mensem *corruptum putat Buech.*   22 torquet *S* t eques *om. P*   23 concedo *SP, correxi*   24 Quae *S* Quae sis *P* Quae uis *Bernensis* 108 *saec. IX. hunc uersum habens* quamuis *SP* Qui quemuis *puto iure* (*uel* rite) *addidi* possis *SP.* potes *scripsi* poscis ouans *Hauptius*

CARMEN
CODICIS VALENTIANI 88

666
B. M. —   HONORII
'Contra epistolas Senecae

Si fontis breuis unda latens demersa tenetur,
   Ignotae uiles esse putantur aquae.
Quas cum docta manus produxerit arte magistra,
   Pura fit exiliens nympha uocata manu:
Tunc praegnantis humi laxantur uiscera partu   5
   Et subito sterilis flumina terra creat.
Non aliter ualidum genuino robore lignum
   Imbutis digitis dextra domare solet,
Arboris et speciem humanis non usibus aptam
   Cogit in externum crescere factor opus.   10
Sic cum te potior Seneca meliore magistro
   (Quem ut moneas, lucem cordis habere facis),
Non dubitare queam, Lucillo clarius illo
   Aeternas Christi sumere dantis opes.
Cedat opus priscum uera nec luce coruscans   15

    666. Rescriptum Honorii scolastici contra illas epistolas exhortatorias Senece *V* (*Valenc.* 88 *s. IX fol.* 96 *r.; descr. Mabillon. anal. I p.* 364; *ipse contuli*) In X͞P͞I nomine incipiunt uersus Honorii scolastici ad Iordanem episcopum *P* (*Paris.* 4860 *s. X fol.* 59 *r.; contuli.*)   1 dimersa *P*   2 et uiles *VP* et *del.: Buech.*   3 artae *P*   4 nymfa *V* lymfa *P*   5 pregnantis *VP*   8 inbutis *V ex corr.* donare *P*   9 aptum *P*   10 in aeternum *Buech.* fator (*sed corr.*) opis *V*   11 Sic *ego* Sed *VP*   12 Quem *ipsum poetam.* ut *i. e. si* quem tu non *dubitans Buech.*   13. 20. 25 Lucillo *pro* Lucilio *VP*   14 X͞P͞I *VP*

Nec de catholici dogmatis ore fluens.
Ille mihi commenta dedit te uera docente;
  Haec dedit, infida quae sibi mente tulit,
Nec cum de pretio mortis regnante perenni
20 Lucillum inbueret, hac sine morte perit.
At tu cum doceas homines superesse beatos
  Ex obitu Christum morte sequendo pia,
Erigis et Senecam dominus uerusque magister
  Ingeniis fidei me superare facis.
25 Vnde precor: Lucillum alium nec pectore talem,
  Quae me nosse cupis, scire †precando iube;
Discipulumque tuum, prius isto nomine ditans,
  Conforta reuoca corripe duce mone.

    17 *fol.* 96 *u. V* monumenta *V* monimenta *P em. Buech.*
18 Haec *ego* Nec *VP*   19 Nec *ego* Nam *VP* num perennis?
Nerone *uel* tyranno *Buech.*   20 imbueret *V ex corr.* mente
Buech.   21 sup̄e *P* beato *VP* beatos *Quicheratius*   22 obito
V X͞P͞m *VP*   25 aliam *V*   28 duce *Buech.* disce *VP.*
    Expliciunt uersus Honorii scolastici. ad Iordanem episcopum (ep̄m *P*) ad rescripta Senecae ad Lucillum. quam (quae *P*) ei scripserat. exhortatoria (exortatoria *V. Transponendum* exhort., quam ei scripserat) saeculum relinquere et ueram amplectere philosophiam (philosophiam amplecti. feliciter *P*) *VP. In utroque* 'Iordanis' *chronica sequuntur.*

CARMINA
CODICIS VALENTIANI 373

667

B. II 228. M. 838 **Epitaphium Senecae**

Cura, labor, meritum, sumpti pro munere honores,
  Ite, alias posthac sollicitate animas!
Me procul a uobis deus euocat. ilicet actis
  Rebus terrenis, hospita terra, uale.
Corpus, auara, tamen sollemnibus accipe saxis:
  Namque animam caelo reddimus, ossa tibi.

668

B. II 229. M. 839 **Epitaphium Lucani**

Corduba me genuit, rapuit Nero, praelia dixi,
  Quae gessere pares hinc gener inde socer. —
Continuo numquam direxi carmina ductu,
  Quae tractim serpant: plus mihi comma placet. —
Fulminis in morem, quae sint miranda, citentur:
  Haec uere sapiet dictio, quae feriet!

667. *Titulum exhibent* V (*Valent., saec. IX, folio ultimo, manu eiusdem saeculi; qui* Senece), P (*Paris.* 8319 *saec.* XI *fol.* 40 *u.*), F (*Florentinus Senecae saec.* XI *fol.* 1 *r. cf. Senec. trag. ed. Peip.-Richt. p.* XXVIII) *qui* Epitaphyū · M · L · A · Seneca, Q (*Paris.* 6630 *saec.* XIII *fol.* 1 *r.*). Hildeberto *cod. Turonensis tribuit, cf. Hildeb. ed. Benedictin. p.* 1369.
  2 I te (*uel* re) P heç V   3 auocat Q   illicet P ast////
P   4 terrenis rebus F'   5 sollempnibus PFQ   excipe FQ
6 Iamque *Cannegieterus* celo F. — 668. *Titulum exhibet* V *fol. ult. u.* 1 *adfert Aldhelmus de metris p.* 240 *Giles* ('Quem Lucanus emulans his uerbis imitabatur dicens: Corduba' *sqq.*)
          inc
  ıtıpuit P (*Parisinus* 7986 *s.* XIV *fol.* 184 *u., ubi u.* 1—2).
     cesar   pōpei'   i
  2 socer inde gener P   4 m V   5—6 *om.* V; *extant in* 'meo [*Burmanni*] antiquissimo Lucani codice olim Sixiano' *qui u.* 4 serpit, *et Leidensi* 383 *saec.* XI *fol.* 1 *ante Lucanum* Fluminis *codd. plerique* Vseneri   5 sint Vsenerus sunt *Burm.*

CARMINA
CODICIS PARISINI 8093

669
DOMNI EVANTII   B. M. —

Nobilis et magno uirtutum culmine celsE,
Ingens consiliis et dextrae belliger actV,
Care mihi genitor et uita carior ipsA!
Hoc nati pietas offert post munera carmeN,
5 Offerre incolumi quod mors infanda uetauiT.
Lux tibi summa Dei nec non et gratia ChristI
Adsit perpetuo nec desit temporis usV,
Omnipotensque tuis non reddat debita culpiS.

670
BASSI
In tumulo Monicae   B. M. —

Hic posuit cineres genetrix castissima prolis,
Augustine, tui altera lux meriti,

P = codex saec. IX, litteris Longobardicis scriptus
669 *inter Eugenii carmina P fol.* 19 r. *legitur; contuli solum B*
(*Par.* 8071 *s.* IX—X, *ubi in Eugenianis fol.* 24 r. *extat*).
2 dextre *B*   4 funera *edd.*   carnē *B*   5 columni qđ *B*
7 tempr̄is (i *ex* e *corr.*) usu *B*   8 ñ *B*

670. Uersus inlustrissime memorie Bassi excōsul·e·scripti
in tumulo scē memoriē Mūnice matris scī Agustini *P fol.* 32
u. post Damasum. Ephitafiū beat. Monnice genetricis sci agustini *V* (*Vossianus q.* 69 *saec.* IX) *fol.* 19. Epytaphium beatae Monicae genetricis beati Augustini *Q* (*Paris.* 8094 *saec.* XI) *fol.* 57 r.   1 genetris *P*   2 agustine *VP*

Qui seruans pacis caelestia iura sacerdos
Commissos populos moribus instituis.
Gloria uos maior gestorum laude coronat
Virtutum mater felicior subolis.

671
PHOCAE
Vita Vergilii

B. II 186. M. 288   Praefatio

O uetustatis ueneranda custos,
Regios actus simul et fugaces
Temporum cursus docilis referre,
 Aurea Clio,
Tu nihil magnum sinis interire,
Nil mori clarum pateris, reseruans
Posteris prisci monumenta saecli
 Condita libris.
Sola fucatis uariare dictis
Paginas nescis, sed aperta quicquid
Veritas prodit, recinis per aeuum
 Simplice lingua.
Tu senescentes titulos laborum
Flore durantis reparas iuuentae.
Militat uirtus tibi; te notante
 Crimina pallent.
Tu fori turbas strepitusque litis
Effugis dulci moderata cantu,

---

 3 serbans *P* conmissos *P* pupulos *Q* instituens *P*
5 iestorum *P*   6 sobolis *V* subolis. Finit *Q*. *In P Theodulfus usque ad c.* 671, *in Q Persii satt.* 5, 52 *sq. et uersus* 'Dissimilis cunctis uox uultus uita uoluntas' *sequitur*.
 c. 671. *P fol.* 37 *r. et u*. Uita Vergilii incpt a Foca grammatico urbis Romae uersibus edita Prefatio *P*   1 memoranda *P, corr. L. Muellerus*   3 docili *P*   7 secli *P*
10 set, *sed corr.*; *P* quiquid *P, corr. man. sec.*   14 reparans iubente *P*   18 modulata *Tollius*

Nec retardari pateris loquellas
      Compede metri.
   His faue dictis! retegenda uita est
   Vatis Etrusci, modo qui perenne
   Romulae uoci decus adrogauit
      Carmine sacro:

Vita

25 Maeonii specimen uatis ueneranda Maronem
   Mantua, Romuleae generauit flumina linguae.
   Quis, facunda, tuos toleraret, Graecia, fastus,
   Quis tantum eloquii potuisset ferre tumorem,
   Aemula Vergilium tellus nisi Tusca dedisset?
30 Huic genitor figulus Maro nomine, cultor agelli,
   Vt referunt alii, tenui mercede locatus,
   Sed plures figulum. quis non miracula rerum
   Haec stupeat? diues partus de paupere uena
   Enituit, figuli suboles noua carmina finxit!
35 Mater Polla fuit, Magii non infima proles,
   Quem socerum probitas fecit iam grata Maroni.
   Haec cum maturo premeretur pondere uentris,
   Vt solet in somnis animus uentura repingens
   Anxius et uigili praesumere gaudia cura,
40 Phoebei nemoris ramum fudisse putauit.
   O sopor indicium ueri! nil certius umquam
   Cornea porta tulit. facta est interprete lauro
   Certa parens onerisque sui cognouerat artem.
      Consule Pompeio uitalibus editus auris
45 Et Crasso tetigit terras, quo tempore Chelas
   Iam mitis Phaethon post Virginis ora recenset.
   Infantem uagisse negant; nam fronte serena
   Conspexit mundum, cui commoda tanta ferebat.

   21 hic fabe *P*   23 adrogabit *P* Vita Virgilii *P.*
26 generabit *P* flumina *P* fulmina *Muell.*   26 sq. *recte distinxit*
Buech.   33 stupet *P*, *corr. m. rec.* dibes *P* -   34 emicuit *Scal.*
noba *P*   36 iam data *P* clara *Scal.* tam cara *Heins.* grata
scripsi   38 refingens *Burm.*   39 et] e *Burm.* uigilis *Reiffer-*
scheid. Suet. p. 69   40 putabit *P, qui* b *et* u *saepe commutat*
45 Chelis *Heynius* 46 receptus *P, correxi* recepit *Reiffersch.*

Ipse puerperiis adrisit laetior orbis.
Terra ministrauit flores et munere uerno
Herbida supposuit puero fulmenta uirescens.
Praeterea si uera fides (sed uera probatur),
Lata cohors apium subito per rura iacentis
Labra fauis texit dulces fusura loquellas.
Hoc quondam in sacro tantum mirata Platone
Indicium linguae memorat famosa uetustas.
Sed Natura parens properans extollere Romam
Et Latio dedit hoc, ne quid concederet uni.
Insuper his genitor, nati dum fata requirit,
Populeam sterili uirgam mandauit harenae,
Tempore quae nutrita breui, dum crescit in omen,
Altior emicuit cunctis, quas auxerat aetas.
Haec propter placuit puerum committere Musis
Et monstrare uiam uicturae in saecula famae.
Tum Ballista rudem lingua titubante receptum
Instituit primus, quem nox armabat in umbris
Grassari solitum. crimen doctrina tegebat;
Mox patefacta uiri pressa est audacia saxis.
Incidit titulum iuuenis, quo pignera uatis
Edidit. auspiciis suffecit poena magistri.
['Monte sub hoc lapidum tegitur Ballista sepultus;
    Nocte die tutum carpe uiator iter.']
Nos tamen hoc breuius, si fas simulare Maronem:
'Ballistam sua poena tegit; uia tuta per oras.'
['Hic Ballista iacet: certo pede perge uiator.']
'Carcere montoso clausus Ballista tenetur:
    Securi fraudis pergite nocte, uiri.'
'Quid trepidas tandem gressu pauitante, uiator?
    Nocturnum furem saxeus imber habet.'
'Ballistae uitam rapuit lapis, ipse sepulcrum
    Intulit; umbra nocens pendula saxa tremit.'

  52 set *P* 55 condam *P* 57 Set *P* 61 omnē *P, corr.*
Toll. 64 uenturae *edd., corr. iam Burm.* 69 incidi *P*
70 pena *P* 71 sq. cf. *Donatus ed. Suet. Reiff. p.* 58 *et carmen* 261 *u.* 71—83 *et* 85 *sq. delet Reifferscheid. quem fere sequor* 74 auras *P* oras *Scal.* umbras *Heins.*

'Crimina latronis dignissima poena coercet:
  Duritiam mentis †damnat ubique lapis.']
Hinc Culicis tenui praelusit funera uersu.
85 ['Parue culex, pecudum custos tibi tale merenti
Funeris officium uitae pro munere reddit.']
Tum tibi Sironem, Maro, contulit ipsa magistrum
Roma potens proceresque suos tibi iunxit amicos.
Pollio Maecenas Varus Cornelius ardent;
90 Te sibi quisque rapit, per te uicturus in aeuum.
  Musa refer, quae causa fuit componere libros.
Sumpserat Augustus rerum moderamina princeps.
Iam necis ultor erat patriae, iam caede priorum
Perfusos acies legitur uisura Philippos.
95 Cassius hic Magni uindex et Brutus in armis
Intereunt. uictor nondum contentus, opimis
Emeritas belli spoliis ditasse cohortes,
Proscripsit miserae florentia rura Cremonae,
Totaque militibus pretium concessa laborum
100 Praeda fuit. uiolenta manus bacchata per agros.
Non flatus, non tela Iouis, non spumeus amnis,
Non imbres rapidi, quantum manus impia, uastant.
Mantua, tu coniuncta loco, sociata periclo es;
Non tamen ob meritum misera [es]: uicinia fecit.
105 Iam Maro pulsus erat, sed †uiribus obuius ibat
Fretus amicorum clipeo, cum paene nefando
Ense perit. quid dextra furis? quid uiscera Romae
Sacrilego mucrone petis? tua bella tacebit
Posteritas ipsumque ducem, nisi Mantua dicat!
110 Non tulit hanc rabiem doctissima turba potentum.
Itur ad auctorem rerum: quid Martius horror

---

82 quoercet *P*   83 signat? *an* clamat?   84 prolusit *Heins.*   85 *sq. Culex* 413 *sq., Donatus l. c.*   85 pecodum custus *P*   87 sironem *P*   89 Varus *Weichertus* uarius *P*   90 Te *Klotzius* Et *P*   94 perfusos (sic) *P* filippos *P*   96 contemtus *P*   97 choortes *P*   99 precium *P*   100 ḅuaccata *P*   102 rabidi *Muell.* uastat *P, corr. Heins.*   103 periclis *P* periclo es *Buech.*   104 misera *P* es *addidi* miseram *edd.*   105 set *P*   111 marcius orror *P*

Egerit, ostendunt. qui tam miseranda tulisset,
Caesaris huic placido nutu repetuntur agelli.
His auctus meritis cum digna rependere uellet,
Inuenit carmen, quo munera uincere posset.
Praedia dat Caesar, quorum breuis usus habendi:
Obtulit hic laudes, quas saecula nulla silebunt.
Pastores cecinit primos. hoc carmine consul
Pollio laudatur ter se reuocantibus annis
Conposito. post haec ruris praecepta colendi
Quattuor exposuit libris et commoda terrae
Edocuit geminis anno minus omnia lustris.
Inde cothurnato Teucrorum praelia uersu
Et Rutulum tonuit. bis sena uolumina sacro
Formauit donata duci trieteride quarta.
Sed loca, quae uulgi memorauit tradita fama,
Aequoris et terrae statuit percurrere uates,
Certius ut libris oculo dictante notaret.
Pergitur. ut Calabros tetigit, liuore nocenti
Parcarum uehemens laxauit corpora morbus.
Hic ubi languores et fata minacia sensit,
. . . .

672

B. II 184. M. 858 *Caesari Augusto tributum*

Ergone supremis potuit uox inproba uerbis
Tam dirum mandare nefas? ergo ibit in ignes

112 quid *P* qui *Toll.* tunc *edd.*   113 hic *P*, *corr. Tollius*
117 silescunt *P* silebunt *Francius*   119 ter se] terrae *P*
121 quatnor *P*   123 coturnato *P*   124 sacrum *P*   125
donanda *Francius*, *fort. recte*   128 certius *P*   129 pergit
et ut *Burm.* at ut *puto*   130 laxauit *P* luxauit *Scal.* lassauit
Muell.   131 *In hoc uersu fol.* 37 *desinit.* langores *P.*

P = Par. 8093 *saec. IX fol.* 75 *u.   B = Bernensis* 165
saec. IX   F = Bernensis 167 *saec.* X   *G = Bernensis* 172
saec. X *R = Parisinus* 7927 *saec.* X *fol.* 9 *u.   C = Parisinus* 8069
saec. X—XI *S = Parisinus* 2772 *saec.* X—XI   ς = *edd.*
inde ab Aldina omnes; primus codices sequor. PRCS ego, BFG
Hagenus contulimus. Extat etiam in Bembino (Vaticano 3252)

Magnaque docliloqui morietur Musa Maronis?
A scelus hoc dignum? soluetur littera diues
5 Et poterunt spectare oculi, nec parcere honori
Flamma suo? † ductumque operi seruabit amorem?
Pulcher Apollo, ueta! Musae prohibete Latinae!
Liber et alma Ceres, succurrite! uester in armis
Miles erat, uester docilis per rura colonus.
10 Nam docuit, quid uer ageret, quid cogeret aestas,
Quid pater autumnus, quid bruma nouissima ferret.
Arbuta formauit, sociauit uitibus ulmos,
Curauit pecudes, apibus sua castra dicauit.
Haec dedit, ut pereant, ipsum si dicere fas est!
15 'Sed legum est seruanda fides; suprema uoluntas
Quod mandat fierique iubet, parere necesse est.'
Frangatur potius legum reuerenda potestas,
Quam tot congestos noctesque diesque labores
Hauserit una dies, supremaque uerba parentis
20 Amittant uigilasse suum. si forte supremum

Vergilii s. IX, Vindobonensi 113 *s. X, aliis multis. Titulo carent PBGC.* Incipit carmen Octauiani Caesaris de Vergilio *FS* Octauiani cęsaris augusti uersus de laudanda ac adfirmanda arte uirgilii post mortem illius incipiunt *Bembinus* (fol. 14 u.) Carmen octauiani caesaris augusti de laudanda arte ac sublimanda per secula P.V.M. incip *R* (*Petauiano Burmanni simillimus*) 1 improba *B* 2 ignis *C* 4 At *GR* Ad *S* indignum ς litera *R*, diui, *Heynius* 5 poterῦ *C* sp&ta oculis n& *S* occuli *C* 6 dictumque *duo codd. Burm.* dignumque ς. numdirumque? seruauit *P*, *sed corr.*, *GS* amore *S* seruare decorem ς 7 Noster ς phibete muse *C* 10 ageret *S* aleret *Heins.* 11 Quid daret ς brumma *G* 12 Arbusta *S* Arua reformauit ς 13 *fol.* 76 r. *P post* 14 *Parisin.* 7936 *saec. XIV addit:* Insanū morte pressum sic condere f///), *sed in mg. eadem manu:* aliqui non habent istum uersum: Insanū. 15 longum *R* fides et *R* supprima *S* 16 qᵈ *P* quo *reliqui* fieritque *F* que *om. GS* 17 frangitur *G* frangantur *S* pocius *C* 18 Qua *G* congestos *R* (*nisi erraui*) congestas *reliqui* labores *G* laboris *reliqui* 19 hauserat *P* (*sed corr. m. pr.*) *F* (*sed corr.*) *GS* huna *R* suppremaq; *S* iussa ς 20 amittant ς amittit *P* (a *a m. sec.*) amitat *C* amittat *rell.* superbum *libri, em. Heinsius* soporus *Buech.*

Errauit iam morte piger, si lingua locuta est
Nescio quid titubante animo non sponte sed altis
Expugnata malis odio languoris iniqui,
Si mens caeca fuit: iterum sentire ruinas
Troia suas, iterum cogetur reddere †uoces?
Ardebit miserae post uulnera uulnus Elissae?
Tam sacrum soluetur opus? tot bella, tot enses
In cineres dabit hora nocens et perfidus error?
Huc huc, Pierides, date flumina cuncta, sorores;
Exspirent ignes, uiuat Maro ductus ubique
Ingratusque sui studiorumque inuidus orbi
Et factus post fata nocens. quod iusserat ille
Sit uetuisse meum: †satis est post tempora uitae.
Immo sit aeternum tota resonante Camena
Carmen, et in populo diui sub numine nomen
Laudetur uigeat placeat relegatur ametur!

21 iam *Oud.* in *libri* piger] dolor ς 22 *sqq.*: *cf. c.* 655.
23 langoris *CG* iniquae *S* 25 cogitur modo *S* uoces] poenas *Heynius* 26 elisę *F* elysae *S* 27 opus *P m. pr. in marg.* Hoc opus aeternum ruet et ς 28 ora *PFG* noscens *C* 29 pieridies *F* pyerides *S* flamina, *om.* cuncta, *S* 30 Et spirent *libri, em. Buech.* doctus *S* ductus *rell.* clarus *puto*
31 ingratisque, sed corr., *F* ingrandusque, sed corr., *R* suis *C*
32 fractus *P* fatus *S* fåta *G* fata *BFS* facta *GRC* ille; eger d̃r *R* 33 Sit *Buech.* Si *libri* sacer *puto* 34 aeternum *P* aeternus *rell.* aetius *R* 35 nomen] diomen *S* nostri *Buech.*
29—36: Huc huc Pierides nemorum per lustra loquaces | tendite et ardentes ignes fluuialibus undis | mergite, ne pereat tam clari Musa poetae | flammaque (famaque *Schrader*) uanescat. uiuat Maro clarus in orbe | ingratusque sibi, sed quod male iusserat ipse, | sit uetuisse meum. sacer est post tempora uitae. | Sicque erit aeternum tota resonante Camena | carmen et imperii diui sub nomine uiuat, | laudetur uigeat placeat relegatur ametur ς.

CARMINA
CODICIS REGII BRITANNICI 15 B. XIX

673

Vergilio tributum   B. M. —

De quodam cum cruribus obliquis nato

En dat aperturam crurum flexura recuruam
Et patet oblicus inter utrumque locus,
Quo praegnantis equae calcaribus urgeat aluum
Curuato et tutum crure sit intus onus.

674

Vergilio uel Ouidio tributum   B. M. —

De imagine et somno

Pulchra comis annisque decens et candida uultu
Dulce quiescenti basia blanda dabas.

$C = Codex$, saec. IX, membr., de quo cf. *Th. Oehlerus musei rhen. I p.* 133 sq.
673: *C, fol.* 90 *u.* Virgł *C in mg.* 1 fluxura *C* 4 fit *C.* — *fol.* 99 *u.:* Virgilius de sua nutrice (i. e. *Martial. I* 19), tum 674 Item idem. de imagine et somno. 674. 2 *Aldhelmus de metris p.* 293 *Gil.:* 'bassias bassiant, ut Ouidius 'dulce . . . bassia . . . dabas.'. *Sequitur* De caluo a culice obuiato.

De caluo a culice obuiato   B. M. —

Stridula musca uolans caluum conspexit euntem.
'Calue uiator', ait 'quo tendis? cede parumper
Perque tuos iuro qui restant retro capillos
Me gratam liceat rostro decerpere sedem.'
5   Sic ait et trepidum circumuolat inproba caluum,
At contra ille timens solito caput armat amictu. —
[Quid ualet en caluus muscae lassatus ab ictu?]

Si te iam uigilans non unquam cernere possum,
 Somne, precor, iugiter lumina nostra tene.

675

Hic addere libet uersiculos ab Aldhelmo de metris p. 232 (cf. p. 284) Gil. Vergilio adscriptos:

VIRGILII

'Virgilius item libro, quem Paedagogum praetitulauit, cuius principium est

Carmina si fuerint te iudice digna fauore,
 Reddetur titulus purpureusque nitor.
Si minus, aestiuas poteris conuoluere sardas
 Aut piper aut caluas hinc operire nuces,

syllabam elisit dicens:

Durum iter et uitae magnus labor.'

u. 7 om. C, sed extat pro 6 in cod. bibl. publ. Cantabrig. 1552 saec. X fol. 367 r., ubi sequitur 'Incipit responsio Hugbaldi de laude caluorum.' *Extat carmen et in Parisino 2773 saec. XI, sine titulo; ubi 4 rostro liceat, 5 Hoc ait, 6 armat (ornat C), 7 deest. — 675 in Monacensi 14505 saec. XI fol. 131 r. carmini 668 assutum esse Vsenerus docet schol. in Lucan. I p. 6; ubi u. 1 reddatur.*

CARMINA
CODICIS CAROLIRVHENSIS AVG. 167

676

Me legat, annales cupiat qui noscere menses
Tempora dinumerans aeui uitaeque caducae.
Omnia tempus agit, cum tempore cuncta trahuntur.
Alternant elementa uices et tempora mutant.
5 Accipiunt augmenta dies noctesque uicissim.
Tempora sunt florum, retinet sua tempora messis,
Sic iterum spisso uestitur gramine campus.
Tempora gaudendi, sunt tempora certa dolendi.
Tempora sunt uitae, sunt tristia tempora mortis.
10 Tempus et hora uolat, momentis labitur aetas.
Omnia dat tollit minuitque uolatile tempus.
Ver aestas autumnus hiems: redit annus in annum.

676. C = *Caroliruhensis saec. IX (Bedum continens) fol.* 13 u., qui c. 678. 679. 676. 680. 639. 394 *continet. inscriptionibus caret.* D = *codex Cuiacii, de quo cf. Burm. ad V* 47, *qui* 676. 677. 678. 679 *continuit.* De compoto S (*codex Scaligeri Leidensis, cf. Burm. ad V* 43; *idem fortasse atque D*)
 2 denumerans C 4 alimenta C 6 sed flores S flo-
rens *Scaliger* mesis C (s above) 12 *cf.* Hieron. comm. in Ezechielem I 7 'quattuor temporum circulum ... de quibus pulchre uno uersiculo dictum est: Ver aestas autumnus hiems et mensis et annus.'
 In suum usum contulit Columbanus in uersibus ad Sethum u. 60 *sqq.* 'Pulchre ueridici cecinit uox talia uatis *sequuntur u.* 2.

B. V 44. M. 1031   **677**

Exsurgens Chelas Aries demergit in ima.
Scorpion aurati submergunt cornua Tauri.
Tum subit Arcitenens Geminis surgentibus aequor.
Dum surgit Cancer, Capricornus mergitur undis.
Portitor urceoli formidat terga Leonis.
Virgo fugat Pisces. redit et uictoria uictis.

B. V 45. M. 1032   **678**

Bis sex signiferae numerantur sidera sphaerae,
Per quae planetae dicuntur currere septem.
Pollucis proles ter denis uoluitur annis.
Fulmina dispergens duodenis lustrat aristis.
Bellipotens genitor . . . .
. . . . †mensum pensare bilibri.
In medio mundi fertur Phaethontia flamma
Ter centum soles sex denos quinque quadrantem.
†Ter senas partes his [tu] Cytherea retorques
Lustrando totum praeclaro lumine mundum.
Terque dies ternos puro de uespere tollens
Semonis diui completur circulus anni.

3. 5—9. 11. 12 (2 dinumerans 9 s̃ 12 hiemps — in anũ *cod*
Paris. 8303 *saec*. X), *deinde* Omnia cum redeunt, homini suṇ
non redit aetas;' *idem ibid. u.* 7 *uersu* 10 (ora *cod. Par.*) *usus est*.

677. *Dedit Burmannus, quem sequor, ex D.* 1 Exoriens,
4 Dum cancer surgit, 5 terga] signa *in ed. Bedae Colon.
tom. II p.* 74   3 Tum Scal. Dum *D* Hinc *ed. Bed.*

678. *In CP* (*cod. Petauii ap. Burm.*) *S extat.* 1 sfae *C*
2 per] p̃ (*i. e.* per) *C* quas *edd.* 3 polluris plis *C. ad* 3 satn;
4 iouis 5 mars 6 sol 8 uen̦ 10 mer̃ 13 luṇ *C in marg.* 4 duo-
denas *et* aristas *S* 5 *lacunam statui* mensem *P* pensatque *Burm.*
bilibre *S. Sed possis etiam* B. uehitur (iter *suspicatur Buech.*) m.
pensatque bilibre (*i. e.* duplex) 6 phoetontia *C* 7 bis denos
adde *S* quadrantam *S* (?) denas *P*   8 *corruptus.* tu *addidi*, plus
add. aut *S* aut *P in mg.* retorquens *P*   10 Ternas ter partes *P*

Tque *sqq. C. Cum Mercurii cursus sit* 87 *dierum*, dies terni
*fortasse intellegendi sunt cuiusque mensis kalendae nonae idus,
cf.* 680, 4 puro] *puto* porro   11 Sermonis dñi *C* Sermonis
domini *P* Sennonis duĩ *S, corr. Scal.* completur *C* anno *S*

Horas octo, dies ternos seruato nouenos,
Proxima telluri dum curris, candida Phoebe.

679
PRISCIANI
De sideribus
B. V 47. M. 284

Ad Boreae partes "Ἄρκτοι uertuntur et Anguis,
Post has Arctophylax pariterque Corona, genuque
Prolapsus, Lyra, Auis, Cepheus et Cassiepea,
Auriga et Perseus, Deltoton et Andromedae astrum,
5 Pegasus et Delphin Telumque, Aquila Anguitenensque.
 Signifer inde subest, bis sex et sidera complent
Hunc: Aries Taurus Gemini Cancer Leo Virgo
Libra Scorpius Arquitenens Capricornus et urnam
Qui tenet et Pisces. post sunt in partibus Austri
10 Orion Procyon Lepus ardens Sirius Argo
Hydrus Chiron Turibulum quoque Piscis et ingens.
Hinc sequitur Pistrix simul Eridanique fluenta.

12 īnos C $u.$ 9. 12 (? 10 $Burm.$). 13 $om.$ P
679. $V = Valentianus$ 393 $saec.$ IX $fol.$ 138 $u.$ $M = Valentianus$ 330 bis $saec.$ X $fol.$ 1 $r.$ $N = Parisinus$ 12117 ($olim$ $Sangermann.$ 434) $saec.$ XI $fol.$ 172 $u.$ $O = Parisinus$ 5371 $saec.$ XIII $fol.$ 240 $u.$
 Incipit epitome phenomenon id est apparitio siue apparentia prisciani gramatici uersus XII· de sideribus M Versus prisciani de sideribus caeli N Versus prisciani de astrologia
O $inscriptione$ $carent$ CVD 1 arctoi CV arctūri M (on m. $paulo$ $recentiore$) arcty N arctòy O uertunt, $corr.$ $m.$ 2, M iunguntur D 2 has CVM hars O hos N haec $Pith.$ post-hac $ed.$ $Bedae$ arctophilax VO arctofilax CM 3 lira NO cetheus M cassiiphea $V,$ $corr.$ $m.$ 2 casiophea C casiephea M casiephia N casięępia O 4 aurigam C et $om.$ VCN del-tonon N andromadę O 5 delfin $VMNO$ 6 bi O sydera NO couplent M complens $D?$ 7 Hinc NO ariaes M ciucer gemini leo O 8 libraq̃. O arcitenens $libri$ urna CVM (in quo $uitia$ $m.$ $pr.$)   9 ui tenet $cuanida$ O pos $M,$ $corr.$ $m.$ 2 st C 10 pcion VM prochion M m. 2, N pcinon O syrius O
11 Idros cidron V Hidrĭs chyron M Idrus N 12 pistris O heridaniq; $MN.$ $post$ $u.$ 12 $addit$ N:

680

Bis sena mensum uertigine uoluitur annus,
Septimanis decies quinis simul atque duabus,
Ter centum bisque tricenis quinque diebus,
Quos ternis gaudet diuisos stare columnis,
Scilicet Idibus et Nonis simul atque Kalendis.
Nam quadris constat Nonis concurrere menses
Omnes excepto Marte et Maio, sequitur quos
Iulius †et October: senis soli hi moderantur.
Septenis denis patet hos quadrare Kalendis.
Octonisque pares menses sunt Idibus omnes.
Ianus et Augustus semper mensisque December
Voluuntur denis †tantum nonisque Kalendis;
At contra currunt bis nonis rite quaterni
Iunius Aprilis September et ipse Nouember.
Sedenis Februus cito solus ab omnibus errat.
Bis senis sic namque rotatur mensibus annus
Per Nonas Idusque decurrens atque Kalendas.

    Sed uaga preterea dicuntur lumina septem
    Luna et Mercurius, Venus ac Sol, Mars quoque fulgens,
    Hinc Iouis et sidus super omnia sydera lucens,
    Celsior his Saturnus, tardior omnibus astris.
quos uersus editiones receperunt.

    680. *In C et P (Parisinus 7886 saec. IX—X fol. 14 r. contulit I. Kleinius mus. rh. 1866 p. 136) extat. Meyerus sine causa Bedae tribuit, in cuius ed. Colon. I p. 401 extat (= B).*
    1 senis *C* mensium *B* annis *P*   2 septimanas *C* duobus *P*   3 Ter cenis *C* Centenis *B*   4 quos *ego* qua *C* qui *PB* diuisos *ego* diuisus *CPB*   5 scilicet et *C* kalandis *C*   6 occurrere *C* concedere *B*   7 quos *om. P*   8 et *om. BP, fort. recte* octimber *PB* senis *om. C*   9 petet *B* Septenis patet hos pariterque flagrare Kalendis *libri* (flagitare *Migne* kal.] diebus *C*). denis *et* quadrare *scripsi, uerba transpos. Buech.*   10 simul paras, *om.* menses, *P; sic B*   12 tandem? semper *et* tantum *permutat Buech.*   13 Et *B* corrunt *C* nonis bis *B* quaternis *P*   14 *om. C* Iulius *PB, recte Migne* aplis *P* ipse et *B*   16 nam *C* namque *P*   17 *num* excurrens? kalandas *C*. Festaque quae passim sanctorum inscripta leguntur, sub certis anni quae sint celebranda diebus *addit Migne t. XCIV p.* 603, *ubi 'Martyrologii poetici' 'prologus'* hoc carmen est. — *Sequuntur in C c. 639 et 394 alternis mixta.*

CARMEN
CODICIS BERNENSIS 16

681
B. M.

Coniugis †interea basium, oscula dantur amicis,
Suauia lasciuis miscentur grata labellis.

681. 1 interea B (glossarium in Bern. 16 saec. IX ap. Sinner. I p. 394), Bonnensis saec. XIII: ann. philol. 1867 p. 497 intereti Bb (Bern. 243 saec. X; mus. rh. XXII p. 97). num intererit? Basia coniugibus, sed et (ast Vossianus fol. 12, recens) Isidorus different., unde Papias; Voss. f. 12. osculantur B 2 Sauia Bb, suauia rell. miscemus Bb puellis Voss.

'Basium: quod uxori datur. nam distantia haec est ut basium uxori, osculum filiis, suauium scorto sit deputatum. Quod quidam etiam uersibus hoc [modo] distinxit: Coniugis *sqq. Esidori de differentiis sermonum*' *B. Isidori editiones recentiorem aliquam mutatam lectionem sequi puto.*

CARMINA
CODICIS TVRICENSIS 78

682

B. M. —   *Ouidio Nasoni tributum*

Rustice lustriuage capripes cornute bimembris
Cinyphie hircigena pernix caudite petulce
Saetiger indocilis agrestis barbare dure
Semicaper uillose fugax periure biformis
Audax brute ferox pellite incondite mute
Siluicola instabilis saltator perdite mendax
Lubrice uentisonax inflator stridule anhele
Hirte hirsute biceps fallax niger hispide sime
† Scrans arbusticola spurce breuicole Fatucle!

T = codex Turicensis 78 (olim 451) saec. IX olim Marq. Freheri cf. Burm. ad IV 88. — 682 fol. 52 u. post Serenum Sammonicum sine interuallo T. Ouidius Naso in amatoria arte de Pan pastore dī P *(Parisinus 8094 saec. XI fol. 56 r.); utrumque contuli. Etiam in Reginensi 421 s. XI extat.* 1 bimenbris *T* bim̄bres *P*   2 cynife *T* cinife *P* hirpigena *T* hyrpegena *P* p&ulae *T* p&ulce̊ *P*   3 s&iger *T* sitiger *P*   4 semicaper uilose *sic P*   5 brute *P, om. T* mutae *T* mute *P* muto *Hertzbergius*   6 siluicula *P*   7 anelae *T* anhelle *P* 8 hirce *P* hyrtae hyrsute *T*   fallax hispidissime niger *T* niger hispidissime fallax *P; corr. L. Mueller.*   u. 9 *om. P* Scrans aridus iolae spurce bruciole fatauele *sic T; corr. Hertzbergius* Scrans] sons *uel* Pan *uel* Intonse ariole *idem* exscreans *confert Buech.*

683

Epitaphium Vitalis mimi filii Catonis

Quid tibi mors faciam, quae nulli parcere nosti?
   Nescis laetitiam, nescis, amara, iocos.
His ego praeualui toto notissimus orbi,
   Hinc mihi larga domus, hinc mihi census erat.
5 Gaudebam semper. quid enim, si gaudia desint,
   Hic uagus ac fallax utile mundus habet?
Me uiso rabidi subito cecidere furores;
   Ridebat summus me ueniente dolor.
Non licuit quemquam mordacibus urere curis
10   Nec rerum incerta mobilitate trahi.
Vincebat cunctos praesentia nostra timores
   Et mecum felix quaelibet hora fuit.
Motibus ac dictis, tragica quoque †uerba placebam
   Exhilarans uariis tristia corda modis.
15 Fingebam uultus, habitus ac uerba loquentum,
   Vt plures uno crederes ore loqui.
Ipse etiam, quem nostra oculis geminabat imago,
   Horruit in uultu se magis esse meo.
O quoties imitata meo se femina gestu
20   Vidit et erubuit totaque mota fuit!

683. *fol. 95 u. sq. T, sine titulo.* Epitafium filii Catonis *P (Parisinus 2772 saec. X—XI fol. 96 r. post Catonis disticha).* Epitaphiũ Vitalis mimi *Q (Paris. 8319 s. XI fol. 54 u. sq. post Catonis disticha, uersiculis medii aeui interpositis quibusdam)* Epitaphium Vitalis *Maius Class. auctt. V 414 sq. e cod. Vaticano saec. X Carolinae praecipue aetatis carmina continente.*

2 amare *libri, em. Buech.*   3 notissimus *T (m. pr.?)* urbi *P*   4 Hinó *P* cesus *P*   6 uagis *P*   7 ·uiro *P* 9 quenquã *P* curis *sed corr. P*   10 nobilitate *Q*   12 ora *TP*   13 uerba] uoce *Pith.* ueste *Buech. et ego* placebat, *corr. m. pr., P*   14 exilarans *TP* tristitia *P*   15 angebam *P* loquentur *P* loquent̄ *T*   16 crederis *TPQ, corr. in T* 18 isse *ex* nse *T* ense *P* esse *Q* uultus.. meos *libri; recte Maius* 19 quotiens *PQ* imitata *T* imitameos esse mina *P* femine *T* R̥ *m. pr. in marg. T*   20 compta *T* mṅata *P* mȯta *Q (nata Maius)*

Ergo quot in nostro †uidebantur corpore formae,
　　Tot mecum raptas abstulit atra dies.
Quo uos iam tristi turbatus deprecor ore,
　　Qui titulum legitis cum pietate meum:
'O quam laetus eras, Vitalis' dicite maesti,
　　'Sint tibi, Vitalis, sint tibi laeta modo'.

B. IV 88. M. 1225　　　　684

Luciola, effigies illorum iudice quouis,
Quos peperit quondam †morum fecunda uetustas,
Hic tegitur, laudis monumento exstante superstes.
Nobilitas patriae Treueri praeclara, patrumque
Aruernum hospitium ciuem se adscisse superbit.
Pignorat haec tellus terrae felicis alumnam.
Fundorum spatiis cinerum est possessio maior.
Coniuge fortunata equitum peditumque magistro
Omni humilem officio dum se gerit, auxit honorem:
Altior inuidia, qui non subcumbit honori, est.

B. M. –　　　　685

Collis sum collisque fui collisque manebo;
　　Tertia si pereat littera, sexta manet.

B. M. –　　　　686

Vrbs quae tantum alias inter caput extulit urbes,
Quantum lenta solent inter uiburna cupressi,

21 ·ego P quot ex qui T (m. pr.?) quoã P uideantur Q corpora forma, sed corr., T　22 raptor TP rapitor Q, em. Pith.　32 Quod P　24 tumulum libri, em. Burm. ▨mẽcũ T m. pr.　26 uĩtales (es ex is corr. T). — 684. Epitafium T fol. 96 r.　4 triueri T patremque Crusius　5 ospitiũ T 7 R in marg. T　8 aequitum T　9 humili T, corr. Crusius auxT　10 honori Pith. amori T. — 685. AL T fol. 116. ed. Kleinius mus. rh. 1868 p. 191 ex cod. Reginensi 421 s. XI, ubi u. 2: Littera sexta perit, tertia sicque manet. — 686. sine titulo T fol. 116. Maro Mecenati salutem G (Sangallensis 878 p. 70, cf. Vsener. mus. rh. XXII p. 628; is saeculo X, Schenklius anno 821 tribuit, cf. c. 488.) 1. 2. Verg. ecl. 1, 24 sq.

Mantua nostra aliis tantum concedit honoris,
Puniceis humilis quantum saliunca rosetis
5 Aut oleae spinus caris aut uitibus alnus,
Elleborus nardo, piperi faba, tofus et auro.
Qua nullus princeps, nullus quoque uerna moratur,
† Aequales totum retinent uel cuncta tyranni.
Pax abiit tristis, ciuilia bella geruntur,
10 Friget amoris honos, odiorum semina pollent,
Frumentum premitur, lolium sine nomine surgit;
Moerorum lapides et propugnacula uendunt,
Excubias qui sorte gerunt. cultura deorum
Virtutumque cadit; fingit sibi quisque colendum,
15 Mens uaga quod suadet. magnae uicina ruinae
Mantua uae miserae, quam barbarus incola replet,
Quam sermone secant, uenter quos protulit unus,
Frater et ad fratrem uerbis non haeret eisdem!
Tityrus admonuit ciues quam saepe cauere,
20 Ne lupus in stabulis ouium misceret aceruos!
Dissona sed cunctam uetuit discordia plebem,
Ne saltim excubiis uel saepe ambronibus obstet.
Stertit enim upilio. casus heu cerno propinquos:
Ei mihi — iamque nefas — heu, pro dolor! ei mihi
  — tandem,
25 Si qua tuae nunc matris habet te cura, faueto!

687
Conflictus ueris et hiemis   B. V. 70. M. 391

Conueniunt subito cuncti de montibus altis
Pastores pecudum uernali luce sub umbra

---

4 *Verg. ecl.* 5, 17   5 ole/// *G*   7 Quia, i *erasa, T*   8 *num* totam . . uel uincla?   9 abiit mitis *puto*   12 moerorū *TG*   13 sq. *hominem non Christianum prodit*   15 cf. *Verg. ecl.* 9, 28   19 ammonuit *TG*   22 saltim *TG* ut saepe *Vsener*.   23 opilio *TG; cf. ecl.* 10, 19.   25 cf. ecl. 7, 40.

687. *V = Valentianus 396 s. IX exeuntis (contulit Holderus). T = Turic. fol. 116. B = Paris. 7359 s. X   C = Par. 8319 s. XI (hos ipse contuli)   P = Par. 7540 s. XI   S = Sorbon. 1536 s. X (Kleinium mus. rh. XXII 299. sqq. sequor). Valent. 395 s. IX—X ex V descriptus Holdero uidetur.*

Arborea, pariter laetas celebrare Camenas.
Adfuit et iuuenis Daphnis seniorque Palaemon;
Omnes hi cuculo laudes cantare parabant.
Ver quoque florigero succinctus stemmate uenit;
Frigida uenit Hiems rigidis hirsuta capillis.
His certamen erat cuculi de carmine grande.
Ver prior adlusit ternos modulamine uersus:

Ver

Opto meus ueniat cuculus, carissimus ales.
Omnibus iste solet fieri gratissimus hospes
In tectis, modulans rutilo bona carmina rostro.

Hiems

Tum glacialis Hiems respondit uoce seuera:
'Non ueniat cuculus, nigris sed dormiat antris.
Iste famem secum semper portare suescit.'

Ver

Opto meus ueniat cuculus cum germine laeto,
Frigora depellat, Phoebo comes almus in aeuum.
Phoebus amat cuculum crescentem luce serena.

Hiems

Non ueniat cuculus, generat quia forte labores,
Proelia congeminat, requiem disiungit amatam,
Omnia disturbat: pelagi terraeque laborant.

Miloni Elnonensi primus Oudinus suppl. script. eccles. II p. 326 (sed nullum in eo cod. Colbertinum secutus), Bedae alii recc. tribuunt (m. rec. in T, cod. Voss.), Virgilio Pithoeus, Oudio Goldastus et cod. Gothan. s. XV. Auctorem libri mei omnes tacent. hyemis BC. 2 pecodum TC pecudum B 3 arboreas *libri* u. 4 om. P affuit V dafnis TCVB pelemon C 5 Oomnes T cucculo C, sed corr. 6 sthemate P scemate S 7 hyemps B hiemps VCP rigidus T irsuta TPB hyrsuta V 8 tamen S 9 modolamine B ŪR P allusit PV altussit S 10 UER TB karissimus T calissimus, corr. m. pr. V 12 t&tis P, V m. pr. nostro S 13 HYEMPS B qui sic ubique Tunc S clacialis C hiemps CSB uera om. S 14 migris V 17 foebo VTSBC phebo P comis VTCSB 18 Foebus *libri* crescentim V crescenti CPS crescente TB 19 q P q V 20 praelia P disrumpit S 21 pelagic///// C

Ver

Quid tu, tarda Hiems, cuculo conuitia cantas?
Qui torpore graui tenebrosis tectus in antris
Post epulas †ueheris, post stulti pocula Bacchi.

Hiems

25 Sunt mihi diuitiae, sunt et conuiuia laeta,
Est requies dulcis, calidus est ignis in aede.
Haec cuculus nescit, sed perfidus ille laborat.

Ver

Ore refert flores cuculus et mella ministrat,
Aedificatque domus, placidas et nauigat undas,
30 Et generat suboles, laetos et uestiet agros.

Hiems

Haec inimica mihi sunt, quae tibi laeta uidentur.
Sed placet optatas gazas numerare per arcas
Et gaudere cibis simul et requiescere semper.

Ver

Quis tibi, tarda Hiems, semper dormire parata,
35 Diuitias cumulat gazas uel congregat ullas,
Si uer uel aestas ante tibi nulla laborant?

Hiems

Vera refers: illi, quoniam mihi multa laborant,

---

22 hiemps *CS* c̃uitia *VTB* conuicia *rell?* 23 tenebrosus *C* tactus *P* t&tus *C* 24 Veneris *Ubri* ueheris *temptaui* Cui .. tactus (*concubitus*) .. Veneris *Buech.* bachi *VPSB* 25 diuicie *PC* 26 alidus *C m. pr.* 27 s) *V* 28 refert *P* feret *VTCSB* et uina *Pithoeus, B?* 29 domus *VTCS* domͧs *B* domos *P* 30 subules *P sed corr.* soboles *T* et u. a. *om. S* uestiget *T* 31 sunt *om. S, eras. in C* s̃t *V* 32 obtatas *TC* optotas *P* aras *P* 33 ciuis *VCT* 34 hiemps *CS* 35 diuicias *TC* comulat *C* illas *Buech.* 36 aut *P* uel *VTCSB* atque *Duebnerus* tibi nulla uel ante *P* laborat *Goldast.* 37 q̃m *VT* ////// q̃m, *om.* mihi, *P* quō *C*

Sunt etiam serui nostra dicione subacti,
Iam mihi seruantes domino, quaecumque laborant.

Ver

Non illis dominus, sed pauper inopsque superbis,
Nec te iam poteris per te tu pascere tantum,
Ni tibi qui ueniet cuculus alimonia praestet.

Palaemon

Tum respondit ouans sublimi e sede Palaemon
Et Daphnis pariter, pastorum et turba piorum:
'Desine plura, Hiems. rerum tu prodigus, atrox.
Et ueniat cuculus, pastorum dulcis amicus.
Collibus in nostris erumpant germina laeta,
Pascua sit pecori, requies et dulcis in aruis,
Et uirides rami praestent umbracula fessis,
Vberibus plenis ueniantque ad mulctra capellae,
Et uolucres uaria Phoebum sub uoce salutent.
Quapropter citius cuculus nunc ecce uenito!
Tu iam dulcis amor, cunctis gratissimus hospes:
Omnia te expectant, pelagus tellusque polusque.
Salue, dulce decus, cuculus; per saecula salue!'

B. M. —   688

Fonte lauat genitor, quem crimine polluet uxor,
Et puerum refouet, quem iuuenem perimat.

37—39 om. C   38 nostrā C ditione TBCS   39 Nam BS dominio P   40 inobsque SB superbus libri, corr. codd. recc.   42 ueniat P PALEMON C PAŁ TB   43 Tunc S a sede P pelamon B   44 dafnis CT daphihnis P   45 hiemps CS   46 ueniat P ueniet rell. pastoriā S   48 sint S pecorū C peccori T et] sit *Buech.*   49 praestant VCST praestant $\overset{e}{B}$ u. 50 — fin. om. C   50 ueniunt VTSP. cf. Hor. epod. 16, 49 ueniant B que om. S fort. recte mucra B m$\overset{l}{u}$lcra S   51 uarie͕ V salutant VTPB   52 cuculus cicius S   53 Tum P $\overset{h}{o}$spes P   54 spectant S pelagi P polusque om. P   55 scia V saluae TB.
688—688ᶜ. fol. 118 T.   688—688ᶜ *imaginibus statuisue Hippolyti subscripta fuisse puto; primus edidi.*   1 genit T polluit T

688ᵃ.

Ante suum gremium portat portatus alumnum;
Vnum gestat equus, sed duo terga premunt.

688ᵇ.

Mergitur Hippolytus moriturus amore nouercae,
Quem quia fata iuuant, flumina nulla nocent.

688ᶜ.

In causa Hippolyti uersa est natura parentum:
Saeua nouerca fouet, quem pater ipse necat.

689

Conlatum uitae destruxit femina culmen,
Femina sed uitae gaudia longa dedit.

689ᵃ.
SILVII
Versus de cognomentis saluatoris

Spes ratio uia uita salus sapientia lumen
Iudex porta gigans rex gemma propheta sacerdos
Messias sabaoth rabbi sponsus mediator
Virga columba manus petra filius emmanuel
5 Vinea pastor ouis pax radix uitis oliua
Fons panis agnus uitulus leo propitiator
Verbum homo rete lapis domus omnia Christus Iesus.

688ᵃ. sǫū͡m (⁀ erasum) T   688ᵇ. ippolitus mersurus T
moriturus *scripsi*   façta T   688ᶜ. ippoliti T. — 689. *fol.* 153
T. *Columbani esse (cf. eius carmen 4) uix credibile est.* distruxit T.   689ᵃ. Versus Siluii de *sqq. fol.* 157 T. *Damaso uulgo tribuitur, ut in Mignii coll. patr. XIII p.* 378   1 lumen *Mign.*
X͞P͞C T   3 mesias T   4 columna *Mign.* emmanuelque *id.*
emmanuhel T   6 paries *Mign.* propitiator *om.* T Iesus *pro eo* T   8 X͞P͞C T Iesus *Mign., om. hic* T.

CARMINA

CODICVM SAECVLI IX VEL X

CARMINA
CODICIS ISIDORIANI BELLOVACENSIS

690.
PETRONII ARBITRI

B. M. — Buech.
fg. 26.

Sic contra rerum naturae munera nota
  Coruus maturis frugibus oua refert.
Sic format lingua fetum cum protulit ursa
  Et piscis nullo iunctus amore parit.
5 Sic Phoebea chelys uinclo resoluta parentis
  Lucinae tepidis naribus oua fouet.
Sic sine concubitu textis apis excita ceris
  Feruet et audaci milite castra replet.
Non uno contenta ualet natura tenore,
10   Sed permutatas gaudet habere uices.

691.
PETRONII

B. V. 148. M. 1084.
Buech. 41.

Indica purpureo genuit me litore tellus,
  Candidus accenso qua redit orbe dies.

S = Bineti contextus, qui codicem Bellouacensem (Isidori, saec. IX—X cf. praef.) satis fideliter repraesentare uidetur. Binetum ex ed. Petron. Dousae (LB. 1585) p. 111—120 affero.
  690. 'Extabant illi duo priores uersus, ubi legitur *Sic contra r.* Reliquum expleui ex meo V. C.' Binetus. Vnde et Petronius: sic contra . . refert *Fulgentius mythol. I 12 p. 44.* Hinc 'Aliud' *Scal. catal. p. 258 inter Petroniana* (u. 1. 2)   1 Sicut sunt rerum *S* notae *Fulg.* tota *Scal.*   3 foetum *S*.   5 phoebaea chelis *S* uicto *S*, corr. *Bin.*   6 ora *Hadrianides*   7 caeris *S*.   691. Arbitri *hic et in seqq.* om. *S*   1 littore *S*

Hic ego diuinos inter generatus honores
  Mutaui Latio barbara uerba sono.
Iam dimitte tuos, Paean o Delphice, cycnos:
  Dignior haec auis est, quae tua templa colat.

692

B. M. — Buech. 42   PETRONII

Naufragus eiecta nudus rate quaerit eodem
  Percussum telo, qui sua fata legat;
Grandine qui segetes et totum perdidit annum,
  In simili deflet tristia fata sinu.
Funera conciliant miseros, orbique parentes
  Coniungunt gemitus, et facit hora pares.
Nos quoque confusis feriemus sidera uerbis,
  Et fama est iunctas fortius ire preces.

693

B. III 213. M. 983.
Buech. 44   PETRONII

Si Phoebi soror es, mando tibi, Delia, causam,
  Scilicet ut fratri quae peto uerba feras:
'Marmore Sicanio struxi tibi, Delphice, templum
  Et leuibus calamis candida uerba dedi.
Nunc si nos audis atque es diuinus Apollo,
  Dic mihi, qui nummos non habet, unde petat?'

694

B. M. — Buech. 45   PETRONII

Omnia quae miseras possunt finire querellas,
  In promptu uoluit candidus esse deus.
Vile holus et duris haerentia mora rubetis

---

3 honores *S* odores *Bin.*   5 cicnos *S*   uos *S* uox *Bin.*
auis *ego*   692. 2 cui *S* qui *Buech.* fleat *Iacobs.*   5 sortique
S, corr. Bin.   6 urna pares *Reiskius*   8 fas *Buech.* iunctas
Bin. socias *Buech.* constans *S. Sequitur c.* 218: Petronii, *deinde*
693.   2 si licet *Buech.*   4 condita *Heins.*   694. 1 querelas
S   3 olus *S*

Pugnantis stomachi composuere famem.
5 Flumine uicino, stultus sitit. effugit Euro,
Cum calidus tepido consonat igne focus.
Lex armata sedet circum fera limina nuptae;
Nil metuit licito fusa puella toro.
Quod satiare potest, diues natura ministrat;
10 Quod docet infrenis gloria, fine caret.

695
PETRONII

(B. III 236. M. 1001. Bu. 46

Militis in galea nidum fecere columbae:
Adparet, Marti quam sit amica Venus.

696
PETRONII

B. M. — Bu. 47

Iudaeus licet et porcinum numen adoret
Et † Caeli summas aduocet auriculas,
Ni tamen et ferro succiderit inguinis oram
Et nisi nodatum soluerit arte caput,
5 Exemptus populo Graia migrabit ab urbe
Et non ieiuna sabbata lege premet.

697
[PETRONII]

B. M. — Bu. ad 47

Vna est nobilitas argumentumque coloris
Ingenui, timidas non habuisse manus.

698
PETRONII

B. III 205. M. 977. Bu. 48

Lecto compositus uix prima silentia noctis
Carpebam et somno lumina uicta dabam:

4 pungentis *Dousa* 5 et riget *Bin.* effugis *puto* 6 rogus *S* focus *Buech.* tholus *Hauptius* 8 thoro *S* 10 inferius *S*; em. *Bin. An* ulterius? 695 sic *S* 696. 1 nomen *S* 2 cilli *Pith.* asini *sane notionem expectes.* agricolas *S*, em. *Bin.*
3 aram *S* oram *uel* arram *Bin.* 4 nudatum *Pith.* 5 Graias
. . ad urbes *Bin.* 6 Sabbatha *S* 696 a 697 *separauit Buech.*
1 doloris *L. Muell.* 698. 2 uincta *Heins.*

Cum me saeuus Amor prensat sursumque capillis
    Excitat et lacerum peruigilare iubet.
'Tu famulus meus,' inquit, 'ames cum mille puellas,
    Solus, io, solus, dure, iacere potes?'
Exsilio et pedibus nudis tunicaque soluta
    Omne iter impedio, nullum iter expedio.
Nunc propero, nunc ire piget, rursumque redire
    Poenitet et pudor est stare uia media.
Ecce tacent uoces hominum strepitusque uiarum
    Et uolucrum cantus turbaque fida canum:
Solus ego ex cunctis paueo somnumque torumque
    Et sequor imperium, magne Cupido, tuum.

699

B. III 203. M. 975.
; Bue. 49

PETRONII

Sit nox illa diu nobis dilecta, Nealce,
    Quae te prima meo pectore composuit;
Sit torus et lecti genius secretaque †longa,
    Queis tenera in nostrum ueneris arbitrium.
Ergo age duremus, quamuis adoleuerit aetas,
    Vtamurque annis, quos mora parua tenet.
Fas et iura sinunt ueteres extendere amores:
    Fac, cito quod coeptum est, non cito desinere.

700

B. III 220. M. 992

[Item]

Foeda est in coitu et breuis uoluptas
Et taedet Veneris statim peractae.
Non ergo ut pecudes libidinosae
Caeci protinus irruamus illuc:

---

3 prensum *S, corr. Oud.* uulsumque *Buech.*   8 *num* in-
gredior?   13 thorumque *S*   14 En *Burm.*   699. 3 tho-
rus *S* lingua *ci. Bip.* sponda *Heins.* lampas *Buech.*   6 teret
Pontanus
    'Sequebantur ista, sed sine Petronii titulo. at priores illi
duo Phalaecii uix alius fuerint quam Petronii' *Binetus.*   700
Item *addidi*

Nam languescit amor peritque flamma.
Sed sic sic sine fine feriati
Et tecum iaceamus osculantes.
Hic nullus labor est ruborque nullus:
Hoc iuuit, iuuat et diu iuuabit.
Hoc non deficit incipitque semper.

701
Item
B. III 221. M. 993

Accusare et amare tempore uno
Ipsi uix fuit Herculi ferendum.

702
Item
B. III 206. M. 978

Te uigilans oculis, animo te nocte requiro,
   Victa iacent solo cum mea membra toro.
Vidi ego me tecum falsa sub imagine somni.
   Somnia tu uinces, si mihi uera uenis.

703
[Item]
B. III 214. M. 984

Hoc sibi lusit opus de stamine floricolore
   Hesperie, teneras officiosa manus.
Et pulcro pulcras strophio producta papillas
   Gaudet utrumque sui pectoris esse decus.

704
[Item]
B. III 215. M. 985

Hesperie lateri redimicula nectit eburno
   Facta suis manibus, pectore digna suo.

---

7 et tractim *Buech.* 9 iuuat *Bin.*] iuuit *S.* 701. —
702. *cf.* (*Ouid.*) *Heroid.* 16, 99 sq. 2 somno *Cannegieter*
3 egomet *S* ego me *Bin.* 4 uincis *S* 'Sequentia tetrasticha
[703—704] .. in exemplari coniuncta erant' *Bin.* 703 sqq.
Item *ter addidi.* 703. 2 Hesperies *S* certans *Bin.* 3 pul-
chro pulchras *S* praeducta *Heins.* redimita *Buech.*

Iam ueteres iras Venus et Tritonia ponit:
  Pectora nam Veneris Palladis ambit opus.

705

B. III 216. M. 986   [Item]

Intertexta rosa Tyrii subtemine fuci
  Inuoluet quoties mobile zona latus,
Ambrosium gemino potabit ab ubere rorem
  Et uere roseo fiet odore rosa.

706

B. III 218. M. 988   Item

Me niue candenti petiit modo Iulia. rebar
  Igne carere niuem: nix tamen ignis erat.
Quid niue frigidius? nostrum tamen urere pectus
  Nix potuit manibus, Iulia, missa tuis.
Quis locus insidiis dabitur mihi tutus amoris,
  Frigore concreta si latet ignis aqua?
Iulia sola potes nostras extinguere flammas:
  Non niue, non glacie, sed potes igne pari.

707

B. III 7. M. 175   De Delo

Delos iam stabili reuincta terra
Olim purpureo mari natabat
Et moto leuis hinc et inde uento
Ibat fluctibus inquieta summis.
Mox illam geminis deus catenis
Hac alta Gyaro ligauit, illac
Constanti Mycono dedit tenendam.

---

704. 3 ponunt *Heins.*   705. 1 rosa e *Oud.* sub tegmine *S, em. Bin.*   2 inuoluit *S* nobile *Heins.*   3 potauit *S.* — Sequuntur c. 364. 348. 347. 349, *deinde* 706: 4 missa puella tuis *cod. Perotti.* — 707. 5 cathenis *S*   6 giaro *S*   7 Mycono *Heins.* Myconae *S*

708
GERMANICI CAESARIS
Ad Hectoris tumulum

B. I 103. M. 117

Martia progenies, Hector, tellure sub ima
  (Fas audire tamen si mea uerba tibi),
Respira, quoniam uindex tibi contigit heres,
  Qui patriae famam proferet usque tuae.
5 Ilios en surgit rursum inclita, gens colit illam
  Te Marte inferior, Martis amica tamen.
Myrmidonas periisse omnes dic Hector Achilli,
  Thessaliam et magnis esse sub Aeneadis.

709
EIVSDEM
De puero glacie perempto

B. IV 92. M. 69

Thrax puer adstricto glacie cum luderet Hebro,
  Frigore frenatas pondere rupit aquas,
Cumque imae partes fundo raperentur ab imo,

Ἀδριανοῦ Καίσαρος· οἱ δὲ Γερμανικοῦ· (Anth. Pal. IX 387)
  Ἕκτορ, Ἀρήϊον αἷμα, κατὰ χθονὸς εἴ που ἀκούεις,
  Χαῖρε καὶ ἄμπνευσον βαιὸν ὑπὲρ πατρίδος.
  Ἴλιον οἰκεῖται, κλεινὴ πόλις, ἄνδρας ἔχουσα
  Σοῦ μὲν ἀφαυροτέρους, ἀλλ' ἔτ' ἀρηϊφίλους.
5 Μυρμιδόνες δ' ἀπόλοντο· παρίστασο καὶ λέγ' Ἀχιλλεῖ,
  Θεσσαλίην κεῖσθαι πᾶσαν ὑπ' Αἰνεάδαις.

    Sequuntur c. 363, tum post uerba Bineti In his quae subjiciuntur, adpositi sunt auctores c. 414; deinde 708.
    4 praeferat S proferat Pith. proferet ego   7 Mirmidonas S. — Sequitur 'Caesaris de libris Lucani' (233), deinde 709: Eiusdem Germanici de sqq. S
    Dedi ex S. Inscr. om. V (Vindobonensis 2521 saec. XII) fol. 42 r. Ver Iulii Caesaris P (Parisinus 6630 saec. XIII) fol. 1 r. ϛ = Burmanniani uel omnes uel plerique. Iulio Caesari Florentinus 54, 11 saec. XIV init. et ϛ tribuunt; Germanico primus post S Lilius Gyraldus, Augusto cod. Guelferb. 93. 1 Trax V Thax P astricto PV gladio V dum ludit in Hebro Vϛ   2 fraenatas S concretas VPϛ   3 Dumque imae partes rapido traherentur ab amne VPϛ (amni P)

Abscidit a iugulo lubrica testa caput.
Quod mox inuentum mater dum conderet igni,
  'Hoc peperi flammis, cetera' dixit 'aquis.
Me miseram! plus amnis habet solumque reliquit,
  Quo nati mater nosceret interitum.'

B. I 23. M. 194   710
         C. CAECILII PLINII SECVNDI

Huc mihi uos largo spumantia pocula uino,
  Vt calefactus Amor peruigilare uelit.
Ardenti Baccho succenditur ignis Amoris,
  Nam sunt unanimi Bacchus Amorque dei.

                           711
B. III 258. M. 282   GALLIENI

Ite agite, o iuuenes, et desudate medullis
Omnibus inter uos! non murmura uestra columbae,
Brachia non hederae, non uincant oscula conchae.
Ludite: sed uigiles nolite extinguere lychnos.
Omnia nocte uident, nil cras meminere lucernae.

        Ad c. 709: Φλάκκου (Anth. Pal. VII 542)
Ἕβρου χειμερίοις ἀταλὸς κρυμοῖσι δεθέντος
    κοῦρος ὀλισθηροῖς ποσσὶν ἔθραυσε πάγον,
τοῦ παρασυρομένοιο περιρραγὲς αὐχέν' ἔκοψεν
    θηγαλέον ποταμοῦ Βιστονίοιο τρύφος.
5 Καὶ τὸ μὲν ἡρπάσθη δίναις μέρος· ἡ δὲ τεκοῦσα
    λειφθὲν ὕπερθε τάφῳ μοῦνον ἔθηκε κάρα.
Μυρομένη δὲ τάλαινα 'τέκος, τέκος' εἶπε 'τὸ μέν σου
    πυρκαϊή, τὸ δέ σου πικρὸν ἔθαψεν ὕδωρ.'

   4 Persecuit tenerum *VP*ς Abscidit heu tenerum ς 5 Orba
quod inuentum *VP*ς igni *S*] urna *VP*, sic uel urnae ς. dum
condit in urnam cod. Medic.   6 cętera *S*   7. 8 *S solus; om.*
*VP*ς plus *S* pius *an* impius? — 710. 1 uos] des *Oudend.*
4 dii *S*. — 711. Galieni imperatoris *S. Trebellius Pollio Gal-
lieni c.* 11 *u.* 1—3 *exhibet* (o pueri, pariter sudate *Pollio*); 4
et 5 *solus S habet*   3 uincat *S*.

712
L. APVLEI
B. III 231. M. 230

'Ανεχόμενος. ex Menandro

Amare liceat, si potiri non licet.
Fruantur alii: non moror, non sum inuidus;
Nam sese excruciat, qui beatis inuidet.
Quos Venus amauit, facit amoris compotes:
Nobis Cupido uelle dat, posse abnegat.
Olli purpurea delibantes oscula
Clemente morsu rosea labia uellicent,
Candentes dentes effigient suauio,
Malas oberrent ore et ingenuas genas
Et pupularum nitidas geminas gemmulas.
Quin et cum tenera membra molli lectulo
† Cumpectora adhaerent Veneris glutino,
Libido cum lasciuo instinctu suscitet
Sinuare ad Veneris usum femina feminae
15 Inter gannitus et subantis uoculas,
Carpant papillas atque amplexus intiment
18 Thyrsumque pangant hortulo Cupidinis;
17 Arentque sulcos molles aruo Venerio
Dent crebros ictus conitente † lumine
20 Trepidante sursum Venere et anima fessula
Eiaculent tepidum rorem niueis laticibus.
Haec illi faciant, queis Venus non inuidet;
At nobis casso saltem delectamine
Amare liceat, si potiri non licet!

Sequitur c. 232, *deinde* 712 (*quod suspectum habuit Scaliger*) 4 fecit *S* 7 labella *S* labra *uel* labia *puto* 8 *om. Bin.* 'agnoscit, teste Sauarone ad Sidonium, Cl. Binetti MS. schedium' *dicit Scriuerius; ubi* effugient 9 odorent *S, correxi* adorent *Scriuer.* 12 una (*post* pectora) *add. Bin.,* arte Dousa Complexiora *ego* Compaginata *Buech.* 13 lasciuia instincto *S, em. Bin.* 14 Sinuent *Bin.* at Veneri cursum *S, em. Bin. Scriu.* femina, foeminę *S* 18 *ante* 17 *posui* 18 horto in *S* hortulo *Bin.* in *del. Buech.* 17 Haerentque *S, em. Bin. qui et* Iterentque 19 dent *Bin.* dum *S* conhibente *S, correxi* conniuente *Binetus.* conhibente *Dousa.* num semine? 20 crepidante *S, em. Bin.* cursu *S* sursum *ego* 21 lactibus *cj. Bin.* 23 casto *Meinekius*

713

B. II 177. M. 255

ALCIMI

de Vergilio et Homero

Maeonio uati qui par aut proximus esset,
    Consultus Paean risit et haec cecinit:
Si potuit nasci, quem tu sequereris, Homere,
    Nascetur, qui te possit, Homere, sequi.

714

B. III 212 M. 258

EIVSDEM

O blandos oculos et inquietos
Et quadam propria nota loquaces!
Illic et Venus et leues Amores
Atque ipsa in medio sedet Voluptas.

715

B. III 211. M. 257

EIVSDEM

Lux mea puniceum misit mihi Lesbia malum:
    Iam sordent animo cetera poma meo.
Sordent uelleribus hirsuta cydonia canis,
    Sordent hirsutae munera castaneae;
Nolo nuces, Amarylli, tuas nec cerea pruna:
    Rusticus haec Corydon munera magna putet.
Horreo sanguineo male mora rubentia suco:
    Heu graue funesti crimen amoris habent!
Misit dente leui paulo libata placentae
    Nectare de labris dulcia membra suis.
Nescio quid plus melle sapit, quod contigit ipsa,
    Spirans Cecropium dulcis odore thymum.

713. Virgilio *S*.   3 Si] Ni *Buech*. — 714. 1 et] nec *Buech*. infacetos *S* inquietos *Bin*. *num* infūcatos?   2 Set *Buech*. — 715. 1 misi tibi *S*   3 cidonia *S*   5 amarilli *S* caerea *S*   6 coridō *S*   7 succo *S*   9 misi *S* placenta *S* placentae Munera *cj. Bin*. membra *S* mella *Bin*. *an* mixta *uel* compta?   11 qui *Mey*.   12 caecropium *S* thimum *S*.

CARMINA
CODICIS VATICANI CVIVSDAM

716
[CATONIS]
B. III 110. M. 938

Vtilibus monitis prudens adcommodet aurem.
Non laeta extollant animum, non tristia frangant.
Dispar uiuendi ratio est, mors omnibus una.
Grande aliquid caueas timido conmittere cordi.
5 Numquam sanantur deformis uulnera famae.
Naufragium rerum est mulier male fida marito.
Tu si animo regeris, rex es; si corpore, seruus.
Proximus esto bonis, si non potes optimus esse.
Nullus tam parcus, quin prodigus ex alieno.
10 Audit quod non uult, qui pergit dicere quod uult.
Non placet ille mihi, quisquis placuit sibi multum.

1 *VaPV* (*de M cf. infra*) 2 *VaP Columbanus monostich.* 101, *V* 3 *VaPV* 4 *PV* 5—7 *VaP* 8 *VaP Columbanus monost.* 102 9 *P* 10 *VaP* 11 *P*

716. Incipiunt sententiae generales in singulis uersibus *Va* (*Vaticanus s. IX—X, ubi inter Prosperi exhortationem ad uxorem et P. Syri sententias extant: cf. Maius Class. auctt. e Vatt. codd. edd. V p. 461*). *Inscr. om. C* (*Paris. 8069 s. X —XI*). Monosticha de moribus. Incerti *P* (*Pithoeus, e quo Opitius Burm. Mey. pendent*). *Pet.* = *Petauianus ap. Burm.* Prouerbia Catonis philosophi *M* (*Marbodi cod. S. Gatian. Turon. n. 164 in Hildeberti et Marbodi ed. Benedictin. p. 1634*), *qui u. 1—14. 18. 20—40. 64—68 continet*. Uersus Platonis de greco in latinū translati *V* (*Vindobonensis 2521 saec. XII fol. 141*) 1 accomodet *V* 4 corde *Petauianus*

Iuri scruitium defer, si liber haberis.
Vel bona contemni docet usus, uel mala ferri.
Ex igne ut fumus, sic fama ex crimine surgit.
Paulisper laxatus amor decedere quibit.
Splendor opum sordes uitae non abluit umquam.
Inprobus officium scit poscere, reddere nescit.
Inridens miserum dubium sciat omne futurum.
Mortis imago iuuat somnus, mors ipsa timetur.
Quanto maior eris, tanto moderatior esto.
Alta cadunt odiis, parua extolluntur amore.
Criminis indultu secura audacia crescit.
Quemlibet ignauum facit indignatio fortem.
Diuitiae trepidant, paupertas libera res est.
Haut homo culpandus, quando est in crimine casus.
Fac quod te par sit, non alter quod mereatur.
Dissimilis cunctis uox uultus uita uoluntas.
Ipsum se cruciat, te uindicat inuidus in se.
Semper pauperies quaestum praediuitis auget.
Magno conficitur discrimine res memoranda.
Terra omnis patria est, qua nascimur et tumulamur.
Aspera perpessu fiunt iucunda relatu.
Acrius adpetimus noua, quam iam parta tenemus.
Labitur ex animo benefactum, iniuria durat.
Tolle mali testes: leuius mala nostra feremus.
Saepe labor siccat lacrimas et gaudia fundit.
Tristibus adficiar grauius, si laeta recorder.
Quid cautus caueas, aliena exempla docebunt.
Condit fercla famis, plenis insuauia cuncta.
Doctrina est fructus dulcis radicis amarae.

12 *VaP* 13 *P* 14 *VaCP* 15. 16 *Va* 17. 18 *CP* 19 *VaCP*
20 *VaP Columbanus mon.* 103 21 *VaP* 22. 23 *P* 24 *Val*
25. 26 *VaCP* 27 *VaP* 28. 29 *P* 30. 31 *CP* 32 *VaP* 33 *P*
34 *VaP* 35 *CP* 36 *VaC* 37—41 *Va*

12 differ *id.* sic *Va* si *PM* 17 offitium *C* 18 om
sciat *G* 19 uiuat *C* tenetur *C* 20 tanto tu cautior est
Columb. 23 quaelibet *Pet.* 25 haud *VaP* tunc *M* cap
tandus *Va* (*Maio teste*) 31 omis *C* hominis *P* est *om. Pe*
36 dolor sicut *Va* fundunt *Va* 39 fames *puto* 40 doctr
nae *et* radices *Va*, em. *Buech.*

Accusans alium propriam prius inspice mentem.
Qui uinci sese patitur pro tempore, uincit.
Dum speras seruis, cum sint data praemia seruis.
Nemo ita despectus, quin possit laedere laesus.
₅ Ille nocet grauius, quem tu contemnere possis.
Quod metuis cumulas, si uelas crimine crimen.
Consilii regimen uirtuti corporis adde.
[Cum uitia alterius satis acri lumine cernas
Nec tua prospicias, fis uerus crimine caecus.]
Suffragium laudis quod fert malus, hoc bonus odit.
Si piget admissi, committere parce pigenda.
[Quod nocet interdum, si prodest, ferre memento:
Dulcis enim labor est, cum fructu ferre laborem.]
[Laetandum est uita, nullius morte dolendum:
₅ Cur etenim doleas, a quo dolor ipse recessit?]
Spes facit illecebras uisuque libido mouetur.
Non facit ipse aeger, quod sanus suaserit aegro.
Ipsos absentes inimicos laedere noli.
Vlcus proserpit, quod stulta silentia celant.
₆₀ Nemo reum faciet, qui uult dici sibi uerum.
Vincere uelle tuos satis est uictoria turpis.
Nonnumquam uultu tegitur mens tetra sereno.
Quisque miser casu alterius solacia sumit.

Vera libens dicas, quamquam sint aspera dictu.
₆₅ Vir constans quicquid coepit complere laborat.
Iniustus, qui sola putat proba quae facit ipse.
Omne manu factum consumit longa uetustas.
Haud ullum tempus † uanitas simulata manebit.

42 *VaCV* 43 *Va* 44 *VaCV* 45. 46 *Va* 47 *VaV* 48—
50 *Va* 51—57 *C* 58—59 *CV* 60—61 *C* 62—63 *CV* 64 *C*
fol. 127 *v.* 65—68 *solus M continet et quidem* 65 *post* 35, 66
post 36, 67 *post* 37, 68 *post* 38

43 data sint *Va* 45 contempnere *Va* 47 consilium
V 48 *sqq. Disticha uncis inclusi* 48 cernis *Va* 49 uero
Buech. 51 amissi *C* 53 *num* dolorem? laborem *C* 54 nul-
lis *C, em. Buech.* 56 illecebra *C* 59 silencia *CV* celant *V*
60 fatiet *C* uul *C* 62 Nunquam *C* tecta *V* 63 solacia *sic*
CV rimat *V* 68 grauitas *uel* uirtus *Buech.* bonitas *ego*

Quicquid inoptatum cadit, hoc homo corrigat arte.
Durum etiam facilem facis assuescendo laborem.
Robur confirmat labor, at longa otia soluunt.
Vt niteat uirtus, absit rubigo quietis.
Sat dulcis labor est, cum fructu ferre laborem.
Magni magna parant, modici breuiora laborant.

69 — 74 *V*

70 facis *ego* facit *V*   71 ocia *V*   73 *cf. u.* 53. *post* 74: Debile sepe caput totum dat debile corpus, Et (*lege* At) firmum faciunt fortia membra caput *V*, *in quo c.* 644 *sequitur*

CARMINA
CODICIS PARISINI 13026

717 B. M. —

Doctiloqui carmen ructatum fonte Maronis
Bis senis numero florens se milibus explet
Et super hos octingentis septem quadraginta
Versibus adiunctis concluditur omne uolumen,
Quod cecinit quodam uariato flumine linguae:
Pastores Cererem Bacchum pecus et bona mellis,
Naufragium flammas errores uulnera ludos,
Tartara, post Latium, sic Teucros bella frementes,
Hostibus Ascanium Rutulis in castra relictum,
Proelia post reditum, deuictam Marte Camillam,
Et sua cedentem profugo conubia Turnum.

718
Ad Oceanum B. V 113. M. 1055

Vndarum rector, genitor maris, arbiter orbis,
Oceane o placido conplectens omnia [cursu],

$P = codex$, *olim Sangermanensis* 1188, *saec. IX—X.*
717 *fol.* 75 *u.* (*post c.* 507—518. 555—557) *sine titulo.*
2 numeri *P Vergilius secundum codices* 12912 *uersibus constat*
5 quondam *Quicheratius* (*ed. pr. bibl. d. chartes t. II p.* 129)
fulmine *P, em. Buech.*   8 sic] *num* stic (*pro* istic)? frentes
P   11 tornum *P.*
718. Incipit de oceano *P ibidem.*   1 Vudarum *P*
2 oceano placido *P. supple cum Burm.* cursu *uel* flexu *uel* motu

Tu legem terris moderato limine signas,
Tu pelagus quodcumque facis fontesque lacusque.
Flumina quin etiam te norunt omnia patrem;
Te captant nubes, ut reddant frugibus imbres.
Cyaneoque sinu caeli tu diceris oras
Partibus ex cunctis inmenso cingere nexu.
 Tu fessos Phoebi reficis si gurgite currus
Exhaustisque die radiis alimenta ministras,
Gentibus ut clarum referat lux aurea solem,
Si mare, si terras caelum mundumque gubernas,
Me quoque cunctorum partem, uenerabilis, audi.
Alme parens rerum, supplex precor. ergo carinam
Conserues, ubicumque tuo committere ponto
Hanc animam, transire freta et discurrere cursus
Aequoris horrisoni sortis fera iussa iubebunt;
Tende fauens glaucum per leuia dorsa profundum,
Ac tantum tremulo crispentur caerula motu,
Quantum uela ferant, quantum sint otia remis.
Sint fluctus, celerem ualeant qui pellere puppem,
Quos numerare libens possim, quos cernere laetus:
Seruet inoffensam laterum par linea libram;
Te sulcante uiam rostro submurmuret unda.
Da pater, ut tute liceat transmittere cursum,
Perfer ad optatos securo in litore portus
Me comitesque meos. quod cum permiseris esse,
Reddam quas potero pleno pro mu[nere] grates.

 3 ĩris *P* limite *Heins.* 4 qdcūq; *P* 5 te neř oma *P*,
corr. Burm. 6 ptant *P* captant *ego* potant *Buech. fort. rectius*
7 celī *P* 8 inmsa *P* 9 fesso *P* si *P* in *Heins.* gurgitae *P*
10 exaustisq; *P* almta *P* 12 tras *P* 16 ferete discurre
cursus *P* (rs *uix conspicua*) fretum et *Burm.* freta et *ego.* num
decurrere? discurrere gyris *Buech.* 17 horrison *P* sortē *P*
Sortis *Burm.* 19 cerula *P* 20 sint *ego* sinat *P* 21 pupē
P 22 *num* uenerare? 23 *fol.* 76 *r. P* par *Buech.* pars *P*
24 Te] Qua? 25 liceant *P* cursu *Buech.* (*tunc tuto scriben-
dum*) 26 portas *P* 27 pmisseris *P* ipse *Burm.* 28 plenas
Mey. fort. recte ͵pmu grates *P*

CARMEN
CODICIS CORBEIENSIS CVIVSDAM

719

Omnipotens genitor tandem miseratus ab alto
Postquam cuncta dedit caelo constare sereno,
Omnibus in terris diuinum aspirat amorem,
Semper honore pio nomen Natique Patrisque
5 Ornare et canere paribusque in regna uocari
Auspiciis, hinc progeniem uirtute futuram
Egregiam, et totum quae legibus occupet orbem.
Ne tamen in terris mortalia pectora turbet
Ignotum numen, deus aethere missus ab alto,
10 Mortalis uisus potuit quantusque uideri.
    Virgo matura fuit iam plenis nubilis annis,
Cui genus a proauis ingens nomenque decusque,
Intemerata toris. talem se laeta ferebat,
Casta pudicitiam miro seruabat amore.
15 Huic se forma dei (caelo demissus ab alto
Spiritus intus alit) casto † se corpore miscet.
Ante tamen dubiam dictis solatur amicis:
'Alma parens, mundi dominum paritura potentem
(Nam te digna manent generis cunabula sancti),

---

719 *ex cod. Corbeiensi saeculi noni ed. Martène coll. ampliss. IX p.* 126, *ubi hic cento Sedulii libro I adsutus erat.* C = *siue codex siue editio Martenii.*
   'Centonem de Christo Virgilianis compaginatum uersibus apocryphum' *Gelasius papa a.* 492—496 *in decreto quodam memorat.* 13 thoris C.

Vade' ait 'o felix nati pietate, quocumque uocaris 20
Auspiciis manifesta nouis! hic uertitur ordo
Huius in aduentu: fides et fama perennis.'
Dixerat: illa pauens, oculos suffusa nitentes,
Suspirans imoque trahens a pectore uocem
Virgo refert: 'haud equidem tali me dignor honore; 25
Non opis est nostrae nec fas, nec coniugis umquam
Praetendi taedas aut haec in foedera ueni.
Sed post iussa deum nihil est, quod dicta recusem.
Accipio agnoscoque libens: sequor omina tanta
Promissisque patris † exsequar caelestia dona, 30
Admiranda dei tantarum munera laudum.'
    Panditur interea domus omnipotentis Olympi
Sideream in sedem, terras unde arduus omnes
Aspicit et natum uerbis compellat amicis:
'Nate, meae uires, mea magna potentia solus, 35
Nate, mihi quem nulla dies ab origine rerum
Dissimilem arguerit, comitem complector in omnes.
Te sine nil altum mens inchoat: omnia mecum
Aeternis regis imperiis; et quidquid ubique est,
Nulla meis sine te quaeretur gloria rebus: 40
Omnia sub pedibus, qua sol utrumque recurrens
Aspicit Oceanum, uertique regique uidebunt.
Quae tibi polliceor (neque est te fallere quicquam),
Haec tibi semper erunt uatum praedicta priorum,
Nec mea iam mutata loco sententia cedit. 45
Nascere praeque diem ueniens age, lucifer, almum;
Nascere, quo toto surgat gens aurea mundo.
Vnde etiam magnus caelorum nascitur ordo.
Nascere, ut incipiant magni procedere menses,
Ne maneant [nobis] priscae uestigia fraudis, 50
Prospera uenturo laetentur ut omnia saeclo.
Aggredere o magnos (aderit iam tempus) honores:
Aspera tum positis mitescent saecula bellis,

    20. 25. 78 *male consuti uersus*   27 praetendit aetas *C*
30 patri *C*   33 Sydeream *C*   37 in omnes: *Aen. IX* 277
38 nihil *C*   40 quaeritur *C*   50 nobis *om. C (cod.)*

Pacatumque reges patriis uirtutibus orbem.'
55 Haud mora: continuo patris praecepta facessit,
Aethere se mittit figitque in uirgine uultus
Nec mortale tuens, afflata est numine quando
Iam propiore dei. nam tempore . . . . eodem
Matri longa decem tulerunt fastidia menses,
60 Et noua progenies mox clara in luce refulsit.
Mox etiam magni processit numinis astrum,
Stella facem ducens multa cum luce cucurrit.
. . . .
. . . .
'Ille dies primus leti primusque salutis
Monstrat iter uobis ad eum, quem semper acerbum,
65 Semper honoratum cuncti celebrate fauentes.
Annua uota tamen noctem non amplius unam
Haud segnes uigilate, uiri, dapibusque futuris
Luce palam cumulate piis altaria donis.
Hac uestri maneant in relligione nepotes.
70 Iamque egomet uenio, sedes arcemque reuiso.
Accipite ergo animis atque haec mea figite dicta,
Ore fauete omnes et huc aduertite mentem.
E diuerso sedem quotiens uenietis in unam,
Vndique collecti pacem laudate frequentes.
75 Cogite consilium, coeant in foedera dextrae,
Qua datur pacis solum inuiolabile pignus.
Discite iustitiam, aeterna in pace futurae
Concordes animae, si non inrita dicta putatis.
Nulla dies usquam memori uos eximet aeuo:
80 Mortalem eripiam formam, et praemia reddam
Fortunatorum nemorum sedesque beatas.
Non eritis regno indecores, nec uestra feretur.
Fama leuis: mecum pariter considite regnis.
Vrbem quam statuo, uestra est: intrare licebit.
85 Nusquam abero, et tutos patrio uos limine sistam:

post 62 *permulta deesse apparet* 63 lethi *C* 69 uestris
et religione *C* 70 uenio *om. C* 73 E *deleo* unum *C*
76 datur *C et Aen.* XI 293. *an* detur? Condatur *Buech.*

Iidem uenturos tollemus in astra nepotes.
Quae uero nunc quoque uobis, dum uita manebit,
Praemia digna feram? non uobis numine nostro
Diuitis uber agri rerumque opulentia deerit.
Fundit humo facilem uictum iustissima tellus   90
Prouentuque onerat sulcos atque horrea uincit,
Floret ager, spumat plenis uindemia labris,
Exuberat fetus ramos frondentis oliuae,
Quotque in flore nouo pomis se fertilis arbor
Induerit, totidem autumno matura tenebit.   95
Non liquidi gregibus fontes, non gramina deerunt,
Et quantum longis carpent armenta diebus,
Exigua tantum gelidus ros nocte reponet.
Haec sunt, quae nostra deceat uos uoce moneri.
Viuite felices et condita mente tenete.'   100
 Haec ubi dicta dedit, mox sese attollit in auras
Suspiciens caelum, caput inter nubila condit.
Atque ita discedens terris animisque suorum
Concretam exemit labem purumque reliquit
Aetherium sensum atque aurai simplicis ignem.   105
Ex illo celebratus honos, laetique minores
Seruauere diem atque haec pia sacra quotannis
Matres atque uiri, pueri innuptaeque puellae
Carminibus celebrant paterisque altaria libant.
Ast ego qui cecini magnum et mirabile numen,   110
Haec eadem gentique meae generique manebunt.

  87 uobis quoque nunc *puto* 93 foetus *C* 105 Aetherieum *C*

CARMINA

CODICVM SAECVLI X

CARMEN
CODICIS PARISINI 6810

720
Ponticon praefatio
B. V 113. M. 234

Tethya marmoreo fecundam pandere ponto
Et salis aequoreas spirantis mole cateruas
Quaeque sub aestifluis Thetis umida continet antris
Coeptantem, Venus alma, foue, quae semine caeli
5 Parturiente salo diuini germinis aestu,
Spumea purpureis dum sanguinat unda profundis,
Nasceris e pelago placido dea prosata mundo!
Nam cum prima foret rebus natura creandis
In foedus conexa suum, ne staret inerti

720. $A = Parisinus$ 6810 s. X $E = Paris.$ 8319 s. XI
fol. 49 r. $B = Paris.$ 6831 s. X $C = Paris.$ 4873 s. XII
ABC Mommsenus (ed. Solin. p. XLI), E Kleinius et ego con-
tulimus. (A Mommseno B dicitur et B ei A; sed 6810 longe
optimus in hoc carmine est) Versus peracti operis B. inscr. om.
AE. Item C. Iulii Solini poliistor ponticon C. Etiam AB,
non autem E, Solinum continent.

Versus 1. 2. 13. 3. 14. 4. 15. 5. 16. 6. 17. 7. 18. 8. 19.
9. 20. 10. 21. 11. 22. 12 ordinant AE   1 tethia (sic) EC
tithya A tithia B fecitclam B fecit dea EC, recte A pon-
dere B pandē E   2 equoreus B spiratis A molle Salmas.

3 estifluoĭs E thetis om. C humida E 4 ceptante BEC
menus B metuis E meniis C et teste Kleinio E quae om. EBC
somine B 5 in aestu desinit C 8 profundis libri creandis
Salmasius profandis E teste Kleinio 9 in fidus E insidiis B

Machina mole uacans, tibi primum candidus aether
Astrigeram faciem nitido gemmauit Olympo.
Te fecunda sinu tellus amplexa resedit
Ponderibus fundata suis, elementaque iussa
Aetherias seruare uices. tu fetibus auges
Cuncta suis, totus pariter tibi parturit orbis.
Quare, diua, precor, quoniam tua munera paruo
Ausus calle sequor, uitreo de gurgite uultus
Dextera prome pios et numine laeta sereno
Pierias age pande uias. da Nerea molli
Pacatum gaudere freto uotisque litata
Fac saltem primas pelagi libemus harenas,
Vos quoque, qui resono colitis caua Tempea coetu
. . . .

   10 cauans *BE* candidit *BE*   13 librata *BE* fundata *A*. *Ouidius met. I* 13 'pond. librata suis.' iussa *A* uisa *EB num iussit?*   14 aethereas *B* augens *libri*   16 qm̄ *E*   17 uitreo] uit hinc *B*   18 dextera *libri* (dexia *E*)   19 cla *EB* 20 gaude *E*   22 quae *Buech.* cytu *AEB*

CARMINA
CODICIS PARISINI 4841

721
B. IV 206. M. 1163

Viuere post obitum uatem uis nosse, uiator?
  Quod legis, ecce loquor: uox tua nempe mea est.

722
B. IV 206. M. 1318

Nymphius aeterno deuinctus membra sopore
  Hic situs est, caelo mens pia perfruitur.
Mens uidet astra, quies tumuli conplectitur artus,
  Calcauit tristes sancta fides tenebras.
5 Te tua pro meritis uirtutis ad astra uehebat
  Intuleratque alto debita fama polo.
Immortalis eris, nam multa laude uigebit
  Viuax uenturos gloria per populos.
Te coluit proprium prouincia cuncta parentem,
10 Optabant uitam publica uota tuam.
Exeruere tuo quondam data munera sumptu
  Plaudentis populi gaudia per cuneos.
Concilium procerum per te patria alma uocauit
  Seque tuo duxit sanctius ore loqui.
15 Publicus orbatas modo luctus conficit urbes
  Confusique sedent, anxia turba, patres,
Vt capite erepto torpentia membra rigescunt,
  Vt grex amisso principe maeret iners.

---

721. *Sine titulo* P (= *codex, saec.* X) *fol.* 32. Versus sup tumulū sc̃i Augustini ep̃i quos ipse dictauit *Paris.* 2773 *saec.* XI *fol.* 110 *u. Sed* 'saecularium cuiusdam poetarum' *esse Possidius uit. Augustini c.* 31 *testatur.* 1 uates P, *Reginensis* 421 *saec.* XI tu nosce *Par.* 2773   2 est *om. Possid. ed. Kramer.*

722. *In* P *cum* 721 *cohaeret; seiunxit Pithoeus*   1 Nimphius P   4 sc̃a P   5 meritus P   6 intularatque P   10 obtabant P   16 ancxia P   18 meret inhers P

Anthol. lat. I, 2   12

Parua tibi, coniux, magni solacia luctus
　Hunc tumuli titulum maesta Serena dicat.
Haec indiuidui semper comes addita fulcri
　Vnanimam tibi se lustra per octo dedit.
Dulcis uita fuit tecum: comes anxia lucem
　Aeternam sperans hanc cupit esse breuem.

723
CLAVDII

B. V 15. M. 556　　　　De luna

Luna decus mundi, magni pars maxima caeli,
Luna iugum Solis, splendor †uas ignis et humor,
Luna parens mensum numerosa prole renascens!
Tu biiugos stellante polo sub Sole gubernas,
Te redeunte dies fraternas colligit horas,
Te pater Oceanus renouato respicit axe,
Te spirant terrae, tu uinclis Tartara cingis,
Tu sistro renouas brumam, tu cymbala quassas.
Isis Luna †Choris Caelestis Iuno Cybebe!
Alternis tu nomen agis sub mense diebus
Et rursum renouas alterni nomina mensis.
Tunc minor es, cum plena uenis; tunc plena resurgens,
Cum minor es: crescis semper, cum deficis orbe.
Huc ades et nostris precibus dea blandior esto
Luciferisque iugis concordes siste iuuencas,
Vt uoluat fortuna rotam, qua prospera currunt.

　　19 solatia *P*　　20 mesta *P*　　21 fulchri *P*　　22 hocto *P*
23 ancxia lucę *P* D. M. FILS *P m. pr. in imo paginae margine*
　　723. *P fol.* 92 *u. post Bedam de orthographia, ante 'Epytaphium Adelelmi.'* Carmen Claudii de luna *P* ('Alcuini uet. ex Clementis' *non in codice, sed in Burmanni schedis Heidelbergensibus legitur*)　　2 fax *Burm.* uis puto uagus *Buech.* humor *P*　　3 numerus a sole *P, em. Buech.*　　4 Ast ubi iugo *P* Tu ego biiugos *Buech.* biiugo *Burm.*　　5 alternas?　　6 axa *P*　　8 renouans *P* remoues *Buech.*　　9 Issis *P* Choris] cluis? Ceres *Buech.* cibile *P*　　12 *num* resurgis?　　14 ūris *P*　　15 iuueros *P (ex parte euanidum), em. Pith. an* iuuencos?　　16 Et *Pith.* quae *id.*

CARMEN
CODICIS PARISINI 4806

724

Hoc opus egregium, quo mundi summa tenetur,
Aequora quo montes fluuii portus freta et urbes
Signantur, cunctis ut sit cognoscere promptum,
Quicquid ubique latet, clemens genus inclita proles
Ac per saecla pius, totus quem uix capit orbis,
Theodosius princeps uenerando iussit ab ore
Confici, ter quinis aperit cum fascibus annum.
Supplices hoc famuli, dum scribit pingit et alter,
Mensibus exiguis ueterum monimenta secuti
In melius reparamus opus culpamque priorum
Tollimus ac totum breuiter comprendimus orbem:
Sed tamen hoc tua nos docuit sapientia, princeps.

724. Mensuratio orbis terrae finit. Duodecim uersus praedictorũ missorũ de imperante Theodosio hoc opus feeri incipiūnt. Hoc opus *sqq. codex saec. X fol.* 28 *r. post Dicuili librum de mensura orbis terrae. cf. Dicuil. p.* 3 *ed. Walck. Sedulio tribuit Meermannus perperam.*

2 freta portus *Pith.* 7 fastibus *Meerm.* 10 priorem *cod., em. Mey. et O. Iahnius* reparemus *cod.* 11 tullimus *cod.* comprehendimus *cod.* 'Non debet mirari quod in primo loco septimi et octaui uersus istorum amphimachrus scriptus est; qm̄ ut reor non inperitia sed auctoritate aliorum poetarum (est factum *addo*) et maxime Virgilii, quem in talibus causis noster simulauit Sedulius, qui in heroicis carminibus raro pedes alienos ab illis posuerunt' *Dicuili codex.*

CARMINA
CODICIS EINSIDLENSIS 266

725

B. M. — THAMYRA. LADAS. MIDA.

TH. Te formose Mida iam dudum nostra requirunt
  Iurgia: da uacuam pueris certantibus aurem!
MI. Haud moror et lusu nemoris secreta uoluptas
  Inuitat calamos: imponite lusibus artem!
TH. Praemia si cessant, artis fiducia muta est.
LA. Sed nostram durare fidem duo pignora cogent:
  Vel caper ille, notam frontem qui pingitur albam,
  Vel leuis haec et mobilibus circumdata bullis
  Fistula, siluicolae munus memorabile Fauni.
TH. Siue caprum mauis uel Fauni ponere munus,
  Elige utrum perdas, et erit puto certius omen.
  Fistula damnato iam nunc pro pignore prompta est.
LA. Quid iuuat insanis lucem consumere uerbis?
  Iudicis e gremio uictoris gloria surgat.
TH. Praeda mea est, quia Caesareas me dicere laudes
  Mens iubet: huic semper debetur palma labori.

725 sq. ex E (codice saec. X p. 206 sq.) primus ed. et pleraque emend. Hagenus philologi t. XXVIII 338 sqq. 'Laudes Neronis' Peiperus. 1 formosa E 2 Iuria dam E 3 cusu E 5 LA Peiper (progr. gymnas. Magdal. Wratislav. 1870 p. 29 sqq.) 6 LA del. idem 7 nota et alba Hagen 8 ex ť et nobilibus E 9 fistola E munus et E, et delendum en Hag. 11 omne E 12 empta E prompta Peip.

LA. Et me sidereo corrupit Cynthius ore
    Laudatamque chelyn iussit uariare canendo.
MI. Pergite io pueri promissum reddere carmen.
    Sic uos cantantes deus adiuuet! incipe Lada
20 Tu prior, alternis Thamyras imponat honorem.
LA. Maxime diuorum caelique aeterna potestas,
    Seu tibi, Phoebe, placet temptare loquentia fila
    Et citharae modulis primordia iungere mundi,
25 † Carminibus uirgo furit et canit ore coacto:
    Fas mihi sit uidisse deos, fas prodere mundum.
    Seu caeli mens illa fuit seu solis imago,
    Dignus utraque stetit . . ostro clarus et auro
    Intonuitque manu. Talis diuina potestas
30 Quae genuit mundum septemque intexuit orbis
    Artificis zonas et toto miscet amore:
    Talis Phoebus erat, cum laetus caede draconis
    Docta repercusso generauit carmina plectro.
    Caelestes ulli si sunt, hac uoce locuntur!
35 Venerat ad modulos doctarum turba sororum
    . . . .
TH. Huc huc Pierides uolucri concedite saltu:
    Hic Heliconis opes florent, hic uester Apollo est!
    Tu quoque Troia sacros cineres ad sidera tolle
    Atque Agamemnoniis opus hoc ostende Mycenis.
40 Iam tanti cecidisse fuit! gaudete ruinae
    Et laudate rogos: uester uos tollit alumnus.
    . . . .
    . . . . plurima barba
    Albaque caesaries pleno radiabat honore.

† cintius
17 corrumpit *E*, *em. Peip.* tincius *E*   18 celin *E*   19
  r
camen *E*   21 alternus tamyras imponit *E*   22 cęterique *E*
23 TH *et* 26 LA *E*   23 temtare *Peip.* emitare *E* imitare *Hag.*
24 Et] Seu *Hag.* citare *E*   25 Carmine seu *puto*   28 utro-
que *E*, *em. Peip.* deus *add. Peip. an* ostro praeclarus? tunc
add. Hag.   30 oris *E*   31 et totum *puto*   35 sonarum *E*
36 *cf.* 672, 29   37 eliconis *E*   38 Tum *E* sacres *sed corr.*
E   39 agamemnonis *E*   42 sq. *bibliopegi incuria deleti sunt*

Ergo ut diuinis impleuit uocibus auras, 45
Candida flauenti distinxit tempora uitta
Caesareumque caput merito uelauit amictu.
Haud procul Iliaco quondam non segnior ore
Stabat et ipsa suas delebat Mantua chartas.

. . . .

726

B. M. — GLYCERANVS. MYSTES

GL. Quid tacitus Mystes? MY. Curae mea gaudia turbant,
Cura dapes sequitur, magis inter pocula surgit
Et grauis anxietas laetis incumbere gaudet.
GL. Non satis accipio. MY. Nec me iuuat omnia fari.
GL. Forsitan imposuit pecori lupus? MY. Haud timet 5
hostes
Turba canum uigilans. GL. Vigiles quoque somnus
adumbrat.
MY. Altius est, Glycerane, aliquid; non hoc, pater;
erras.
GL. Atqui turbari sine uentis non solet aequor.
MY. Quod minime reris, satias mea gaudia uexat.
GL. Deliciae somnusque solent adamare querellas.
MY. . . . .
Quae spargit ramos, tremula nos uestiet umbra.
GL. En thymus et tenero corpus submittere prato
Herba iubet: tu dic, quae sit tibi causa tacendi.
MY. Ergo si causas curarum scire laboras,
Cernis ut adtrito † diffusus cortice fagus
Annua uota ferat sollemnisque induat aras?
Spirant templa mero, resonant caua tympana palmis,

---

45 aures *E* 47 celabit *E*, *em. Peip. Midae iudicium deesse uidit Hagen.*
726. 6 sonus *E* 7 non non *E* non hoc *ego*. 8 atquin *E* 10 diliciae *E* 11 *post* 15 *posui* 12 *lacunam agnouit Hag.* 14 Uetimus et *E*, *em. Peip. Ne timeas Hag.* summittere *E* 11 labores *E* 16 diffusus *E* diffusa *Hag.* ex add. *Peip. dubitanter* 17 inbuet *E, em. id.*

Maenalides teneras ducunt per sacra choreas,
20 Tibia laeta canit, pendet sacer hircus ab ulmo
Et iam nudatis ceruicibus exuit exta.
Ergo non dubio pugnant discrimine nati
Et negat huic aeuo stolidum pecus aurea regna?
Saturni rediere dies Astraeaque uirgo
25 Totaque in antiquos redierunt saecula mores.
Condit securus tota spe messor aristas,
Languescit senio Bacchus, pecus errat in herba.
Nec gladio metimus nec clausis oppida muris
Bella tacenda parant, nullo iam noxia partu
30 Femina quaecumque est hostem parit, arua iuuentus
Nuda fodit tardoque puer domifactus aratro
Miratur patriis pendentem sedibus ensem.
Sed procul a nobis infelix gloria Sullae
Trinaque tempestas, moriens cum Roma supremas
35 Desperauit [opes] et Martia uendidit arma,
Nunc tellus inculta nouos parit ubere fetus,
Nunc ratibus tutis fera non irascitur unda,
Mordent frena tigres, subeunt iuga saeua leones.
Casta faue Lucina, tuus iam regnat Apollo!

      ae   u   to
19 Mınalides *E*   21 extra *E*   22 num dubie *E*   23 so-
lidum *E*   24 dies redit astrea certos *E, em. Hag.*   26 se-
curas *E* tuta spe *puto*   27 bacus *E*   28 opida *E*   31 domi
           t errat
fultus *Hag.*   32 ensem *E*   33 sillę *E*   34 Tetraque t.
Marii *Hag.* tempesta *E*   35 desperabit *E* opes *add. Peip.*
38 subient *E, em. Peip.*   39 *Verg. ecl.* 4, 10. Apollo. Finit *E.*

CARMEN
CODICIS EINSIDLENSIS 326

B. V 121. M. 1061
(u. 1—12).   727

Quadam nocte Niger dux nomine, Candidus alter
    Forte subintrarunt unica tecta simul.
Candidus exhibuit secum ter quinque nitentes
    Totque geris nigro, Maure, colore pares.
'Candide, de nostris primus quis,' dixerat alter,
    'Prouidet excubias? nam tua iussa sequar.'
Haec placido contra respondit Candidus ore:
    'Iudicio quemquam nolo grauare meo,
Ne noua lis socios per me conspiret in arma;
    Sed tibi consilium non remouebo meum.
Ordine disponam socios discumbere cunctos,
    Quos sors nona legat noctis in excubias.
Candida sed sedeat nigris commixta caterua,
    Vt me uelle uiros fallere nemo putet.
Quattuor eximii candoris, quinque nigelli,
    Candiduli bini, unicus atque niger,
Splendentes terni, fuscata pelle nigellus,
    Candidus hinc unus carboneique duo,
Fulgentes bini, fuscato tegmine terni,

---

727. *E = Einsidlensis saec. X fol.* 88 *r. descripsit Th. Mommsenus mus. rhenan.* 1854 *p.* 298. *V = Valentianus* 394 *saec. X fol.* 47 *u.; huius paginae scripturam saeculo XI tribuo.*
1 Quidam *cod. Meermanni (Claromontanus) ap. Burm.*, *u.*
1—12 *libere corruptos exhibens* nom̃ *V*   3 quinque] V̇ *V*
4 geris nigro *L. Muell.* niger nigros *EV* maure *V* more *E*
6 iussa *V* dicta *E*   7 Heaec *V*   9 c̃spiret *V*   12 Quae *V*
13 conmixta caterua *V* cateruis *E*   *u.* 15—28 *E et* 15—22
L (Vossianus quart. 33 *saec. X fol.* 58 *r.) exhibet. In L prima cuiusque lineae littera deest.*   15 uatuor *L*   17 trini fuscato *E* nigelli *L*   19 fuscata *L* trini *E*

Candidus hinc unus carboneique duo,
Candiduli bini splendentes pelle decora,
Quos sequitur cunctos unicus atque niger.'
Hoc super ingenio cunctos sors nona nigellos
† Sic cecidit; turba candida sorte caret.
Dux niger excubias solus cum milite fusco
Peruigil ingratas duxit adusque diem,
Ast placidum tota carpebat nocte soporem
Candidus ingenio praeditus atque sui.

21 [L]ucentes bini strophii candore corusci *L*   24 Secreuit *L. Muell.*   26 ingratus *E*, em. *Muell*. *In V post u.* 14 *altera haec solutio quaestionis, uersibus leoninis scripta, sequitur (et quidem bis in eadem pagina), quae etiam in P (Parisino 2772 saec. X—XI fol. 87 u.) extat:*

Bis duo nunc niuei praesunt et quinque nigelli,
His supponuntur clari duo postque secuntur
Vnius et tetri interimunt uestigia terni
Albi lacte magis, Maurus quoque nectitur ipsis.
Candidus inseritur, niger unus et alter habetur,
His cristallini sociantur in ordine bini,
Tres titubant nigri lactantis robore uicti.
Post duo coruini, ac niuei sunt denique bini,
Orbem tunc furuus demum determinat unus.
Ordine dispositi damnentur sorte noueni.
Styx inimica suos consumpserit ante nigellos,
Quam clari uitam perdant corporibus aptam!

1 nam *P* nigelli *P* (re)   2 Is *P* sequntur *V semel*   5 abetur *P*   6 Cristalini color sociant, *om*. his, *P*   7 lactantis *V semel*   8 duo *super rasura P* s̃ *V semel, P* st *V* bini *P*   9 d&mitat *P*   10 dampnentur morte *P*   10—12 *om. V bis*   11 stix *P*. — *In V his uerbis solutio sequitur:*

Quatuor et pentas duo monas tris (*l.* tres) mias unus
Hinc dias ambo trias unus dias et duo monas.

— *In E* 641 *et* 687 *secuntur, deinde sine titulo*

Iustius inuidia nihil est, quae protinus ipsum
Corrodit auctorem excruciatque animam.

CARMINA
CODICIS PARISINI 8440

728
Versus ad puellam

Candida iam nostris aptentur colla lacertis,
  Suspenso maneat poplite noster amor,
Lusibus optatis noctis luctemur in umbris,
  Peruigiles laudes, o rubicunda dies.
5 Fulgidus ardenti iungatur saphirus auro,
  Floribus in thalamis cincta cupressus †eat,
Exultent nostro magnae certamine nymphae,
  Tactibus exultes tuque puella meis!

729
Responsum puellae

Conspicua primum specie quam fata bearunt
  Desine †pompifero tu uiolare toro.
Absit ut albiplumem ualeat calcare columbam
  Inter tot niueas rustica miluus aues,
5 Nec rubeis carduus succrescat iure rosetis,

728. Versus cuidā poetae ad quendā puellā *P (codex, saec. X, fol. 1 r.)* 1 aptant̆ *P* colla *Wakker* crura *P* 2 tumeat *Lachmannus.* an manet? 4 laudeb *P*, sed b *m.*
† dus
pr. corr. in s laudet iam *Pith.* 6 Florib; in talamis *P* ouet *Buech.* 7 nostro *m. pr. supr. lin. P* nimphę *P.*
729. Resp̃ puellae ad poetam *P* 1 Conspicuam *et* spetiē *P, em. Buech.* 2 pestifero *uel simile quid expectes* thoro *P* ioco *Buech.* 4 aıues *P* 5 card: *P* cardus *Burm.* rure *Schrader*

Lilia nec campis uana cicuta premat,
Nec miser eximiae ceruae iungatur asellus,
Quem stimulis crebris sarcina saeua domat.

730

De uoce hominis absona
B. M. —

Dissona uox hominis rugitum signat aselli
Grunnitumque suis et raucae murmura mulae,
Quae bos mugitu fingit blateatque camelus,
Quodque lupus ululat uel [quod] uulpecula gannit,
5 Quod pardus felit, quod rachat pessima tigris,
Quod glatit catulus, quod miccit saetiger hircus,
Absona cuncta sonat et dulcia nulla repingit.
En qualis socia non nostrae uocis amica!
Desine iam talis incassum pandere labra,
10 Desine iam frustra pulmonum rumpere fibras,
Desine postremo miserum discerpere guttur!
Num deus hoc recipit, quod homuncio sanus abhorret?

6 n& campis *P*   8 stimulas, *sed corr., P.*
730. *fol.* 38 *u.; ineditum.*   1 *num* ruditum?   2 grunitūq;
P   3 Qui *P* blatteatque *P*   4 uel uulpicla *P*   5 rahat
P ranchat *Buech.*   6 setiger hyrc' *P*   7 adsona *P. num*
refingit?   8 ·Ē· quelis sotia *P; correxi* Estque illis *Buech.*
10 fibra *P teste Duebnero*   12 hoc] h *supr. lin. P* homuntio *P.*

CARMINA
CODICIS VOSSIANI Q. 33

731
LACTANTII
De aue phoenice

B. M. —

Est locus in primo felix oriente remotus,
  Qua patet aeterni maxima porta poli,
Nec tamen aestiuos hiemisue propinquus ad ortus,
  Sed qua sol uerno fundit ab axe diem.
Illic planities tractus diffundit apertos, 5
  Nec tumulus crescit nec caua uallis hiat;
Sed nostros montes, quorum iuga celsa putantur,
  Per bis sex ulnas eminet ille locus.
Hic solis nemus est et consitus arbore multa
  Lucus perpetuae frondis honore uirens. 10
Cum Phaethonteis flagrasset ab ignibus axis,
  Ille locus flammis inuiolatus erat.
Et cum diluuium mersisset fluctibus orbem,
  Deucalioneas exsuperauit aquas.
Non huc exsanguis Morbus, non aegra Senectus, 15

---

731. Versus Lactantii de aue foenice *V* (= *Vossianus, saeculi X, fol. 73 r.*) Reliquos Heinsii libros, recenti omnes origine (ϛ), plerumque omitto praeter B (Bodleianum) saec. XII, quem Heins. passim adfert. ϛ = omnes uel plerique, (ϛ) = pauci.   2 caeli *V* poli *rell*.   3 ue *B* u////e (a *inras.*) *V* que ϛ   4 axò, sed corr., *V*   8 imminet *B*   9 et] stat *Heinsius*   11 foetonteis *V*   14 deucaloneas *V*   15 hunc ϛ *Heins.* exsangues morbi *B*ϛ

Nec Mors crudelis nec Metus asper adit
Nec Scelus infandum nec opum uesana Cupido
Aut †metus aut ardens caedis amore Furor:
Luctus acerbus abest et Egestas obsita pannis
20 Et Curae insomnes et uiolenta Fames.
Non ibi tempestas nec uis furit horrida uenti
Nec gelido terram rore pruina tegit.
Nulla super campos tendit sua uellera nubes
Nec cadit ex alto turbidus humor aquae.
25 Sed fons in medio est, quem uiuum nomine dicunt,
Perspicuus lenis dulcibus uber aquis,
Qui semel erumpens per singula tempora mensum
Duodecies undis irrigat omne nemus.
Hic genus arboreum procero stipite surgens
30 Non lapsura solo mitia poma gerit.
Hoc nemus, hos lucos auis incolit unica phoenix,
Vnica, sed uiuit morte refecta sua.
Paret et obsequitur Phoebo memoranda satelles:
Hoc Natura parens munus habere dedit.
35 Lutea cum primum surgens Aurora rubescit,
Cum primum rosea sidera luce fugat,
Ter quater illa pias inmergit corpus in undas,
Ter quater e uiuo gurgite libat aquam.
Tollitur ac summo considit in arboris altae
40 Vertice, quae totum despicit una nemus,
Et conuersa nouos Phoebi nascentis ad ortus
Expectat radios et iubar exoriens.
Atque ubi Sol pepulit fulgentis limina portae

16 aper *V* (s above)   18 Aut Mars *Iunta, edd.* caedis ϛ cedit *B*ϛ
adit *V*   19 et·gestas *V* (e above)   21 furet *V*   23 Nullaque per
B   24 humor *sic V*   25 est ϛ, *om. V*ϛ*B*   uinu̅ *V m. pr.*
26 iugibus *Heins.*   27 mensium *B*   29 Hoc *B.* arbor ṗcero (eum above)
V (eum *m. sec.*)   31 fenix *V*   33 parit *V* foebo *V*
34 mu//////nus *V*   35: *fol. 73 u. V*.   37 irriguas *Heins.*
undans *V*   39 consedit *V, pauci ex* ϛ   41 foebi *P*   43
ubi *m. pr. ex* ibi *V*

Et primi emicuit luminis aura leuis,
Incipit illa sacri modulamina fundere cantus
Et mira lucem uoce referre nouam,
Quam nec aëdoniae uoces nec tibia possit
Musica Cirrheis assimilare modis.
Sed neque olor moriens imitari posse putetur
Nec Cylleneae fila canora lyrae.
Postquam Phoebus equos in aperta effudit Olympi
Atque orbem totum protulit usque means,
Illa ter alarum repetito uerbere plaudit
Igniferumque caput ter uenerata silet.
Atque eadem celeres etiam discriminat horas
Innarrabilibus nocte dieque sonis,
Antistes luci, nemorum ueneranda sacerdos
Et sola arcanis conscia, Phoebe, tuis.
Quae postquam uitae iam mille peregerit annos
Ac se reddiderint tempora longa grauem,
Vt reparet lapsum fatis uergentibus aeuum,
Adsuetum nemoris dulce cubile fugit,
Cumque renascendi studio loca sancta reliquit,
Tum petit hunc orbem, mors ubi regna tenet.
Dirigit in Syriam celeres longaeua uolatus,
Phoenicis nomen cui dedit ipsa Venus,
Secretosque petit deserta per auia lucos,
Sicubi per saltus silua remota latet.
Tum legit aerio sublimem uertice palmam,
Quae Graium Phoenix ex aue nomen habet,

---

44 primum ϛ   46 luce *et* noua *V* referre *V* ciere *uel* mouere ϛ   47 aidoneae *V* ydoniae *B* idoneae ϛ   48 cirreis *V* adsimulare ϛ, *dedi ex V*   49 nec *B* oloro, *ultimo* o *eraso*, *V* putatur ϛ   50 cyllineae *V* lirae *V*   51 foebus *V* diffundit *V* refundit ϛ effundit *Heins.*   52 Vtque *B* pertulit *Buech.* protulit Oceano *Heins.*   53 ~ *V*   *u.* 56. 55. 54 *pauci ex* ϛ   56 Non err(*uel* enarr)abilibus ϛ   57 antestites *V* nemorum luci ϛ   58 archanis *V* foebe *V*   59 millae *V*   61 spatiis ϛ   62 Assuetum *V* cubicule *V*   63 relinquit *V* ϛ reliquit *alii* (?)   64 mors] mox *V rell.*   65 Fenicis *V* foenicem ϛ Phoenices *edd.* ipsa uetustas *V*   68 Hic ubi *edd.* silua] illa *Heins.* sola *Oud.*   69 *fol.* 74 *r. V*   70 gratum *libri, em. Heins.* fenix *V*

In quam nulla nocens animans prorumpere possit,
  Lubricus aut serpens aut auis ulla rapax.
Tum uentos claudit pendentibus Aeolus antris,
  Ne uiolent flabris aera purpureum
Neu concreta notis nubes per inania caeli   75
  Submoueat radios solis et obsit aui.
Construit inde sibi seu nidum siue sepulcrum;
  Nam perit, ut uiuat: se tamen ipsa creat.
Colligit hic sucos et odores diuite silua,
  Quos legit Assyrius, quos opulentus Araps,   80
Quos aut Pygmeae gentes aut India carpit
  Aut molli generat terra Sabaea sinu.
Cinnamon hic auramque procul spirantis amomi
  Congerit et mixto balsama cum folio.
Non casiae mitis nec olentis uimen acanthi   85
  Nec turis lacrimae guttaque pinguis abest;
His addit teneras nardi pubentis aristas
  Et sociam myrrhae uim, panacea, tuam.
Protinus †instractis corpus mutabile nido
  Vitalique toro membra quieta locat.   90
Ore dehinc sucos membris circumque supraque
  Inicit exequiis inmoritura suis.
Tunc inter uarios animam commendat odores
  Depositi tanti nec timet illa fidem.
Interea corpus genitali morte peremptum   95

71 perrumpere *pauci ex* ς, *non* V   73 eolus V   75 nothus V, *em. Heins.* noto ς   75. 76 *post* 88 *ponit Francius*   76 radius V & ussit V(ς)   77 sq. *delet Oud.* sepulchrum V sed tamen Vς *num* cremat?   79 hic *puto* hinc *libri* deuia siluae B
              ‘e
81 pigm.ae V Panchaeae *Heinsius, cod. Bartholinius* Indica ς   82 sabea V   83 Cynnamoum hic V Cinnamum (*uel* Cinnamomum) hinc ς cinnamon *cod. Barth.*   84 Congregat B spumantis V   85 mitis, *sed corr.*, V achanti V   88 Et socia- myrrae uini panachea ture V socia *uel* sociam ς (sociat *unus cod.*) ture, thuris, tuae, tuam ς   89 instractis V instruitur *puto* instratis *uel* instratus ς mobile V motabile B mortabile ς mutabile ς   90 Nidaliq; V Intalique ς uieta *Heinsius*
           r
91 circũ quaq; supa V   92 obsequiis B   93 Luci *Buech.* Tunc Mithrae in u. *Barthius*   94 m. pr. in mg. *additus* V depositā V

Aestuat et flammam parturit ipse calor,
Aetherioque procul de lumine concipit ignem:
Flagrat et ambustum soluitur in cinerem.
Quos uelut in massam cineres †in morte coactos
Conflat; et effectum seminis instar habet.   100
Hinc animal primum sine membris fertur oriri,
Sed fertur uermis lacteus esse color.
Creuerit inmensum subito cum tempore certo,
Seque oui teretis colligit in speciem,
Inde reformatur qualis fuit ante figura   105
Et Phoenix ruptis pullulat exuuiis.
Ac uelut agrestes, cum filo ad saxa tenentur,
Mutari tiniae papilione solent,
Non illi cibus est nostro concessus in orbe
Nec cuiquam inplumem pascere cura subest.   110
Ambrosios libat caelesti nectare rores,
Stellifero tenues qui cecidere polo.
Hos legit, his alitur mediis in odoribus ales,
Donec maturam proferat effigiem.
Ast ubi primaeua coepit florere iuuenta,   115
Euolat ad patrias iam reditura domos.
Ante tamen, proprio quicquid de corpore restat,
Ossaque uel cineres exuuiasque suas
Vnguine balsameo murraque et ture soluto
Condit et in formam conglobat ore pio.   120
Quam pedibus gestans contendit solis ad ortus

96 flammas *edd. uett.* protulit (ς)   97 aethereoque ς
98 cineres *B*   99 Hos *edd.* in more coactus *V* sine more
Heins. natura *Buech.*   100 et ad foetum (ς) habent ς, *Heins.*
102 uermi ς   103 cum *om. V*   104 *fol.* 74 *u. V* sese *Heins.*
Seque ut oui ς teritis *V*   105 quali *Heins. recte*   106 fe-
nix *V* exubiis *V*   107 uelud *V* agrestis *B* cum solo *V* ad
taxa *Thomasius* tenetur *B*   108 Motare *V* Motari *B* pennae
libri tineae *Thomasius* papilionis *V*. *cf. Ouid. met. XV* 372 *sqq.*
109 est *om. V*   112 teneri ς   114 perferat ς   115 Has
ub^i *V* coeperit *V* iuuentus *V*   116 Et uolat *B*   118 Ossa-
quae *V*   119 muraq; *V* soluta. *unus cod.*   121 Quae *B*
genstans *V* solis ad urbem (Heliopolim) *Barthius fort. recte;*
an ad arces?

Inque ara residens ponit in aede sacra.
  Mirandam sese praestat praebetque †uidenti;
Tantus aui decor est, tantus habundat honor.
25 Principio color est, quali sua semina celant,
  Mitia quo croceo Punica grana tegunt.
Qualis inest foliis, quae fert agreste papauer,
  Cum pandit uestes Flora rubente solo.
Hoc humeri pectusque decens uelamine fulget;
130   Hoc caput, hoc ceruix summaque terga nitent.
Caudaque porrigitur fuluo distenta metallo,
  In cuius maculis purpura mixta rubet.
Clarum inter pennas insigne est †super, Iris
  Pingere ceu nubem desuper alta solet.
135 Albicat insignis mixto uiridante zmaragdo
  Et puro cornu gemmea cuspis hiat.
Ingentes oculos credas geminos hyacinthos,
  Quorum de medio lucida flamma micat.
†Aequatur toto capiti radiata corona
140   Phoebei referens uerticis alta decus.
Crura tegunt squamae fuluo distincta metallo;
  Ast ungues roseo tinguit honore color.
Effigies inter pauonis mixta figuram
  Cernitur et pictam Phasidis inter auem.

122 arma *V*. Sic uel coma, alma, auis ς promit *libri*.
em. *Heins*. 113 uehementes *V* uehentis *uel* uehementis *uel*
uehenti ς uidenti *Heins*. 124 ibi *libri* aui *Heins*. honos (ς)
125 qualis *libri* quali *ego* sub sidere caeli *V et fere rell.*, cor-
rexi sub cortice *uel* uellere laeui *Heins. cf. Ouid. met. X* 736
126 Mittia qui croceo pumica *V* qui *etiam* ς quem croceum
Heins. quo *ego* legunt *codd., em. Heins.* 128 flore *libri* polo
ς solo *Heins*. caelo *V* 129 humeros *Oud.* (humerus *unus
cod.*) que *sub lin.* add. m. pr. *V* 131 flauo *B* distincta ς (?)
133 Harum *V*ς Clarum ς inter *om. V* insigne super *V* insi-
gneque (*uel* insignes) desuper ς aris *V* 134 aura *V* ara,
atra, axa, archa, alta ς 135 mixtis *V* misto ς cristas *Burm*.
136 Purpureo *uel* Et patulo *Heins*. 137 oculos ς oculi *V*
hiacincthos *V* 138 *fol.* 75 r. *V* lucidā *V* 139 Aequat aq;
notho *V et fere* ς Aequatur toto *edd.* Aptatur *Oud.* aq;] apex
idem 140 Foebo.ę *V* 141 flauo (ς) distinctā *V* 142 tin-
git *B* pingit ς 143 figura *V* 144 fasidis *V*

Anthol. lat. 1, 2   13

Magnitiem, terris Arabum quae gignitur, ales
    Vix aequare potest, seu fera seu sit auis. 145
Non tamen est tarda ut uolucres, quae corpore magno
    Incessus pigros per graue pondus habent,
Sed leuis ac uelox, regali plena decore:
    Talis in aspectu se tenet usque hominum.
Huc uenit Aegyptus tanti ad miracula uisus 150
    Et raram uolucrem turba salutat ouans.
Protinus exculpunt sacrato in marmore formam
    Et titulo signant remque diemque nouo.
Contrahit in coetum sese genus omne uolantum,
    Nec praedae memor est ulla nec ulla metus. 155
Alituum stipata choro uolat illa per altum
    Turbaque prosequitur munere laeta pio.
Sed postquam puri peruenit ad aetheris auras,
    Mox redit illa; suis conditur inde locis.
At fortunatae sortis felixque uolucrum, 160
    Cui de se nasci praestitit ipse deus!
Femina seu, [seu] masculus est, seu [denique] neutrum:
    Felix quae Veneris foedera nulla colit!
Mors illi Venus est: sola est in morte uoluptas: 165
    Vt possit nasci, appetit ante mori.
Ipsa sibi proles, suus est pater et suus heres,
    Nutrix ipsa sui, semper alumna sibi.
Ipsa quidem, sed non eadem, quia et ipsa nec ipsa est,
    Aeternam uitam mortis adepta bono. 170

    145 Magnitiem *libri* Magna etiam *Heins.* q; *V* 147 tarda ϛ parua *V*ϛ pigra (ϛ) 149 decora *V* 150 *an* Ales? in aspectus se *V* adspectum (ϛ) tenet *V*(ϛ) praebet, probat, exhibet ϛ 151 Hic uenit ///// (*rasura trium litt.*) aegyptus *V* Conuenit *edd.* 152 resultat *V fort. recte* 153 insculpunt (ϛ) in cor marmore (cor *erasum*) *V* 155 coetus *V* coelum *B* omnē *V* 156 nec memor ulla (ϛ) nec ullus metus *V* 157 Alitū *V* 158 murmure *Heins.* 161 A *uel* Ah *puto* filisque *V* felixque, filiisque ϛ filique uolucrem *Heins.* 163 Dedi *ex V, nisi quod* denique *et seu addidi, ubi* seu *V* sit aut *uel* sit uel *meliores ex* ϛ *quinque.* seu forte neutrum *eidem* Femina seu mas sit seu neutrum seu sit utrumque *Heins.* 165 uoluntas *B* 167 prolis *V* 169 quia] que *V* et ipsa *om. V; recte* ϛ 170 adepta̅

732

Pasiphaes fabula B. III 282. M. 997

Filia	Solis
Aestuat igne no	uo
Et per	prata iu|uencum
Mentem	perdita	quaeritat.
5 | Non il|lam thala|mi pudor | arcet,

V m. pr. — *Ad hoc carmen illustrandum faciunt haec ex libello* de septem miraculis mundi *desumpta, quem ex cod. Vindob.* 16 *s. VIII ed. Hauptius ed. Ouid. Halieut. p.* 67 *sqq.*: 'Tertium est quod de foenice Lactantius refert. magna, ait, corpore et decora plumis unguibusque et oculis. quae alterius auis non est coniuncta consortio nec iuncta coniugio. nam et nescire homines manifestum est cuius sit generis, masculus an femina siue neutrum (*u.* 163). haec postquam mille transierit annos, petit locum omnibus mundanis locis praeminentem, in quo habetur lucus uiridi coma uerno hibernoque perdurans, in cuius medio fons est magnus et ubertate profluus et lenitate praeclarus (25). huius in litore (est *addo*) arbor nobilis reliquas luci arbores proceritate praecellens. in huius arboris uertice haec auis diuersis pigmentorum generibus construit sibi nidum seu sepulchrum (77) insedensque in medio eius ore odoramenta adtrahit seque ex his tegit. tunc diuersis modulis incipit cantus suaues effundere ac de nido exiliens aquarum se undis inmergit. idem cum ter quaterque repetierit, ascendit iterum adtrahitque denuo super se odoramenta, quae detulit. emicante autem sole primum ei iubar ingerit igneum, adprehensoque nido tota integre concrematur. tunc puluis exustus ex se colligitur, in unam massam quasi in oui speciem conglobatur ac exinde iterum resurgens resumpta uita nutritur, nec cuiquam homini, dum implumis est, pascere cura subest (110), sed rore tantum caelesti nutritur et ad pristinam speciem reuocatur, et ipsius figurae his denique plumis eodemque colore reparata progreditur ut prius fuerat ante mortem. quod miraculum nostrae resurrectionis fidem adfirmat et manifeste ostendit qualiter homo luteus in pulueremque redactus iterum de ipsis fauillis tuba canente resuscitandus sit.'

732. *Post Rufinum de metris* (p. 2709.—2715 *P.*) *et metrorum Horatianorum enumerationem:* Idem (*lege* Eisdem) metris pasiphens incipit fabulam (*fol.* 132 *r.*) *Pedum distinctiones ex V non mutatas addidi. Ed. pr. Binetianae lectiones adnotaui, ubi* Pasiphae fabula ex omnibus metris Horatianis 2 nouos *V, sed corr. m. pr.* 3 pratra *V* 5 thalasmi (*pro* thala|mi) *V*

| Non re|galis ho|nor, non | magni | cura mariti.
O	ptat in	formam	bouis
Conuer	tier	uultus	suos
Et Proe|tidas	dicit	bea|tas
Io	que lau	dat, non	quod Isis al	ta est,
Sed quod	iuuen|cae cor|nibus	frontem	†leuat.
Si quan	do mise	rae copia	suppetit,
Brachi	is ambit fera	colla	tauri
Flores|que uer|nos	cornibus	illigat
Oraque	iungere	quaerit ori.
Auda	ces animos efficiunt tela Cupi	dinis
Inlicitis	que gaudent.
Corpus inclu	dit tabulis	efficiens iuuencam,
Et amoris	pudibundi	malesuadis
Obsequi|tur uo|tis et	procreat	(heu ne|fas) bi|mem-
brem,
Cecropi|des iuue|nis	quem perculit	fractum	manu,
Filo	resol|uens˙Gno|siae	tristia	tecta do|mus.

   6 hosnor, *corr. m. pr.*, *V* honos *R*(*eginensis Heinsii*) 8 uol-
tus *Bin.* 9 p|tidas *V* Praetidas *R, Bin.* 10 Isis alta est *om.*
Bin. 11 qď *V* iuuenca *Dousa* cornil *V* cornu *R* cornibus
ego cor nihil *ed. Cruquii e V sumpta* cornua in *Bin.* fortê *VF*
frontem *Bin.* in fronte eleuat *ed. Patisson.* 1587 eleuat *R*
12 miseres *V* 13 copias *V* 14 *fol.* 132 *u.* quae *V* 1(
effeciunt *V* 17 iliceisque *Wernsdorf* gaudet *V Bin.*, em
Bentleius 18 includi *Dousa* effigians *Oud.* se faciens *Douse*
stabulis effigies iuuencae *Bin.* 20 uetis est *V* et est, *om*
procreat, *Bin.* bimembre *V Bin.* 21 Caecropidae *Bin.* fru
ctum *V* manus *Bin.* 22 filio *V* gnosie *V* Gnossiae *Bin*
Sequitur c. 645.

CARMEN
CODICIS GVELFERBYTANI
AVGVSTEI 10, 3

733

Quis uolucrum species numeret, quis nomina discat?
Mille auium cantus, uocum discrimina mille.
Nec nostrum (fateor) tantas discernere uoces.
Hinc titiare cupit diuersa per auia passer,
Garrula uersifico tignis mihi trissat hirundo,
Accipitres piplant, longoque ciconia collo
Glottorat et ranas grandi rapit improba rostro.
Haec inter merulae dulci modulamine cantus
Zinzilat et laetis parrus nunc tinnipat aruis.
Faccilat hic uolitans turdus, gallina cacillat.
Dum miluus iugilat, trinnit tunc improbus anser.
Interea perdix cacabat nidumque reuisit.

733. *Titulo carent G* (*Guelf. saec.* X *fol.* 86 *r.; contulit Kleinius mus. rh.* 1868 *p.* 378 *sq.*), C (*Thuaneus* 8069 *s.* X—XI *fol.* 5 *v.*). 1 speties *C* numerat *G* dicat *Burm.* 3 tantis *C* 4 Hin *G* cipit *G* 5 uestibuli *Schenkl.* hirdo *C* hyrundo *G* 6 plipliant (*a ex* u) *G* piplunt *C* pipant *edd.* longo *C* longoque *Burm.* longo ticiconia *G* 7 glottorat *an* gloctorat *incertum C* glotorat *G* crotalat *Schenkl.* grandie *C*
9. 8 *GC; transpos. Schenkl.* 9 merulus *Schenkl.* 8 zinzizat *G* tintilat *C* paruis *GC* 10 facilat *G* faccilat *C* ///turdus, ti *in ras.*, *G* 11 iugulat *C* iugilat *G, Burm.* inprobus *G*

Nunc cuculus cuculans cantus iterare perurget.
Nec minus interea pecudum genus omne ferarum
Musitat et proprias norunt animalia uoces.   15
Sic ululare lupos certum est hircareque lynces
. . . .

13 Ñ auculus *C* Nunc cuculus *G* cuculans *Kleinius*] cantans *GC* scottos *GC*] socios *Burm.*, cantus *ego* (cantus solitos *Sterkius*) iterire *GC, em. Burm.* 16 linces *GC. finem deesse puto. Ad hos uersus spectant hi Aldhelmi (Mai. auct. class. V p.* 569 *sq.*) *loci:* 'anseres trinniunt . . accipitres
                                                                u
piplant . . ciconiae grotolant . . ferae mussitant . . gallinae cacillant (cacinnant *G*) . . hirundines trissant . . lynces hyrcant . . lupi ululant . . milui iugilant . . meruli zinzilant . . passeres titiant . . parri tinnipant . . perdices cacabant . . turdi faccilant' *quos hic illic ex G ap. Kleinium l. c. correxi*

CARMEN
CODICIS PARISINI 7859

734
B. II 220. M. 845

Natus in excelsis tectis Karthaginis altae
  Romanis ducibus bellica praeda fui.
Descripsi mores hominum, iuuenumque senumque,
  Quicunque et serui decipiant dominos,
5 Quid meretrix, quid leno dolis et fingat auarus.
  Quae quisquis tentat, hic puto cautus erit.

732. *P = Parisinus 7859 Terentium continens, saec. X;
cf. Terentius ed. Umpfenbach p. XXIV sqq.; fol. 1 v. Q =
Parisinus 3761 saec. XIII. Epitaphium Terentii Q; sine inscr.
P.* 1 at' *Q* excelsae *et* altis *Q* Dedi *ex P et cod. Medic.*
38, 15 *s. XV* · Kartaginis *P* Carthaginis *Q* 4—5 *om. P,
fort. recte* 4 Quc̅ *Q* quicunque *ego qualiter edd.* 5 et]
quid *Pith.* et signat *Q* designat *uel* effingat *Buech.* et fingat
ego 6 Que *P* h̅ (Haec *cdd.*) quicunque legit *Q* leges *et* eris
Fabricius hic *ego sic libri* puta *P*

CARMEN
CODICIS BIBL. ANGELICAE

B. M. — 735

Versus in capite Sedulii scribendi

Romulidum ductor, clari lux altera solis,
Eoa qui regna tenes moderamine iusto,
Spes orbis fratrisqué decus: dignare Maronem
Mutatum in melius diuino agnoscere sensu,
Scribendum famulo quem iusseras. hic tibi mundi 5
Principium formamque poli hominemque creatum
Expediet limo, hic Christi proferet ortum,
Insidias regis, magorum praemia, doctos
Discipulos pelagique minas gressumque per aequor:
Hic fractum famulare iugum uitamque reductam 10
Vnius crucis auxilio, reditumque sepultae
Mortis et ascensum pariter sua regna petentis.
Haec relegas seruesque diu tradasque minori
Arcadio, haec ille suo generi; haec tua semper
Accipiat doceatque suos augusta propago. 15

735. *Cod. bibl. Angelicae 'saeculi circiter X' post Fulgentium mythologum plures uersus miscellaneos continet, in his sexto loco c. 733 hoc titulo 'Versus in capite Sedulii scribendi.' cf. Mignius patrol. t. XIX p. 452. 773. Non ad Sedulium, sed potius ad Probae Faltoniae aliosue Christianos centones pertinere uidetur.* Dedicatio ad Theodosium Augustum *uulgo*. 1 Romulei *cod. Bandinii* 2 Eoum *uel* Eoi *uulgo* Eoa *cod.* 5 iussisti *uulgo* 10 fructum *cod.*, em. *Buech.* fluctum *uel* fluctuum *edd.* 14 haec legat ille *Roscius* generi *edd.* semini *cod. fort. recte.*

CARMEN
CODICIS VALENTIANI 330 bis

736
Versus de diebus Aegyptiacis   B. M. —

Bis deni binique dies scribuntur in anno,
In quibus una solet mortalibus hora timeri.
Mensis quisque duos captiuos possidet horum
Nec simul hos iunctos, homines ne peste trucident.
5 Si tenebrae Aegyptus Graeco sermone uocantur,
Inde dies mortis tenebrosos iure uocamus.
I   Iani prima dies et septima fine timetur.   VII
IIII Ast Februi quarta est; praecedit tertia finem.   III
I   Martis prima necat, cuius sub cuspide quarta est.   IIII

736. *V = Valentianus* 330 *bis saec.* X *fol.* 35 *r., ex quo numeros in marg. addidi B = Bernensis* 441 *saec.* X, *ap. Sinnerum catal. Bern.* 1 *p.* 38 (*u.* 8—18) *E = Einsidlensis* 319 *saec.* X, *ap. Schmitzium mus. rhen.* 1868 *p.* 665, *ubi u.* 5—6. 1—4. 19—22. 7—18. *P = Parisinus* 2773 *saec.* XI *fol.* 94 *u.* (*u.* 1. 2. 7—19. 21) *T = Thuanei apographum Vaticanum* 9135 *fol.* 243 *saec.* XVII, *ap. Mommsenum CIL I p.* 411. *v = Valent.* 98 *s.* XIII (*u.* 7—18). *b = Bernensis* 418 *s.* XIII— XIV (*u.* 9—18): *mus. rh. l. c. be = Bernensis* 260 *s.* XIV. *v, b, be hic illic affero.*

Inscr. om. *BEPv* V̄S̄ de dieb; egybtiacis *V* Versus de Aegyptiacis diebus ex u. c. biblioth. u. illustr. I. A. Thuani *T. Bedae in eius edd. tribuitur (cf. ed. Colon.* 1612 *t. I p.* 394) 1 Bis bini denique *E*   2 mortalis *m.* 1 *in mg. T*   4 Haec simul *T* homine, om. ne, *V* tr.] medicant *Bern.* 584 *saec.* X *ap. Sinnerum III p.* 431, *ubi u.* 5—6. 1—4. 7—18.   5 graio *id.*   6 tenebras *T*   7 et tercia *be*   8 frebrui *P*   est om. *be* et praecedens *Hauptius*   9 sub *Bbe* sic *V* si *E* in *Pb* et *T* de *v*

X   Aprilis decima est, undeno et fine minatur.   XI
III Tertius in Maio lupus est et septimus anguis.   VII
X   Iunius in decimo quindenum a fine salutat.   XV
XIII Tredecimus Iulii decimo innuit ante kalendas.   X
I   Augusti nepa prima fugat de fine secundam.   II
III Tertia Septembris uulpis ferit a pede denam.   X
III Tertius Octobris pullus decimum ordine nectit.   X
V   Quinta Nouembris acus, uix tertia mansit in urna.   III
VII Dat duodena cohors septem inde decemque Decembris.   X
    His caueas, ne quid proprio de sanguine demas.
20. Nullum opus incipias, nisi forte ad gaudia tendat.
    Et caput et finem mensis in corde teneto,
    Ne in media ima ruas, sed clara per aethera uiuas.

10 arilis *V* aprelis *P* decimo *Tvbe* ẽ *V* undeno *VEPTv* undena *B* et *VBE* a *PTv* quindeno a *be* ast *Hauptius* 11 in *BTv* ex *V* Maio ĩtius est lupus est et *EP* 12 in d.] undecimo *Bbe* salute *B* 13 Iuli *T* (?) decimum *b* kł *V* 14 sodam *V* secunda *Tv* 15 sẽtẽbris *V* uulpis *EPTb* uulpes *V* uolpis *v* cuspis *Hauptius* feret *E* pude *B* pde *P* dena *T* 16 Marcius october *B* pullus *VB(P?)* gladius *ETbe(P?); om. b* decem in *VB(P?)*] decimum *ET* decimus in *b* necti *B* 16. 17 *libere mutat v.* 17 Qunta *P* acus (ać *V* auis *B*) *libri* uix *om. b. num* Q. N. cuspis? urn *V* ulna *b an* inulta? 18 Hac *T* Ac *Haupt.* duorum *B* coors *P* choors *be* december *Bvbe* 19 de proprio *E* 21 capud *P* ac *V* et *EPT* timeto *P* 22 Nem media *V* Ne in media *E* Ne in medio *T* sed clara *ET* sydara *V* ethera *V*

CARMEN
CODICIS PARISINI 7533

737   B. M. —

Me legat, antiquas qui uult proferre loquelas;
Me qui non sequitur, uult sine lege loqui.

737 *in cod. Parisino 7533, contulit Bursianus. In Bernensi uetusto Bedae Sacerdotis qui dicitur libellum grammaticum praecedit (ubi* loquellas), *cf. mus. rhen. XXIV p.* 111. *Nescio an vetus sit.*

CARMINA
CODICVM SAECVLI X–XI

CARMEN
CODICIS VOSSIANI FOL. 12

B. M. —   738

Qui modica pelagus transcurris lintre Maronis,
  Bis senos Scyllae uulgo caue scopulos.
Sed si more cupis nautae contingere portum,
  Carbasus ut zephyris desine detur ouans.
Tumque salis lustra reliquos ope remigis amnes.
  Sic demum cymbam portus habebit opis.

738. *Ex codice saec. X—XI Seruii in Bucol. comm. continente ed. L. Muellerus mus. rh. XXIII p.* 657.   2 scill cod.   4 da sinuetur *non uult proponere Buech.*   5 Tuque *Muellerus*

CARMINA
CODICIS PARISINI 8069
OLIM THVANEI

739

'Rauca sonora
Languida uoce
Tibia nostra
Est, pater' inquam,
'Ast gerit ora
Fusca colore,
Tristis abunde,
Flens modo serta
Forte dirempta.
Nam rosa mollis,
Fragmina lanae,
Lilia clara
(Singula quaeque
Quid memorem nunc?),
† Nectara mixta
Plurima sunt hic.
Perfice, uelle
Vt queat illud
Psallere uoto'!

C = codex saec. X uel XI. 739. C fol. 1—2. Ed. Quicherat bibl. de l'école des chartes IV t. III p. 353. 1 rauco *C*
5 Ac *puto* 7 habŭde *C* 8 flēs m seieta *C, corr. Quich.*
9 dirĕpta *C* 11 fracmina lane *C* 12 clana *C* 13 sq.
post 22 ponit *Buech.* 13 Pinguia *C, correxi* queq: *C* 15
nectare *Buech.* Serta (*uel* Ecce) reuulsa *uel* retexta *puto* 24—
26 *huc transposui.* 24 *num* belle? bellae *Buech.* 26 *num* uoce?

'Sed mihi' Bacchus
Inquit 'abest, heu!
Conficiatur
Vnde phonascus,
Quo medicata
Viuida passim
Carmina fingam,
Larga potestas.'

740

ALCIMI
de Vergilio

De numero uatum si quis seponat Homerum,
  Proximus a primo tunc Maro primus erit.
At si post primum Maro seponatur Homerum,
  Longe erit a primo, quisque secundus erit.

741

De libra et partibus eius

Libra uel as ex unciolis constat duodenis.
Vncia de libra linquit subtracta deuncem;

17 m bacc̈us C   18 ab÷ C   19 20 fonascus C

Praecedunt uarii uersiculi, quos medio aeuo tribuo, uelut hi:
  Nescit saeuus amor frenum racionis habere,
    Lumina caecatur, prona petit iugiter.
  Non cernit, quod pergat iter, quo calle feratur:
    Incertus graditur, uelle sequens proprium.
  Instet si (si *om. cod.*) gladius, magni si causa pericli,
    Dampna et iam rerum dedecus atque labor:
  Nil hinc decernit, nil certa discutit aure:
    Quod placet, hoc sequitur, quale sit haut reputans.
    et hi:
  Si nostram, frater, festucam tollere quaeris,
    Robora (robore *cod.*) de proprio lumine tolle prius.

740. uirgilio C   4 seds C. — 741. De libra et partibus eius G (*Paris.* 12117 *olim Sangerman.* 434 *saec.* XI, *contulit Bursian.*), *om.* C (*fol.* 7) P (*Paris.* 7461, *saec.* XIII). 1 Libralis as G as ⁷ unciol̄ C   2 Vncia est de G linquet P

Et sextans (hoc est eadem geminata) decuncem;
Hinc quadrans (haec scilicet ipsa ter aucta) dodrantem;
5 Inde triens, ipsius quadruplicatio, bessem;
Quincunx septuncem, quae sat sua. pondera produnt;
Semis semissem, medium dum diuidit assem.
Nec uacat unciolae mediam sescuncia iungens.
(1) Vncia uiginti scripulos et quattuor ambit.
10 Dimidium stater ac semuncia dicitur eius.
Terna 'duae sesclae' pars est eademque 'duella'.
Quarta siclus uel sicilicus uel denique sicel.
Sextula sexta modo solet et modo sescla uocari.
Octauam appellant dragmam uel rarius holcen.
15 Et duodenariam mediam sesclam uocitarunt.
Vigenam quartam scripulus seu gramma retentat.
(1) Vnus item scripulus calcis componitur octo.
Dimidium scripuli est obolus, pars quarta cerates;
Hinc fingi sextam placuit siliquamque uocari.
20 Vltimus est calcus ciceris duo granula pensans.

3 eadem *om. P* deuncem *GC*   4 Hic *C* ter aucta *Buech.* nt acta *C* tetracta *G* ter acta *P* ter apta *Schenkl*   5 bissem *CP* bisse *G*   6 Q-ncunx *C* Quincus *G* Quincust *cum obliquo ductu per* st *P* septus est semis .ṣ. quę sat *G* septunsem *P* qui *Hultsch.*   7 mediō *C* cum *Hultsch* diuidat *P*   8 Hec *C* sexcuncia *P* secuntiam *G* secuncia *Burm.* De uncia et partibus eius *G*   9 XX *P* scriplos *Schenkl* quatuor *P*   10 stat *P* staterae *Burm.* semuntia *G*   11 duo *G* par *G*   14 octauant *C* olcem *C* olcen *PG*   15 sesolam *P*   16 scripulum *P* retentant *GP* De scripulo et partibus eius *G*   17 idem *G* calus *C* calcis *PG*   18 est *om. G* ceratos *G*   19 Hic figni *C* Hic sextam fingi *PG* uocare *C*   20 pensens *P. Extat etiam in Vossiano oct. 15 saec. XIII.*

CARMINA

CODICVM SAECVLI XI

CARMINA
CODICVM CLAVDIANEORVM VATICANI 2809 ALIORVMQVE

742
B. VI 87. M. 1143.

Epithalamium Laurentii

. . . .
. . . .

In primis te sponse precor: patiare canentem,
Teque puella magis: tacito mihi crimine parcas.
Scimus enim, scimus uobis nunc carmina nostra
Doctiloquique etiam linguam sordere Maronis.
5 Sed breuiter strictimque duos dicemus amantes,
Materiesque licet plus quaerat, pauca loquemur.
  Principio generis simili uos stirpe creatos

$V = $ *Vaticanus* 2809 *Claudiani cod. saec. XI, carmen* 742 *post libros in Eutropium exhibens; ex collatione A. Wilmannsii a L. Muellero mus. rhen. XXIV p.* 126 *sqq. publicata.* ($V^* = $ *idem codex ex coll. N. Heinsii qui saec.* X *adscribit Burmanniano Claudiano p.* 1007 *sq. inserta*) $M = $ *Ambrosianus cod. Claudiani saec. XII, cuius apographum Heinsianum L. Muellerus descripsit mus. rh. XXII* 83 *sqq. accurate factum teste Nisseno ib. XXIV* 127. *Continet c.* 742 *post epistolam ad Probinum.* $C = $ *Cuiacianus Claudiani, ex ed. Clauerii (Paris.* 1602) *passim notus.* $v = $ *Vaticanus* 9135, $a = $ *schedae Diuionenses: utrumque ex C deriuatum. Ordinem fere sequor in v seruatum.*

742. *Lacunam in initio agnouit Burm.; reliquas V(M) indicant.* 1 Imprimis M 2 carmine VM, *em. Wernsdorf* 4 solidare VM, *em. idem* 6 Materiesque *Buech.* Maiaque *L. Mueller* Maria VM, *deinde* e que licet V^* que////et V m. pr. *hodie. Lacuna inter* Maria *et* plus M 7 nos M, *Clauerius qui* Principio — patris *ex C exhibet.* uos V

Florentis Florique patris sat nomina produnt.
Matribus et pariter respondet fetus uterque.
Nam decuit Mariam sapientem fundere [natam]
Calliopenque simul iuuenem proferre to[gatum].
O similes multumque pares! te prima iuuentus
Insignem uegetumque tenet. nam nuper [ad aras]
Florigeras plena incedens lanugine malis
Mollia uotifero dempsisti uellera ferro.
Egregio fulges cultu totusque decorus
E facie mores patriamque ex nomine pandis.
Nam quae primates quondam genuere Latinos
Antiquaeque urbi proprium tribuere uocamen,
Dant tibi, Laurenti, Laurentes nomina nymphae.
Quid memorem mores iuuenili in corde seniles
Atque Italum ingenium Romana feruere lingua?
Tu fora, tu leges celebras sanctumque tribunal,
Promptaque [et] impauidus tu suetus dicere dextra.
Te palmam insontes semper tenuere patrono,
Te contra adstantem semper timuere nocentes:
Prorsus habes iuuenis totum, quod Tullius auctor
Causidicos retinere iubet. nam fultus utroque
Vir bonus es nimium, fandi pariterque peritus.
  Ad te nunc breuiter (nam sic te uelle putamus)
Verba, puella, feram. pulchro formosa colore
Lilia ceu niteant rutilis commixta rosetis,
Sic rubor et candor pingunt tibi, Florida, uultus.

  8 Florentis *V** *Clauerius* Florenti *VM* patrum *Hauptius* prodet *VM*   9 factus *VM*   10 Maiam *Muell.* natam *add. idem* Musam *Haupt.*   11 Calliopemque *M* to *V*, om. *M* togatum (i. e. *patronum*) scripsi (ann. phil. 1868 p. 707) 13 nam nuper *V*, om. *M* ad aras *add. Buech.*   14 florigenas plenaque decens *VM*, *correxi* malas *VM* malis *ego*   15 demsisti *V*   16 fulgens *Muell.*   17 Et *VM* faciem (et *hic add. m. rec.*) mores *V* pandens *VM* pandis *ego*   20 dat *M* nomine *M*   21 in *del. Muell.*   22 ithalum *M*   24 et *add. Muell.*   25 Te insontes palmam *VM, em. id.*   26 stantem *Muell.*   29 es *VM* et *V** fandi pariterque (*sic V**; paterque *V*) peritus *V*, om. *M*   30 At *VM* nunc *V* non *M* 32 rident *Muell.* conmixta *V**   33 Florida *nomen puellae puto, cf. u.* 20

Denique miramur, quod colla monilia gestant,
35 Ex umeris frustra phaleras inponis eburnis.
Nam tibi non gemmae, sed tu das lumina gemmis,
Atque alias comit, per te quod comitur, aurum.
Eloquii scriptique tenax ueloxque legendi,
[Et] tamquam talis fueris praesaga mariti,
40 [Haec] Musea tuis insedit cura medullis.
Nec minus in propriis studium, nam uellera lanae
Textilibus calathis semper tractare perita
Inque globos teretes coeuntia uellere pensa
Compositas tenui suspendis stamine telas,
45 Quas cum multiplici frenarint licia gressu
Traxeris et digitis cum mollia fila gemellis,
Serica Arachneo densentur pectine texta
Subtilisque seges radio stridente resultat.
  Sed iam sufficiat de magnis pauca locutum.
50 Non sinit hoc tempus totas nunc pandere laudes.
Quin magis o pueri uosque exaudite puellae,
Quos optare pares thalamos taedasque iugales
Sensibus ex imis suspiria ducta fatentur,
Consertas prensate manus magnumque per orbem
55 Dextra liget laeuam, festos celebrate hymenaeos
Ac modulate melos, pariter quasso pauimento
Cum pede uox resonet! persultent atria longa,
Quae uirides cingunt hederae laurique coronant

  34 quid *et* gestent *M*   35 Atque *Buech. fort. recte* humeris *VM* faleras *VM* suspendis *Burm.* eburnis *V*M* (?) eburnas *V*   36 Non tibi nam *V*   37 quod comitur *ego; sic et Muell.* componitur *VM*   38 Eloquii *Heinsius* (es *addendum puto*) Aloqui *V, om. M* Docta loqui *Buech.*   39 Et *add. Heins.* tamquam *V, om. M*   40 Haec *add. Muell.*, Iam *Buech.* musea *V* Musae sancta *item Buech.*   42 galathis *V* traxere *M*   43 ueteres *M* teretes *V, Burm.* uellera *VM* pectere *Muell.* uoluere *Buech.*   45 frenarunt *V* fꝰnarunt *M*   46 cum *V* tum *M*   47 araneo *V* densentur *VM*   49 sufficiant *M* loquutum *VM*   50 Nec *V* Non *M* totos effundere uires *M; dedi ex V*   52 quas *V*   53 eximiis *V, corr. m. rec., M*   54 pensate *M* pressate *Buech.*   55 festos *V* fastos *M*   56 modulante *VM* quasso *ego* cesoque *VM* caeso *Heins.* pauimento *id.* pauinto *VM* paumento *Haupt.* pauito *Muell.*   57 Compede *M* larga *VM* longa *V**

Votigerique ignes, stellantia lumina, complent!
Tympana, chorda simul, symphonia, tibia, buxus,
Cymbala, bambilium, cornus et fistula, sistrum,
Quaeque per aeratas inspirant carmina fauces
Humida folligenas exclament organa uoces!

  Surge age iam iuuenis, dextram conplectere sponsae,
Tuque puella, caput niueo uelamine tecta,
Non cunctante gradu gressum comitare mariti.
Teque etiam paucis moneamus, pronuba, uerbis.
Cum fuerit uentum ad thalamos primumque cubile,
Sit tibi cura ingens innoxia reddere membra
Virginis, ut totum quod possit laedere demas.
Nullum sit capiti, quo crinis comitur, aurum,
Nec collo maneant nisi quae sunt laeuia fila,
Anulus et digitis tollatur mollibus asper
Ac niueos auro propera spoliare lacertos,
Ne, dum proludunt atque oscula dulcia iactant
Exercentque toris Veneris luctamen anhelum,
Iuncta per amplexus foedentur membra mariti
Atque inuita uiri maculet, quae diligit, ora.
Ite pares tandemque toro recubate potito.
Mellea tunc roscis haerescant basia labris
Et compressa suis insudent †pectora membris
[Per] niueosque umeros collumque per os . . . .

   59 ignis *Muell.* limina *Heins*.   60 timpana *M* corda *V*M*
chorda *V* symponia *M*   61 bambilium *V* bambalium *M* bom-
balium *Burm*. sistrum *M*] si *V*   62 erratas *M* eratas *V* aera-
tas *Haupt. num* exspirant? uoces *VM* fauces *Haupt*.   63 Hu-
mida *V* Huia *M* folligeris *VM*, -genis *Burm*. exclamant *VM*
uotis *V** uocis *VM* folligenas *et* uoces *ego*   67 Tuque *et*
monearis *M*   69 ingens *M* uigens *V* menbra *V*   71 quo cirrus
V*   72 maneant *V* iaceant *M* mollia *V* laeuia *M* filo *V**
73 Annulus *V* et *V** (?)   u. 73 *adfert Aldhelmus* p. 288 *Giles,
ubi* et] e   75 Ne *V* Nec *V*M* proludunt *ego* faro ludum *V*,
om. M. possis *et* ambo *uel* intra *uel* iam ludunt   77 Cuncta
VM, *em. Muell*. fodentur menbra *V*   79 thoro *V*M* petito
Muell.   80 ter *adfert Aldhelmus* labia labris *Aldh*. p. 43 *et* 306.
labra labellis *id. alibi*   81—82 *om. M, lacuna indicata*.   81
corpora *puto* menbris *V* uinclis *Buech*.   82 Per *add. m. rec.*
V humeros *V*   82 cultumque *V** collumque *V* que genasque

Dextera ceruicem roseam subiecta retentet,
Turgentesque simul constringat laeua papillas.
85 Viuite felices quam longaque carpite saecla.
Viuite concordes, donec premat una senectus
Vestrorumque habeant natorum uota nepotes.

743
De Isidis nauigio   B. M. —

Isi o fruge noua quae nunc dignata uideri
  Plena nec ad Cereris munera poscis opem
(Nam tu nostra dea es nec te deus ipse tacendi
  Abnegat, expertus quis tua uela ferat:
5 Namque tibi Zephyrus fauet ac Cyllenius ales),
  Ne nostra referas de regione pedem.

744
De lauacro   B. III 50. M. 927

Qui splendere cupis claro tenuique lauacro,
Pontica succedas in balnea nobilis undae,
Quam nec Alexandri mater sub sole cadenti
Emeruit; non sic uaria se adspergine Bais
5 Effundat per aperta latex e sedibus imis
Cum Syrio unguento, cui semper roscidus humor
Hic femora et suras et brachia molliter ambit
Et rigat †in pluuiam sensimque ad colla resultans
Tangit odore leui et grato spiramine nares
10 Lenis et externas admittere nescius artes.

add. Heins., que caputque *m. rec. in V* per oscula manent
Muell. 83 roseam *V* niueam *M* 84 Stringentes *M*, recte
V et Wernsd. 87 Multorumque *M*, *correxi* Vestra, *praemisso
m. rec.* donec, *V* Et iam *Muell.* habeant *V* hãnt *M* uota *V*
iura *M.* — 743. De Isidiae nauigio [uel Isidis] *v. Solam inscr.
in C* De Igidae nauigio *Clauer. exhibet; in a deest.* — 744.
Extat in (C) a v. satis obscurum. 3 Buechelerus confert Lamprid.
uit. Alex. 26, 9. Constantinopoli factum conicit. 4 aspergine *a*
si et Caii *v, em. Buech. sed et* gratus idem et talis. 5 operta
a 6 semper cui *v* cui *post parenthesin u.* 3—6 *ad* undae
refert Buech. 9 leni *v* 10 ortes *a*.

Huc ades o Florens et festa luce relaxa
Mentis onus nebulasque fuga, quae frontis honorem
. . . .

B. I 25. M. 576

745
De uinalibus

Non tibi uina placent, o insanabilis hospes,
Nec mens est Thebana tibi, licet aggere celso
Dircaeae rupis dicas fluxisse parentes.
Vertice de Nysae perlustrans rura Lyaeus
Transiit inpleuitque uias nigrantibus uuis, 5
Musta sibi posuit pater et non tempore ab illo
Desierunt haec sacra coli, uatumque sonoro
Carmine Mincius et strepuit circumsita ripa
Fluminis Etrusci, quem non aequabit Orontes.

746

B. III 276. M. 926

De Cythera

Forte erat Aurorae tempus Solisque quadriga
Fecerat et uentum et sonitum per nobile †marmor
Adstantis pueri, cum te, mea bella Cythere,
Aspicio uenientem et tu mea limina grato
Introitu dignata rosas et lenis amomi 5
Delicias miras tecum adlicis, unde secutae
Palladis et frondes †nulliusque inscia laurus.
Atria nostra uirent et agunt in limine primo
Radicem platani. ad portam uenit arbutus ipsam.
Felix †multa arbos, imitans miracula Pindi, 10
Quam non delebit liuor nec sera uetustas.

11—12 *separat Buech. post* 12 *lacunam indicat a.* — 745.
Extat in (C)*av* 3 *num* fulsisse 4 nisae *va* per rura et
nostra *a* pernostra rura *v, em. Buech.* liaeus *v* 5 impl. *a*
6 poscit *Oudend.* 7 desierant *va, corr. Schrader* 8 tremuit
a strepuit *v.* — 746. *In* (C)*av extat* 2 aduentu *Schrad.*
marmor] *num* carmen? 3 astantis *a* 4 aspicio *v* agnosco
a 6 allicis *a* sequutae *a* 7 *num* et fulminis inscia (*cf. Plin.
h. n. II* 146. *XV* 134)? 8 'agens c. p.' *a in mg., v* (agunt
v in mg.) limite *v* 9 ipsa *Buech.* 10 alta? laeta? culta
Buech. 11 'Quae c. p.' *a in mg., v* (quam *v in mg.*)

O iucunda nimis, tenui quae uisa poetae,
Dum credis uitium non auscultare Camenis.

747
De cereo
B. V 190. M. 1120.

Flora uenit. quae Flora? dea an de gente Latina?
Non reor; at Chloris dicta per arua fuit.
Huius in aduentum radiant de nocte lucernae,
Nam nitet atque hilarat lumine cuncta suo.
5 Cerea materies apibus debetur amicis:
Floribus atque hortis sit precor aequa meis,
Non ut mel rapiam, cuius non tangor amore,
Sed cera in talem fiat ut alba diem.]

748
B. V 147. M. 1083

De aquila, quae in mensa de sardonyche lapide erat.

Mensa coloratis aquilae sinuatur in alis,
Quam floris distinguit honos, similisque figura
Texitur: inplumem mentitur gemma uolatum.

749
Laus Martis.
B. I 26. M. 585

Mars, pater armorum, fortissime, belligerator,
Esto uolens, mitis, facilis, deus esto benignus.
Sic tibi post pugnas et pastos sanguine campos
Amplexus tribuat uincli secura Cythere.

12 comes *Buech.* 13 camoenis *a*. — 747. De cereo *va* flore *add. al. man. in a. Exstat in* (*C*)*av. post* 5 *duos uersus deesse putat Buech.* — 748. De aquila *Cv*, carmen *om. a.* Quae in mensa de sardonyche lapide erat, *linea praecedente uacua*, *V* (*M* ?): *Uterque titulus coniungendus est.* 1 iuuatur *Clauer.* (*C* ?) 2 florum *Cv* similique *Cv. dedi ex V*(*M*). — 749. Laus Martis *V*(*M*?) *Clauer.* De Marte [uel ad] *v* Ad Martem *a* uersus rhopalicus (rophalitus *v*) *add. va* 1 belligerantum *av* belligerator *VM* 2—10 *tantum in VM extant* 4 tribuat *V* tribuit *M*? *edd.* uinclis *V*, (*M*?) *corr. Heins.*

Tu crista galeaque rubes, tu pulcher in aere
Incutis e uultu radiantia lumina ferro.
Te thorax galeaque tegunt, non quo tibi terror
Hostilis subeat, sed quod decor exit ab armis.
Tu cum pulsatum clipei concusseris orbem,
Inmugit mundus, tellus tremit, aequora cedunt.
Da reditum nobis, patriam repetamus ouantes.
Sic tibi lasciuae celebrentur in urbe kalendae.

750

B. M. — De Iunonalibus

[Sancta] poli domina, cui uincla iugalia curae,
[Supr]emi caeli regis coniunxque sororque,
[Da re]ditum nobis. sic regnum transeat orbis.

. . . .

751

B. I 21. M. 574   De Liberalibus

Lenaee uitisator Bromie Semeleie Bacche
Thyrsitenens bimater trieterice Nysie Liber
Flos Ariadnaee † coriatice laete Thyoneu!
Da reditum nobis. sic totis dulcia riuis
Musta fluant spumetque cauis uindemia labris.

---

6 e *V* (*Bu. p.* 1008) a *id*, (*B. p.* 23) cultu *et* ferreo *Heins.*
7 torax *V* galeae *V Burm. p.* 1008 galea *id. p.* 23 cassisque
Mey. potius ocreaeque.   8 exit ab armis *om. M*   9 pulsati
M? clypei *V*   11—12 *tantum in V extant. In M post* 10 *quattuor uersuum lacuna est.*   11 nobis reditum *V, transposui.*
750. *In solo V* (*Burm.* 1008. *L. Muell. mus. rh.* 1869 *p.* 323)
extat. Vncis inclusa suppleta sunt   4 Ad tibi dilectas Tyriae
Carthaginis arces *suppl. Muell.* — 751. De Liberalibus *V*(*M?*)
De Baccho uel ad Bacchum *a* De Baccho [uel ad Bac.] *v* Laus
Liberi *Clauerius. metrum corruptum.*   1 Lenaee *V* Lenee *M*
Lenis *Cav* uitis sator *V* bromie semeleie *V*(*M?*) proles semeleia *Cav*(*M?*)   u. 2. 3 *om. Cav* thirsitenens *M* bimater
— thyoneu *om. M* liter *V*, 3 ariadene *V p.* 1008 'Corybantice *an* Curetice?' *Buech.*   4 riuis *V* uerbis *Cav; incertum
M*   5 dedi ex *V.* (musa *V p.* 1008) Mella *M, rell.* que cauis
V, om. M et rell. totis spumet *Cav* prelis *Barth. cf. Verg.
Georg. II* 6.

752   B. V 146. M. 1082

De hippopotamo [et crocodilo]

Vtraque fecundo nutritur bellua Nilo:
  Quaeque necat morsu quaeque sub ore fremit.

753   B. V 192. M. 1122

De Dulcio

Suaue tibi nomen; sed si te talia tangunt,
  Moribus atque animo postea dulcis eris.

754 Panegyricus Aniciorum
755 De hirundine
756 De uitulis marinis.
757 De paupere singulari
758 De ape

759   B. M. —

De zona missa ab eadem Arcadio Augusto

Stamine resplendens et mira textilis arte
  Balteus alipedis regia terga liget,
Quem decus Eoo fratri pignusque propinqui
  Sanguinis Hesperio misit ab orbe soror.
5 Hoc latus adstringi uelox optaret Arion,
  Hoc proprium uellet cingere Castor equum.

752. *Extat in VMCav.* (Incipit *add. V*) de hippo (hyppo *v*) potamo *Vva* et crocodilo *add. Clauer.* 1 Vtraque *VM* Vt quae *Cva* faecundo *Va*   2 necat *Cva* uorat *VM.*
753. De Dulcio *Vav* Nectareo dulces muro cinguntur arenae *nil amplius VM* (*Burm. p.* 1003). Suaue — eris (*C*)*va.*
754—758 *extabant in C.* Aniciorum *L. Muell.* amicorum *C. Hodie non extant.* — 759. *Idem de zona sqq. V, in quo et M et schedis Gudii solis hoc ep.* [*Claud. ep.* 21 *Burm.*] *post Claud. ep.* 20 *legitur; in aliis omnibus deest.* (Idem *i. e.* Item. Eadem *est Serena*). 2 ligat *M Gud.* 3 Quod *M Gud.*

B. III 238. M. 998.   760

Marcus amans puerum natum mentitur amare
   Vultque pater dici nescius esse pater
Et pietate nefas et amorem uelat amore.
   Se pietas umbram criminis esse dolet.
'Nate' dies audit, nox et torus audit 'amice',
   Et pro temporibus nomina mutat ei.
Stulte, quid ignaro non dicit Cynthia fratri,
   Ne credas nocti digna latere diem?
Qui 'puer' est, hic 'filius' est: a lumine primo
   'Filius', a thalamis incipit esse 'puer'.

    760. *Binetus ed. Petron. p.* 125 *Dous.* 'Epigrammata ... Claudiani in lucem deponam. Verum huius, credo, auctoris adscribam et illud, quod ad manum fuerit ex V. C. Cuiaciano.' *sequitur c.* 760.   5 totus *C, corr. Binet.*   6 ei] amor *Patissonius*   7 cincia *C, corr. Bin.*   8 *num* nocte? noctis furta *Dousa* dicta *Buech.*   9—10 *separat Buech.*   9 puer *Meyerus* pater *C* hic *Patiss.* huic *C* limine *C, corr. Pat.*

CARMEN
CODICIS PARISINI 12117

761

Haec pictura docet quicquid recitauit Hyginus
In septem quinis describens sidera signis
Ad caeli terraeque globos in mole rotundos.
Mallem prorsus opus solidis insigne figuris,
5 Quas nequit in plano similes expendere quiuis,
Dum lateant inter quaedam curuisque profundis.
Nam borealis apex arctos conplexus et anguem
Arctophylaca, tegit nec non simulacra coronae,
Engonasinque, lyram, cygnum ceu Cassiepiam,
10 Cuius adest pedibus coniunx et filia dextris.
Perseus inde gener, tunc est caprarius, inde
Deltoton, equus ac delphin, aquila atque sagitta,
Anguitenens, aries, taurus, cum Castore Pollux
Et cancer, leo, uirgo, suis cum scorpio chelis,
15 Arcitenens tandem, capricornus et urnifer inde;
Piscibus extremus locus est quem signifer explet.
Primus in austrinis Orion partibus exit,
Tum lepus est et utrique canes Argoque triremis,
Hydrus, Centaurus, sed et ara et piscis enormis,
20 Pistrix, Eridanus: sic sphaerae finis habetur,

761. *P = codex, olim Sangerm. 434, saec. XI, fol. 138 r.*
1 yginus *P*   6 intus *Bursianus* (ann. philol. 1866 p. 786 sqq.)
8 Artophilaca *P* simulachra *P*   9 liram. cignum. seu *P*
11 inde] ille *P*   14 tum *P* cum *Burs.*   15 urniger *Burs.*
16 extremis *P*   19 Hidrus *P*   20 heridanus *P* sperae *P*

Quam gemini findunt aequa sub sorte coluri,
Se tangendo polis dum zonas quinque pererrant.
Has hinc inde sibi diuersa parte coaequat
Linea quae scindit medios utrosque coluros.
Torrida zona duas circa se a frigore seruat; 25
Nam zonas similes aequales dicimus esse
In caeli terraeque modo Cicerone magistro.
Vertex alteruter terdenis partibus a se
Semper abest circumque facit sex undique sumptis;
Tum quinas utrimque feret habitabilis ora. 30
Aequidies capit octonas hinc, inde quaternas.
Corpora signorum circis resecantur eisdem.
His super esse ferunt caelo cuicumque notandos,
Quorum primus inest qui candidus extat in astris
Obliquo caeli portas discrimine tangens; 35
Alter ubique uagus graece uocitatur horizon.
Solus eget terrae spatiis ut limes in astris
Dimidium sphaerae momentis omnibus abdens.
Ergo decem circis totus uariatur Olympus,
Ex quibus ille latet semper qui dicitur austri, 40
Cum nobis numquam lateat qui continet arctos.
Inter utrosque tamen quod hinc leuat, occidit illic.
Arcticus his signis finitur circulus: extra
Laeua Bootis inest cum dextro poplite flexo
Herculis innixi pedibus, umeris quoque Cephei; 45
Tum siliquastrensis tangit confinia basis.
Solstitialis et hoc signorum limite constat:
Arcturus lapsusque genu, Cepheia coniunx,
Anguiger oblongus, curui quoque sinciput anguis
A superis tanguntur eo cum coniuge Persei 50
(Cui tamen arctophylax est in contraria uersus
Pegaseo uinctae medio) pedibusque marito
Qui sectus laeuo cubito cum crure sinistro

21 iemini *P*   26 esse] est *P*   34 inest] is est *Burs.*
36 orion *P*   37 spaciis *P*   38 sperę *P*   39 olimpus *P*
45 innexi *P* humeris *P* cepei *P*   47 Solsticialis *P*   49 anguis] an. *P*   51 artophilax *P*; caput et thorax *Burs.*   52
iunctae *et* mariti *Burs.*

Heniochi caput ut currens ex puluere foedat;
55 Ille tamen quasi lora tenens pede cornua tauri
Deprimit ac geminis traiectis denique collis
Inter aselliferi consurgit lumina cancri,
Currens per pectus, uentrem lumbosque leonis
Perque caput dextramque alam uolitantis oloris.
60 Qui lucis noctisque pares dat circulus horas
Arietis ima pedum recipit uestigia primum
Semibouisque genu praecidit et inguinis eius,
Vltima quem fudit putens urina deorum;
Sustinet et geminos flexus ex ore draconis,
65 Exit et a genibus longo serpente ligati,
Postquam chelarum longissima brachia pressit;
Tum Ganymedeae raptricis transilit alam
Pegaseamque iubam dirimens ex ordine pisces.
Quid hiemalis agat signorum corpora scindens
70 Decollatus eo nouit qui spicula mittit
Piscinusque caper, nec non lymphaticus auspex
Et pistrix, fluuius, lepus et leporarius adsunt,
Finditur et puppis, Centauro terminat orbis.
Vltimus auersus boreae †sua sua dindima
75 Manibus ostendit fluuio finitus et Argo,
Centaurique pedes postremos tangit et aram.

54 fedat *P*   62 Semis bouisque *P*   67 ganimedee *P*
71 limphaticus *P*   74 sua sidera in (*uel* ad) ima *Burs*. sua
signa *inesse puto*   75 *num* finitur?

CARMEN

CODICVM BRVXELL. 1828. VINDOBON. 317. MONAC. 14505

B. V 143. M. 233   762

Dulcis amica ueni, noctis solacia praestans;
    Inter aues etenim nulla tui similis.
Tu, philomela, potes uocum discrimina mille,
    Mille uales uarios rite referre modos.
Nam quamuis aliae uolucres modulamina temptent,   5
    Nulla potest modulos aequiperare tuos.
Insuper est auium, spatiis garrire diurnis:
    Tu cantare simul nocte dieque soles.
Parrus enim quamquam per noctem tinnipet omnem,
    Sed sua uox nulli iure placere potest.   10
Dulce per ora sonat quam dicunt nomine droscam,

---

762. $B = Brux.$ saec. XI fol. $1r$. $V = Vind.$ s. XI. $M = Monacensis$ 14505 s. XI. Schenklium (Berichte d. kais. akad. XLIII 1863 p. 64 sqq.) sequor, in B etiam Noltium.
    A. Schottus 'in antiquissimis membranis' ita repperit, ut pro u. 1. 2 ponantur u. 45. 46, u. 3 sit Nam philomela canit uoc. discr. mille, u. 4—7 desint, u. 8 (ibi 4) sit Et cantare simul nocte dieque potest (Schott. obss. hum. II 52). — Albi Ouidii Iuuentini esse Goldastus mentitur. — Vulgatam, quae licenter corrupta est, omitto.
    Inscr. om. VM De philomela B, cf. bulletin de l'acad. de Brux. X 1843 p. 49; sed om. teste Noltio   1 solatia libri   5 nam cantus B 6 aequiparare M 7 in..p B spaciis VM sp..us B 8 soles n. d. simul B u. 9 sq. delet Schenklius   9 parus M quanquam B quamuis M tinnibet B 10 Set B Vox eius Schottus iurae B 11 per ora BV pelora M dicunt quam V

Sed fugiente die illa quieta silet.
Et merulus modulans tam pulchris zinzitat odis,
   Nocte ruente tamen cantica nulla canit.
15 Vere calente nouos componit acredula cantus
   Matutinali tempore rurirulans,
Dum turdus trucilat, sturnus dum pusitat ore,
   Sed quod mane canunt, uespere non recolunt.
Cacabat hinc perdix et graccitat improbus anser,
20   Et castus turtur atque columba gemit.
Plausitat arborea clamans de fronde palumbes
   In fluuiisque natans forte tetrinnit anas.
Grus gruit † ingronnis, cygni prope flumina drensant,
   Accipitres pipant miluus hiansque lupit.
25 Cucurrire solet gallus, gallina cacillat;
   Paupulat et pauo, trissat hirundo uaga.
Dum clangunt aquilae, uultur pulpare probatur,
   Crocitat et coruus, fringulit et graculus.
Glottorat immenso maerens ciconia rostro,
30   Pessimus et passer hinc titiare solet.
Psittacus humanas depromit uoce loquelas
   Atque suo domino χαῖρε sonat uel aue.
Pica loquax uarias concinnat gutture uoces,
   Scurrili strepitu omne quod audit ait.
35 Et cuculi cuculant et rauca cicada fritinnit.
   Bombilat ore legens munera mellis apis.

druscam B (i. e. droscila, drossel) drostam] edd. 13 tam] sat M zinzitat VM zinzinat B zinzilat Schenkl.   15 ualente B nouo BV credula B   17 Cum B Dum teste Noltio sturnus dum O. Iahnius sturnus tunc libri pulsitat, sed corr., V. an passitat?   18 canunt VM colunt B   19 Caccabat VM Cantitat B gracitat B   20 gemunt M   21 pusitat B   22 forte B sorte VM ore Schottus titinnit B. an tetrissat? anans libri 23 in gronnis VM in grunnis B Martia grus gruit ast Schottus insomnis Schenkl. cigni VB   24 num iugit?   25 gugurrire B 26 pupulat VB pululat M tristis B   28 Et crocitat VM   29 Glottorat VM crocitat B crotalat Lerschius gloctorat Schottus migrans Schenkl.   30 hinc Schenkl.] cons B sons VM colit libri, em. Burm.   31 psitacus libri humaras B   32 kere VM   32— 34 om. B   34 scurili VM quid M agit M   35 et secundum om. B fritinit VM frinit B qui hic desinit.   36 bom-

Bubulat horrendum ferali murmure bubo
  Humano generi tristia fata ferens.
Strix nocturna sonans et uespertilio stridunt,
  Noctua lucifuga cucubit in tenebris.   40
Ast ululant ululae lugubri uoce canentes
  Inque paludiferis butio butit aquis.
Regulus atque merops et rubro pectore progne
  Consimili modulo zinzilulare sciunt.

Scribere me uoces auium philomela coegit,   45
  Quae cantu cunctas exsuperat uolucres.
Sed iam quadrupedum fari discrimina uocum
  Nemine cogente nunc ego sponte sequor.
Tigrides indomitae raccant rugiuntque leones,
  Panther caurit amans, pardus hiando felit.   50
Dum lynces urcando fremunt, ursus ferus uncat,
  Atque lupus ululat, frendit agrestis aper.
Et barrus barrit, cerui clocitant, mugilant et onagri;
  Ac taurus mugit, celeber hinnit equus.
Quirritat et uerres setosus et oncat asellus,   55
  Blatterat hinc aries et pia balat ouis.
Sordida sus subiens ruris per gramina grunnit,
  At miccire caprae, hirce petulce, soles.
Rite canes latrant, fallax uulpecula gannit,
  Glattitat et catulus ac lepores uagiunt.   60
Mus auidus mintrit, uelox mustela didindrit,
  Et grillus grillat, desticat inde sorex.
Ecce uenenosus serpendo sibilat anguis,
  Garrula limosis rana coaxat aquis.

---

bitat *uel* bombizat *Schenkl* apex *V* apes *M*   37 bubilat *M*
u. 43. 44 *del. Schenkl.*   41 lugubre *VM*   42 buteo *Burm.*
butio *VM*   43 merobs *M* prognis *VM*   44 zinzizulare
V zinzilulare *M*   45. 46 = *u.* 1. 2 *Schottus* filomela *VM.*
u. 47 — *fin. om. V*   48 sequor *M*, *qui Ouid. met. V* 550 *sq.*
addit.   51 linces *M*   pro *u.* 48: Quae retinent uoces sunt
ut eis species *Schottus*   53 *heptameter est.* clocitant] *puto*
rugiunt. et *ego* i *M. Schottus ita transposuit:* 53 cl., equus
hinnit 54 m. et mugilant onagri.   54 et celer *Buech.*   56
bratterat *M*   60 gluttitat *M*   61 *an* mustelaque drindrat?

Has uolucrum uoces descripsi quadrupedumque,
  [Quas natura illis grata parens tribuit].
Sed cunctas species animantum nemo notauit,
  Atque ideo sonitus dicere quis poterit?
Cuncta tamen domino depromunt munera laudis,
  Seu semper sileant siue sonare queant.

u. 66 om. M, habent edd.   67 mutauit M   68 Atque edd. Ast M   u. 69 sq. delet Schenklius

CARMEN
CODICIS PARISINI 4883 A

763

B. M. — Officia XII mensium

Artatur niueus bruma Ianuarius †arua.
Piscibus exultare solet Februarius altis.
Martius in uites curas extendit amicas.
Dat sucum pecori gratanter Aprilis et escam.
Maius hinc gliscens herbis generat †nigra bella.
Iunius auratis foliis iam pocula miscet.
Iulius educit falces per grata uirecta.
Augustus Cererem primus secat agmine longo.
Maturas munit September ab hostibus uuas.
Elicit October pedibus dulcissima uina.
Baccha Nouember ouans condit sub claue fideli.
More sues proprio mactat December adultas.

763. 1 niueis *P* (*codex saec. XI, fol.* 27 *r.*) teste Duebnero niueus *teste me* atra *puto*   2 febroarius *P*   3 uiuites *P* (in uites *teste D.*)   4 granter *P teste D.* aprelis *P* (apilis *teste D.*)   5 uela (*i. e. arborum umbras*) *Buech.*   7 per prata uirecta *P*   9 september *P*   10 octimber *P*   11 bacha nouimber *P*   12 decimber *P.*

CARMEN
CODICIS LEIDENSIS 466

764

B. M. —

Inuictus constans Anicius ortus ab urbe
Torquati genus exconsul famosus et exul
Patriciusque bonus mage ciuibus atque βοηϑὸς
Vsque caput †iugulis genero comitante † seruauit.
5 Gnauiter exegit furiis monimenta uetusta
Flebilibus scribendo modis tot carmina felix;
Et quod libertas multo sermone bilingui
Artificiale tulit, † dum post interprete lingua
Quicquid Aristoteles docuit transferre sategit,
10 Pandens conditionis opes hinc inde coactas,
Quas ab Athenaeis rapuit bibliopola gazis,
Ne Romana fames epulas nesciret Achiuas

764. *Cod. Leid. saec. XI olim Petauianus, ex quo ed. Geel in catalogo librr. qui inde ab a.* 1741 *bibl. Lugd. Bat. accesserunt* (*LB.* 1852), *quem sequor. Logicam ex Boethio et Apuleio conflatam continet; fol.* 1 : A. M. S. Boethius Exconsul et Patricius Inuictus *sqq. Verba satis corrupta sunt; propono u.* 4 uigili *et* reseruat, 7 *fortasse* libatas (?), 8 *aut* dum in tunc *mutandum aut finem deesse putandum est,* 10 eruditionis (*cf.* 7 artificiale). cognitionis *Buech.* 3 ΒΟΗΘΟC *cod.* 5 Grauiter exaegit *cod. em. Buech.* uetustis *cod.* 7 En *Peiperus* 11 atheneis *cod.*

CARMEN
CODICIS ANGELICANI 87

765

B. M.

Ad quendam fratrem corripiendum

Tityre, tu fido recubans sub tegmine Christi
Diuinos apices sacro modularis in ore,
Non falsas fabulas studio meditaris inani.
Illis nam capitur felicis gloria uitae,
5 Istis succedent poenae sine fine perennis.
Vnde caue, frater, uanis te subdere curis,
Inferni rapiant miserum ne tartara tetri.
Quin potius sacras animo spirare memento
Scripturas, dapibus satiant quae pectora castis.
10 Te Domini saluum conseruet gratia semper!

765. '*E membranis bibliothecae Passioneiae, nunc Angelicae Eremit. Augustinensium*' '*saec. XI fol.* 31' *Mignius Patrologiae tom. XIII p.* 1217 *sq.*   9 faciant *cod.*

CARMEN
CODICIS PALATINI 833 = IN VATICANO 532

766
ANDREAE
De Maria uirgine B. M. —

Virgo parens hac luce deumque uirumque creauit
    Gnara puerperii, nescia coniugii.
Obtulit haec iussis uterum docuitque futuros,
    Sola capax Christi quod queat esse fides.
5 Credidit et tumuit: uerbum pro semine sumsit.
    Saepserunt magnum paruula membra deum.
Fit fabricator opus, serui rex induit artus
    Mortalemque domum uiuificator habet.
Ipse sator semenque sui matrisque creator,
10   Filius ipse hominis, qui pater est hominum.
Affulsit partus, lucem lux nostra petiuit,
    *Hospitii linquens ostia clausa sui.
Virginis et matris seruatur gloria consors:
    Mater das hominem noscere, uirgo deum.

---

766. *Codex Palatinus saec. XI a Grutero inscrr. p. 1163—1177 exhibitus plurimas inscriptiones Romae Italicarumque urbium aliarum continet; solum c. 766 (p. 1174, 3 Gr.) inscriptio non esse uidetur.*

Andreae oratoris de Maria uirgine ad Rusticianam carmen *B*(*arthius aduers. LVI* 16) *ex nescio quo codice. Sine titulo G*(*ruterus*).   4 Sola fides *B* X̃P̃I *G* esse capax *B*   6 Clauserunt *B*   7 Conditor extat opus *B*   10 qui deus est hominis *B*   11 Adfulsit *B*   12 hostia *G*   14 dans *G*

Vnius colitur duplex substantia nati:
    Vir, deus, haec duo sunt; unus utrumque tamen.
Spiritus huic genitorque suus sine fine cohaerent,
    Triplicitas simplex simplicitasque triplex.
Bis genitus sine matre opifex sine patre redemptor,
    Amplus utrisque modis, amplior unde minor.
Sic uoluit nasci, domuit qui crimina mundi,
    Et mortem iussit mortuus ipse mori.
Nostras ille suo tueatur numine uitas;
    Protegat ille tuum, Rusticiana, genus.

    16 Sps *G*   19 sine labe redemtor *B*   20 Celsus utroque modo, celsior *B*   23 nomine *G*   24 tuum Gregori praesulem genus *G*, *ex posteriore ut apparet carminis recensione.*

CARMINA
CODICIS PARISINI 8319

767 B. M. —

Laus domnae Eunomiae sacrae uirginis

Plena deo, moderata animo, miranda decore,
    Larga manu Eunomia prouida uirgo pia.
Alta sapis, praecelsa petis, profunda rimaris,
    Angelicos motus pectore sancto geris.
5 Viue caput uiuum, generis ueneranda propago
    Et meritis caeli culmina celsa pete!
Vnica iam desunt solacia congrua fratris:
    Sola deo uiuis, uiuis et imperio.
Largior extensa sit dextera, longior aetas,
10   Nestoreos superes annos et imperium.

768

Item laus Eunomiae B. M. —

Fulgens Eunomia decensque uirgo
Pollens nobilis et fecunda libris
Et totum uenerabilis per orbem
Atque in culmine constituta celso
5   Subter cuncta uidens beata clemens
Mitis blanda grauis quieta uiuis.

---

    767. Incip̄ laus *sqq. P* (*Paris.* 8319 *saec. XI fol.* 45 *r.*)
1 dõ *P*   4 scō *P.* sancta? *sed cf. u.* 10.   7 unici *P*   8 dõ
P num eius et?
    768. Itemque laus Eunomiae. uersus cum cantilena dicendi *P*   2 *fol.* 45 *u. num* facunda uiuis?   6 niues *P*

Sic es Christo parens talisque, priscis
Qualis rustica ueritas capillis.
Augustum caput atque consecratum
Constans erigis et promittis omnes
Castam uiuere te deo per annos.
Adsit cuncta regens pater uolenti;
Dextram filius ille Nazarenus
Succurrens tibi tradat imploranti;
Sanctus spiritus influens medullis
Sensus inriget et fomenta donet,
Gressus dirigat et uiam procuret,
Confirmet pedes et fidem propaget,
Enses proterat et dolos latentes
Prodat magnificus protector, et te
Annis praegrauem et corona laetam
Sanctam collocet angelus in urbem.
Hic te perpetua quiete donet.
Tunc quaeso meminisse te clientis,
Cum Christum fide uideris serena.

7 $\overline{XP}$o P Christipotens *et* passis *Quicheratius* 9 argutum P augustum *ego* 10 promittit P 11 dõ P 15 $\overline{scs}$ $\overline{sps}$ P 21 praegrauidam *putem* 22 scām P. angelorum *Quich.* 24 queso P 25 $\overline{XP}$m P. $\overline{Expl}$ laus domnę eonomię sacre uirginis P.

CARMINA
CODICIS REGINENSIS VATICANI 421

769
In mensa beati Augustini B. III 144. M. 275

Quisquis amat dictis absentum rodere uitam,
   Hanc mensam indignam nouerit esse sui.

770
De turture B. M. —

Prima sonat quartae, respondet quinta secundae,
   Tertia cum sexta nomen habebit auis.

771
[De pariete et ariete] B. M. —

Quod cernis, dicor; tollatur littera prima:
   Scando polum calidum, curro solum gelidum.

---

769. *Inscripsi ut R* (*Reginensis, saec. XI p.* 21). De detractoribus S. Augustini super mensam *G*(*uelferbytanus*). 'Contra pestilentiam humanae consuetudinis in ea [*mensa*] scriptum ita habebat: Quisquis' *sqq. Possidius uita August. p.* 23 *tom. XLVII ed. Mign.* — *cf. c.* 571. — *cf. Augustin. serm.* 26, *ad fratres in eremo, tom. VI p.* 1279 *ed. Ben.*   2 indignam *RG* uetitam *Possidius*, *Pithoeus* sui] suam *RG* sibi *Possid.* indigne *et* suam *cod. Possidii ap. Mey., Pith.*

770. Aliud de turture *Paris.* 2773 *saec. XI fol.* 110 *u., inscr. om. R*   1 respondit *R* quin///// *Par.*

771. Paries *Parisinus* 8088 *s. XI fol.* 195 *u.; om. R*   1 litera *R*   2 calco polum gel. *Kleinius.*

CARMEN
CODICIS CAVENSIS 3 SAECVLI XI—XII

B. M. — 772

INL. Campanianus. PATR. Olybrio

Maiorum similis, nostrorum maior, Olybri,
    Stemma poetarum, regula dogmatibus,
Trade notas, quis quaeque nitent bene dicta priorum
    Dux bonus audentes prisca tropaea doce.
Clarius auctorum pateant quae pollice laudes   5
    Scis bona cunctorum conscius ipse tuis.

PATR Olybrius. INL. Campaniano

Stigmata cur spectas maiorum infigere dictis,
    Cuius iudicium sufficit ad titulos?
Censuram spernunt, quae per te lauta patescunt;
    Sit satis ad laudem complacuisse tibi,   10
Omnia doctorum quem sic cinxere tropaea,
    Vt cedat titulis lingua diserta tuis.

772. *Cod. saec. XI — XII (cf. Reifferscheidius mus. rh. XXIII p. 127 sqq.), ubi fol. 255 ante libellum 'de notis antiquorum' carmen extat.* 3 q; que *cod. aut* 5 laudis *aut* 6 bene legendum est   11 cenxere *cod.*   12 disserta *cod.*

CARMINA

CODICVM SAECVLORVM XII–XIV

CARMINA

CODICVM BRVXELLENSIS 10675 sq. ET REHDIGERANI I. 6. 17

B. VI 84. M. 1697
Ribbeck. append.
Verg. p. 147.

773

Vere rosa, autumno pomis, aestate frequentor
  Spicis: una mihi est horrida pestis hiems.
Nam frigus metuo et uereor, ne ligneus ignem
  Hic deus ignauis praebeat agricolis.

B. VI 85. M. 6981
Ribb. ib.

774

Ego haec, ego arte fabricata rustica,
Ego arida, o uiator, ecce populus
Agellulum hunc, sinistra et ante quem uides,
Erique uillulam hortulumque pauperis
Tuor malamque furis arceo manum.
Mihi corolla picta uere ponitur,

B = *Brux.* 'saeculo XII non antiquior' *R* = *Rehdigeranus* S. I. 6. 17 's. XIV uel exeunt. s. XIII', quocum recentiores nisi qui nouissimi et emendati sunt plerumque consentiunt. In utroque Ribbeckium sequar (cf. eius Vergil. T. IV p. 26 sqq. 36); in B etiam Grosseum qui denuo codicem contulit. (ann. philol. 1869 p. 276). reliquos raro ex eodem addam. Codicem R saeculo XV tribuit Hertzius.

Titulos omnes om. B. Vĕgilii catalepton R
773. 1 autũnus R 2 hiĕps B 3 igneus R lintieus, corr. m. sec., B 4 ignaris BR, emend. Voss. 849 chartac. ingratis Ribb. — 774. 1 Ego h om. R 2 o om. BR 3 agellum BR sinistre tante B sinistre stantem R, corr. Ribb. tute Voss. 78 chartac. 4 heri R uillam BR 5 tuor edd. tueor libri malaque et manu BR, corr. Ribb. malasque et manus Voss. 78.

6 corollǫ̊ B (corr. m. sec.)

Mihi rubens arista sole feruido,
Mihi uirente dulcis uua pampino,
Mihi glauca duro oliua cocta frigore.
Meis capella delicata pascuis
In urbem adulta lacte portat ubera,
Meisque pinguis agnus ex ouilibus
Grauem domum remittit aere dexteram,
Teneraque matre mugiente uaccula
Deum profundit ante templa sanguinem.
Proin, uiator, hunc deum uereberis
Manumque sorsum habebis: hoc tibi expedit.
Parata namque trux stat ecce mentula.
'Velim pol' inquis? at pol ecce uillicus
Venit, ualenti cui reuulsa brachio
Fit ista mentula apta claua dexterae.

B. VI 86. M. 1699   775

Hunc ego, iuuenes, locum uillulamque palustrem
Tectam uimine iunceo caricisque maniplis
Quercus arida rustica fabricata securi
En tuor: magis et magis sit beata quotannis!
Huius nam domini colunt me deumque salutant
Pauperis tuguri pater filiusque adulescens,

             a
 8 uirentē *R* 9 Mihique, *om.* duro, *Buech.* oliuọ (*corr. m.* 2) duro cocta frigo *B* oliua duro frigore coacta *R* 13 remittit aere dextram (*sic*) *B*, *om. R et rell. omnes* 14 Et tenera *Ribb.* matrē mugientē *R* uacula *BR* 15 Dum *B post* profundit *rasura quinque litter. B* 16 Proin. tu *Ribb.*
     e
uerberis *R*. — 17 sursum *BR* habebit *R*, *alii* 18 neque *R* crux *libri*, *corr. Is. Voss.* stat *Ribb.* uestat *B* aestate e *R* ecce *m. sec. in mg. B* 19 uillicus *R* 20 cum *R an* ualente? reuulsa *B* 21 Fuit *R* capta *R* — 775. 1 ego *B*, *om. R rell.* 2. munimine iunco *R* caricsque *libri* 3 formicata *B* formata *R*, *alterutrum fere rell.; corr. Schrader.* conformata *Aldus* 4 Nutrior *B* Nutriui *R*, *alterutrum rell.* En *Ribb.* Nunc tuor *Scal. an* Haec *cl.* 774, 1; 3? magus et (*corr. m. sec.*) *B* sit *Vossius* ut *BR* nunc *Vossianus* 5 domũ *R* diumque *BR*
6 adulescens *B*, *om. R rell.*

Alter assidua colens diligentia ut herbae
Asper ac rubus a meo sint remota sacello,
Alter parua manu ferens semper munera larga.
10 Florido mihi ponitur picta uere corolla,
Primitus tenera uirens spica mollis arista,
Luteae uiolae mihi lacteumque papauer
Palantesque cucurbitae et suaue olentia mala,
Vua pampinea rubens educata sub umbra.
15 Sanguine [hanc] etiam mihi (sed tacebitis) aram
Barbatus linit hirculus cornupesque capella.
Pro quis omnia honoribus hoc necesse Priapo est
Praestare et domini hortulum uineamque tueri.
Quare hinc, o pueri, malas abstinete rapinas:
20 Vicinus prope diues est neglegensque Priapus.
Inde sumite: semita haec deinde uos feret ipsa.

776 B. M. —

Pallida mole sub hac Caeli est †iniuria saecli
    Antiquis sospes non minor ingeniis,
Et quo Roma uiro doctis certaret Athenis:
    Ferrea sed nulli uincere fata datur.

777 B. II 182. M. 834.

Vate Syracosio qui dulcior Hesiodoque

    7 diligencia *B*   8 ac rubus *Ribb.* aut rubus *B* a dumosa
R sit *B*   9 manu *om. R, alii* ferens sed semp *R* laga *B*
10 florida *B* ponit *R*   12 Luttee *B* Luctae *R* lacteumue *R*
13 Pallentesque *libri, corr. Heins.* suaueolencia *B*   15 Sanguinea, *omisso* hanc, *libri; corr. Muret.* etiam] et *B* tacebis
R arma *libri, corr. Muret.*   16 lini hircus *R* cornu//////pesque
(q *in ras.*) *B* cornipesque *rell.* capelle *R*   17 huic *Ribb.* hoc *libri* gratiam h. nunc *Buech.* priape *R* est *B, om. rell.*   18 uineam hortumque *R* que *om. B*   19 mala *B*   20 Vicimus *R* diues *om. R.* negligensque *B*   21 sumitte *R* semitam *BR. an* istuc?

    Sequuntur in libris Catalecta Vergiliana; post 5, 16 *in R legitur* 776 (*Ribb. p.* 49): 1 allide mage sub hec caeli est iniuria secli *R* (Callide *recentt.* hac *unus*). mole *et* Caeli *ego.. an* cinis est (en gloria saecli!!)? *an* iuuenilis et aetas? Fallit imago *Buech.* Crudelis magis hac quaenam est *coni. Ribb.*   2 sospes ego (i. e. dum sospes erat) hospes *R* ingenis *R. fragmentum uidetur Ribbeckio.* — 777. *Post Catalect.* 6, 12 *legitur in BR. recc.:* 1 sira scocio *B* siracusio *R*

Maior, Homereo non minor ore fuit,
Illius haec quoque sunt diuini elementa poetae
Et rudis in uario carmine Calliope.

B. II 202. M. 865

778

Tristia fata tui dum fles in Daphnide Flacci,
Docte Maro, fratrem dis inmortalibus aequas.

779

B. II 119. M. 109
Ribbeck. app. Verg.
p. 193

Vergilio adscriptum
Maecenas

Defleram iuuenis tristi modo carmine fata:
   Sunt etiam merito carmina danda seni.
Vt iuuenis deflendus enim tam candidus et tam
   Longius annoso uiuere dignus auo.
Inreligata ratis numquam defessa Charonis
   It redit in uastos semper onusta lacus.
Illa rapit iuuenes prima florente iuuenta,
   Non oblita tamen sera petitque senes.
Nec mihi, Maecenas, tecum fuit usus amici:
   Lollius hoc aegro conciliauit opus.
Foedus erat nobis nam propter Caesaris arma
   Caesaris et similem propter in arma fidem.
Regis eras, Etrusce, genus; tu Caesaris almi
   Dextera, Romanae tu uigil urbis eras.
Omnia cum posses tanto tam carus amico,

2 homero *R* minore ore *B* fuit *sic RB* 3 pota *B* 4 rudit *uulgo* carmina callipe *R*. — 778 *in R extat.* 1 ristia *R* 2 diis *R*. — 779. *Inscr. om. B* P. V. Maronis Elegia incipit *R* (Incipit mecenas uirgilii *Voss. 96 s. XV*) 2 eciam *B* danda//////seni *B* 3 enim *B* erat *R* eras *Heins.* et iam *R* eciam *B* 5 Charonis *Ribb.* Charontis *Kannegieter* carina *BR alii.* 6 it *cod. Basil. et rell.* 7 brima *corr. m. pr. B* 8 sero petit *Ribb.* sed repetit *libri* 9 Machanęas *B, corr. m.* 2 10 Illius *recc. nonnulli* ergo *libri, em. Heins.* 11 Fidus *libri, corr. Heins.* uobis *cod. Helmst., cod. Scaligeri* 12 et] it *B* 13 ethruce *R* alti *Heins.* 14 romana uuilgil *B* 15 tantus *R* clarus *BR* carus *recc.*

Te sensit nemo posse nocere tamen.
Pallade cum docta Phoebus donauerat artes:
 Tu decus et laudes huius et huius eras.
Vincit uulgares, uincit beryllus harenas,
 Litore in extremo quam simul unda mouet.
Quod discinctus eras (namque id prope carpitur unum),
 Diluitur nimia simplicitate tua.
Sic illi uixere, quibus fuit aurea uirgo,
 Quae bene praecinctos postmodo pulsa fugit.
Liuide, quid tandem tunicae nocuere solutae,
 Aut tibi uentosi quid nocuere sinus?
Num minus urbis erat custos et Caesaris opses?
 Nuncubi non tutas fecit in urbe uias?
Nocte sub obscura quis te spoliauit amantem?
 Quis tetigit ferro, durior ipse, latus?
Maius erat potuisse tamen nec uelle triumphos,
 Maior res magnis abstinuisse fuit.
Maluit umbrosam quercum nymphasque cadentes
 Paucaque pomosi iugera certa soli.
Pieridas Phoebumque colens in mollibus hortis
 Sederat argutas garrulus inter aues.
Marmora † Ninnei uincent monimenta libelli:
 Viuitur ingenio, cetera mortis erunt.

17 phebus *B* 19 *sq. delet Ribb.* uicit *R;* num Indus? uiridis ber. *Buech.* beritus *B* berithus *R* aranas *B* 20 littore *BR* quas *Voss.* 849 uomit *Barth.* 21 distinctus *B* disiunctus *R* namque id prope *Heins.* animo quoque *libri* Momo quod *Buech.* 22 diluitur *cod. Basil.* diluuii hoc *B* dilluuiũ hoc *R* nimiũ *R* uitae . . tuae *Heins.* 24 precintos *R* 25 Liuida *BR* quod *R* 26 tibi quid *B* quod *R* 27 careris *B* caesaris *R*, *rell.* carceris *Ribb.* obses *R* 28 Nunc tibi *B* Num tibi *R corr. Scal.* non] nũ *R* orbe *B* 29 oscura *B* uiolauit *R*. *Post* 30 *Ribbeckius u.* 39—56 *inserit.* 31 malus *B* posuisse *R, corr. m. 2* nec bis *B* 32 Maiores *B* 33 Malluit *R* quercum] que *B* nimphas *B* nymphas *rell.*, lymphas *Wernsdorf* canentes *R, alii* 35 phebumque *B* molibus ortis *R* 36 Sesup *B* 37 tnnnei *B* (*unde* minaei *et* minei *alii*) maeonii *R, alii.* Ninnei *ego, cl.* Maecen. *ap. Suet. uit. Horatii.* cygnei *Buech.* Smyrnaei *Scal.* qui et Marmorea Aonii. uincunt *R, all.* monumenta *R, all.*

Quid faceret? defunctus erat comes integer idem
 Miles et Augusti fortiter usque pius.
Illum piscosi uiderunt saxa Pelori
 Ignibus hostilis reddere ligna ratis;
Puluere in Emathio fortem uidere Philippi:
 Tam tunc ille tener quam grauis hostis erat!
Cum freta Niliacae texerunt laeta carinae,
 Fortis erat circa, fortis et ante ducem,
Militis Eoi fugientis terga secutus,
 Territus ad Nili dum fugit ille caput.
Pax erat: haec illos laxarunt otia cultus.
 Mollia uictores Marte sedente decent.
Actius ipse lyram plectro percussit eburno,
 Postquam uictrices conticuere tubae.
Hic modo miles erat, ne posset femina Romam
 Dotalem stupri turpis habere sui.
Hic tela in profugos (tantum curuauerat arcum)
 Misit ad extremos exorientis equos.
Bacche, coloratos postquam deuicimus Indos,
 Potasti galea dulce iuuante merum
Et tibi securo tunicae fluxere solutae:
 Te puto purpureas tunc habuisse duas.
Sum memor (et certe meministi) ducere thyrsos
 Brachia praepura candidiora niue.
Et tibi thyrsus erat gemmis ornatus et auro:
 Serpentes hederae uix habuere locum.

---

39 facere *B* integer *BR* impiger *recc. nonnulli*   40 Milles *R* fortis et *edd.*   42 hostiles *B*   44 Tam *B*] Quam *R, alii* nunc *B* quam *R*] tam *B all.*   45 leta *B* laeta *R* lata *codd. recc.*   46 circa *B* cura *R*   47 milites *B* fugientia *Heins.*   48 capud *B*   49 ac *B* illo *B* laxarant *BR* ocia *BR*   50 Omnia *libri, em. Buech.* uictoris *B* decet *RB*   51 liram *B* percusit *R*   52 posquã *R* turbe *B*   u. 55. 56. 53. 54 *Ribbeckius.*
53 ne] nec *B* foemīa *R*   54 strupri *B*   55 tentum *Heins.*
57 bache *B* posquã deuincimus *R*   60 hauisse *R*   61 meīnini sic (memini *erasum B, add. m. sec. in mg.) libri, em. Buech.* tirsos *B*   62 Bache *B* Bacchea *R* prae (uel *Burm.*) pura *Oud.* purpurea *libri* pampineos *Buech.*   63 tyrsus *B* geminis *B*

Argentata tuos etiam talaria talos
    Vinxerunt certe: nec puto, Bacche, negas.
Mollius es solito mecum tum multa locutus
    Et tibi consulto uerba fuere noua.
Inpiger Alcide, multo defuncte labore,
    Sic memorant curas te posuisse tuas;
Sic te cum tenera multum lusisse puella
    Oblitum Nemeae iamque, Erymanthe, tui.
Vltra numquid erat? torsisti pollice fusos,
    Lenisti morsu leuia fila parum.
Percussit crebros te propter Lydia nodos,
    Te propter dura stamina rupta manu.
Lydia te tunicas iussit lasciua fluentes
    Inter lanificas ducere † saepe suas.
Claua torosa tua pariter cum pelle iacebat,
    Quam pede suspenso percutiebat Amor.
Quis fore credebat, cum rumperet impiger infans
    Hydros ingentes uix capiente manu,
Cumue renascentem tereret uelociter hydram,
    Frangeret inmanes uel Diomedis equos,
Vel tribus aduersis communem fratribus aluum
    Et sex aduersas solus † in arma manus?
Fudit Aloidas postquam dominator Olympi,
    Dicitur in nitidum percubuisse diem
Atque aquilam misisse suam, quae quaereret ecquid
    Posset amaturo digna referre Ioui.

65 eciam *B* tallaria tallos *R*   66 bache *B*   67 tecum temulenta *Heins.*   69 Impiger *R*   70 potuisse *B* possuisse *R*   71 tenera *R* multum *B* tecum *R* laetum *Basil.* puellam *R*   72 obitũ *corr. m. sec. R* nemea *B* erimante *B* herimante *R u.* 79. 80. 73—78 *Ribb.*   73 ultro *B*   74 filia *sed corr. B*   75 percusit *R*   75. 77 lidia *B*   77 tunica *et* fluente *cod. chart. Petri Seruii* fouentes *BR*   78 pensa *Heins.* saepe *libri* (sepe *B*)   79 thorosa *R* tua *B*   81 cum iam premet *BR et fere rell., corr. Scal.*   82 hidros *B*   83 terret *BR* hidram *B*   84 immanes *R*   87 & aloidas *R* et oenidas *B et fere rell.* posquam *R* olimpi *B*   88 procubuisse *R*   89 misse *B* ecquis *edd.*   90 maturo *BR all.* signa *B all.* posse *R* digna *Heins.*

Valle sub Idaea tum te, formose sacerdos,
  Inuenit et presso molliter ungue rapit.
Sic est: uictor amet, uictor potiatur in umbra,
  Victor odorata dormiat inque rosa.
Victus aret uictusque metat, metus imperet illi,
  Membra nec in strata sternere discat humo.
Tempora dispensant usus et tempora cultus:
  Haec homines, pecudes, haec moderantur aues.
Lux est, taurus arat; nox est, requiescit arator
  Liberat et merito feruida colla boui.
Conglaciantur aquae: scopulis se condit hirundo;
  Verberat egelidos garrula uere lacus.
Caesar amicus erat: poterat uixisse solute,
  Cum iam Caesar idem quod cupiebat erat.
Indulsit merito: non est temerarius ille.
  Vicimus: Augusto iudice dignus erat.
Argo saxa pauens postquam Scyllaea relegit
  Cyaneosque metus iam religanda ratis,
Viscera dissecti mutauerat arietis agno
  Aeetis sucis omniperita suis.
His te, Maecenas, iuuenescere posse decebat.
  Haec utinam nobis Colchidos herba foret!
Redditur arboribus florens reuirentibus aestas:
  Ergo non homini, quod fuit ante, redit?
Viuacesque magis ceruos decet esse pauentes,
  Si quorum in torua cornua fronte rigent?
Viuere cornices multos dicuntur in annos:

91 ida eadum *libri* tum *Heins.* 92 prensum *Burm.* 93 pociatur *B* 95 metet *B* imperat *R* 96 menbra *B* 99 nox] ñ *B* 100 et] e *R, all.* 101 Cum glac. *Buech.* se condit] sedit *B* hyrŭdo *R* 102 etgelidos *libri* egelido *Ald.* ga///rrula, 11 *in ras., B* 105 merita *B* 106 uincimus *R* 107 posquam *R* scyllcia *R* scilleia *B* corr. *Salmas.* legit *libri, corr. id.* 108 cianeos *B* rates *B* 109 disiecti *BR. all.* dissecti *Leidensis, Ald.* mutauerit *B* mutarat *R,* agni *libri, corr. Ald.* 110 Aet//es, t *in rasura, B* Aetas et *R* succis *R* omne (omē *B*) perita *BR, corr. Salm.* 111 Iste *B* dicebat *B.* 113 reddit' *B* flores *BR* reuocantib; *R.* 115 que *om. B* ne *Heins.*

Cur nos angusta condicione sumus?
Pascitur Aurorae Tithonus nectare coniunx,
120   Atque ita iam tremulo nulla senecta nocet.
Vt tibi uita foret semper medicamine sacro,
  Te uellem Aurorae conplacuisse uirum.
Illius aptus eras croceo recubare cubili,
  † Et modo poeniceum rore lauante torum
125 Illius aptus eras roseas adiungere bigas
  Et dare purpurea lora regenda manu
Et mulcere iubam, cum iam torsisset habenas.
  Procedente die, respicientis equi. —
Quaesiuere chori iuuenem sic Hesperon olim,
130   Quem nexum medio soluit in igne Venus:
Quem nunc infuscis placida sub nocte nitentem
  Luciferum contra currere cernis equis. —
Hic tibi Corycium, casias hic donat olentis,
  Hic e palmiferis balsama missa iugis.
135 Nunc pretium candoris habes, nunc, redditus umbris:
  Te sumus obliti decubuisse senem.
Et Pylium fleuere sui ter Nestora canum:
  Dicebant tamen, hunc non satis esse senem.
Nestoris annosi uicisses saecula, si me

118 conditione *R*   119 aurora, *sed corr.*, *B* coniux *B*,
all.   120 ita] illi *R*   122 con] com *R*   123 *sq. in singulari
schedula manu diuersa, sed eiusdem aetatis B* cubilli *R*   124 *sq.
om. multi recc. et modo om. B* phoeniceo *B* punico *R* puniceo
rell. corr. Scal. leuante *R* thorum *B*   125 illius aptus eras (*cf.
u.* 123) *interpolata puto; nisi forte duae recensiones hic inter
se commiscentur*   126 Et *Francius* Tu *libri*.   125. 126: 1̣ *B
in mg.*   127 Et *scripsi* Tu *libri*   129 cari *R* Locri *Buech.*
iuuenum *Salmas.* ilum *B* illum *R rell.* olim *Scal.*   130 que *B*
nexum *BR all.* uexum *Voss.* 849 *chart.* uixdum *Ribb.* fouit
Heins.   131 Quae *R* Hunc tamen *Ribb.* in fusci *B* in fusi *R.*
in fuscis *alii. corr. Ribb. post* 132 *lacuna Burmanno.*   133 coritū
R narcissum *Oud.* olentes *R*   134 et *libri e Ald.*   135 Hō *B*
Hoc *Buech.* preciū *RB* imbris *R*   137 Et *Heins.* Te *B.* Ter *R,
rell.* Tam *Ribb.* pilium *BR* Pylii *Oud.*   138 que tamen; *om.*
hunc, *nonnulli*   139 annosa *BR, all.* uixissem *B* uixisem *R
et fere alii ed. Ascensiana*

Dispensata tibi stamina nente forent.
Nunc ego quid possum? tellus, leuis ossa teneto,
  Pendula librato pondus et ipsa tuum!
Semper serta tibi dabimus, tibi semper honores:
  Non umquam sitiens, florida semper eris.

B. II 120. M. 110
Ribbeck. app. V.
p. 202

780

Vergilio adscriptum

Sic est Maecenas fato ueniente locutus,
  Frigidus et iamiam cum moriturus erat.
'Mene' inquit 'iuuenis primaeui, Iuppiter, ante
  Angustum Drusi non cecidisse diem!
Pectore maturo fuerat puer, integer aeuo,
  Et magnum magni Caesaris illud opus.
Discidio uellemque prius' — non omnia dixit,
  Inciditque pudor, quae prope dixit amor.
Sed manifestus erat: moriens quaerebat amatae
  Coniugis amplexus oscula uerba manus.
'Sed tamen hoc satis est: uixi te, Caesar, amico
  Et morior' dixit; 'dum moriorque, sat est.
Mollibus ex oculis aliquis tibi procidet umor,
  Cum dicar subita uoce fuisse tibi.
Hoc mihi contingat: iaceam tellure sub aequa.
  Nec tamen hoc ultra te doluisse uelim.
Sed meminisse uelim. uiuam sermonibus illic:
  Semper ero, semper si meminisse uoles.

140 nempe *BR*, *rell.* 141 quod *BR* 143 odores *rell.*
honores *B* 144 unquam *R* siciens *B*
780. *A praecedente carm. separauit Scaliger.* 2 eciam
iam *B* 3 men inquid *B* pmeuicū *B* 4 angustum *B* angu-
stam *R* bruti *libri*, corr. *Francius* fidem *libri*, corr. *Heins.* 7
discedo *Leidensis* 8 puer quem *R* 9 Set *B* 11 Set *B*
si *rell.* mi *Ribb.* est *om. B* 12 satis *libri* sat est *Pithoeus*
(satis est *cod. Helmst. s. XV*). 13 *num* procidat? humor *libri*
u. 23—26. 13—22 *Ribb.* 16 Hec *B* potuisse *libri*, corr. *Heins.*
17 Set *B*

Hoc decet: et certe uiuam tibi semper amicus,
  Nec tibi qui moritur desinit esse tuus.
Ipse ego, quidquid ero, cineres interque fauillas
  Tunc quoque non potero non memor esse tui.
Exemplum uixi te propter molle beati,
  Vnus Maecenas teque ego propter eram.
Arbiter ipse fui; uolui quod, contigit esse:
  Pectus eram uere pectoris ipse tui.
Viue diu, mi care, senex pete sidera sero!
  Est opus hoc terris: te quoque uelle decet.
Sit secura tibi cum primis Liuia coniunx,
  Expleat amissi munera rupta gener;
Et tibi succrescant iuuenes bis Caesare digni
  Et tradant porro Caesaris usque genus.
Tum deus intersis diuis insignis auitis:
  Te Venus in proprio collocet ipsa sinu.

781

Vergilio adscriptum   B. M. —

Parce puer, si forte tuas sonus improbus aures
Aduenit infandum[que] audens exposcere munus.
Nam meminisse potes, seruata lege pudicos
Esse aliquos longumque diu tenuisse pudorem,
Sed postquam aurata delegit cuspide telum
Caecus amor tenuique offendit uulnere pectus,
Tum pudor et sacri reuerentia pectoris omnem

---

19 hoc *Ribb.*] et *libri* amicus *R* amare *B*   20 moritus *R*, *corr. m.* 2   21 quicquid *RB*   22 quoque] ego *R* non *ex* nunc *B*   *u.* 23—26 *in singulari schedula eadem manu qua praecedentis elegiae u.* 123 sq. *additi B*   23 beate *libri* beati *Salm.*   24 arbitror *R* tui *Heins.* uoluit *libri, corr. Ald.*   27 mihi *R* sydera *R.*   *u.* 31. 32. 29. 30 *sic transposuit Ribb.*   31 tibi securo *Voss.* 849. quam *B* cum *R* primum *libri, corr. Heins.* coniux *B* coniūx *R*   29 sucrescant *R*   33 tum *Wernsdorf* cum *libri* in terris *libri, corr. Ribb.*   34 in patrio *libri* (imp̄rio *Voss.* 96) ipsa] alma *R. Finit elegia uirgilii maronis in mecenatē inuēta ab HENOC in dacia Voss.* 96 *ei fere Vatic.* 3269. — 781 *ineditum ni fallor.* P. M. Virgilii ad puerum *R. In B carmen deest.*   2 que *add. Buech.*   5 posq̃ *R u.* 6—7 *omissi, sed signo addito in ima pag. additi sunt.*

Labitur in noxam: dolet heu sic uelle, stupetque
Flammigeros 'motus, et tandem cogitur ipsi
Succubuisse deo et genua inclinasse tyranno.
Quare age, care puer, cuius modo forma decorque
Ingeniumque ferax omni probitate sacroque
Pieridum cultu renitens et Palladis arte
Vexant peruigili semper mea pectora flamma:
Da precor auxilium atque ignem lenito furentem!

B. II 67. M. 757   782

VERGILII

Iuppiter in caelis, Caesar regit omnia terris.

8 in noxam] inoxam *R*   9 flamigeros *R* ipi *R*   10 suc-
cūbuisse *R* tyrāno *R*   15 furetem *R*
782. Vergilius de Caesare *R*. *Extat etiam in cod. Florentino 91, 19 saec. XV p. 1 sine titulo post Vergilii c. 257.*
terris *R* mundo *Flor.* — *Sequuntur in R c. 663 et 160: utrumque Vergilio olim adscriptum.*

CARMEN
CODICIS GVELFERBYTANI GVDIANI 166

783
Aemilii Probi?

B. M. —

Vade, liber noster, fato meliore memento;
  Cum leget haec dominus, te sciat esse meum.
Nec metuas fuluo strictos diademate crines,
  Ridentes blandum uel pietate oculos.
5 Communis cunctis hominem sed regna tenere
  Se meminit: uincit hinc magis ille homines. —
Ornentur steriles fragili tectura libelli:
  Theudosio et doctis carmina nuda placent.
Si rogat auctorem, paulatim detege nostrum
10 Tunc domino nomen: me sciat esse Probum. —
Corpore in hoc manus est genitoris auique meaque:
  Felices, dominum quae meruere, manus!

783 *exhibeo ex Nepotis ed. Rothiana p.* 146. Versus Probi Emilii *Vatic.* 3170 *saec.* XV *init.* Versus Emylii Probi *Angelicus S.* IV. 12 *saec.* XV *init. Inscr. om. G* (*Guelferb. s.* XII), rell. (*saec.* XV; ϛ = *omnes uel plures, i = unus uel pauci*). Nil noui *Caroliruhensis N.* 36 *k. ab Holdero collatus affert.*
  1 Vale *i* nostri *cod. Parcensis*   2 legat *G* legit hic *i*   3 Nec *G i* Ne ϛ   5 Communem *i* tenera *i*   6 Sed *i* Sic *i* hic *uel*
                  i
hunc *i*   7 ornetur ϛ steriles *i* graciles *i* facilis *Sauaron.* lectura *i. Fort.* Ornetur sterilis fragilis t. l.   8 Teodosio *i. puto a doctis carmina iuncta uel facta.*   9 Sic ϛ   11 maius *i* genitoris *G i* genetricis, genitricis ϛ meaque *G i* meique ϛ meaeque *i*   12 felicis *i* quem *i* emeruere *Nipperdeius*
  Aemilii Probi de excellentibus ducibus exterarum gentium liber explicit *G et fere i; om. i.*

CARMINA
CODICIS MEDICEI 76, 20

B. M. —
784

Tullius expertos cupiens componere mores
Edidit hos libros, appellans Officiorum.
Quo solo ferus est furor extinctus Catilinae.
Consilio superum custos directus ad urbem,
Lux orbis patriaeque salus, mens tota senatus,
Hic plus sole micat, cruciatus propter honestum.

785

B. M. — *Augustino tributum*

Excedunt cunctos hi libros philosophorum
Libri quos fecit tres Tullius Officiorum.

    $M = $ cod. Med. 76, 20 saec. XII. $N = $ cod. Med. 76, 21 s. XIII. $O = $ cod. Med. 76, 18 s. XV. $P = $ cod. Med. 90, 68 s. XV (in quo quinque uersiculi eius qui anno 1264 archetypum scripsit praecedunt). Bandinium catalog. tom. III sequor. Extant et in Gothano 38 a. 1430 scripto. 784 in MO (in quo 785 ante 784) P. 1 esperios P experios O experiens M 3 strus O extinctus furor MO catelinae O 4 derctos O delectus *Buech*. 5 que *om.* P salus patriae O sola O 6 Sic OP.
    785 in MNO. 'Hos duos uersus ut fertur de Ciceronis L. composuit Augustinus' *Petrarcae manus in M*. 'Agustinus ait' *post c.* 785. 784 O. 1 Excellunt libros (dicta O) cunctorum ph. NO 2 Hi quos composuit tr. N.

CARMEN
CODICIS VINDOBONENSIS 2521

786   B. III 177. M. 1538

Hermaphroditus

Cum mea me mater grauida gestaret in aluo,
  Quid pareret, fertur consuluisse deos.
Phoebus ait 'puer est', Mars 'femina', Iuno 'neutrum':
  Iam, qui sum natus, Hermaphroditus eram.
5 Quaerenti letum dea sic ait ' occidet armis,'
  Mars 'cruce', Phoebus 'aqua'. sors rata quaeque fuit.
Arbor obumbrat aquas; conscendo, labitur ensis

---

786. Ermafroditus *V* (*Vindob.* 2521 *olim* 281 *saec. XII qui Hildeberti Marbodique carmina multa continet, fol.* 35 *r.*)
  Inscr. om. *H* (*Parisinus* 7596 *A saec. XIII fol.* 164 *v., inter Hildeberti carmina*), *P* (*Parisinus* 8761 *saec. XIII, Hildeberti aliorumque carmina continens*). *Sed tamen tale carmen ab Hildeberto alienum et uere antiquum esse uidetur. Dicitur in cod.* 115 *saec. XI—XII extare S. Audomari* 'De quodam promiscuo' *inter Hildeberti et Odonis opuscula.* Pulici de Custozza, *qui tamen uixit saec. XIV, post Politianum multi tribuerunt. Antonius Panormita quasi proprium sibi uindicauit:* Antonius de ortu suo. s. Pandōmita ut sup̄ *Parisinus* 8413 *saec. XV fol.* 46 *v.* (= *p*). *Versus Panormitae al'pulex poetae antiqui Gothanus IV* 1047, *cum* ϛ *consentiens.* Pulex de ortu atque obitu hermafroditi *codex Panormitae Mediceus* 33, 23 *saec. XV.* 1 Dum *H* genitrix grauido *pϛ* (*i. e. lectio uulgata*) aruo, *sed corr. m. pr.*, *P* 2 consilüisse *p* 3 pheb' *P* ppebus *H* Mas est, phebus ait *pϛ* Iunoque *pϛ* 4 Iam qui *VH* Ex quo *P* Cumque (Quocumque *p*) forem *pϛ* ermafroditus *VHP* hermo fronditus *p* 5 dea] Iuno *p Goth.* 6 phebus *libri* aquis *V* aqua *HP* aquis *pϛ* q̃; fuit *P.* sor q̃q̃ raptaᵗᵃ fuit *p* 7 cōscēdo *V* ascendo *rell.* lab.] decidit *pϛ*

Quem tuleram, casu, labor et ipse super.
Pes haesit ramis, caput incidit amne, tulique
   Vir mulier neutrum flumina tela crucem.
Nescio quem sexum mihi sors extrema reliquit;
   Felix, si sciero, cur utriusque fui.

9 hesit *Hp* capud inedit *p* anne *Hp* annē *P*   10 Vir mulier *VH* Femina uir *Pp*ϛ   11. 12 *habet P, om. rell.*   11 m̅ *P*. — *Ex V adscribam* Tristicon de oppositis signis (*fol.* 141 *r.*): Mergitur Hāmonis Libra, Tauri Scorpius ortu, At Geminos fugit Arcitenens, Cancrum Cap̄corn'. Hinc Leo pellit aquas fūdentē Virgoq; Pisces. *cf. c.* 677.

CARMINA
ALIORVM SAECVLI XII—XIII CODICVM

787
B. II 172. M. 833

Cum foderet gladio castum Lucretia pectus,
  Sanguinis et torrens egereretur, ait:
'Testes procedant, me non fauisse tyranno,
  Sanguis apud Manes, spiritus ante deos.'

788
B. II 173. M. 254

Maeonium quisquis Romanus nescit Homerum,
  Me legat et lectum credat utrumque sibi.

787. *Dedi ex Valentiano* 145 *saec. XII fol.* 12 *r. Citatur ab Ottone Frisingensi chronic.* II 9, *ubi* 3 Procedant testes. 'Ouidii Nasonis' *Aldus, ms. Fabricii.* 'Romae in Lucretiam uirginem' *C* (*cod. Cyriaci*). Epitaphium Lucretae Romane *Par.* 8413. 1 Dum *Par.* gladio *V*, *cod.* M(*ediceus*), *C* ferro *cod.* Mo(*roni*) *Ald., Par.* tenerum *M* 2 sanguis *Par.* et *V Par.* hinc *MMo* ut *Scaliger* egrederetur *Mo Aldus Otto* egrediatur *M* egredietur *C, Paris.* 8413 *s. XV.* 3 Accedant testes *Par.* tirampno *Par.* Testetur cunctis, me non uiolasse pudorem, *Aldus. Dedi ex VMMoC.* 4 Ante uirum sanguis *rell. praeter V. post* 4: 'Quam bene producti pro me (pro me mea *Mo*) post fata loquentur Alter apud Manes, alter apud superos' *CMo* 'ex eodem lapide', *Scaliger;* om. *VM, Aldus, Fabricius, cod. Cassell. philol.* 4, 17 *anni* 1462, *Paris.* — Alit pro alter bis *C*. — 788. *In cod. Mediceo* 39, 23 *saec. XII extare Bandinius testatur.* Vergilius de se ipo *R*(*ehdigeranus*) Alcimi *uel* Alcinoi *codex Barthii.* Virgilius de se *cod. Huydecooperi* Virgilius in laudem Homeri *cod. G. Vossii.* 1 Mellifluum *cod. G Vossii* Romanum *idem et Hamburgensis Vergilii* 2 utruq, *R*

Illius inmensos miretur Graecia campos,
    At minor est nobis, sed mage cultus ager.
Non miles, pastor, non curuus defit arator;
    Haec Grais constant singula, trina mihi.

B. M. — 789

EVCLERII

O pater omnipotens, celsi dominator Olympi,
O terrae pelagique sator, qui sedibus olim
Missus ab aethereis, humano corpore nasci
Non indignatus, caedis cruciatibus atrae
Mortales auidi rapuisti e faucibus Orci,
Dirige uela precor; curuo diducere rectum
Densaque Romulei dignoscere iura senatus
Ingenio permitte meo. qua luce reperta
Fas mihi sit populo reserata resoluere iura
Atque inter nebulas legum dignoscere causas.

B. III 145. M. 939 790

Lingua breuis, breuitate leuis, leuitate mouetur,
    Mobilitate loquax, garrulitate nocens.

3 miretur *Hamb.* miratur *R*, *uulgo*   5 est] haec *Hamb.* mage *Ascensius*, *cod. Barthii* bene *R*, *uulgo*   5. 6. om. *Gothanus*   5 Hic tibi nec pastor nec curuus deerit arator *R* defit *Voss.*   6 grais *R* Graiis *uulgo* terna *Huyd.* — 789. *In codice Claudiani Petauiano saec. XII—XIII* (cf. *Claud. ed. Burman. p.* 707. 741 *sq.* 1006) *N. Heinsius hoc carmen post Claud. epigr.* 45 *manu rec. scriptum in mg. inuenit. Euglerius comes inscr. Pet.* 6 precor *Heins.* tuo *Pet.* deducere *id.* — 790. *In codice quodam saec. XIII multos tales lusus continente se inuenisse Duebnerus* (ztsch. f. allerth. p. 1 sqq.) *narrat.* 'Recens' *Mey. fort. medii aeui.*

CARMEN
CODICIS PARISINI 4126

791
PATRICII
B. M.

Plurima mira malum signantia signa futurum
Siue bonum dederat clemens deus arbiter orbis,
Vt terreret eos, quos illa uidere uolebat.
Omnia paene loca, quibus haec iam sacra fuerunt,
5 Tempora cuncta simul breuitas intenta reliquit.
Tres simul in caelo uisi sunt currere soles;
Terribilem quaedam tellus effuderat ignem;
Maxima pars noctis fulgebat luce diei;
Ecce lapis cecidit de caelo magnus in amnem;
10 Circulus et solem circumdedit aureus altum.
Agnus in Aegypto mirum fuit ore locutus;
Bos loquitur Romae simulanti uoce prophetam:
'Copia farris erit nobis hominesque peribunt.'
Spicas turba hominum iam uidit in arbore natas;

791. Incipit de diūsis signis et ₚdigiis mūdi q̄ fecit deus ut tẽret hoīes q̄ descripsit scs patritius yb'nie (*i. e.* Hiberniae) ep̄. *P saec. XIII fol.* 12 *r.* 1 signācia *P* futūm *P* 2 ded'at demēs *P* orb' *P* 3 tert *P* uolelnt *P* 4 h^c *P* sc̃a fuer *P* transacta *puto* 5 Tēpa *P* (*sic ubique*) b^euitas *P* intacta *Buech.* r̃liq¹ *P* 6 siml' *P* s̃t cr̃er *P* currere *ego* 7 q̄dā *P* 9 ĩam^pnē *P* 10 Eñrs *P* . 11 egypto mĩr *P* 12 simulāt uoce p̄phē *P* 14 ība hoīm *P*

Anthol. lat. I, 2

Panibus abrasis sanguis quoque fluxit habunde
Coram conuiuis, quos signum terruit illud;
Bos peperit dudum in lectis conuentibus agnum.
Armatas multis acies equitesque diebus
Aëre pugnantes crudeliter arma mouere
Ante quidem ciues uiderunt tempora belli.
Natus equus fuerat totus homo tempore nostro
Atque ore hinnitum faciens quoque moris equini,
Tam comedens fenum, quam panem et cetera edebat;
Natus erat duplex homo uiuens tempore longo
Quadrimanus bipes atque biceps et pectore bino,
Atque duas animas unum uentremque gerebat.
Quorundam pars posterior noua uerba sonabat.
Tunc mirabiliter cantans modulamina quaedam
Vox auis audita est dicentis talia uerba:
'Mane nouo surgens dominum laudabo potentem.'
His ita prodigiis signisque per omnia dictis

. . . .

B. M. —   792

Tres sunt fatales quae ducunt fila sorores:
Clotho colum baiulat, Lachesis trahit, Atropos occat.

15 Paĩbı ab¹asis sāgs q₃ *P* auulsis *Buech.*   16 ɔiuius *P*
tuit *P*   17 pcpt *P* l⁷tis cuentib; *P: nescio num emendauerim*
19 Aer̊ pūgnātes *P* mouere *ego* in ouͤe *P*   20 Aū qd' *P* uid⁷ũt
P   21 eq fuͧat tot' hõ *P* corpore n. *Buech.*   22 ore *Buech.*
hoĩe *P*   23 q̃ *P* ʒ ceta edant *P* lauta *Buech.*   24 niuēs *P*,
em. *Buech.*   25 et] ʒ *P*   26 aĩas *P* uettēq̇; gelat *P*   27 ps
P nona ula souabat *P*   28 Tuut mirabilr̃ cãtãs modiaĩa q̃dã
P   29 Nox auĩs *P* ula *P*   30 dominum *ego* dm̃ti *P*   31
Hiis *P* sigĩs *P. mutilum est. Quantum potui, carmen ineditum
(ni fallor) emendaui.*

792 *fol.* 104 *r.*   2 cloto *P. cf. c.* 991, 6 *Mey.* — *fol.* 103
v. hi uersus extant: En ego rex Macedum genitus de rege
Philippo | Post Darii (derii *P*) mortem uictor in orbe ma-
nens | Multos deuici ueniens huc usque triumphans, | De quo
sit testis ista columpna michi.

CARMINA
CODICIS PARISINI 3761

793
De Ioue et Neptuno et Plutone B. I 3. M. 561

Iuppiter astra, fretum Neptunus, Tartara Pluto
  Regna paterna tenent, tres tria, quisque suum.

794 B. M. —

Conquerar an sileam? monstrabo crimen amicae
  An quasi iam sanus uulnera nostra tegam?
Non queror aut molles oculos aut aspera crura
  Nec uitio quouis exteriora premo:
5 Quod queror, est animi! laudaret cetera liuor:
  Verba fide, uitiis lubrica forma caret.
Illa decem menses mecum feliciter egit
  Gratis in amplexus docta uenire meos:
Aemulus ecce meus gemmis male fisus et auro
10 Hanc petit, ingeminat munera, flectit eam.
Muneribus uicit, quamquam natura †lisusus
  Praeter flagitium nulla dedisse sibi.
Thersiten gerit in facie, gerit intus Oresten:
  Pulcrior iste tamen, mitior ille fuit.
15 Non prius incurrit leuiores ille reatus
  Nec gradibus certis destitit esse bonus,

P = codex saec. XIII. 793. *fol.* 65 *P*   1 Iupit̃ *P*. — 794. *fol.* 67 *P. ineditum.* 1 C *om.* P cui̇̃ *P*   3 Non] H̅ *P*   5 Qd' *P*
8 Suauis *puto*   10 mitua *P*   11 qm̃ natalis usus *P. num ui-
detur?*   12 p̄ ĩ *P* dēd'e sibi *P*   13 t̃sitẽ *P* faciẽ *P* horestẽ
P   14 tũ *P tamen Buech.*   15 ñ pus incrit *P*   16 c̃tis *P*

Sed simul omne nefas auso puerilibus annis
　　Iam praeter facinus nulla licere putat.
Turpis atrox exlex naturae crimen et hostis
　　In luctu ridet, flet nisi flenda uidet.
Sufficit exemplis totum corrumpere mundum,
　　Sufficiunt sceleri nomina nulla suo,
Quippe tot illicitis famam lacerare laborat,
　　Vt nulla redimi laude uel arte queat.
Et talis placuit? quid honesti uidit in illo,
　　Quem iam nulla sequi praeter honesta pudet?
O nunquam placuit! dignusne placere puellae est,
　　Qui non exitio sed cruce dignus erat,
Lapsus in excessus tantos, ut nulla putares
　　Deteriora fide uel potiora dolis?
Cui placeat letale nefas, cui dedecus orbis,
　　Cui tam terribilis larua pudorque patris,
Qui non tam locuples rebus quam pauper honesto
　　Et minus infamis quam uitiosus erat?
Crimen opes redimunt, reus est crucis omnis egenus,
　　Et laudes hominum pensat aceruus opum.
Hic quoque nec uita nec nobilitate parentum
　　Nec specie placuit, sed quia diues erat.
Diuitiis animum tenerae turbauit amicae
　　Diuitiisque patent ostia crura sinus.
Iam nec pura fides nec largi gratia sensus
　　Nec probitas morum nec bona fama iuuat:
Aurum sinceras solitum praeuertere mentes
　　Mortales animos in scelus omne uocat.
Aurum dum speret, nil iam negat Hectoris uxor,

17 S; P pueribib; P　18 Ia˜ p̄t P　19 Tpis P´ nate cn̄i ᵘ ¹
P　21 tot̃ P　22 ſtio P　23 formam P　25 E τ̃τ P Et talis
(tantus?) ego Et dominae Buech. honesti Buech.] in isto P
26 Q̃m P　27 o n̄ri quam placuit digitusne placere puest P,
em. Buech. 29 ut] ů P putaret⸌ P　31 Epliacuit P nephas c̃
P　32 c̃ ᶜˡ P　33 qn̄i ᵘ paup P　34 Et] Nec? uicios P　37
q; ᵒ P　38 spé P　40 hostia P　41 larga gt̃ia P

Iam populo iungi sustinet asse dato.
Dona truces animos et uerba seuera relaxant:
   Penelope donis altera Thais erit.
Sed iam Thais erit Iunone seuerior ipsa,
50   Si nullas habeat pauper amator opes.
Vos igitur iuuenes, quos nondum feruor amoris
   Attigit, illarum laudo cauere dolos.
Nam licet uratur, tamen in complexibus ipsis
   Quaeque salictores quaerit habere nouos.
55 Protea multiplicem ualet ars retinere, sed illas
   Quin elabantur, † nil retinere nequit.

795   B. M.—

Lumina colla genae flaui flexura capilli
   In Ganymede suo flamma fuere Ioui.
Iuppiter in puerum quaerens sibi pauca licere
   In puero statuit cuncta licere deus.
5 Oblitusque poli curas et murmura diuum
   Et linguam laesae coniugis atque Iouem
Iliacum tulit ad superos, ad sidera sidus,
   Et se tunc tandem credidit esse deum.
Vtque puer pellex uisu tactuque liceret,
10   Oscula nocte Ioui, pocula luce dabat.

796   B. M.—

Ad cenam Varus me nuper forte uocauit:
   Ornatus diues, paruula cena fuit.
Auro, non dapibus decoratur mensa; ministri
   Apponunt oculis plurima, pauca gulae.
5 Tunc ego 'non oculos sed uentrem pascere ueni:
   Vel tu pone dapes, Vare, uel aufer opes.'

797   B. M.—

Graecinum uirgo, puerum Graecinus amabat
   Et puer in sola uirgine captus erat.
Tunc dedit hanc puero Graecinus, se puer illi
   Et fruitur uoto uirque puerque suo.

---

50 hât putè P 51 Vos g̍ P 52 atigit P 53 tũ in P 55
ꝓthea P ualet *Buech.* solet P   56 qui uel abũtur P, *em. Buech.*
nil P uis *uel* heu *conicio.*— 795. 2 ganimede P 9 placeret *Buech.*

CARMEN
CODICIS PARISINI 7461

B. M. — 798

Signifer aethereus, mundus quo cingitur omnis,
Astra tenens tantum seseque mouentia septem;
Cetera nam proprio stant semper in ordine fixa.
Saturni sidus summa concurrit in arce
Ter denoque suus completur tempore cursus.
Inde Iouis cursus bis senis uoluitur annis.
Sic Mars quingentis rubens quadraginta diebus.
Ast uno Solis completur circulus anno,
Trecentis Venus octo et quadraginta diebus,
Mercurius centum triginta nouemque diebus.
Bis denis septemque diebus Luna peragrans
Octo horisque simul proprium sic conficit orbem.

798. *P = codex saec. XIII, ubi teste Orellio post c. 486,
97 ante v. 110 eius carminis legitur.* 2 *puto* tenet *et* sese
remouentia 7 Hinc *puto* quadringinta *P. De Marte Venere
Mercurio falsa narrantur.* 11 Bis senis septem atque duobus *P* sic] *num* sibi?

CARMINA

CODICVM RECENTIVM

FABVLAE
CODICIS PEROTTINI

[FABVLAE AESOPIAE]
799
Simius et uulpes
(Auarum etiam quod sibi superest non libenter dare)

Vulpem rogabat partem caudae simius,
Contegere honeste posset ut nudas nates;
Cui sic maligna: 'longior fiat licet,
Tamen illam citius per lutum et spinas traham,
Quam partem quamuis paruam impertiar tibi.'

800
Auctor
(Non esse plus aequo petendum)

Arbitrio si natura finxisset meo
Genus mortale, longe foret instructius;
Nam cuncta nobis attribuisset commoda
Quaecunque indulgens Fortuna animali dedit:
Elephanti uires et leonis impetum,
Cornicis aeuum, † gloriam tauri trucis,

$V = Vaticanus$, $N = Neapolitanus$ codex; $P = uterque$.
cf. praef. Lacunas libri N non significo.
799, 4 num potius? sic et Buech.   5 Quam tibi impartiar paruam quamuis partem P, transp. Cassittius. — 800, 4 Fortuna indulgens P, transp. Lemaire   6 cornicis Maius corpus in P gloriam Buech. confert Plin. H. N. VIII 181.

Equi uelocis placidam mansuetudinem,
Et adesset homini sua tamen sollertia.
Nimirum in caelo secum ridet Iuppiter,
Haec qui negauit magno consilio hominibus,
Ne sceptrum mundi raperet nostra audacia.
Ergo contenti munere inuicti Iouis
Fatalis annos decurramus temporis
Nec plus conemur quam sinit mortalitas.

801
Mercurius et duae mulieres
(De eodem alia fabella)

Mercurium hospitio mulieres [olim] duae
Illiberali et sordido receperant,
Quarum una in cunis paruum habebat filium,
Quaestus placebat alteri meretricius.
Ergo ut referret gratiam officiis parem,
Abiturus et iam limen excedens ait
'Deum uidetis; tribuam uobis protinus,
Quod quaeque optarit.' mater suppliciter rogat,
Barbatum ut uideat natum quam primum suum;
Moecha, ut sequatur sese, quicquid tetigerit.
Volat Mercurius, intro redeunt mulieres.
Barbatus infans ecce uagitus ciet:
Id forte meretrix cum rideret ualidius,
Nares repleuit humor, ut fieri solet.
Emungere igitur se uolens prendit manu
Traxitque ad terram nasi longitudinem
Et alium ridens ipsa ridenda exstitit.

802
Prometheus et Dolus
(De ueritate et mendacio)

Olim Prometheus seculi figulus noui
Cura subtili Veritatem fecerat,

801, 1 olim *add. Cassittius*   5 par *P*   8 supplicat *N*
13 quum *P ubique* ridet *P* Id cum forte meretrix *P, transposui*   802. 1 noui figulus *P, em. Cassittius*   2 Creta *N*

Vt iura posset inter homines reddere.
Subito accersitus nuntio magni Iouis
5 Commendat officinam fallaci Dolo,
In disciplinam nuper quem receperat.
Hic studio accensus facie simulacrum pari
Vna statura simile et membris omnibus,
Dum tempus habuit, callida finxit manu.
10 Quod prope iam totum mire cum positum foret,
Lutum ad faciendos illi defecit pedes.
Redit magister, quo †festinante Dolus
Metu turbatus in suo sedit loco.
Mirans Prometheus tantam similitudinem
15 Propriae uideri uoluit artis gloriam.
Igitur fornaci pariter duo signa intulit,
Quibus percoctis atque infuso spiritu
Modesto gressu sancta incessit Veritas;
At trunca species haesit in uestigio.
20 Tunc falsa imago atque operis furtiui labor
Mendacium appellatum est; quod negantibus
Pedes habere facile ipse consentio.

803

Auctor

(Nihil diu occultum)

. . . .

Simulata interdum uitia prosunt hominibus,
Sed tempore ipso tamen apparet ueritas.

804

Auctor

(Sensum aestimandum esse, non uerba)

Ixion quod uersari narratur rota,
Volubilem fortunam iactari docet.
  Aduersus altos Sisyphus montes agit

12 festinanter *Bothius*   22 facilius cons. *Buech.* et ipse assentio *puto*. — 804, 1 quod *V* qui *N* . actat .. *N*   2 fortuna *N*

Saxum labore summo, quod de uertice
Sudore semper irrito reuoluitur:
Ostendit hominum sine fine [esse] miserias.
   Quod stans in amne Tantalus medio sitit,
Auari describuntur, quos circum fluit
Vsus bonorum, sed nil possunt tangere.
   Vrnis scelestae Danaides portant aquas
Pertusa nec complere possunt dolia:
Immo, luxuriae quicquid dederis, perfluet.
   Nouem porrectus Tityos est per iugera,
Tristi renatum suggerens poenae iecur:
Quo quis maiorem possidet terrae locum,
Hoc demonstratur cura grauiore adfici.
   Consulto inuoluit ueritatem antiquitas,
Vt sapiens intellegeret, erraret rudis.

805
Auctor
(De oraculo Apollinis)

Vtilius nobis quid sit, dic, Phoebe, obsecro,
Qui Delphos et formosum Parnasum incolis.
Quid o sacratae uatis horrescunt comae?
Tripodes mouentur, mugit adytis religio,
Tremuntque lauri et ipse pallescit dies.
Voces resoluit icta Pytho numine:
'Audite, gentes, Delii monitus dei.
Pietatem colite, uota superis reddite,
Patriam parentes natos castas coniuges
Defendite armis ferroque hostem pellite,
Amicos subleuate, miseris parcite,
Bonis fauete, subdolis ite obuiam,
Delicta uindicate, † castigate impios,
Punite turpi thalamos qui uiolant stupro,

   6 esse *add. Zell.*   9 nihil *V*   10 scelestas *P, em. Mai.*
12 imo *N*   14 Tristis *P* pene *N*   15 quis *Cass.* quisque *P* 18
intelligeret *P.* — 805, 3 Quando *Iannellius* o *om. N*   6 ·cta
N Pythia *Cass.* Phyton *P, em. Buech.*   10 hostem ferroque *P,
transposui* hostem ferro *Cass.*   13 castigate *P* cohibete *Cass.*

Malos cauete, nulli nimium credite.'
Haec elocuta concidit uirgo furens.
Furens profecto: nam quae dixit perdidit.

806

Aesopus et scriptor

(De malo scriptore se laudante)

Aesopo quidam scripta recitarat mala,
In quis inepte multum se iactauerat.
Scire ergo cupiens quidnam sentiret senex
'Numquid tibi' inquit 'uisus sum superbior?
Haud uana nobis ingeni fiducia est.'
Confectus ille pessimo uolumine
'Ego' inquit 'quod te laudas uehementer probo,
Namque hoc ab alio nunquam continget tibi.'

807

Pompeius Magnus et eius miles

(Quam difficile sit hominem nosse)

Magni Pompei miles uasti corporis
Fracte loquendo et ambulando molliter
Famam cinaedi traxerat certissimam.
Hic insidiatus nocte iumentis ducis
Cum ueste et auro et magno argenti pondere
Auertit mulos. factum rumor dissipat,
Arguitur miles, rapitur in praetorium.
Tum Magnus 'quid', ait 'tune me, commilito,
Spoliare es ausus?' ille continuo exscreat
Sibi in sinistram et sputum digitis dissipat.
'Sic, imperator, oculi exstillescant mei,
Si uidi aut tetigi.' tum uir animi simplicis
Id dedecus castrorum propelli iubet

---

16 eloquuta *N*. — 806, 4 inquit sum tibi uisus *P; transp.*
Cass. et ego 5 ingenii *P*. — 807, 1 Pompeii *P, sed cf.* 806,
5. 807, 31. 8 ais *P* ait *Bothe*

Nec cadere in illum credit tantam audaciam.
Breue tempus intercessit, et fidens manu
Vnum e Romanis prouocabat barbarus:
Sibi quisque metuit, primi mussarunt duces.
Tandem cinaedus habitu sed Mars uiribus
Adit sedentem pro tribunali ducem
Et uoce molli: 'licet'? enimuero eici
Vt in re atroci Magnus stomachans imperat.
Tum quidam senior ex amicis principis
'Hunc ego committi satius fortunae arbitror,
In quo iactura leuis est, quam fortem uirum,
Qui casu uictus temeritatis te arguat.'
Assensit Magnus et permisit militi
Prodire contra, qui mirante exercitu
Dicto celerius hostis abscidit caput
Victorque rediit. His tunc Pompeius super:
'Corona, miles, equidem te dono libens,
Quia uindicasti laudem Romani imperi.
Sed exstillescant oculi sic' inquit 'mei',
Turpe illud imitans ius iurandum militis,
'Nisi tu abstulisti sarcinas nuper meas.'

808
Iuno, Venus et gallina
(Aduersus mulieres)

Cum castitatem Iuno laudaret suam,
Iucunditatis causa non repulit Venus,
Nullamque ut affirmaret esse illi parem,
Interrogasse sic gallinam dicitur:
'Dic sodes, quanto possis satiari cibo.'
Respondit illa: 'quidquid dederis, satis erit,

15 manu fidens *P*, em. *Iann.* 16 e *Orell.* de *V; euan.*
in *N* 17 mussant *P*, em. *Buech.* mussitant *Orell.* 20 eum
uero *puto* eiici uirum *P;* uirum *deleui, ad* 21 *trahit Zell.* 28
hosti *P* 29 redit *P* tum *N* 30 militis *P*, em. *Cass.* 31 Quia
V Quod *N* imperii *P*. — 808. De mulierum libidine *N* 1
Quum *P* 2 Iocum agitandi *Orell.* causam *Iann. fort. recte*
repellit *P* reppulit *Iann.* 3 N////l////que *N* sibi imparem *Orell.*
5 posses *V* possis *N*

Sic ut concedas pedibus aliquid scalpere.'
'Ne scalpas' inquit, 'satis est modius tritici'?
'Plane, immo nimium est: sed permitte scalpere.'
'Ex toto, ne quid scalpas, quid desideras?'
Tum denique illa fassa est naturae malum:
'Licet horreum mihi pateat, ego scalpam tamen.'
Risisse Iuno dicitur Veneris ioco,
Quia per gallinam denotauit feminas.

809

Paterfamilias et Aesopus

(Quomodo domanda sit ferox iuuentus)

Paterfamilias saeuum habebat filium.
Hic e conspectu cum patris recesserat,
Verberibus seruos afficiebat plurimis
Et exercebat feruidam adolescentiam.
5 Aesopus ergo narrat hoc breuiter seni:
    Quidam iuuenco uetulum adiungebat bouem.
Is cum refugiens impari collo iugum
Aetatis excusaret uires languidas,
'Non est quod timeas' inquit illi rusticus;
10 'Non ut labores, facio, sed ut istum domes,
Qui calce et cornu multos reddit debiles.
Et tu nisi istum tecum assidue detines
Feroxque ingenium comprimis clementia,
Vide ne querela maior accrescat domus.'
15 Atrocitati mansuetudo est remedium.

810

Aesopus et uictor gymnicus

(Quomodo comprimatur aliquando iactantia)

Victorem forte gymnici certaminis
Iactantiorem Aesopus cum †uidisset,

7 *num* Sicubi? 13 iocos *N*. — 809. 12 Et *V S* .. *N* retines *P*, *emendaui* 13 comprimes *N*. — 810, 1 Forte uictorem *P*, em. Iann. 2 quum uidisset Aesopus *P*, *transposui* quum esse

Interrogauit, an plus aduersarius
Valuisset eius? ille: 'ne istud dixeris;
Multo fuere uires maiores meae.'
'Quod' inquit 'ergo, stulte, meruisti decus,
Minus ualentem si uicisti fortior?
Ferendus esses forte si te diceres
Superasse, qui esset melior [tete] uiribus.'

811

Asinus ad lyram

(Quomodo ingenia saepe calamitate intercidant)

Asinus iacentem uidit in prato lyram.
Accessit [et] tentauit chordas ungula.
Sonuere tactae. 'bella res mehercules
Male cessit,' ait 'artis quia sum nescius;
Si repperisset aliquis hanc prudentior,
Diuinis aures oblectasset cantibus.'
Sic saepe ingenia calamitate intercidunt.

812

Mulier uidua et miles

(Quanta sit inconstantia et libido mulierum)

Per aliquot annos quaedam dilectum uirum
Amisit et sarcophago corpus condidit,
A quo reuelli nullo cum posset modo
Et in sepulcro uitam lugens degeret,
Claram assecuta est famam castae uirginis.
Interea fanum qui compilarant Iouis,
Cruci suffixi luerunt poenas numini.
Horum reliquias ne quis posset tollere,
Custodes dantur milites cadauerum

uidisset sophus *Cass.* q. u. philosophus *Iann.* 3 an plus *Iann.*
ampliusne *P* 4 eius *Orell.* suus *P* Suus ual. *Iann., fort. recte*
9 tete *addidi.* — 811, 2 et *add. Cass.* 4 inquit *uel* Ait, m.
cess. *Buech.* — 812 et libido *om. V. cf. Petron. c.* 111. 4
sepulchro *P* lugens uitam *N* 5 assequuta *P* 7 *num* luerant?

10 Monumentum iuxta, mulier quo se incluserat.
   Aliquando sitiens unus de custodibus
   Aquam rogauit media nocte ancillulam,
   Quae forte dominae tunc adsistebat suae
   Dormitum eunti; namque lucubrauerat
15 Et usque in serum uigilias perduxerat;
   Paulum reclusis foribus miles prospicit
   Videtque egregiam et facie pulchra feminam.
   Corruptus animus ilico succenditur
   Et uritur sensim impudentis cupiditas.
20 Sollers acumen mille causas inuenit,
   Per quas uidere posset uiduam saepius.
   Quotidiana capta consuetudine
   Paulatim facta est aduenae summissior,
   Mox artiore uinxit animum copula.
25 Hic dum consumit noctes custos diligens,
   Desideratum est corpus ex una cruce.
   Turbatus miles factum exponit mulieri.
   At sancta mulier 'non est quod timeas' ait
   Virique corpus tradit figendum cruci,
30 Ne subeat ille poenas neglegentiae.
   Sic turpitudo laudis obsedit locum.

813
Duo iuuenes sponsi, diues et pauper

(Fortunam interdum praeter spem atque exspectationem
hominibus fauere)

   Vnam expetebant uirginem iuuenes duo:
   Vicit locuples genus et formam pauperis.
   Vt nuptiarum dictus aduenit dies,
   Amans dolorem quia non poterat perpeti,
5 Maerens propinquos contulit se in hortulos,
   Quos ultra paulo uilla splendida diuitis

---

15 produxerat *Bothius* 17 egregiam *Buech.* aegram *P*
18 illico *P* 19 Vriturque *P, em. Cass.* 21 possit *N* uiduam
ego uiam *V* ///am *N* illam *Iann.* 25 custos *V* miles *N* 30
negligentiae *P.* — 813, 6 splendidi *P, em. Cass.*

Erat acceptura uirginem e matris sinu,
Parum ampla in urbe uisa quod fuerat domus.
Pompa explicatur, turba concurrit frequens
Et coniugalem praebet hymenaeus facem.   10
Asellus autem, qui solebat pauperi
Quaestum deferre, stabat portae in limine.
Illum puellae casu conducunt suae,
Viae labores teneros ne laedant pedes.
Repente caelum Veneris misericordia   15
Ventis mouetur, intonat mundi fragor
Noctemque densis horridam nimbis parat,
Lux rapitur oculis et simul uis grandinis
Effusa trepidos passim comites dissipat,
Sibi quemque cogens petere praesidium fuga.   20
Asellus notum proximum tectum subit
Et uoce magna sese uenisse indicat.
Procurrunt pueri, pulchram aspiciunt uirginem
Et admirantur, deinde domino nuntiant.
Inter sodales ille paucos accubans   25
Amorem crebris auocabat poculis.
Vbi nuntiatum est, recreatus gaudiis
Hortante Baccho et Venere dulces perficit
Aequalitatis inter plausus nuptias.
Quaerunt parentes per praeconem filiam;   30
Nouus maritus coniuge amissa dolet.
Quid esset actum postquam populo innotuit,
Omnes fauorem comprobarunt caelitum.

814

Aesopus et domina

(Quam noceat saepe uerum dicere)

Aesopus turpi cum seruiret feminae,
Quae se expingendo totum intricaret diem,
Vestem uniones aurum argentum sumeret

12 ferre *P*, *em. Cass.*   13 sui *Buech. fort. recte.* — 814,
2 intricabat *P*, *em. Orell.*   3 Vestes *P*, *em. Burm.*

Nec inueniret digito qui se tangeret,
5 'Licetne paucis'? inquit. 'Dicas.' 'Censeo,
Quiduis efficies, cultum si deposueris.'
'Adeone per me uideor tibi meliuscula'?
'Immo, nisi dederis, sponda cessabit tua.'
'At non cessabunt latera' respondit 'tua'
10 Et obiurgari iussit seruum garrulum.
Armillam tollit paulo post †argenteam.
Eam non apparere ut dictum est mulieri,
Furore plena uocat omnis et uerbera
Proponit grauia, uerum si non dixerint.
15 'Aliis minare' inquit, 'me non falles, era;
Flagris sum caesus, uerum quia dixi modo.'

815
Gallus lectica a felibus uectus
(Nimiam securitatem saepe in periculum homines ducere)

Feles habebat gallus lecticarios.
Hunc gloriose uulpes ut uidit uehi,
Sic est locuta: 'moneo praecaueas dolum;
Istorum uultus namque si consideras,
5 Praedam portare iudices, non sarcinam.'
Postquam esurire coepit societas fera,
Discerpsit dominum et fecit partes facinoris.

816
Scrofa parturiens et lupus
(Faciendum prius de homine periculum, quam eius te
committas fidei)

Premente partu scrofa cum gemeret iacens,
Accurrit lupus et obstetricis partibus

---

8 cessauit P 11 Paullo post armillam tollit P, *transposui* Post p. arm. tollit fur arg. *Orellius* argenteam] fur gemmeam *conicio*   12 Quam P, eam *Iann.*   13 uocat omnis V uocat//m//es N et *Cass.* ad P 15 fallis N certe P hera *Orell.* — 815, 1 lecticarius P 2 gloriosa P, *em. Burm.*   6 fera societas P, *em. Iann.* — 816, 1 Tremente P, *em. Cass.*

Se posse fungi dixit, promittens opem.
Cum uero nosset pectoris fraudem improbi,
Suspectum officium repudiauit malefici
Et 'satis est' inquit, 'si recedes longius.'
Quodsi perfidiae se commisisset lupi,
Pari dolore fata deflesset sua.

817

Aesopus et seruus profugus

(Non esse malo addendum malum)

Seruus profugiens dominum naturae asperae
Aesopo occurrit notus e uicinia.
'Quid tu confusus?' 'Dicam tibi clare, pater;
Hoc namque es dignus appellari nomine,
Tuto querela quia apud te deponitur.
Plagae supersunt, desunt mihi cibaria;
Subinde ad uillam mittor sine uiatico.
Domi si cenat, totis persto noctibus;
Siue est uocatus, iaceo ad lucem in semita.
Emerui libertatem, canus seruio.
Vllius essem culpae mihi si conscius,
Aequo animo ferrem. nunquam sum factus satur
Et super infelix saeuum patior dominium.
Has propter causas et quas longum est promere,
Abire destinaui, quo tulerint pedes.'
'Ergo' inquit 'audi: cum mali nil feceris,
Haec experiris, ut refers, incommoda;
Quid si peccaris? quae te passurum putas?'
Tali consilio est a fuga deterritus.

4 Cum *ego* Quae *P* pecoris *P*, em. *Or.* 6 recedas *N*
8 *an* pariens? parens dolori *Bothe*. — 817, 5 quia apud te
querela *P*, transp. *Iann.* 8 Dominus *puto* Domi *P* 9 est
Cass. aestu *P* 11 *num* si mihi? 13 dominum *V* (*euan. in
N*), em. *Or.* 14 promere *Maius* pro /////// *N*; om. *V* 16
nihil *P*

818

Equus quadrigalis in pistrinum uenumdatus

(Ferendum esse aequo animo quidquid acciderit)

Equum e quadriga multis palmis nobilem
Abegit quidam et in pistrinum uendidit.
Productus ad bibendum cum foret a molis,
In circum aequales ire conspexit suos,
5 Vt grata ludis redderent certamina.
Lacrimis obortis 'Ite felices,' ait
'Celebrate sine me cursu sollemnem diem;
Ego quo scelesta furis attraxit manus,
Ibi sorte tristi fata deflebo mea.'

819

Vrsus esuriens

(Famem acuere animantibus ingenium)

Si quando in siluis urso desunt copiae,
Scopulosum ad litus currit et prendens petram
Pilosa crura sensim demittit uado.
Quorum inter uillos simul haeserunt canceres,
5 In terram arripiens excutit praedam maris
Escaque fruitur passim collecta uafer.
Ergo etiam stultis acuit ingenium fames.

820

Viator et coruus

(Verbis saepenumero homines decipi solere)

Quidam per agros deuium carpens iter
'Aue' exaudiuit et moratus paululum
Adesse ut uidit neminem, cepit gradum.
Iterum salutat idem ex occulto sonus.
5 Voce hospitali confirmatus restitit,

818, 1 et quadrigam *P, em. Burm.* — 819, 2 littus *P*
3 dimittit *N*   4 cancri *V, em. Cass.* canc// *N*   7 stulto *P*
stultis *Cass.* — 820, 4 sonat *N*

Vt, quisquis esset, par officium reciperet.
Cum circumspectans errore haesisset diu
Et perdidisset tempus aliquot milium,
Ostendit sese coruus et superuolans
'Aue' usque ingessit, tum se lusum intellegens
'At male tibi sit,' inquit, 'ales pessime,
Qui festinantis male detinuisti pedes.'

821
Pastor et capella
(Nil occultum esse quod non reueletur)

Pastor capellae cornu baculo fregerat:
Rogare coepit, ne se domino proderet.
. . . .
'Quamuis indigne laesa, reticebo tamen;
Sed res clamabit ipsa, quid deliqueris.'

822
Serpens et lacerta
(Vbi leonis pellis deficit, uulpinam induendam esse: hoc
est, ubi deficiunt uires, astu utendum)

Serpens lacertam forte aduersam prenderat,
Quam deuorare patula cum uellet gula,
Arripuit illa prope iacentem surculum
Et pertinaci morsu transuersum tenens
Auidum sollerti rictum frenauit mora.
Praedam dimisit ore serpens irritam.

823
Cornix et ouis
(Multos lacessere debiles et cedere fortibus)

·Odiosa cornix super ouem consederat;
Quam dorso cum tulisset inuita et diu,

---

8 mill//// *N*   10 intellegens *P*   11 tibi male *P*, *transp.*
Iann.   12 male *V* sic *N* (?). — 821. *post 2 uersum excidisse
arbitror.*

'Hoc' inquit 'si dentato fecisses cani,
Poenas dedisses.' illa contra pessima
'Despicio inermes, eadem cedo fortibus;
Scio quem lacessam, cui dolosa blandiar:
Ideo senectam mille in annos prorogo.'

824

Seruus et dominus

(Nullum maledictum esse grauius conscientia)

Cum seruus nequam Socrati malediceret,
Vxorem domini qui corrupisset sui,
Idque ille sciret notum circumstantibus,
'Places tibi' inquit, 'quia cui non debes places:
₅ Sed non impune, quia, cui debes, non places.'

825

Lepus et bubulcus

(Multos uerbis blandos esse et pectore infideles)

Cum uenatorem celeri pede fugeret lepus
Et a bubulco uisus ueprem irreperet,
'Per superos [oro] perque spes omnes tuas,
Ne me indices, bubulce; nihil unquam mali
₅ Huic agro feci.' et rusticus: 'ne timueris;
Late securus.' iamque uenator sequens
'Quaeso, bubulce, numquid huc uenit lepus?'
'Venit, sed abiit hac ad laeuam;' et dexteram
Demonstrat nutu partem. uenator citus
10 Non intellexit seque e conspectu abstulit.
Tunc sic bubulcus: 'ecquid est gratum tibi,
Quod te celaui?' 'Linguae prorsus non nego
Habere atque agere maximas me gratias,
Verum oculis ut priueris opto perfidis.'

823, 7 mile *V?* in *N euanuit.* — 824, 2 corripuisset *P*, em. *Mai.* — 825. Lupus *P* 1 celeripes *Bothius, sed cf.* 814, 7. 3 oro *add. Cass.* 5 ne timeret *P*, em. *Iann.* 13 me maximas *P*

826
Meretrix et iuuenis
(Multa esse iucunda, quae tamen sunt incommoda)

Cum blandiretur iuueni meretrix perfida
Et ille laesus multis saepe iniuriis
Tamen praeberet sese facilem mulieri,
Sic insidiatrix: 'omnes muneribus licet
Contendant, ego te plurimi facio tamen.' 5
Iuuenis recordans quotiens deceptus foret,
'Lubenter', inquit 'mea lux, hanc uocem audio,
Non quod fidelis sed quod iucunda est mihi.'

827
Fiber
(Multi [tuti] uiuerent, si salutis gratia parui facerent fortunas)

Canes effugere cum iam non possit fiber,
(Graeci loquaces quem dixerunt castorem
Et indiderunt bestiae nomen dei,
Illi qui iactant se uerborum copia!)
Abripere morsu fertur testiculos sibi, 5
Quia propter illos sentiat sese peti.
Diuina quod ratione fieri non negem.
Venator namque simul inuenit remedium,
Omittit ipsum persequi et uocat canes.
Hoc si praestare possent homines, ut suo 10
Vellent carere, tuti posthac uiuerent:
Haud quisquam insidias nudo faceret corpori.

828
Papilio et uespa
(Non praeteritam sed praesentem aspiciendam esse
fortunam)

Papilio uespam praeteruolitans uiderat.

826, 8 est] *puto es*. — 827 tuti *add. Buech.* 4 se iactant
N 6 se *P* sese *Cass.* 9 et reuocat *L. Mueller fort. recte.*
10 sui *V* 11 carere uti *V* careret uti *N*. — 825, 1 prae-
teruolantem *V, em. Orell.* euanuit in *N.*

'O sortem iniquam! dum uiuebant corpora,
Quorum ex reliquiis animam nos accepimus,
Ego eloquens in pace, fortis proeliis,
5 Arte omni princeps inter aequalis fui.
En cuncta leuitas, putris et uolito cinis!
Tu qui fuisti mulus clitellarius,
Quemcunque uisum est, laedis infixo aculeo.'
Et uespa dignam moribus uocem edidit:
10 'Non qui fuerimus, sed qui nunc simus, uide.'

829
Terraneola et uulpes
(Prauis non esse fidem adhibendam)

Auis, quam dicunt terraneolam rustici,
In terra nidum quia componit scilicet,
Forte occucurrit improbae uulpeculae,
Qua uisa, pennis altius se sustulit.
5 'Salue' inquit illa, 'cur me fugisti, obsecro?
Quasi non abunde sit mihi in prato cibus,
Grylli, scarabaei, locustarum copia.
Nihil est quod metuas; ego te multum diligo
Propter quietos mores et uitam probam.'
10 Respondit contra: 'tu quidem bene praedicas;
In campo non sum par tibi, sed sum sub dio:
Quin sequere: tibi salutem committo meam.'

830
Epilogus
(De iis qui legunt libellum)

Hoc qualecunque est, Musa quod ludit mea,
Nequitia pariter laudat et frugalitas.
Sed haec simpliciter; illa tacite irascitur.

2 accipimus *P*? 4 loquens *P*, *em. Iann.* 6 *num* en
uolitans c.? — 829. Terantula *et u.* 1 terantulam *V; recte
N* 3 occurrit *P* 7 grilli *P* 8 ego *Bothe* rogo *P.* 11
Non sum in campo *P, transpos. Dressler* 12 salutem tibi
P, transp. id.

CARMINA
CODICIS VATICANI CVIVSDAM

B. — M. 878   831

Quisquis ad ista moues fulgentia limina gressus,
Priscorum hic poteris uenerandos cernere uultus,
Hic pacis bellique uiros, quos aurea quondam
Roma tulit caeloque pares dedit inclita uirtus.
Grandia si placeant tantorum gesta uirorum,
Pasce tuos inspectu oculos et singula lustra.

B. — M. 711   832

Romulus

Hic noua qui celsae fundauit moenia Troiae
Vrbem Romanam proprio de nomine dixit.
Infantem gelidi proiectum ad Thybridis undas
Vberibus fecunda piis Larentia pauit.
Ausus finitimas praedari fraude Sabinas,
Fortem fortis humi prostrauit Acrona duello.

Carmina de uiris illustribus Romanis tam consulibus quam imperatoribus et regibus *Maius; puto ex V (Vatic. saec. XV?). Deest inscr. G (Gothanus s. XV ap. Duebnerum in Iahnii annal. philol. 1828 p. 312).* — 831. *Inscr. om. V* De eadem urbe Roma *G, in quo post* 881 *Mey.* 2 hic om. *V* uoltus *G* 4 dabit *G* inclyta *V* 5 Inclyta si *V*. — 832. 1 Romae *G* 2 dixit *G* dictam *V* 3 tibridis *VG* undam *V* 4 laurentia *VG* 6 humo *G* arcõna *G, cum glossa* datium

833

L. Quintius Cincinnatus

Cui dedit hirsutus nomen uenerabile cirrus,
Quintius hic ille est, rigidis animosus in armis.
Is quoque dum curuo sudans penderet aratro,
Ante boues meritum meruit dictator honorem.
5 Consulis obsessi partes defendit inertis,
Inde triumphalem conscendit agricola currum.

834

M. Furius Camillus

Qui fuit en patriae quondam spes ampla ruentis,
Hic Senonum propria domuit uirtute furores;
Vicit et opposito quos clausit Marte Faliscos,
Brachia fallaci religato in terga magistro.
5 Quicquid ubique truces bello ualuere decenni,
Inclita, Veientes, accessit pompa triumpho.

835

T. Manlius Torquatus

Inclita Torquatae dedit hic cognomina genti.
Vir ferus ante acies prostrati guttura Galli
Perfodiens gladio poscentis uoce duellum
Abstulit aurati pretiosa monilia torquis.
5 Consulis et Decii bello collega Latino
Victoris nati maculauit caede secures.

836

P. Decius

Hic est qui uitam patriae deuouit amatae.

---

833. Lucius Quintus *G. Carm. om. V* 2 Quintus *G*
3 curis *VG; em. Buech.* 5 inertes *G.* — 834. M. Furius *om.*
G 1 condam *G* 3 uidit *G* claudit *G* 4 religata *G* 5.
6 *om. V* 6 Veienses *G.* — 835 *om. V* Titus Manilius Torquatus *G* 4 torques *G.* — 836. De Publio Decio *G*

Dum furor oppositos agitaret ad arma Latinos
Saeuaque crudelem cecinissent classica pugnam,
Inter tela aciesque uirum cuneosque pedestres
Candida sacrata religatus tempora uitta
Ante aciem moriens hostilibus occidit armis.

B. — M. 716 **837**

M.' Curius Dentatus

Quid iuuat imperio populos rexisse potenti
Fuluaque Mygdoniis ornasse palatia gemmis?
Quamquam ciuis inops toto notissimus orbe
Hic fuit, egregio domuit qui Marte Sabinos.
Fregerit ipse licet ingentis robora Pyrrhi,
Pauperiem lato Samnitum praetulit auro.

B. — M. 718 **838**

C. Fabricius

Contentus modico tectique habitator egeni
Hic erat et renuit deuicti munera Pyrrhi,
Spreuit et oblatos, Samnitum munera, seruos,
Respuit immensi locupletia ponderis aera,
Horruit infamem scelerata fraude ministrum
Pocula pollicitum regi miscere ueneno.

B. — M. 719 **839**

Q. Fabius Maximus

Vir fuit iste ferox, qui toruus fronte uerenda
† Vir fuit egregius belli praeclarus et armis.

2 Cum *Duebn.* 3 scaeuaque *V* 5 sacrato *V* 6 nouens *inesse uidetur* crudelibus *V*. — 837. Marcus *VG* cirenius *G* 1 potentis *puto* 5 ingentis *V* fugientes *G* 6 oblato *Buech.* sanito pertulit *G*. — 838. Gaius *V* Gaii Fabricii Licinii (*sic*) epitaphium *G* 2 et spreuit *G* u. 4. 3 *G* 3 num aceruos? 4 locupletis *V* 5 magistrum *V* ingrm·*G* ingratum *Duebnerus* ministrum *Froehlichius*. — 839. Quintus *G* u. 1 *Duebn.* ad *aliud carmen*, *Buech.* ad *Regulum refert.* qui t. f. u. Pingitur, *uel simile expecto* 1 qui totus *V* 2 uir bello clarus *G*

Captiuos modici quamquam pauperrimus agri
Exemit pretio Poenorum in uincula missos
5 Is qui cunctando nisi Punica fregerit arma,
Nulla foret Latiis Romana potentia terris.

840   B. — M. 720
Claudius Nero

Armorum uirtute potens Nero Claudius hic est.
Coniunctus Liuio Picentis ad arua Metauri
Prostrauit Libycas memorando Marte cohortes.
Fortunate tui, iuuenis metuende, furoris!
5 Ausus es ignari iacere ad tentoria fratris
Ceruicem Libyci media inter tela tyranni.

841   B. — M. 721
M. Marcellus

Tu primus Libycum Nolae sub moenibus hostem
Insidiis periture tuis Marcelle fugasti.
Cumque Syracosii quondam † negaretur honoris
Pompa tibi, Albano gessisti in monte triumphum.
5 Praedonum deprensa manu uenerandaque multis
Luctibus heu patrio caruerunt ossa sepulcro.

842   B. II 41. M. 722
Scipio

Ille ego sum, patriam Poeno qui Marte cadentem
Sustinui rapuique feris ex hostibus urbes
Hispanas, † Hannonisque acies magnumque Syphacem

5 qui] quoque *G*   nouerit arma *V*. — 840. Nero Claudius *V*   2 arma *G*   4 metuendo *G*   5 ad tempora *G* regis *V*. — 841. M.] Marcus *G*.   2 suis *G* tuis *V*   3 syracusii *V* syracusi *G* raperetur *Duebn.* abnueretur *Buech.*   4 in om. *G*.
— 842. *Extat in cod. Florent.* 39, 9 *a.* 1464 *scripto, et ib.* 63, 33 *s. XV, ubi* 'Pro Scipionis tumulo' *Liuii libro XXX additur (dixi F); et in Bodleiano misc.* 308 *s. XV.*   1 morte *G* ex Marte *VF*   2 ex om. *G*   3 hyspanicis anonis, *om.* que, *G* Spanas *Oud. Dedi ex V.* artes *Burm.* Maurumque *Buech.* siphacem *F*

Perdomui et fractum totiens armisque repulsum
Hannibalem, uictorque ferox mihi regna subegi
Punica et excelsas altae Carthaginis arces.

B. — M. 727   843

C. Marius

Et genus et nomen merui uirtute feroci
Rusticus Arpinas, bellorum maximus auctor.
Effera post Numidae quam fregimus arma Iugurthae,
Cimbrica praeclaros geminauit pompa triumphos.
Exegi ciuile nefas seruilibus armis,
Et mea Sullanos fregerunt arma furores.

B. — M. 729   844

M. Caesius Scaeua

Igne calens belli mediaque in caede cruentus,
Pompeïana phalanx patulis exire ruinis
Dum furit et properat claustrorum frangere turres,
Scaeua ego Caesarei defendi culmina ualli.
Dum timet Oceanus praeclari Caesaris arma,
Textum pampineae gessi sublime coronae.

B. — M. 730   845

Gn. Pompeius

Arma tuli quondam toto uictricia mundo,
Qui pelago Cilicas et Pontica regna subegi.
Vis mea, quos profugus commouerat exul ad arma,
Bellorum uirtute truces prostrauit Hiberos.

    4 et *om. G* toties *F*   5 uictorque *V*] bellisque *GF*   6 altae *V* dirae *F* durae *G*. — 843. De Gaio Mario *G* C.] Gaius *V*   4 turba *G* pompa *V*   5 seruilibus *V* ciuilibus *G*   6 Et me Syllani .. furoris *V*. *Vtrumque uerum est.* — 844. Marcus Cesius Scaeua *G* Gaius Scaeua *V*. *cf. Val. Max. III* 2, 23. Cassius *Duebnerus*   2 falanx *G*   4 cesari *G*   5 occianus *G* praedari *V*. — 845. Gn. *om. V* Quintus Gaius Pompeius *G*   2 cilicas *VG*, *an recte?* Cilices *Duebn.*   3 uix *G* promouerat *V*   4 gallorum *G* iberos *G*

At me post soceri ciuilia bella cruenti
Dextera Septimii Phariis lacerauit in undis.

846

B. II 52. M. 747

M. Porcius Cato

Cerne hic ora sacri semper ueneranda Catonis!
Libertate potens animoque inuictus et armis
Auius incerto peragrauit tramite Syrtes.
Libertatis enim dulcedine captus amatae,
Ne sua seruitio premerentur colla tyranni,
Fortia crudeli penetrauit uiscera ferro.

847

B. II 63. M. 750

Iulius Caesar

Ille hic magnanimus, qui claris arduus actis
Non timuit generum nec inertia signa senatus,
Ne sibi Gallorum raperetur pompa triumphi,
Intulit inuitus per ciuica uiscera ferrum.
Vis inuicta uiri reparata classe Britannos
Vicit et hostiles Rheni conpescuit undas.

848

B. — M. 751

[Iulius Caesar

Caesar ad imperium ciuili sanguine partum
Venisti famulasque manus Fortuna tetendit.
Ipsa tibi cessit tellus et iussibus aequor
Paruit omne tuis. uerum inuidiosa potestas
Et suspectus honos: adimunt ciuilibus armis
Imperium uitamque tibi formidine regni.

---

846. *Hoc et sequens in G exstat, sed Duebn. nil inde affert.*
1 ossa *Fabricius antiqq. p.* 151, *qui p.* 233 *hoc,* 847 *et* 855
'e libro manuscripto Aeneam Siluium referre' dicit. 4 auitae
Burm. 6 pectora *Fabr.* — 847. 2 gigna *G* tela *Fabr. l. c.*
4 inuitus *G* inuictus *V* immitis *Fabr.* 5 classe *G* caede *V*.
— 848—850 *om. G, ut uidetur; recentiora puto, cum Caesari*

Iulius Caesar

Germanos domui Caesar Gallosque potentes,
  Cesserunt signis omnia regna meis.
Et generum uici natosque ferumque Catonem
  Imperioque fuit subdita Roma meo.
In tantis opibus me fors inimica peremit
  Omnis et immiti gloria sorte ruit.

Epitaphium Iulii Caesaris

En adsum Caesar. quis me praestantior armis?
Quis prior eloquio? quis me clementior alter
Egregia pietate fuit? quoscumque subegi,
Hos uici pietate magis quam fortis in armis.
Plus mecum Fortuna fuit, plus † omnibus uni
Quam sibi di dederunt. gestis belloque refulsi,
Germanos domui populos Gallosque potentes
Atque tripartitum tenui sub fascibus orbem.
Deleri haud potuit uirtus, non inclita fama;
Haud patricida meum potuit restinguere nomen.
Qua rapitur Titan curru, qua uergitur axis,
Hac Zephyrus nostros referet per saecla triumphos.]

Caesar Augustus

Quae mihi, sancte, dabit grandes expromere laudes
Musa tuas? iam pauca canam. tu Caesaris alti
Vltus es indignam memorando nomine mortem,
Actiaco et Pharias superasti in gurgite classes,

iam prius epigr. datum sit metrumque in altero, uersuum numerus in tertio a reliquis discrepet. — 850. 4 fortis *Maius* fastus *V*   5 *puto* plus nominis   6 Quam] Par *Buech*. sibi] mihi *Maius* dii *V* dederant *V*   9 inclyta *V*   10 parricida *V* restringere *V*, *corr. Mey.* — 851. Caesar] Octauianus *G*   1 sancta *VG, em. Buech.* dedit *G* depromere *G*   2 tua *G*

₅ Tranquillumque tuis faciens uirtutibus orbem
Clausisti reserata diu sua limina Iano.

852
B. — M. 756

[Augustus

Solus habes aquila coruos laniante triumuir
Imperium, uictusque tuis Antonius armis
Leucadio et regina freto; Ianumque bifrontem
Clausisti. ac toto cum feceris otia mundo
₅ Teque audes conferre deo, te Liuia sortis
Dicitur humanae [tandem] monuisse ueneno.]

853
B. — M. 759

Tiberius

Claudius egregie uixit priuatus et insons
Imperiis, Auguste, tuis; simulataque uirtus
. . . .

854
B. — M. 771

Traianus

Caesareos toto referens hic orbe triumphos
Notus erat mundo quondam pietate gementi.
Inclitus extremos penetrauit uictor ad Indos,
Belligerosque Arabas et Colchos sub iuga misit,
₅ Armenia et Parthos pepulit Babylone subacta,
Et dedit Albanis regem, quos uicerat armis.

---

6 lumina *G*. — 852. *Om. G. Recentius puto, cf. ad* 848.
4 at *Mey.* 6 tandem *add. Maius.* misto *uel* nocuo *Buech.*
— 853. *Om. G ut uidetur.* — 854. 2 Natus *Duebn.* mundo *ego*]
mundi *V* uiduae *G* condam *G* gementis *VG*. 3 inclytus *V*
4 Arabes *Duebn.* 5 et om. *G*. — 852 om. *VG; sed addidi quia
in cod. Florent.* 39, 9 *a.* 1464 *scripto p.* 193 *teste Bandinio exstat,
qui etiam c.* 842 *continet: cf. ad c.* 846.

Anthol. lat. I, 2. 19

855

Octauianus Augustus

In Macetum campis ultus iam Caesaris umbras
Sum patris, Augustus belloque armisque superbus.
Iamque meos sensit fugiens Antonius enses.
Quantum ingens orbis, quantum Iouis alta potestas,
Tantus in orbe fui. terras pontumque subegi;
Vix caelum superis et sidera summa reliqui.

1 Macedum *cod.*, *Fabric. antiqq. p.* 152. Macetum *uulgo*
2 animisque *Burm.*   3 Namq; *Fabr.*, *em. G. Vossius*   4 orbis] Orci *Oud.* genitor *Burm.* Martis *Iacobs*   5 fui, mare trans pontumq; *Fabr.*, *em. Heins. Burm.*

CARMINA
CODICIS HUYDECOPERIANI

856   B. II 3. M. 696
De Nino

Ninus ab Assyriis sum primus regibus ausus
Non modo finitimos populos regesque potentes
Imperio pressisse meo, sed uiribus omnem
Paene Asiam domui terraeque marique timendus.

857   B. II 4. M. 700
De Semiramide

Te stola ne dubium teneat cultusque uenusti
Corporis ambiguus: sum clara Semiramis, alto
Non minor ipsa uiro, belli pacisque probatis
Artibus insignis, nato miserabilis uno.

858   B. II 5. M. 698
De Cyro

Quantum fata ualent atque inmutabilis ordo
Astrorum, docui Cyrus, quem nulla domare
Vis potuit, non Astyages Babylonue superba:
Massagetis eadem me fata dedere tremendis.

859   B. II 6. M. 699
De Tamyri

Quantum ego claruerim Mauortis in agmine, Cyrus
Ipse ferus nouit, qui dum 'mea regna profanus

'Cod. Ms. Viri Amplissimi Balth. Huydecoperi, in quo sylua ueterum aliorumque Epigrammatum habebatur' *Burm.* 857. 1 ne] te *cod.* — 858. 4 eadem] tandem *Iacobs*. — 859. De eodem *cod.*

Spargapise insidiis rapto popularier audet,
Quam Tamyris turbata ualet, cognouit in utre.

B. II 8. M. 704   860

De Myrina

Inter Amazonidas, quas insula celsa Tritonis
Hespera progenuit, qui me nescire Myrinam
Dixerit, ignarum sese fateatur oportet
Eximiae laudis: Libyamque Asiamque subegi.

B. II 10. M. 705   861

De Penthesilea

Graiugenas acies superans passimque fugatas
Penthesilea premens ulcisci nobilis umbram
Hectoris ipsa mei potui, ni dirus Achillis
Ille Neoptolemus me clam misisset ad Orcum.

B. II 7. M. 701   862

De Alexandro Magno

Magnus Alexander bellisque horrendus et armis,
Qui terrore mei trepidantem nominis orbem
Vsque sub Eoum paruo cum milite Gangen
Vndique concussi, nulli sum laude secundus.

B. II 9. M. 749   863

De Iulio Caesare

Sum genus Aeneadum Caius cognomine Caesar
Iulius, Assyrios, Cyrum, Macetumque ferocem
Qui iuuenem probitate animi, qui corporis acer
Viribus exsuperans fueram pater urbis et orbis.

3 populariter *cod.* 4 Thamyris *cod.* — 860 *inscr. om. cod.* 1 quam *cod. Cod. carmina ordinat ut Burm.; ordinem mutaui, ut bina cohaererent carmina.* — 862. 3 patrio *Buech.* — 863. 2 Assyrium *Meyer* Macedumque *cod. ut uidetur*

ALIA QVAEDAM CARMINA

CODICVM VEL RECENTISSIMORVM VEL SAECVLI INCERTI

864 B. V 67. M. 1056

. . . . Capricorni sidere frigens.
Inducit Februo uer udus Aquarius aruo.
Mars flores uernos nemori sub Piscibus edit.
Aprili uernante nouans Aries micat annum.
5 Aestatis Maius Tauro primordia prodit.
Iunius aestiuo Geminorum cardine surgit.
Iulius aestiuas Cancro secat altus aristas.
Autumni caput Augustus parat ore Leonis.
Autumnas uuas September Virgine curat.
10 Libra sub autumno Octobri dat semina sulco.
Scorpius innectit tempus brumale Nouembris.
Arcitenens hiemis . . . .

865 B. V 194. M. 1128

Porcius octophoro fertur resupinus ad aedem
  Iunonis Triuiae priscaque templa deae

864 'ex ueteri codice Virgilii Mediceo descripserat N. Heinsius' *Burm.* u. 5—12. 1—4, *nullo inter* hiemis *et* Capricorni *interuallo, codex; transposui.* u. 12 *ab* 1 *separauit Mey. Versuum ordinem mutari uetat Buech., ne diuellantur uersus ad hiemem spectantes; sed cum* u. 2—10 *anni tempestas omnibus uersibus nominetur, in hieme (cf.* u. 11) *aliter se habet; quare ut par erat a Ianuario orsus sum. De quatuor anni tempestatibus inscr. Burm.* 2 udum aquarius arco *cod., em. Burm. et Buech.* 3 uernis *cod., em. Burm.* 7 alter *cod., em. Buech.*

865. 'Ex cod. MS. Bourdelotii ineditum hoc Epigramma adfert Pricaeus ad Apuleji Apolog. p. 173.' *Burm.* In Porcium *Burm. Ficticium putat Buech.*

Et circum Phoebi. merito stupet inscia turba
Atque ait 'en horum uictima porcus erit!'

B. V 212. M. 1141   866
Quis deus hoc medium flammauit crinibus aurum
    Iussit et in dumis sentibus esse rosam?
Aspicis ut magni coeant in foedus amantes:
    Martem spina refert, flos Veneris pretium est.
Quid tibi cum magnis, puer, est, lasciue, sagittis?
    Hoc melius telo pungere corda potes!
Nec flammas quaeras neque anheli pectoris ignis:
    Si tibi uer tantum praebeat ista, sat est.
Pallens herba uiret: color est hic semper amantum.
    Tam fugitiua rosa est quam fugitiuus amor.
Nam quod floricomis gaudet lasciua metallis,
    Aurum significat uilius esse rosa.

B. M. —   867
Fabula constituit toto notissima mundo
    Gorgoneos uultus saxificumque nefas.
Hoc monstrum natura potens nouitate ueneni
    Trux oculis nostris iusserat esse malum.
Hanc auro genitus Iouis ales praesule diua
    Mactans aerato conspicit ingenio.
Deriguit mirata necem fatumque ueneni
    Vertit et in morem decidit ipsa lapis.

    4 an *Burm.* en *ego.* — 866 *in cod. Bembino Terentiano saec. IV—V (Vatic.* 3226) *fol.* 96 *r. post Hecyrae exitum a manu saec. XV additum; cf. Terentius ed. Umpfenbach p. XIII. Eadem manus Terentii comoedias omnes corrigere ausa est.*
    1 flammabit *cod.* uepribus *Heins.*   2 duris *Heins.* densis *Buech.* 3 amantis *cod.* 5 quit *cod.* lasciuae *cod.* 6 pongere *cod.* potis *cod.* 7 flammis *Heins.* anheli *Buech.* alti *cod.* 8 Si *ego* Set *cod.* nantum *cod., em. Buech.* preueat *cod.* sat est *ego* facis *cod.* faces *Buech.* 9 erba *cod.* — 867. *Bembinus Terentii fol.* 97 *r., ed. pr. Umpfenbach l. c.* 1 mondo *cod.* 4 Trux *Buech.* Ex *cod.* 5 praesule *scripsi* prae sole *cod.* 6 erato *cod., em. Buech.* ingenio *i. e.* dolo (*cf. Ouid. met. IV* 782) in clipeo *Buech.* 7 Diriguit *cod. num* minitata?

₁₀ Sic praesens absensque simul quaecumque uidendo
Fundit et ignaro raptor ab hoste redit.

868   B. V 87 M. 1053

Si nouus a Iani sacris numerabitur annus,
Quintilis falso nomine dictus erit.
Si facis, ut fuerant, primas a Marte Calendas,
Tempora constabunt ordine quaeque suo.

869   B. M. —

Nox et amor uinumque nihil moderabile suadent;
Illa pudore uacat, Bacchus Amorque metu.

869ᵃ

Pulcinus miluo dum portaretur 'hoc' inquit
'Iam cado, ne timeas; non tenet . . . .'

870   B. — M. 276

Augustinus

Roma labore uigil fregit Carthaginis arces:
Desidia interiit Roma subinde cito.

871   B. — M. 880

Appianus

Postquam militia et belli sudore uacabant

    9. 10 *ut ad Perseum spectantia post* 6 *ponit Buech.*   9 abssensque *cod.* cecumq. *cod., correxi*   10 Fundit *ego* Ludit *cod.* Tendit *Buech.* sapetor ab oste *cod.* — 868. De X mensibus *Burm.*, *qui* 'ueteri satis manu' *ad calcem codicis membr. sui Fastorum Ouidii inuenit adscriptum.*   4 ducta suo *Heinsius*, *qui ex codd. Vrsiniano, Vaticano et Sfortiano nouerat.* — 869 sq. *In cod. Valentiano* 396 *saec. IX exeuntis fol.* 66 r., *sed manu, ut mihi uisum est, saeculi XV.*   2 Bacchus *Mangeart* lab *cod.* — 869ᵃ, 1 hoc] *at Buech., qui a* 869 *diuisit.* — 870 et 871 *e cod. Gothano anni* 1495 *Duebnerus ed. in Iahnii annal.* 1828 *tom. III p.* 309. 315. *Auctorum nomina nescio qua auctoritate nitantur; cf. tamen Appian. praef.* 11 '[Ῥωμαῖοι] ἀρετῇ καὶ φερεπονίᾳ καὶ ταλαιπωρίᾳ πάντας ὑπερῆραν . . . μέχρι βεβαίως ἐκράτησαν.' — 870, 2 supina *Buech.*

Romani, et nusquam bella uel hostis erat,
Desidia et luxu robur Romana iuuentus
  Perdidit. hoc cecidit inclita Roma modo.

B. II 203. M. 249   872

Pastor arator eques paui colui superaui
  Capras rus hostes fronde ligone manu.

B. V 174. M. 1104   873

In equum mirae pernicitatis

Te cuperet Phoebus roseis aptare quadrigis,
  Sed fieret breuior te properante dies.

872. ˊ1 colui] seui *ed. Aldina Vergilii, cod. a Wattenbachio (Anzeiger f. Kunde d. deutsch. Vorzeit 1867 p. 111) allatus.* 2 Campos *cod. Hamburg.* C. arma [arua?] duces *Vossianus fr. l. m.*] quodque (quaeque *Goth.*) labore graui *Gothanus IV 1047 saec. XV, cod. Wattenbachii.* — 873. ˋInueni in cod. Ms. D'Oruilliano, quo continebatur Ruderici Cari Baetici opus . . *de ueteribus Hispaniae Deorum Manibus*, in cuius fine hoc epigramma legebatur post Inscriptionem et Epigramma metricum de templo Traiano sacrato' *sqq. Burmannus.*

CARMINA
QVAE LIBRI TANTVM TYPIS DESCRIPTI EXHIBENT

QVORVM MAGNAM PARTEM ANTIQVAM ESSE NON SPONDEO

874

Pastorum Musam uario certamine promit.
Ruris item docilis culturam carmine monstrat.
Arboribus uitem, prolem quoque iungit oliuae
Pastorumque Palen et curam tradit equorum.
5 Tunc apium seriem mellis et dona recenset.
Aeneas intrat profugus Carthaginis oras.
Conuiuis series narratur Troica belli.
Tertius at complet narrantis [in] ordine gesta.
Ardet amans Dido fatum sortita supremum.
10 Quintus habet tumuli uaria spectacula patris.
Infernos Manes et Ditis regna pererrat.
In Latium Aeneas, Italas simul intrat in oras.
Intonat hic bellum tecti de culmine Turnus.
Euryalum et Nisum deflet cum matre iuuentus.
15 Mezenti interitus canitur post funera Lausi.
Vltaque dehinc fertur telo mactata Camilla.
Turni uita fugit infernas maesta sub umbras.

875

Cogitat Vrsidius sibi dote iugare puellam,
Vt placeat domino, cogitat Vrsidius.

874. Summa Virgilianae narrationis in tribus operibus Bucolicis Georgicis et Aeneide *edd. Vergilii inde ab ed. pr. Romana a.* 1469, *de qua cf. Schopen. ad Valer. Cat. ed. Naek.* p. 377.   1 dociles *edd. uett.* docili *Burm.*   5 seriemque et m. d. *Aldus*   6 arces *Burm.*   7 Conuiuio *edd. uett.* Conuiuis *Aldus* facies *Burm.*   8 at *Ald. et edd. uett.* in *om. eaedem*   11 Infernosque *ed. Ven. a.* 1480 Ditis Manes et *edd. uett.*, *transpos. Schrader.*   12 Aeneas Latium *ed. Ven.*   16 Volscaque *L. Mueller.* — 875. 'Tollere dulcem cogitat haeredem.

Cogitat Vrsidius heredem tollere paruum,
  Vt placeat domino, cogitat Vrsidius.
Cogitat Vrsidius domino quacunque placere
  Virgine uel puero, quam sapit Vrsidius!

B. III 58. M. 279   876
RVFI FESTI AVIENI

Qua uenit Ausonias austro duce Poenus ad oras,
Si iam forte tuus Libyca rate misit agellus
Punica mala tibi Tyrrhenum uecta per aequor,
Quaeso aliquid nostris gustatibus inde relaxes.
Sic tua cuncta ratis plenis secet aequora uelis,
Spumanti dum longa trahit uestigia sulco,
Romuleaeque Phari fauces illaesa relinquat:
Sit licet illa ratis, quam miserit alta Corinthos,
Adriacos surgente noto qua prospicit aestus,
Quamue suis opibus cumularit Hiberia diues,
Soluerit aut Libyco quam laetus nauita portu.
  Sed forsan, quae sint, quae poscam, mala, requiras.
Illa precor mittas, spisso quibus arta cohaeret
Granorum fetura situ, castrisque sedentes
Vt quaedam turmae socio latus agmine quadrant
Multiplicemque trahunt per mutua uellera pallam,
Vnde ligant teneros examina flammea casses.
Tunc, ne pressa graui sub pondere grana liquescant,
Diuisere domos et pondera partibus aequant.

unde illud epigramma: cogitat' sqq. Geo. Valla in comm. ad Iuuenalem 6, 38 a. 1486 edito. In codice suo uetustissimo si Valla inuenisset, disertis uerbis ut solet adnotasset. 3 haeredem 6 quam] q̄ *Valla*. — 876. Rufus Festus Auienius VC. Flauiano Myrmeico VC. suo salutem *Auieni ed. Veneta an.* 1488 *inscripsit*. 1 Q *om. ed. Ven.* 4 relaxis *ed. Ven.* 6 cum *ib.* 7 Romuleique fari *ib.* (foci *Burm.* fori *Oud.*) 9 notus *ib.* noto *Schottus* 9 Adria consurgente *ed. Ven., em. Wernsdorf.* notus *ed. Ven.* Adriacus surg. *et* quam *Heins.* 14 foetura *ed. Ven.* sinu *Heins.* 15 claudunt *Oud.* 16 mutua *corruptum?* telam *Heins.* pellem *Wernsd.* 17 exagmine *ed. Ven.*, *em. Heins.* et agmine 'cod. *Voss.*' 19 pastibus *ed. Ven.*, 'cod. *Voss.*'

Haec ut, amice, petam, cogunt fastidia longis
Nata malis et quod penitus fellitus amarans
Ora sapor nil dulce meo sinit esse palato.
Horum igitur suco forsan fastidia soluens
Ad solitas reuocer mensis redeuntibus escas.
Nec tantum miseri uidear possessor agelli,
Vt genus hoc arbos nullo mihi floreat horto:
Nascitur ex multis onerans sua brachia pomis,
Sed grauis austerum fert sucus ad ora saporem.
Illa autem, Libycas quae se sustollit ad oras,
Mitescit meliore solo caelique tepentis
Nutrimenta trahens suco se nectaris implet.

877 B. V 134. M. 1072

Caesaris ad ualuas sedeo sto nocte dieque,
　　Nec datur ingressus, quo mea fata loquar.
Ite, deae faciles, et nostro nomine saltem
　　Dicite diuini praesidis ante pedes:
Si nequeo placidas affari Caesaris auris,
　　Saltem aliquis ueniat, qui mihi dicat 'abi'.

878 B. M. —

Laus Christi

Proles uera Dei cunctisque antiquior annis,
Non genitus, qui semper eras, lucisque repertor,
Ante tuae matrisque parens, quem misit ab astris
Aequaeuus genitor uerbique in semina fusum

23. 27. 31 succ. *ed. Ven.* 24 reuoca *post. ed. Ven.* 25 Ne '*cod. Voss.*' 27 ex *ed. Ven.*, et *Pith.* onerant *ed. Ven.* 29 auras *ed. Ven.* — 877. *Mazocchius fol.* 130 *r. epigramm. ant. urb. Romae (a.* 1521): 'Vbi sit, ignoratur' 3 facilis *Maz.* 4 pr.] Caesaris *Pith.* — 878—881 *in Claudiani ed. Viennae a Camerte a.* 1510 *curata primum editi sunt.* 'Opinor ea omnia ex Camertis uetusto codice prodiisse' *Heinsius. Aldina ed. a.* 1523 *mihi ex Heinsio nota pro fonte habenda erat uetustissimo.* — 878. *Merobaudi G. Fabricius, alii, nouissime Migneana patrum collectio LXI* 972 *adscribit.* 2 Non ego Nunc edd. 3 Nate *Barth. fort. recte* tuam *Heins.* 4 uerbi, qui *Barth.*

Virgineos habitare sinus et corporis arti
Iussit inire uias paruaque in sede morari,
Quem sedes non ulla capit, qui lumine primo
Vidisti quidquid mundo nascente crearas.
Ipse opifex, opus ipse tui, dignatus iniquas
Aetatis sentire uices et corporis huius
Dissimiles perferre modos hominemque subire,
Vt posses monstrare deum, ne lubricus error
Et decepta diu uani sollertia mundi
Pectora tam multis sineret mortalia seclis
Auctorem nescire suum: te conscia partus
Mater et adtoniti pecudum sensere timores,
Te noua sollicito lustrantes sidera uisu
In caelo uidere prius lumenque secuti
Inuenere magi. tu noxia pectora soluis
Elapsasque animas in corpora functa reducis
Et uitam remeare iubes. tu lege recepti
Muneris ad Manes penetras mortisque latebras
Inmortalis adis. nasci tibi non fuit uni
Principium finisque mori; sed nocte refusa
In caelum patremque redis rursusque perenni
Ordine purgatis adimis contagia terris.
Tu solus patrisque comes, tu spiritus insons
Et toties unus triplicique in nomine simplex.
Quid nisi pro cunctis aliud quis credere possit
Te potuisse mori, poteras qui reddere uitam?

B. M. — 879
Miracula Christi
Angelus adloquitur Mariam, quo praescia uerbo
Concipiat salua uirginitate deum. —

5 arcti *edd.* 9 sui *Ald., em. Scal.* 12 possis *Ald.* 13 uani *Heins.* uarii *Ald.* 15 patris *Barth.* 17 *an* cursu? 18 coelo *edd.* 23 non fuit *Barth.* nam fuit *Ald.* 24 reclusa (retusa) *id.* 24 repulsa *Buech.* 27 spirituum fons *Barth.* 29 Qui nisi praestares aliud *edd. post Ald.* Quid n. pro c. (al. q. cr. p.) Te *Barth.* — 5 artus, 8 creares, 15 sciuere Deum te, 17 sidere, 21 *deest*, 22 Mundus et ad, 23 adis; tibi tantum non fuit, 24 finisne, 25 ad patrem scandis, 29 Quis: *sic*

Dant tibi Chaldaei praenuntia munera reges:
  Myrrham homo, rex aurum, suscipe tura deus. —
Permutat lymphas in uina liquentia Christus,
  Quo primum facto se probat esse deum. —
Quinque explent panes, pisces duo, millia quinque,
  Et deus ex paruo plus superesse iubet. —
Editus ex utero caecus noua lumina sensit
  Et stupet ignotum se meruisse diem. —
Lazarus e tumulo Christo inclamante resurgit
  Et durae mortis lex resoluta perit. —
Nutantem quatit unda Petrum, cui Christus in alto
  Et dextra gressus firmat et ore fidem. —
Exsanguis Christi contingit femina uestem.
  Stat cruor in uenis. fit medicina fides. —
Iussus post multos graditur paralyticus annos,
  Mirandum, lecti portitor ipse sui. —

880 B. M. —
In Sirenas

Dulce malum pelago Siren uolucresque puellae
Scyllaeos inter fremitus auidamque Charybdin
Musica saxa fretis habitabant, dulcia monstra,
Blanda pericla maris, terror quoque gratus in undis.
Delatis licet huc incumberet aura carinis
Inplessentque sinus uenti de puppe ferentes,
Figebat uox una ratem; nec tendere certum
Delectabat iter, †reditus odiumque iuuabat,
Nec dolor ullus erat; mortem dabat ipsa uoluptas.

881 B. M. —
Laudes Herculis

Pieridum columen, cuius Parnasia magno

Mignius. — 879 *in disticha separauit Clauerius.* 9 Creditus *Burm.* coecus *Ald.* 16 fide *Buech.* — 880. 1 Sirenae *Ald.* 4 terrorque gratus *Ald.* 5 Delatus *Ald.* 6 furentes 'uetus codex' *Clauerii* 7 una] illa? coeptum *Heins.* 8 otiumque *Ald.* 9 color *Ald.*, schedae *Gudii.* — 881. *Claudian.*

Numine templa sonant, laeto, precor, huc age, Phoebe,
Te coniunge choro; penetralia sancta sororum
Et noua Castalios latices per rura petentem
Hippocrenaeon uictorem † sistere fontem
Me fac. namque tuam non nunc nouus aduena turbam
Ingredior: laurosque gerens et florea sertis
Tempora uincta tuis, doctorum munere uatum,
Testor adhuc ueteres quamuis desuetus honores.
Alcides mihi carmen erit, non uana Tonantis
Progenies, dignus credi post uiscera numen,
Cui super immensos inuicti roboris aestus
Nec nasci potuisse uacat. nam lucis in ipsis,
Inclite, principiis tardo uix editus ortu
Fecisti de patre fidem. sed cur mihi lentis
Ludis adhuc, Cyrrhaee, modis tenerumque resultans
Luxuriante leues inpellis pollice chordas?
Pone habitum, quo molle canis, et frondis amatae
Linque nemus, mollique exutus tempora lauro
Populea mecum carmen luctare sub umbra.
   Iam graue plus etiam, quam uentris tempora uellent,
Alcmenam tendebat onus. sed regia Iuno
Inpedit et partus prohibet nascique uetabat,
Vt metus ipse deum monstret. nec uiuida caeli
Semina mortales norunt sentire latebras,
Nec possunt sufferre moras. datur inde nouercae
Materies grauibusque odiis augmenta ministrat,
Quod uinci coepisse pudet. mox inproba binos
In tua membra iubet, dum nasceris, ire dracones.
Incumbunt celeres illi, squamosaque iussus
Armat colla furor, nec, quamuis maxima tractu,

ed. Burm. p. 711 *sqq. Carmen eiusdem generis et stili ac c.* 235.
2 laeto] Phoebe *et* Phoebe] laeto *a* (= *Aldina*)   3 Tecum
cuncta ch. *a* Tecum iunge *Clauerius* penetralib. *a*   5 Hippo-
crenaeo *et* fonti *Delrius* insistere fonte *Heins.*   6 Me fame-
que tuam nam nunc *a*   7 lauro *Heins.*   8 munera *a, em.*
Heins.   10 non uana *Scal.* romana *a* germana *Heins.*   11
funera *Burm.*   12 semper *a* super *Liuineius* actus *idem*   13 Vix
Burm.   16 Cyrrhate *a*   23 partu *Heins.*   27 alimenta *idem*

Tardata spiris sequitur pars cetera pectus.
Tristis Tartarea uibratur sibilus aura.
Morte rubent oculi trifidisque horrentia linguis
35 Ora sonant nigrumque fremens leuat ira uenenum.
Quid nunc inuictis fraudes innectere fatis,
Caelicolum regina, iuuat? cur obicis angues?
Cur paruo geminos? anne unum posse necari
Iam strato Pythone times? licet omnia mundi
40 Monstra uoces ipsamque armes serpentibus Hydram,
Defendet natura deum patremque probabit
(Quod non uis constare) Iouem! iamque inrita taetri
Iussa parant inplere angues miseroque furore
In tua fata tument. cernit tua membra petentes
45 Horrescitque parens numenque ignara creasse
Mortali pietate timet. nil, sancta, superbae
Pellicis insidias Caelo modo freta tremiscas,
Neue haec monstra tibi faciant, Alcmena, pauorem!
Si mater potes esse dei, iam tolle serenum
50 Laeta animum tantoque libens haec adspice uultu,
Vt deceat genuisse Iouem. depone timorem
Indignum partu, natumque exemplar habeto.
Cui metuis, nihil ipse timet. nam numine recto
Ridebas tu, diue, truces animosque superbos
55 De genitore tenes, uotisque aptissimus orbis
Gaudebas tantam iam tum † meruisse nouercam.
Corripis exiguis mox grandia guttura palmis,
Et quamuis teneri cogens in brachia pondus
Corporis impressos † linquens tellure dracones.
60 Efferat aetherium, quantum uolet, orbis in axem

32 tardatam *a* tardata *ego* tardantur *edd.* 36 inuitis *Heins.* 37 obiicis *a* 43 miserorumque *a* uersoque *Heins.* 44 in sua *a* 45 creasset *a* 46 superbas *a* 47 tremescas *a* 49 Sic *a*, em. *Heins.* 50 tutoque *puto* 51 Ioui *Heins.* recte? tim.] fauorem *a* 52 natumquae *post a* habebat *a* habebas *edd.* habeto *Clauerius* 53 lumine *Liuin.* recte? 54 trucesque *edd. post a* 55 tenens *Heins.* 58 num Et manibus teneris? 59 Corripis *a*, em. *Buech.* Porrigis *uel* Proiicis *Heins.* licuens *a* inlidens prensos *edd.* torques *uel* uincis *Buech.*

Latoidas uerosque probet sua fabula diuos,
Quod Delo iam stare licet: non aequa laborum
Gloria, nec parili serpentes sorte necarunt:
Illi unum ferro, geminos hic inermis et unus.
    His coeptis non ulla parat cunabula partus,
Diue, tibi; sed cum totis iam bruma rigeret
Imbribus et solidis haererent flumina lymphis,
Nudum praegelidis durando firmat in undis.
Vtque rudes primo tentasti robore gressus,
Frondosae deserta uagus penetralia siluae
Secura iam matre petis telisque tremendis
Ludis et aërias adducto deicis arcu
Aut funda uiolenter aues noctemque sub astris
Exigis et puram fractis bibis amnibus undam.
Inmanem interea Nemeae per lustra leonem
Ipsa Chimaeraea cretum de gente nouerca
In tua depastis armabat uota iuuencis
Augebatque fero uires rabiemque iuuabat,
Naturam minus esse putans. [heu] quanta uirorum
Funera! quam multos strauit † cum dentibus apros!
Non illum magnae uiduatis moenibus urbes
Armorum fregere minis Martique domando
Adsuetas morsu fudit grauiore cateruas.
Hunc grauis Eurystheus — nam te, quo cuncta leuares,
Imperium duri uoluit sufferre tyranni
Sic mundo Fortuna fauens — hunc sternere leto
Imperat. at nullum uirtus reticenda per aeuum
Dignaque sidereos post membra intrare recessus,
Posse mori quam uile putas! namque impiger ultro
Vadis et inmensae scrutatus deuia siluae

  61 Laeto Idas *a*   62 quo *a*   64 hic] et *a*, *fort. recte*
66 Diua *a*, *em. Heins.* motis *Heins.* 69 rudis *edd. post a* 71
tremendas *a* tremendis *uulgo* tremendum *Heins.* 72 Ludus
a et aerias *Clauer.* aetherias *a*   75 Nemea *a*   78 nouabat
Heins. 79 *puto* Natura. quantaque, *om.* hen, *a; dedi uulgatam* 80 construauit messibus agros *Heins.* cum gentibus agros *dubitanter propono* 81 maenibus *a* montibus *post a* 83 morsus *a* 84 quocumque *edd. post a* 87 at] tum *a* 89 putat
edd. post a

In noua sanguineos armantem uulnera rictus
. . . .
Admonita feritate, iuba uisuque cruentus
Excussis mouet arma toris dubiumque residens
Infremit. inuadis trepidum solisque lacertis
Grandia corripiens eluso guttura morsu
Inbellem fractis prosternis faucibus hostem.
Quin et flauicomis radiantia tergora uillis
Ceu spolium fuso uictor rapis. emicat omnis
In laudes mox turba tuas longoque relicta
Currit in arua metu. iuuat ire et libera rura
Defensosque uidere locos siluamque iuuencis
Iam facilem et nullis resonantes fletibus agros.

    Maenalium petis inde nemus fletamque colonis
Arcadiam et raro steriles iam robore siluas.
Namque hic inmensa membrorum mole cruentus
Indomitus regnabat aper solidoque tremendus
Corpore lunatis fundebat dentibus ornos
Sternebatque suos lugentia rura colonos.
Horrebant rigidis nigrantia corpora saetis
Duratosque armos scapulis totosque per artus
Difficilis potuisse mori. non spicula in illum
Nodosumue rapis clauato pondere robur:
Armati uiduatur honos; nec uulnera uirtus
Exemplo tibi facta timet. iamque adripis ultro
Spumantem cogisque diem sufferre tuendo
Atque supinato mirantem lumine uinci
Argolici uictor portas sub tecta tyranni.

    Fama celer toto uictorem sparserat orbe,
Auxiliumque dei poscebat Creta crudento
Victa malo. taurus medio nam sidere Lunae

    91 arm.] animasti *post a* *post* 91 *uersum excidisse puto uerbo* Inuenis *incipientem*   92 iubas *a*   94 solidisque *Heins. an* totisque?   97 Tunc et *post a.*   100 ore *a, cf. Aen. II* 27   106 soloque *a, em. Heins.*   108 suis ingentia rura colonis *conicio*   109 tergora *Heins.*   110 scopulis *a, em. Heins.* tutosque *id.*   112 granato *a, em. Liuin.*   114 Extemplo *edd. post a*   115 deum *puto*   116 supinando *a*   118 celer] uolans *Clau.*   119 crudeli *a* cruento *edd. post a*

Progenitus Dictaea Iouis possederat arua.
Fulmen ab ore uenit flammisque furentibus ardet
Spiritus; et terram non caeli flamma perurit,
Sed flatus monstri. † dextro iam Siria cessent
Sidera solque licet glaciali frigore uictus
Abstrusum mundo claudat iubar aurea condens
Lumina et ignifluo stupefactus in orbe tepescat:
Aestus habet Cretam, pereunt siluaeque lacusque
Graminaque et fontes sacri, montesque perurit
Flamma ferox; Idam superis spectantibus ignis
Dissipat et magno cunabula grata Tonanti
Igne suo monstrum (si fas est dicere) uincit.
Tandem fama celer Dictaea ad litora magnum
Duxerat Alciden, cum taurum dira minantem
Excipit et saeuum cornu flammasque uomentem
Corripit atque artus constringens fortibus ulnis
Ignifluos flatus animamque in pectore clausit.

. . . .

B. III 109. M. 937   882

'Optimus est' Cleobulus ait 'modus' incola Lindi.
Ex Ephyra Periandre doces cuncta † et meditanda.
'Tempus nosce' inquit Mitylenis Pittacus ortus.
Plures esse malos Bias autumat ille Prieneus.
Milesiusque Thales sponsori damna minatur.
'Nosce' inquit 'tete' Chilon Lacedaemone cretus,
Cecropiusque Solon 'ne quid nimis' induperauit.

B. M. —   883

. . . .
Et tetracem, Romae quem nunc uocitare taracem

124 tetri *Scaliger* taeter *Heins. an* retro? 125 sidere *a*
uictor *a* 126 iuba *a* 127 ignifluus *a* tepescet *a* 129 sicci
Buech. 130 *an* ferax? 135 Accipit *a. Desunt multa.* — 882.
Hygini fabulae 221 insertum, sed multo posterioris aeui. 2 et]
ut 'Vossianus Hygini codex' Burm. emeditanda Buech. 7 in-
duperabit *uulgo*, em. Schefferus. Hygini ed. pr. Micylli a. 1535;
codex non extat. cf. c. 351. — 883 et 884 Gybertus Longolius in

Coeperunt. auium est multo stultissima. namque
Cum pedicas necti sibi contemplauerit adstans,
Immemor ipse sui tamen in dispendia currit.
Tu uero adductos laquei cum senseris orbes,
Appropera et praedam pennis crepitantibus aufer.
Nam celer oppressi fallacia uincula colli
Excutit et rauca subsannat uoce magistri
Consilium et laeta fruitur iam pace solutus.
Hic prope †Pentinum radicibus Apennini
Nidificat, patulis qua se sol obiicit agris,
Persimilis cineri dorsum, maculosaque terga
Inficiunt pullae cacabantis imagine notae.
Tarpeiae est custos arcis non corpore maior
Nec qui te uolucres docuit, Palamede, figuras. —
Saepe ego nutantem sub iniquo pondere uidi
Mazonomi puerum, portat cum prandia, circo
Quae consul praetorue nouus construxit ouanti.

884 B. M. —

Cum nemus omne suo uiridi spoliatur honore,
Fultus equi niueis siluas pete protinus altas
Exuuiis: praeda est facilis et amoena scolopax.
Corpore non Paphiis auibus maiore uidebis.
Illa sub aggeribus primis, qua proluit humor,
Pascitur, exiguos sectans obsonia uermes.

dialogo de auibus (Coloniae excudebat Io. Gymnicus a. 1543) *p.*
E 2ª 'Nemesiani poetae authoritas, qui de aucupio Latinis
uersibus conscripsit, me in hanc sententiam perduxit [*tetra-
cem esse urogallum*]. descripserat autem furtim in bibliotheca
porcorum Saluatoris Bononiensis uersus aliquot Hieronymus
Boragineus Lubecensis . . . . ex iis ego quosdam, cum opus
erit historia, tibi recitabo: Et tetracem' *sqq.* 2 nunquam
Longolius, namque *C. Gesnerus* 10 Pentinum *Long.* Pontinum
Vlitius Pelt(u)inum (*Vestinorum*) *Buech.* radices *Long.*, em.
Buech. et radices *Haupt.* 12 collum *Gesn.* 13 notae] guttae
Vlit. 17 Mazonoim *Long.* cirro *id.*, em. *Burm.* — 884 *ib. p.*
F 2ª 'Nemesianus scolopacem cum Herodiano [*ascalopam*]
appellat . . . . Nemesiani uersus, si quis expetit, sunt: Cum
nemus' *sqq.* 2 sylvas *Long.* 3 facilis praeda est *puto*

At non illa oculis, quibus est obtusior, etsi
Sint nimium grandes, sed acutis naribus instat:
Impresso in terram rostri mucrone sequaces
Vermiculos trahit et uili dat praemia gulae.

B. III 264. M. 1701 **885**

Hortis Hesperidum, Sabelle, cultis
Nostrae cultior hortus est puellae.
Mirari, o bone, desinas, Sabelle.
Hortorum deus ipse nam Priapus
Cunctis hunc fodit et rigat diebus.

10 et dat uilia *puto*. — 885 *ed. Menagius ad Diog. Laert. lib. II p.* 77 *ed. Lond.* 2 Vestrae — est Lupercae 4 nam Pr.] quaestuosum 'in *Laertii ed. nouissima in notis Menagianis*' *Burm.* 'Lusus *nouicius*' *Buech.*

CARMINA
A G. FABRICIO PRIMVM EDITA

886
Acidis tumulus   B. I 148. M. 247

Acidos haec cernis montana cacumina busti
   Aequor et ex imis fluminis ire iugis?
Ista Cyclopei durant monumenta furoris:
   Hic amor, hic dolor est, candida nympha, tuus.
5 Sed bene si periit, iacet hac sub mole sepultus,
   Nomen et exultans unda perenne uehit.
Sic manet ille quidem neque mortuus esse feretur
   Vitaque per liquidas caerula manat aquas.

887
Pani et Apollini   B. I 33. M. 590

Pan tibi, Phoebe tibi, lenimen dulce laborum,
   Otia dum terimus, carmina mille damus.

888
Magnae Matri   B. I 60. M. 628

Sum uagus assidue, toto circumferor orbe,
Nec me diuersi cogit distantia mundi,
Alterius titulo subdere uota reum.

---

886. *Fabr. antiqq. p.* 131. *Pentadio tribuit Scaliger. Recens puto.* 6 dedit *Burm.* 7 nec *Scal.* — 887. *Fabr. p.* 162. *Recens puto.* — 888. *Fabr. p.* 162. 2 Haec *Buech.* cohibet *Heins.*

Veri certa fides Tiburni uexit in arcem
   Et iam . . . .
Quare o diua parens . . . .
   Ausonia in terra . . . . . .

889
B. III 10. M. 70   **De urbe Feltria**

Feltria perpetuo niuium damnata rigore
   Terra uale posthac non adeunda mihi.

889. *Fabr. p.* 164. 'Hoc distichon Iulio Caesari ascribitur' *id. p.* 234. *Hinc* 'Iulio Caesari inscribit uetus membrana' *Scriuerius. Recens puto (num Iul. Caes. Scaligeri est? in edd. eius non extat).* 1 rigori *Oud.* 2 Forte *Pith.*

CARMINA

EX BINETI EPIGRAMM. PETRON. EDITIONE SVMPTA

890
IVLII

Petroni carmen diuino pondere currit, B. II 235. M. 1544
  Quo iuuenum mores arguit atque senum.
Quare his illecebris gaudet lasciua puella,
  At quoque delicias frigida sentit anus.
5 Nam †rbter diri scripsitque Neronis amictu,
  Arbiter arbitrio dictus et ipse suo.

891   B. I 22. M. 1545

Infantem Nymphae Bacchum quo tempore ab igne
  Prodiit, inuentum sub cinere abluerant.
Ex illo Nymphis cum Baccho gratia multa est,
  Seiunctus quod sit ignis et urat adhuc.

892

Formosissima Lai feminarum, B. III 217. M. 987
Dum noctis pretium tibi requiro,
Magnum continuo petis talentum:
Tanti non emo, Lai, paenitere!

---

890. *Binetus p. 109 ed. Dous. 'Epigramma Iulii cuiusdam, quod Romae in Vaticana bibliotheca cum Petronii fragmento descriptum legi.' Pomponio Laeto Niebuhrius kl. Schriften p.* 347 *tribuit.* 3 Quare ille praesa *Bin.* Quaerens illecebras *Buech.* quem ex parte sequor. illo prenso *Dorleansius* indeprensa *Heins.* 5 pariter *Riuinus* rector *Buech.* amicus coni. *Bin.* 6 et] ab *Heins.* — 891. Item *Bin. p.* 122. 1 Nimphae *et* 3 Nimphis *id. cf. Meleagri ep.* 113. — 892. *Ib. p.* 124. *'In Polianthaeae libro ad uocem Talentum referuntur hi uersus ut M. Val. Martialis.'* 1 foem, 2 precium 4 poen. *Bin.* 2 tuae *Patisson.*

CARMEN
A PITHOEO A. 1586 PRIMO EDITVM

893

SEVERI SANCTI † IDEST ENDELEICHI
       Aegon. Bucolus. Tityrus.

B. M. —

Aeg.   Quidnam soliuagus, Bucole, tristia
       Demissis grauiter luminibus gemis?
       Cur manant lacrimis largifluis genae?
         Fac, ut norit amans tui!
Buc.   Aegon, quaeso, sinas alta silentia   5
       Aegris me penitus condere sensibus.
       Nam uulnus reserat, qui mala publicat,
         Claudit qui tacitum premit.
Aeg.   Contra est quam loqueris, recta nec autumas.
       Nam diuisa minus sarcina fit grauis,   10
       Et quicquid tegitur, saeuius incoquit.
         Prodest sermo doloribus.
[Buc.] Scis, Aegon, gregibus quam fuerim potens,
       Vt totis pecudes fluminibus uagae

    893. Incipit carmen Seueri Sancti id est Endeleichi Rhetoris de mortibus boum. *P. Pithoeus in 'Veterum aliquot Galliae theologorum scriptis' Parisiis ap. Niuellium 1586 fol. 144 r., fonte non indicato. Hanc editionem principem presse sequor* Seueri, Rhetoris et poetae Christiani carmen bucolicum *Pithoeus fol. 1 in indice. Ab Elia Vineto eum accepisse nescio quo auctore narrat Wernsdorfius.* id est ex nomine falso intellecto*, fortasse* Idaei *uel* Edesii, *ortum puto.* Buculus et 1 Bucule *P* (= *ed. pr.*)   3 manãt *P*   11 At *puto*   13 Buc. *om. P*

Complerint † etiam concaua uallium,
  Campos et iuga montium:
Nunc lapsae penitus spes et opes meae,
Et longus peperit quae labor omnibus
  Vitae temporibus, perdita biduo.
    Cursus tam citus est malis!

Aeg. Haec iam dira lues serpere dicitur.
Pridem Pannonios, Illyricos quoque
Et Belgas grauiter strauit et impio
  Cursu nos quoque nunc petit.
Sed tu, qui solitus nosse salubribus
Sucis perniciem pellere noxiam,
Cur non anticipans, quae metuenda sunt,
  Admosti medicas manus?

Buc. Tanti nulla metus praeuia signa sunt,
Sed quod corripit, id morbus et opprimit:
Nec languere sinit nec patitur moras.
    Sic mors ante luem uenit.
Plaustris subdideram fortia corpora
Lectorum studio, quo potui, boum,
Queis mentis geminae, consona tinnulo
  Concentu crepitacula,
Aetas consimilis saetaque concolor,
Mansuetudo eadem, robur idem fuit
Et fatum: medio nam ruit aggere
  Par uictum parili nece.
Mollito penitus farra dabam solo:
Largis putris erat glaeba liquoribus,
Sulcos perfacilis stiua tetenderat,
  Nusquam uomer inhaeserat:
Laeuus bos subito labitur impetu,
Aestas quem domitum uiderat altera.
Tristem continuo disiugo coniugem,
  Nil iam plus metuens mali;

15 complerent *P, em. Heumann.*   17 opis est *P* et opes *Buech.*   22 Pannonicos *edd. post P*   26 succis *P*   29 peruia *P, correxi*   30 corripuit m. *Wernsd.*   35 frontis *Heum.*
39 Heu *Heum.*

Dicto sed citius consequitur necem,
Semper qui fuerat [sanus] et integer; 50
Tunc longis quatiens ilia pulsibus
    Victum deposuit caput.

Aeg. Angor, discrucior, maereo, lugeo.
Damnis quippe tuis non secus ac meis
Pectus conficitur. sed tamen arbitror 55
    Saluos esse greges tibi?

Buc. Illuc tendo miser, quo grauor acrius.
Nam solamen erat uel minimum mali,
Si fetura daret posterior mihi,
    Quod praesens rapuit lues. 60
Sed quis uera putet, progeniem quoque
Extinctam pariter? uidi ego cernuam
Iunicem grauidam, uidi animas duas
    Vno in corpore perditas!
Hic fontis renuens, graminis immemor 65
Errat succiduo bucula poplite;
Nec longum refugit, sed grauiter ruit
    Leti compede claudicans.
At parte ex alia, qui uitulus modo
Lasciuas saliens texuerat uias, 70
Vt matrem subiit, mox sibi morbido
    Pestem traxit ab ubere.
Mater tristifico uulnere saucia,
Vt uidit uituli condita lumina,
Mugitus iterans ac misere gemens 75
    Lapsa est et uoluit mori.
Tunc tanquam metuens, ne sitis aridas
Fauces opprimeret, sic quoque dum iacet,
Admouit [moriens] ubera mortuo.
    Post mortem pietas uiget. 80
Hinc taurus, solidi uir gregis et pater,
Ceruicis ualidae frontis et arduae,
Laetus dum sibimet plus nimio placet,

---

50 sanus *add. Pith. in mg., om. P*   53 mereo *P*   70 Lasciuus *puto*   71 sibi sic *P*   79 moriens *om. P, add. Pith. in mg.*

Prato concidit herbido.
Quam multis foliis silua cadentibus
Nudatur gelidis tacta aquilonibus,
Quam densis fluitant uelleribus niues,
    Tam crebrae pecudum neces.
Nunc totum tegitur funeribus solum;
Inflantur tumidis corpora uentribus,
Albent liuidulis lumina nubibus,
    Tenso crura rigent pede.
Iam circum uolitant agmina tristium
Dirarumque auium, iamque canum greges
Insistunt laceris uisceribus frui,
    Heu cur non etiam meis?

Aeg. Quidnam, quaeso, quid est, quod uario modo
Fatum triste necis transilit alteros
Affligitque alios? en tibi Tityrus
    Saluo laetus agit grege!

Buc. Ipsum contueor. dic age, Tityre,
Quis te subripuit cladibus his deus,
Vt pestis pecudum, quae populata sit
    Vicinos, tibi nulla sit?

Tit. Signum, quod perhibent esse crucis dei,
Magnis qui colitur solus in urbibus,
Christus, perpetui gloria numinis,
    Cuius filius unicus.
Hoc signum mediis frontibus additum
Cunctarum pecudum certa salus fuit.
Sic uero deus hoc nomine praepotens
    Saluator uocitatus est.
Fugit continuo saeua lues greges,
Morbis nil licuit. si tamen hunc deum
Exorare uelis, credere sufficit:
    Votum sola fides iuuat.
Non ullis madida est ara cruoribus

---

99 *cf. Isidor. orig. I* 38 'Sic quoque et quidam Pomponius ex eodem (ex eo demum *uulgo*) poemate [*i. e. Vergilio*] inter cetera stili sui otia Tityrum in Christi honorem composuit.'

           Nec morbus pecudum caede repellitur,
           Sed simplex animi purificatio
              Optatis fruitur bonis.
Buc.   Haec si certa probas, Tityre, nil moror,
           Quin ueris famuler religionibus.
           Errorem ueterem defugiam libens,
              Nam fallax et inanis est.
Tit.   Atqui iam properat mens mea uisere
           Summi templa dei. quin, age, Bucole,
           Non longam pariter congredimur uiam
              Christi et numina noscimus?
Aeg.   Et me consiliis iungite prosperis.
           Nam cur addubitem, quin homini quoque
           Signum prosit idem perpete saeculo,
              Quo uis morbida uincitur?

   123 diffugiam *P, em. Weitzius*   126 Bucule *P*   128 numen agnoscimus *P, em. Pith. in mg.*

CARMINA
IN PETRONIO PATISSONII PRIMVM EDITA

894

Praxitelis Venerem lapidosa per oscula multi
  Stuprarunt; † quin sub marmore uiua fuit.
An mirum hos gelido e saxo prodisse calores?
  Mirare exustos lampade Solis agros!

895

Mitte, aquila, hunc puerum. mitte, inquam, si sapis,
                  inquam,
  Aut tibi per medium missile corpus agam.
Non mittis? sed non moueor stridoribus ullis.
  Quid gemis? an culpae est (ingemis) auctor amor?
5 Mirus amor, si credibile est, uolucrisque hominisque!
  Sed quantum, oro, homini conuenit et uolucri?
Etsi remigio alarum rostroque superba es,
  O aquila, ast omni est alite maior homo.
Naturam accusa, qua [est] corpus pectore dispar;
10 At qui dat dispar corpore pectus? Amor.
Quicquid formosum est, penetrat, trahit, arripit ad se:
  Nempe est de Veneris sanguine natus Amor.

896

'Quaenam haec forma?' dei. 'cur uersa est?' fulgura
                  lucis
  Diuinae non fert debilis haec acies.

---

894. 2 quin] quia? quasi et foret *Buech.* 3 At *Pattissonius (Petron. ed. Lutetiae* 1587) *p.* 167. — 895 *ibidem.* 4 Hinc *Buech.* at *Pat.* 5 si credibilis, *om.* est, *Pat.* 9 quae *Pat.*
— 896 *ibid.* Callimachi, imagini inscriptum Iouis *ed. Pithoei a.* 1590. 'Dubiae est uetustatis. scida unde habuimus, ex Italico

'Quid uero existit tamquam uno e corpore corpus?'
  Hic Amor est. 'si Amor est, cur uidet?' at Iouis est.
'Cur ita complicitis alis?' numquam euolat. 'at cur
  In se conuertit tela?' sui ille amor est.
'Cur ferro sine tela gerit?' quia uulneris expers
  Ille est, at uester uulnerat et cruciat.

B. III 275. M. 262   897

Parce, precor, uirgo, toties mihi culta uideri
  Meque tuum forma perdere parce tua.
Parce superuacuo cultu componere membra:
  Augeri studio tam bona forma nequit.
Ne tibi sit tanto caput et coma pexa labore:
  Et caput hoc bellum est et coma mixta placet.
Ne stringant rutilos tibi serica uincla capillos,
  Cum uincant rutilae serica uincla comae.
Nec tibi multiplicem crines reuocentur in orbem:
  Inculti crines absque labore placent.
Aurea nec uideo cur flammea uertice portes,
  Aurea nam nudo uertice tota nites.
Vtraque fert auris aurum, fert utraque gemmas,
  Vtraque nuda nouis anteferenda rosis.
Ora facis uitreo tibi splendidiora nitore,
  Cum tamen ora uitro splendidiora geras.
Incendunt niueum lunata monilia collum:
  Nec collum simplex dedecuisse potest.
Contegis occulta candentes ueste papillas,
  Candida cum nolit ueste papilla tegi.
Ne toga fluxa uolet, reprimit tibi fascia corpus:
  Sat corpus ueneror, sit toga fluxa licet.
Dic, teretes digitos quare anulus et lapis ambit,
  Cum teretes digiti dent pretium lapidi?

exemplari sumptum testabatur' *Pith. ib. p. 2.*   3 tanquam
Pat. Antiquum esse contendit Goettlingius opusc. acad. p. 265 sqq.
— 897 *ib. p. 171. Aemilio Magno Arborio Ausonii auunculo ab
Andrea Riuino post Palladium et a Petro Lotichio (ed. Petron.
p. 94) nulla causa indicata adscribitur.*   11 flamea *Pat.*   16
tantum *Pat.,* em. *Riuinus*   17 Includunt *scripserim*   19 obducta *Eldickius*   24 tereres *Pat.*

Ornatu nullo potes exornatior esse
    Et tantum ornaris in mea damna nimis.
Ne te plus aequo species externa perornet,
    Cum sis plus aequo pulchra decore tuo!
Non ego sum, pro quo te componendo labores,
    Nec qui te talem non nisi cogar amem.
Pronus amo: non sum, tenero qui pugnet amori,
    Nec qui te roseam uellet amare deam.
Cum radiis certare Iouis tua lumina possent
    Et possent radiis uincere signa Iouis.
Sole nihil toto melius splendescit in orbe:
    Sole tamen melius splendidiusque nites.
Sunt tibi colla quidem niue candidiora, recenti
    Sed niue, quae nullo marcida sole iacet.
Conueniunt tepido tua frons et pectora lacti,
    Sed lacti, saturae quod posuere caprae.
Cedit odora tibi uernantis gloria siluae,
    Nec tibi quod riguus praeferat hortus habet.
Nulla colorati species tibi proxima prati,
    Nec cum floruerit, par tibi campus erit.
Alba ligustra tuae nequeunt accedere laudi
    Fixaque cespitibus lilia laude premis.
Nulla tuos possunt aequare rosaria uultus,
    Cum nec adhuc spinis sit rosa uulsa suis.
Gratia quam uiolae maturo flore merentur,
    Siquid contulerit se tibi, uilis erit.
Non Helenae mater nec par tibi filia Ledae,
    Quamuis haec Paridem mouerit, illa Iouem.
Compulit illa Iouem cygni latuisse sub alis,
    Compulit illa Phrygas saeua sub arma duces.
Leda per albentes humeros fluitante capillo,
    Dum legit Argiuae florea serta deae,
Erranti super astra Ioui de nube suprema
    Cognita plumalem de Ioue fecit auem.

28 pulcra *Pat.* 32 prae te *Oud.; fort.* malit, *ut te ablatiuus sit* 48 tuis *Pat.*, corr. *Burm.* 50 siquid *scripsi* si quod *Pat.* si quae *Riu.* 55 humeros *Pat.*

Tuque puellarum dum ludis in agmine princeps,
  Inter uirgineos lucida stella choros,
Si magno conspecta Ioui de nube fuisses,
  Deposuisse deum non puduisset eum.
Ast Helenae facies et opima potentia formae
  Dardanio Paridi per mare praeda fuit.
Graecia coniurat repetendam mille carinis:
  Iurata hanc ratibus Graecia mille petit.
Te tam conspicuam Phrygius si praedo uideret,
  Et te uel ratibus uel rapuisset equo.
Annis tracta decem sunt Troica bella, sed uno,
  Si pro te fierent, mense peracta forent.
Virgine Ledaea me iudice dignior esses,
  Pro qua Troianas flamma cremaret opes.
Tu poteras Priamo ualidissima causa fuisse,
  Nulla ut cura foret regna perire sua.
Si succincta togam, ritu pharetrata Dianae,
  Venatrix toto crine soluta fores,
Si Dryadum comitata choro, si nuda lacertos
  Arcu fulmineos insequereris apros,
Te quicumque deus siluosa per antra uagantem
  Conspiceret, ueram crederet esse deam.
De pretio formae cum tres certamen inissent
  Electusque Paris arbiter esset eis,
Praefecit Venerem Paridis censura duabus
  Deque tribus uictae succubuere duae.
Cum tribus ad Paridem si quarta probanda uenires,
  Prae tribus a Paride quarta probata fores.
Pomaque si formae potiori danda fuere,
  Haec potius formae danda fuere tuae.
Ferrea corda gerit, tua quem caelestis imago
  Vel tam purpureae non tetigere genae.
Robore uel scopulo genitum conuincere possim,
  Quem tam sollemnis forma mouere nequit.

62 deum] Iouem *Burm.*   75 risu *Pat.*   86 Prae *Eldick.*
De *Pat.* a Paridi *Pat.* his Paridi *puto*   92 sublimis *Burm.*

CARMINA

A PETRO PITHOEO PRIMVM EDITA

898   B. III 118. M. 133

Auro quid melius? iaspis. quid iaspide? sensus.
   Quid sensu? ratio. quid ratione? deus.

899   B. II 252. M. 849

Cornelii Celsi

Dictantes Medici quandoque et Apollinis artes
   Musas Romano iussimus ore loqui.
Nec minus est nobis per pauca uolumina famae,
   Quam quos nulla satis bibliotheca capit.

900   B. II 171. M. 557

MODESTI
De Lucretia

Roma, tibi ambiguum mea mors sine teste dedisset,
   Esset utrum ut corpus sic scelerata anima.
Proin animam testor scelus haud tetigisse, sed ecce,
   Vt solum foedum est corpus, et id fodio;

Ad fidem Pithoei ed. alterius anni 1596 *haec reuocaui, recentiorum mutationibus raro adhibitis.* — 898. *Pith. p.* 3 'Senecae' *cod. quidam Vindobonensis teste Lambecio, qui codex sub* Senecae *itidem nomine haec addidit:* Vento quid leuius? fulmen. quid fulmine? fama. | Fama quid? mulier. quid muliere? nihil. — 2 deus] modus *Vindob.* — 899. 1 Appollinis *Pith. p.* 48. — 900. De Lucretia, Modesti *Pith. p.* 57.   4 Vt] Et *Klotz.* et *Pith.* ita *Barth.*

Qua cruor inflictam labem lauet et per aperta
  Pectora ab inuisa sit fuga sede animae.

901

B. III 166. M. 945   MARCI TVLLII

Callidus Afer eris semper, Romane disertus,
  Semper Galle piger, semper Hibere celer.

B. III 160. M. 923   902

Cor non laudo hominis, nam perfidum et exitiale [est].
  Non laudo os, namque est uaniloquum et fatuum.
Non oculos: etenim sunt lusci oculi atque patrantes.
  Non barbam; rufa est. non cilia: haud cilia.
Non mihi laudanturque manus: hae namque rapaces.
  Et non laudatur mentula: merdacea est.
Non nares: patulae. genua et non laudo: maligna.
  Et non laudo pedes: pes geminusque fugax.
Non frontem: effrons est. non uentrem: gurgulionis.
  Lumbos: elumbes. renem: ubicumque malus.
Non nomen Caluitoris: nam est omine nomen
  Tetrum, ut cor multis exitiale bonis.
Ecquid laudo igitur de hoc corpore? laudo capillos,
  Tam foeda a calua qui modo profugerint.

B. IV 399. M. 211   903

Borysthenes Alanus
Caesareus ueredus,

---

5 quo *Oud.* — 901. *Pith. p.* 66. Tullii Marci *Pith.* 2 Ibere
Pith. — 902. Incerti *Pith. p.* 67. 7 nates *Pith.* nares *Heins.*
11 elumbos *Pith., em. Heins.* — 903. 'Videtur esse Hadriani
Imp. In ueteri tamen scida sine auctore est' *Pith. ad p.* 121.
'Ὁ Βορυσθένης ὁ ἵππος, ᾧ μάλιστα θηρῶν ἠρέσκετο ...
ἀποθανόντι γὰρ αὐτῷ καὶ τάφον κατεσκεύασε καὶ στήλην
ἔστησε καὶ ἐπιγράμματα ἐπέγραψεν.' *Dio Cass.* LXIX 10.
Aptae Iuliae circa a. 1604 *in marmore inuentum Boucheus dicit
u.* 1 — Den *u.* 7 (*uel Gassendio teste u.* 1—8): *ego hoc ex
Pithoeo promptum puto.* (*Orellii inscr.* 824) 1 Boristhenes *Pith.*

Per aequor et paludes
Et tumulos Etruscos
Volare qui solebat,
Pannonicus nec ullus
Atrox [eum] insequentem
Dente aper albicanti
Ausus fuit nocere;
Sparsit ab ore †caudam
Nec extimam saliuam,
Vt solet euenire,
Sed integer iuuenta
Inuiolatus artus
Die sua peremptus
Hoc situs est in agro.

904
C. AVRELII ROMVLI

Cecropias noctes, doctorum exempla uirorum,
Donat habere mihi nobilis Eustochius.
Viuat et aeternum laetus bona tempora ducat,
Qui sic dilecto tanta docenda dedit.

905

Dente perit Lycabas, serpens pede, †nigra ueneno,
Flumine auis, calamo †quo, †redimite lepus.

906

Est ubi non imber, non ros delabitur umquam.

u. 4 add. Pith. in praetermissis. Hetruscos *Pith. et* ruscos *Masdéu* 6 Pannonicos *Pith.* 7 †apros *Pith.* atrox eum *ego* per agros *Opitius* Pannonicos in apros, Nec ullus *Gassendius* insequentum *Mey.* 10. 11 *propter metrum transposui* Nec *ego* Vel *Pith.* extima saliua *Scriuerius* 11 cauda *cj. Pith.* caldam *Casaubonus.* — 904. *Pith. p.* 126. *Post Gellii noct. att. l. IX uel X in eius codd. nonnullis extare narrat Burmannus.* 4 fruenda *Buech.* — 905. Aliud (*post c.* 391) *Pith. p.* 132. *Finis carminis cuiusdam est.* 1 *num* hydra? 2 flumina *Pith.* flumine *ego* calamo tu, crocodile, peris *conieceri*m calamo caprea, rete lepus *Buech.* — 906—908. *Pith. p.* 150. 906 *a rell. separauit Meyerus.* 1 dilabitur *Pith.*

Est ubi nec nix est nec glacialis hiems.
  Est sine uite solum, quaedam est sine matre propago.
  Est sine rege tribus et sine naue fretum. —

B. M. ib. 907
Non sine mors gemitu, non partus et absque dolore,
  Non nox absque gelu, non notus absque sono.
Absque calore focus non est nec amore puella,
  Non sine carne pilus, non sine pelle caro,
Non sine matre puer, non est sine uite Lyaeus, 5
  Non sine pisce lacus, non sine sorde palus,
Non sine laude pius, non est sine crimine latro,
  Non sine fraude forum, non sine mure penus.
Non urbs absque malo, non scortis absque lupanar,
  Non sine uoce sonus, non sine luce dies. 10

B. M. ib. 908
Dulce sopor fessis et terris flumina siccis,
  Dulce patri proles diuitibusque gaza.
Tela uiri decus est peplumque colusque puellae.
  Laus sine lite domus, laus sine fure locus.

B. II 14. M. 707 909
Miltiades
Qui Persas bello uicit Marathonis in aruis,
  Ciuibus ingratis et patria interiit.

B. M. — 910
MARCELLI
De medicina
Quod natum Phoebus docuit, quod Chiron Achillem,
Quod didicere olim Podalirius atque Machaon

---

4 thronus *Burm.* — 907. 2 nix *conj. Pith. ib.* — 908. *segregaui.* 3 uiris *Heins.* — 909. *Pith. p.* 152, *ubi additum est ex Anth. graeca epigramma*
  Πάντες, Μιλτιάδη, τὰ σ' ἀρήϊα ἔργα ἴσασιν·
  Πέρσαι καὶ Μαραθὼν σῆς ἀρετῆς τέμενος.
910. Marcelli V. L. ex magistro officior. Theodosii senioris imp. de medicina *Pith.* (P) *p.* 386. V. I. *em. Pithoeus.* Vindiciano *tribuit Barthius. Quae ex ed. Constantini Burm. poet. lat. min. II p.* 389 *adfert, coniecturae tantum et plerumque quidem infelices sunt.*

A genitore suo, qui quondam uersus in anguem
Templa Palatinae subiit sublimia Romae:
Quod Cous docuit senior quodque Abdera suasit,
Quod logos aut methodos simplexque empirica pangit,
Hoc liber iste tenet diuerso e dogmate sumptum.
Namque salutiferas disponit pagina curas.
Istic repperies per nomina perque medellas
Descriptas species et pondera mensurarum
Congrua, quae sapiens sumes moderamine certo.
Ne fallare, uide, neu quae sunt parta saluti
Vertat in exitium non sollers cura medentis.
Sume igitur medicos pro tempore proque labore
Aetatisque habitu summa ratione paratos,
Gramine seu malis aegro praestare medellam
Carmine seu potius: namque est res certa saluti
Carmen ab occultis tribuens miracula uerbis.
Quae curis hominum physicorum inuenta pararunt
Quaeque suis natura bonis terraque marique
Edidit, illa suis altrix simul atque creatrix
Foetibus omnigenis, quos parturit, ergo salubres
Suggerit impensas ponto et tellure creatas,
Angue fera pecude fruge alite murice pisce
Lacte mero pomis lymphis sale melle et oliuo
Sucis unguinibus taedis pice sulfure cera
Polline farre fabis lino scobe uellere cornu
Baccis et balanis lignis carbone fauilla
Floribus et uariis herbis, holere atque metallis
Sandice et creta psimmytho pumice gypso
Cadmia chalciti chalcantho chalco et adusto
Cassitero molli lepide cypria atramento.
Prome etiam (seu tunde prius seu contere gyro),

6 pandit *Burm.* 9 medelas *P* 10 mensurasque *post P*
11 quae si plus *cod. Casauboni* 13 solers *P* 16 Gramina *P*
medellam *P* 17 salutis *Buech.* 18 edens 'codex uetus'
Barthii 19 pararint *P*, em. *ex coni. Pith.* 24 et fruge *P*
26 succis *P* 30 sandice *P* et] cum *ed. Constantini* psimmyto *P* 31 chalcitide *ed. Const.* et adusto *Pith.* cumino
Const. calce camino *Barthii* 'uetus liber' 32 lepido *Barthii*
'uetus liber' cupro *Const.* atque *P*, del. *Buech.*

Quod uiride hortus habet, uel quod carnaria siccum,
Allia serpyllumque herbas thymbramque salubrem
Brassicaque et raphanos ac longis intuba fibris,
Et mentam et sinapi coriandrum prototomumque
Erucam atque apium, maluam betamque salubrem
Rutamque et nasturcum et amara absinthia misce,
Puleiumque potens nec non et lene cuminum.
Palmula nec desint Idumes nec pruna Damasci,
Quae cum multiplici contriueris orbe terendo,
In patinis excocta dabis aut grandibus ollis
(Verum adoperta) coques, ne fumida iura saporem
Corruptum reddant, quem mox fastidiat aeger.
Adde et aromaticas species, quas mittit Eous,
Vel quae Iudaicis fragrant bene condita capsis,
Tus costum folium myrrham styracem crocomagma
Aspalathum gallam elleborum nigrumque bitumen
Et nardum et casias et amoma et cinnama rara,
Balsama peucedanum spicam crocon atque bedellam
Irim castoreum scillamque opium panaceam
Resinam lepidum †euphorbeum git atque pyrethrum
Zingiber et calidum, mordax piper, et laser algens
Agaricumque asarumque potens, aloen aconitum
Galbana sandaracam sampsuchum psoricum alumen
Acaciam propolimque et adarchen cnecon acanthum
Andrachnen acoronque opopanaca pompholygemque
Cyperum ladanum sagapenion et tragacantham
Scammoniam †cypen malabathron [et] ammoniacon.
Denique repperies istic, quod lucis in ortu
Indus Arabs Seres Perses diuesque Sabaeus
Vicino sub sole legunt, quod praebet Orontes,
Eximium ignoto mittit quod Nilus ab ortu,

36 intyba *P* 37 Et *prius delet Burm.* 39 Rutam et nasturtium *Const.* 40 pulegiumque *P* cyminum *P* 44 adaperta *Tornaesius* 45 quem *Buech.* quae *P* 51 crocum *P* crocon *Burm.* 53 lepidium *Plinius* euforbium *P* euphorbum *Const.* pyretrum *P* 54 albens *Const.* 56 samsucum *P* psoricon *Plinius* 57 adarciam *Plin.* cnicon *P*, *correxi ex Plinio* 58 acorum *Const.* 59 sagapenonque *P* tragacanthum *P* 60 cyperon *Salmasius et add. id* 62 Persis *P*

Decerptum foliis ramo cute cortice uirga,
Quodque ab Idumaeis uectum seplasia uendunt
Et quicquid confert medicis Lagaea cataplus.
Haec quicunque leges, poteris discernere tecum,
Agnoscenda magis siue exercenda rearis.
Quisque tamen nostrum hoc studium dignabere, quaeso
Praestes iudicium purum mentemque benignam.
Sic tua perpetuo uegetentur membra uigore
Et peragas placidam per multa decennia uitam.
Sic non incuses ualidam placidamque senectam
Nec tibi sit medicis opus unquam nec tibi casus
Aut morbus pariant ullum quandoque dolorem,
Sed procul a curis et sano corpore uiuas,
Quotque hic sunt uersus, tot agant tua tempora Ianos.

911

EPICVRI
B. III 146. M. 1564

Cum te mortalem noris, praesentibus exple
Deliciis animum: post mortem nulla uoluptas!

912
B. III 271. M. 1007

Virginis insano Iulianus captus amore
  Femina fit cultu dissimulatque uirum
Et sic indutus muliebriter intrat ad illam.
  Res patet, abscindit membra pudenda pater.
Femina uirque prius nec uir nec femina nunc est:
  Fit neutrum, credi femina dum uoluit.

913

De planetis
B. V 42. M. 1029

Sortitos celsis replicant amfractibus orbes.

---

6 vendit *Burm.* 67 lalagea *P*, em. *Salm. cl. Martial.*
XII 74, 1 68 decernere *Burm.* 69 excernenda *idem* 74 placitam *P* placidam *ed. Tornaesiana.* — 911. *Pith. p.* 603.
2 Diuitiis *Pith.*, em. *Burm.* — 912. *Pith. p.* 605: Incerti ex
u. c. Fr. Iureti fide *Pith.* — 913. Alexandri aut potius Ana-

Vicinum terris circumuolat aurea Luna,
Quam super inuehitur Cyllenius. alma superne
Nectareum ridens late splendet Cytherea.
Quadriiugis inuectus equis Sol igneus ambit 5
Quartus et aethereas metas, quem deinde superne
Respicit Armipotens. sextus Phaethontius ardor
Suspicit excelsum brumali frigore sidus.
Plectricanae citharae septem discriminibus quos
Assimilans genitor concordi examine iunxit. 10

ximandri Milesii ex eius sphaera cuius Diogenes Laertius
meminit *Pithoeus*, *qui hoc carmen sua manu cuidam exemplari
suae editionis testibus schedis Heidelbergensibus adscripsit.* 1
num celsi? 3 cillenius *Pith.* superni *Pith.*, em. *Mey.* 6
phaetontius *Pith.* 9 cytharae *Pith.*

CARMINA

AB ALDO MANVTIO A. 1590 PRIMVM EDITA

914
Gallo adscriptum   B. M. —

Non fuit Arsacidum tanti expugnare Seleucen
    Italaque Vltori signa referre Ioui,
Vt desiderio nostri curaque Lycoris
    Heu iaceat menses paene sepulta nouem.
5 Nec tantum morbus, quantum grauat ira parentis:
    Sic premitur geminis una puella malis!
Aequa tamen matris caussa est: cupit illa, paternam
    Impleat ut pulchra filia prole domum.
Quid, quod lena meos auertere tentat amores,
10   Portat et occulto grandia dona sinu?
Et iuuenem laudat, qui munera misit, ab alta
    Indole . . . .
Candida quod nulla lanugine uestiat ora,
    Quod fluat ex toto uertice flaua coma,
15 Quod citharae cantusque sciens; deinde horrida bella
    Atque ingrata notat tempora militiae.
Me quoque iam canis narrat splendere capillis,

---

914. Asinii Cornelii Galli *Aldus Manutius qui primus Florentiae a. 1590 edidit. Nomen Galli olim traditum, a uiris doctis saec. XV uel XVI dubitanter* 'Asinii uel Cornelii' *additum puto. Ceterum* 'Cn. Cornelio Asinio Gallo' *iam inde ab a. 1505 Maximiani elegiae tribuebantur. Scaliger recens, Wernsdorfius cui adstipulor uergentis antiquitatis esse dicit; quin centonarium poetam olet.* 1 cf. Cic. epp. ad fam. VIII 14, 1.

Et quod · · · uulnere tardus eam.
Multa quoque affingit, mentitur et omnia: fluxa
   Quam uereor ne sit nostra puella fide!   20
Femina natura uarium et mutabile semper;
   Diligat ambiguum est oderit anne magis.
Nil adeo medium · · · · · · · ·
   Et tantum constans in leuitate sua est.
Filius Europae Minos, seu poneret arcum,   25
   Siue comam premeret casside, pulcher erat.
Non prius e muris pugnantem regia uirgo
   Viderat, ac dirus crimina suasit Amor.
Acer Amor deus est — fetas domat ille leaenas —:
   Excuset facinus uindice Scylla deo.   30
At pius aeternam seruet ni Iuppiter urbem,
   Scilicet occiderat uirginis illa dolo.
[Sic pereat, patrias quicunque insanus in arces
   Mente ruit, poenas ut scelerata dedit!]
Obruta uirgo iacet: seruat quoque nomina turris   35
   Illa, triumphator Iuppiter unde tonat.
Quid loquor ah demens! roseae nec flore iuuentae
   Nec capitur missis lux mea muneribus!
Non patris imperium, matris non aspera iussa
   Sollicitant: firmo pectore durat amor.   40
Non secus Aegaeo moles obiecta fragori:
   Illa manet; frustra uentus et unda furit.
Nec minus, ut uires paullatim colligit ignis,
   Purior accenso fomite flamma micat.
Illa meos reditus spe non praesumit inani   45
   Et fouet in tacito gaudia certa sinu.
Me uocat absentem, me me suspirat in unum
   Et de me noctes cogitat atque dies.
Quin etiam argento puroque intexitur auro
   Altera iam castris parta lacerna meis.   50

    18 *adde* concepto   19 et] *num* at?   21 *Aen. IV* 569
24 *Ouid. Trist. V* 8, 18   27 *Hor. carm. III* 2, 8   28 *cf. Ouid.
Metam. VIII* 24 *sqq.*   29 Poenas domat *Wernsd.*   31 Iupiter *edd.* 33—34 *delenda puto* 35 turris] *fort.* rupes, *si carmen antiquum?*   37 loquar (*Ald?*) *Pith.*   43 ac uires p. ut *Scal.*

Illic bellantum iuuenum studiosa figuras
  Atque audita leui praelia pingit acu.
Pingit et Euphratis currentes mollius undas
  Victricesque aquilas sub duce Ventidio,
55 Qui nunc Crassorum Manes direptaque signa
  Vindicat Augusti Caesaris auspiciis.
Parthe tumens animis et nostra clade superbe,
  Hic quoque Romano stratus ab hoste iaces!
At mea cum primis uictrix apparet imago,
60 Exigit hoc pietas et bene fidus amor.
Ipsa quoque exprimitur deiecto pallida uultu:
  Stat lacrimans, et me paene uocare putes.
Quam bene, cum ferrum nondum prodiret in auras,
  Omnia pacis erant, et sua cuique satis!
65 Diues erat, si quis, parui possessor agelli.
  Seuerat ille prius, deinde coquebat holus.
Non locus inuidiae, quamuis uicinus habunde
  Et pecus et messes mustaque haberet ager.
Liber amor, nulli mulier suspecta marito,
70 Casta satis, norat si qua negare palam.
Tunc Venus · · · · spirabat dulciter ignes
  Spiculaque in siluis tuta uibrabat Amor.
Cur mihi non illis nasci, mea uita, diebus
  Contigit? inuidit quis bona tanta deus?
75 O niueas luces! o tempora dulcia! uere
  Aurea Saturni saecla fuere senis.
Nunc ferrum erupit (rabiesque asperrima ferri),
  Nunc furor et caedes · · · · · · ·
Forsan et hic noster tinget cruor hospitis arma
80 Aut cadet unanimis frater ab ense meo.
Quid mihi cum bello? pugnent, quibus inclita regna
  Aut quibus · · · Marte petuntur opes.
Nos alias pugnas aliis pugnemus in armis:
  Inflet Amor lituos et fera signa canat.
85 Fortis ad occasum ni pugnem solis ab ortu,

55 dereptaque *Wernsd.* 66 olus, 67 abunde *edd.* 71 *adde* innocuos 82 *adde* inmensae 84 canat *Man., em. Scal.* 85 ab occasu *et* ad ortum *conicio*

Detrahat ignauo protinus arma Venus.
Sin cadat ex uotis et res bene gesta feratur,
 Cesserit emerito cara puella mihi,
Quam · · · · · · sinu, cui basia iungam,
 Dum lateri uires, nec sit amare pudor.
Tunc me uina iuuent nardo confusa rosisque
 Sertaque et unguentis sordida facta coma,
Nec dominae pudeat gremio captare soporem
 Surgere nec media iam ueniente die.
Si quis amore uacans irriserit, imprecor illi,
 Ardeat et quid sit, discat, amare senex,
Seruus et ut nostros incassum laudet amores
 Et 'sapit hic' dicat 'saucius igne nouo.'
Heu male (crede mihi), si quis sua gaudia differt!
 Dum loquimur, nox est mortis et umbra subit.

B. M. — 915

Occurris cum mane mihi, ni purior ipsa
 Luce noua exoreris, lux mea, dispeream.
Quodsi nocte uenis (iam uero ignoscite, diui):
 Talis ab occiduis Hesperus exit aquis.

B. III 172. M. 1565 916

· · · matris amor deliciumque meum.
Ne uero inter uos odio certate, sorores,
 Vtrius alba magis uel minus atra cutis,
Hoc unum certate, suos magis urat amores
 Altera nonne oculis, altera nonne comis.
Anne coma ex auro flaua est tibi, Gentia? an auri
 Ex ipsa magis est bractea flaua coma?
E Beronicaeo detonsum uertice crinem

 97 Serus *puto.* — 915—917. *Et haec Gallo Manutius tri-
buit.* — 915 Epigramma sine titulo *Pith.* (*Man.?*) 1 Occurrit
Pith. 3. 4 *cf. Q. Catulus ap. Cic. nat. deor.* I 28, 79. —
916. De duabus sororibus meretriculis ex Illyrio, Gentia et
Chloe, quae Romana castra cum matre laena sequerentur
Manutius 2 certare *Pith.* (*Man.?*) 5 numne . . numne
Buech. dubitanter

Retulit esuriens Graecus in astra Conon:
Gentia, rapta tibi fiat coma protinus astrum
Et regat Illyricas certior Vrsa rates.
Cum quatit et caudam Iunonius explicat ales,
Mille oculos, gemmas mille decenter habet.
. . . . huc illuc flectat ocellos,
Hinc illinc uideas currere mille faces.

917
In imaginem puellae B. III 288. M. 1003

Subrides si, uirgo, faces iocularis ocellis
Et tua nescio quo murmure labra sonant.
Cur non ora mihi iam dudum in uerba resoluis?
. . . .

9 cf. *Iuuenal.* 3, 78   10 *Catull.* 66, 8   13 *Tibull. IV* 2, 13   915. 1 Subrides *Bondtius* Sofrides *Man.*

CARMINA
A CASPARE BARTHIO PRIMVM EDITA
B. M. —   918—921
VESTRICII SPVRINNAE
I (918)

    Dulces Vestricii iocos,
        Seras Socraticae relliquias domus,
    Ne laudes nimium, Mari.
        Contemnit placitus [no]bilibus uiris,
    Soli qui sapientiae
        Post florem tepidum nec stabilem gradum
    Aetatis senium dicat
        Mentis compositae, qualis ab arduis
    Ad se uersa laboribus

I (918). *C. Barthius ed. Gratii p.* 158 'In ueteribus membranis .. iunctim inuenimus scripta. Senecae epistolas .. Boethium .. Peruigilii Veneris fragmentū sub nomine Senecae. Quattuor has odas .. uno perpetuo uersuum tenore .. Dicta sapientum .. De gestis Alexandri Magni, qui tamen alio atramento et membrana recentiore scriptus a. D. M. CD. XXIV. Alia etiam carmina non inepta, Christiana plerumque, nonnulla etiam Ethnica. Porro Vegetium .. Leonis Eretiarii de insomniis ... Haec opera, recenti manu in unum fascem compacta Martispurgi in Misniae et Turingiae finibus inter rudera bibliothecae disiectae et contemtae inuenimus. Vario omnia atramento uariaque aetate scripta.' *Easdem odas Barthius ed. Aduersariorum XIV* 5. *b = Barthii textus, Barth. = eius coniectura, ms. = quae e codice (si quis erat) adfert.* — Incipit Vesprucius Spurinna de contemptu seculi. Ad Martium. Od. I *b. cf. Plin. epp. III* 1.   1 Dulceis *b* Vespricii *b* ioca *ms.*   3 Marti *ms.*   4 placitas *ms*, corr. *Wernsd.* .. bilibus *ms.* mob. *Barth.* nob. *Bayer*, *Wernsd.*   8 ad arduus *ms.*

Quos non dat patriae, seposuit sibi
Annos, orba lucro graui.
. . . . ambitio tegmine candida
Illudat grauidae spei?
Nos sero pelagus uicimus inuium:
Quicquid uiximus, interit.
Aestas quem decies septima diuidit,
An leues memoret iocos
Atque aptos citharae conciliet modos,
Surdis auriculis strepens?
Quisquis decrepiti corporis est reus,
Sat sese eloquii probat,
Si ser[uat] placidi iura silentii
Et patrocinium otii.
Hoc cani grauitas uerticis abstitit,
Non ut sponte sua fugax,
Sed multi numeris carminis · · ·
. . . .

II (919)

Faue, sancta deum sata,
Nullis, Pauperies, numinibus minor,
Tecum si sapias tibi;
Vltro magnificis hospes honoribus,
Absoluens numerum tuae
In te laetitiae, sordida cum quies
Lautis nuda tumultibus
Ambit se patria fertilis in domo,
Nullis †uendibilis plausibus;
Contemtrix queruli magnanimis fori;
Nil non sola potens, ubi

10 dat pa..e *ms.*   11 l͞co *ms.*   12 ut non *add.* *Axt.*
albato *Wernsd.* fucato *Barth.*   15 interIt *b*   17 leueis *b*
18 citarae *b*   22 ser .. *ms.*   24 attulit *Wernsd.*
919 'in Ms. nulla distinctio nec ulla nota est alia' *Barth.*
4 ulta *ms.*, *corr. Wernsd.* uitae *Bayer*   6 laeticiae *b*   7
Raucis *Wernsd.* unda *b*   8 forcilis *ms.* fertilis *Barth.* fortius
Wernsd. num fortiter?   9 uendita *Barth.*   10 contentrix *b*

    Furtiuis procerum suppliciis procul
Regnas in proprio sinu,
    Felix, quem teneris mater ab unguibus
Et regina rapis simul!
    Non illum · · · fascibus arduum
Versat nobilitas mala
    Curarum facilem fluctibus, ut suis
Orbum sideribus rotet.
    Illum splendida nox et decor improbe
Caecus praecipitant · ·
    · · · · · · · · · · · ·

III (920)

Postquam fixa solo semel
    Spernit fluctiuagos ancora nauitas
In saeuum pelagus sequi,
    Quam uitat grauido perniciem mari,
In suo reperit sinu.
    Haerentem tumidis . . . dentibus
Aerugo propria exedit.
    Ni te desidia sancta quies leuet,
Turbas dum populi fugis,
    Priuatis quaties fata tumultibus,
In te ludere peruicax.
    Nos [tamquam] uigilans somnus [habet], furor
Tortis liber et anguibus.
    At presso gracilis Cura manet pede.

IV (921)

Ingrati nebulae † desidiae caput
Circumstant trepidum; sors nimia in probos

    10 magnanima *ms.*, *corr. Barth.* tumidis *add. Wernsd.*
16 populi *Axt*   18 et . . rotat *Axt.* — 920. 2 pernit *et* an
chora *b*   5 repetit *b in Aduers.*   6 timidis *Wernsd.* agger
add. Axt nam male *Wernsd.*   12 tamq. *et* habet *add. Wernsd.*
fruor *ms. em. Barth.*   13 liberat *b, corr. Wernsd.* — 921.
Ignaui *Axt* desidie *ms.* desidii *Barth.* dissidii *Wernsd.*
num nimis?

Incestis facilis annuit ausibus;
　　Sta contra assiduo pede.
Multum turba tenax · · · fidei
Vltra fata furit non docilis fugae
Desider · · · praemio
· · · · · · · ·

922　　　　　　　B. III 99. M. 225

Principium uitae obitus meditatio est.
Non uult emendari peccare nesciens.
Immoderata ira fructus est insaniae.
Pecuniam amico credens fert damnum duplex:
5 Argentumque et sodalem perdidit simul.

923　　　　　　　B. I 157. M. 678

Cerne Arabem Myrrham temerati a crimine lecti
　　Patria praecipiti linquere regna fuga.
Pone sequens genitor ui uindicis imminet ensis
　　Et premit incestae iam pede poena pedem,
5 Donec mutata in †fruticem proiecta figura est:
　　Sic quoque non certo lympha liquore fugit.

924　　　　　　　B. I 108. M. 642

Cum patrem et patrios ferret ceruice penates
　　Atque adeo ingentis fata †nouerca Asiae

　　3 facilit *ms.*　　5 sed nocuae *add. Axt.* — 922. Aduers. XV 17 'Veterem codicem calamo exaratum ... Sic igitur membranae. Appuleius philosophus et poeta insignis fuit, cuius hae a scholasticis feruntur sententiae .... Eiusdem haec feruntur...'　1 est medit.?　2 Non em. uult *Buech.*　3 strictus *ms.*, em. *Barth.*　4 credere *Barth.* fert *Burm.* est *ms.*　5 que *addidi*. — 923. Ibid. XVI 1 'Epigramma ... repertum a nobis est in antiquissimo codice Metamorphoseos Ouidianae, quem Leodii pretio nostrae potestatis fecimus. De Myrrha patrem fugiente...'　5 fontem *b* fruticem *Riuinus.* porrecta *idem*　6 limfa *b* myrrha .. fluit *Riuinus, recte?* — 924. Ibid. XVI 1 'Eiusdem generis est in prisco Floratorum codice a nobis repertum in Aeneam .. quod olim inter schedas, cum ei omnia mea animam ipsam agens donassem, perperam pro suo ingeniosissimus iuuenis edidit. Est uero istud ...'

Romanosque deos Europaeosque triumphos
  Totius et mundi exueret spolia
Tros Anchisiades, poterat periisse per ignes,
  Hectorea ut uirtus tracta erat ante rota.
At cum flamma furens tetigit senis ora parentis,
  Dissiliit nullis noxia turbinibus.
Fata operi restent, pietas si sola fauebit:
  Inuictum in mediis ignibus obsequium est.

B. t. I p. 738. M. 553

925

LAETI AVIANI

Versus in praesens opus de Mercurii nuptiis

Qui dubias artes per mystica dicta subibis,
  Mercurii doctos uoluere disce toros.
Ille breui ductu scandet sublime cathedram,
  Qui lychnos discet, docte Capella, tuos.
Caniciem auctoris auget grauitasque magistri:
  Qui discet libris, hinc cito proficiet.

B. III 98. M. 919

926

Desidiam nolis. sed nec labor improbus omni
  Arridet. dulce est inter utrumque nihil.
Ignauum scabies, luctantem iniuria perdit.
  Ille sui, alterius perdidit iste decus.

B. M. —

927

. . . .
Hinc est quod populus aurum quasi numen adorans

3 triumfos *b*   4 exsuuiis *b*, *correxi* eriperet *Meyerus*   6 Hectorea *Wakkerus* Aemonia *b*. — 925. Ibid. XVIII 21 'Carmen quod in Ms. codice Capellae iam saepe laudato (*quem* 'bonae antiquiorisque notae, quam omnes ut puto hactenus collati' *eod. cap. dicit, sed ubi sit tacet*) dignum luce reperi . . .'   1 arteis *b* mistica *b*   4 lichnos *b*   5 caniciem *b*   6 libens *cj. Barth.* his *Burm.* — 926. Ibid. XXIII 22 'Epigrammation uetus, quod e membranis de prosodia multa, multa et alia complexis aliquando descripsimus . . .'   2 nihil] *num* mihi? — 927. Ibid. XXV 19 'Vetus epigrammatarius . . .'   1 adorant *b*

Audet in ignotum sponte uenire nefas,
Speque lucri totiens excedere ius et honestum
Sustinet, ut gratis nunc iuuet esse reum.
Ius ruit, ordo perit, sceleri placet ora manusque
Vendere, quamque inopem, tam pudet esse probum.

928 B. M.—

Lux festa sacris uult litari paginis.
    Remoue profanos codices.
Hymno sacranda luminis primordia,
    Quae Christus imperat coli.
In ore Christus nectar, in lingua fauus,
    Ambrosia uiua in gutture,
Lotus beata in pectore, a qua nescias
    Abire gustata semel;
Mel in medullis, lux serena pupulis,
    In auribus uitae sonus.
Elingue plectrum suauis eloquentiae
    Hoc nomine audito redit.
Cursu uagante, lubrico infortunio
    Tentationibus Mali,
Siti et fame, calore et algu mortuis
    Malagma praebetur potens.
Penetrale mentis dira desperatio
    Peccaminum ob molem quatit?
Saeuit paterna in uiscere imo prauitas?
    Libido succendit faces?
Auri cupido molle pectus incitat

928. Ibid. XXXIV 1 'prope Argentoratum . . . uetera rudera Carthusiae perlustramus. Ecce tibi hominem qui . . ultro nobis muneratur codicem membranaceum . . Augustini . . tum uero in fine reperiuntur nonnulla carmina uariorum ut uidentur auctorum. Inter quae iambum hunc offendi . . .' [*quem Barthius Paulino adsignat*]. 'Videri posset paraphrasis in laudes quas de nomine Iesu scripsit S. Bernardus' *Mignius t. LXI p. 774: sed ad Paulinum paene certus reuocat. Cf. similia ap. Barthium XLIV 17 et III 1.* 1 litare *b* 2 Nominis cj. Migne 18 Peccatorum *b*, em. Barth. 19 uiscera *b*, em. Buech.

Per fas nefasque cogier?
Factentis animus ardet ingluuiem gulae
    Venere atque Baccho perditam?
Cruentus ultor raptat iracundiam
    Mucrone prompto stinguere?
Inferre mandat terror infortunium
    Cauere quod possis male?
Vis impotens sui eiicit patientiam
    Et arma quaerit perdita?
Fidem sinistra quassat obstinatio
    Felix errorum non diu?
Hoc ad salutem nomen auditum uenit,
    Hoc omne tollit pharmacum.
Obsessa membra spiritusque daemone
    Vexatus impurissimo
Hoc hoc medelam sortiuntur nomine
    Redeuntque sursum ab inferis
Cantata diro carmine, et bustis sono
    Deuota sago corpora
Vim colligantis perfidam excutiunt luis
    Et sana uertuntur domum.
Compago quem soluta membratim iubet
    Lecto sedere debilem,
Quem caecitas, crux omnium miserrima,
    Addixit alieno pedi,
Vtroque claudum quem uenire poplite
    Videt uniuersa ciuitas,
Suis redire gressibus domum queunt
    Nomen celebrantes dei.
Salue, o Apollo uere, Paean inclite,
    Pulsor draconis inferi!
Dulcis tui pharetra testimonii,
    Quod quatuor constat uiris,
Sagitta melle tinctilis prophetico,
    Pinnata patrum oraculis;
Arcus paternae forte uirtutis sonans,

22 cogere *b*, em. *Buech.*   23 ardet *Migne* horret *ms.*   32 errorque felix *puto*   43 membrorum?   53 faretra *b*

Miraculis neruus potens,
Strauere ueterem morte serpentem sua.
    Io triumphe nobilis!
Salue beata saeculi uictoria,
    Parens beati temporis!
Salue, quod omnes caelici, medii, inferi
    Nomen genu flexo audiunt.
Salue unus unus unus in trino deus,
    Salue una in uno trinitas.
Haec lux Eoo cum leuata cardine
    Iter diurnum suscipit,
Haec cum occidente sol subit curru fretum,
    Benedictio me consecrat,
Crucifixe uictor, expiator criminum
    In morte uita praepotens.
Fac cum supremo seuocabor tempore,
    Ab obruto malis chao
Traducat ista me tibi benedictio,
    Quod utile, interim dato,
Neu se inquieta mentis excruciet mora
    Faetente uincta carcere.

929
B. III 274. M. 1011.

In senectutem

Vtilis es nulli, cunctis ingrata, senectus:
    Te Stygio peperit cana Megaera deo.
Nil adeo firmum est, quod non tua robora frangant:
    Arma stilos chartas saxa metalla deos.
Carmina uiuaci membranis illita succo
    Annorum serie debilitata cadunt.
Ipsa mihi pugnas quae nectere mille solebat,
    Aequales inter maxima dicta suas,

61 seculis *ms*.   70 consecret?   76 Caro *uel* Carne interim terrae data, Ne se *Mignius*. — 929. Ibid. XXXVI 11 'In membranis Iacobi de Caesollis Scachorum ludo subscriptum, cum nonnullis Germanis rythmis magistri Fridangi...'
2 cuna *ms*.   4 cartas *b* decus *Cannegieter*   8 aequaleis *b*

Numquam sueta nisi iugulato cedere ab hoste
　　Inque imis mortes quaerere uisceribus,
Virgineis ambita choris, adamata puellis,
　　Quamque hostes etiam caram habuere sui,
Illa caput roseum florenti sandice cincta,
　　Languida caeruleo mentula uicta situ est!

B. M. — 930 *Argumenta Lucani*

I

Proponit primus liber, inuehit, inuocat atque
Caussas exponit, cursus properantis ad urbem
Caesaris et nimios hinc [narrat] in urbe timores.

II

Quadruplices narrat pars libri prima secundi.
Continet eiusdem pars proxima uerba Catonis
Et Bruti. dicit, quo foedere Martia nupsit.
Hostis in occursum ducit pars tertia Magnum,
Opposuisse manus notat [et] quod Caesaris ira
Cuncta ruunt. arcesque capit, cedentibus instat.
Ast uni uitam tribuit qui nuntius hosti,
Exemplum fuerit; quo uiso Magnus ad omnes
Turmas ipse suas hortandas magna minatur.
Hinc pars quinta notat Pompeium tunc properasse
Brundusium; tandem metuens maris ostia claudi
Hesperia puppes geminas in parte reliquit.

III

Tertius exponit primo quid Iulia dixit,
Quid Magnus fecit, audax quo Curio missus.
Altera pars libri dicit, quod Caesar in urbem
Iuit opesque dedit Romae nolente Metello
Militibus, Magnique notat qui signa sequuntur.

12 charam *b*. — 930. Ibid. XXXVII 8 'Pharsalidos libri in compendium notati sunt a ueteri critico . . . describere uolui, cum sciam ante sexcentos annos eum codicem esse scriptum, cui adfixi sunt . . .' 3 narrat *add. Burm.* plebis *Buech.* 4 narrat] questus *Burm.* 6 federe *b* 7 dicit *Burm.* 8 et *add. id.* 12 suus *b* 13 quarta *Burm.* 14 brudusium *b* 15 Experia *b* geminus *b* in mare *b*, *em. Buech.*

Vltima quod tendens Hispanas Caesar in oras
Massiliae stetit: hanc sed uicit in aequore Brutus.

IV

At quarti libri narrat pars prima, quod instat
Caesar in Hispanos ad iussa ducesque reuersos.
25 Mortem Vultei cum multis altera pars dat.
Vltima quod Varum pepulit campoque fugauit
Curio, fraude Iubae cecidit quoque strage suorum.

V

In prima quinti Pompeio Roma regenda
Est data. multa timens pro se responsa recepit
30 Appius; exponit pars proxima seditionem
Sedatam poena. mare [transiit] urbe relicta
Caesar, qui questus, quod non Antonius ultra
Iuerat, expertus fuit ipse pericula Martis.
Vltima, quod posita mansit Cornelia Lesbo.

VI

35 ['Postquam] castra' notat, quod Caesar uictus ab hoste
Fugit in Emathiam, quamuis clausisset is ipsum.
Hinc et Thessaliam quae sit gentemque profanam
Describit. damnat Sextum non digna petentem.

VII

'Segnior Oceano' casu quo bella geruntur
40 Ostendit populo sic esse quod · · uterque.
Proxima pars bellum describit, et ultima, Magnum
Deuictum cepisse fugam. Sed Caesar habendas
Militibus monstrauit opes castrisque recedit.

VIII

'Iam super Herculeas' quo fugit, denotat atque
45 Quid dixit [Magnus] · · quando quaerere Parthos

27 quoque] qui *Burm.* 28 Pompeio *b* 29 per *b* pro
Burm. 30 Appium *b* 31 penam *b* transiit *add. Burm.* 35
Postquam *add. Buech.* 36 ipsam *b* 38 parente *b*, *em.
Burm.* VII (VI?)—X *ipsorum librorum initiis incipiunt.* 40
primo, sic et quod dixit uterque *Burm.* 42 habendis *b*
45 Magnus, quid *suppl. Burm.* portus *b*, *em. id.*

Consuluit: sed cassa fuit sententia Magni.
[Altera pars [notat] exitium tibi, Magne, paratum.]
Parsque secunda notat Pompeium morte peremtum
Indigna; Phariis pars ultima facta sepulcro.

IX

'At non in Pharia' dicit, quod bella Catoni 50
Libertate placent, qui Sextum multa minantem
Corripuit, postquam sciuit de funere Magni.
Altera pars multos correptos uoce Catonis
Syrtibus in mediis dat multa pericula passos.
Tertia quod Caesar simulauit flendo dolorem
Nec doluit saeuus generi ceruice recisa.

X

'Vt primum' primo notat ut perrexit in urbem
Aegypti Caesar et ut est Cleopatra locuta.
Mox dapibus sumtis Nili disquiritur ortus.
Parsque secunda refert famulos qui fata parabant 60
Praua duci caesos aduersa nefandaque passos.

B. III 106. M. 920   **931**

Tempore qui laeto sortem ridemus amaram,
  Certa uelut stabiles non dea uerset equos,
Cur eidem aduerso laetam uenamur in aestu?
  A mea tam bene quod cognita causa mihi est!
O qui carorum caput, o carissime quondam 5
  An potes et miseri nunc meminisse tui
Est equidem in laetis nemo non promtus amicus,

47 notat *addidi*, sed 47 *est glossa uersus* 48   60 facta *b*
61 Praua *b*, em. *Burm*. — 931. Ibid. XL, 18 'Elegia prisca,
quae in codice Ouidii librorum de Ponto, ulima pagina et
dimidia compacta ligneis munimentis inscripta est. Eum co-
dicem . . . scriptum norit magnis paginis, estque a nobis
Coloniae Agrippinae ante aedem Minorum, ut uocantur, a
seniculo scrutario, tum urbi omni notissimo, aere compara-
tus. De scriptore nihil scio . . .' (*Barthio ipsi Hauptius tri-
buit Epiced. Drusi p.* 27)   3 iidem *b*   4 Ah *b* caussa *b*   5
char. bis *b*   6 mei *Burm*.

Ipsa homini aduersis umbra inimica sua est.
Tantalus infelix, dicunt, conuiua deorum
10　　Nunc quoque apud Manes uictima sacra Ioui est.
Vsque adeo poenas non delent ultima fata:
　　Qui cecidit diuis, surgere nemo ualet.
Scilicet et nobis, qui functo corpore nuper
　　Dura per antiqui busta fugamur aui,
15 Perfida felices ostendit regula diuos
　　Et uoluit sanctis partem aliquam esse locis,
Non alio exemplo nisi ut eruta turbine diro
　　Desereret media nos rota fracta uia.
A mihi praeteritos referant si numina uultus
20　　(Non etenim ueterem: te, noua plaga, queror),
Vt facili amissos adblandiar ore fauores,
　　Tura ferens dignis carmina laeta deis!
Vt grauis hiberno torrens de monte uolutus
　　Obuia non magna arbuta uerrit ope,
25 Saepe domos etiam, saepe addita moenia raptat,
　　Currens praecipiti per iuga longa uia:
Sic semel atque uno nos abstulit improbus ictu,
　　Mentem etiam et Musis pectora uota, furor.
Altus eram certe: sortis furor omnia uincit;
30　　Obuius ut quisque est, 'tu mihi' clamo 'ueni'.
Improbus est, quisquis non haec spectacula cernens
　　Fortuna instabili se quoque stare putat.
En ego nec caros habeo miserandus amicos,
　　A quibus auxilio uerbaue remue petam.
35 Vnicus est, qui me non plane spernit egentem;
　　Cetera contemto supplice turba fugit.
Quid faciam infelix? quae non nisi in omnibus uni est,
　　Sollicitem longo carmine saepe: fidem?
Fracta fides crebro est precibus lugentis amici,
40　　Hac tamen amissa num mage tristis ero?

　　8 aduersus *b* ipse homo in adu... sui *Burm.*　12 uiuus
Burm. diuis *b*　13 qui fracto *amicus*　19 ah *b*　21 abblan-
diar *b* eblandiar *Oud.*　22 thura *b num* carmine? diis *b*　27
simul *Wernsd.*　28 uota *Burm.* nota *b*　33 charos *b*　34
auxilium *Burm.*　40 num *b* non *Burm.*

Vos superi et, quorum es merito mihi numinis instar,
    Quem numquam posthac spero uidere, parens,
Vnius in gremio spes nostra abiecta sodalis
    Tabet et absenti perdita uerba sonat.
Ille iuuet forsan, sed uerba immensa locutis   45
    Facta breui constant non repetenda modo.
Scilicet in somnis quae poscunt plurima diuos
    In fratrum auxiliis experietur inops.
Nos ubi praeteritis componimus orsa secuti
    Temporis, his etiam credere fata uetant.   50
Interea rapit hora — nec est reparabilis — horam:
    Nos lenta placuit tabe perire deo,
Vt pereunt miseri, quos uitae fructus ademtus
    Deseruit, nulla post reparandus ope.
Tempore non illo Priamum periisse putabis,   55
    Quo iacuit Teucro littore truncus iners;
Verum ut Thessalicis circum sua moenia funus
    Hectoreum rapuit fortior hostis equis.
Non ea post ductos uicto ex Oriente triumphos
    Exstinxit Magnum, quae tulit, hora, caput;   60
Illa illum exstinxit, campis congressa Philippis
    Caesarea populum quae ruit hora manu.
Scilicet hic uitae finis, qui finis honorum est,
    Cumque sua pereunt prosperitate uiri.
Sic quod heri uixi, quia iam nox altera praesto est,   65
    Non illud tempus, quod modo duco, uocem.
Quaeque dies sibi uita sua est; cum transiit illa,
    Hesternae non est lux hodierna memor.
Quare, quem fructus uiuendi, uita relinquit:
    Nempe quid hoc demto, mors nisi maesta, uenit?   70
Vndique quae laetis si se tristissima monstrat,
    Quid miseris censes nolle parare mali?
Saepe ferunt uenti, saepe est firmissima nauis;
    Mutarunt uenti flamina: nauis obit.

    44 absentis *b*   49 sequuti *b*   55 *num* putaris?   59
triumfos *b*   61 *num* concessa?   62 qua *et* manus *Wernsd.*
66 *fort.* Non; illud t.   70 moesta *b*   72 nolle] posse?

75 Dum cauet hos scopulos, alios incurrere nauta
    Sentit, et est damno serior arte suo.
Structa quid in magno sunt propugnacula saxo?
    Humano maius saepe labore ruunt:
Callidus internis se spiritus ingerit antris;
80   Cum posita rupes sic grauis arce iacet.
Tuta nec in solido rerum Fortuna fauore est;
    Cum minime credas, impulit illa rotam.
Tum quoque, cum nitido ridet placidissima uultu,
    Turpis in aduerso pectore fucus inest.
85 Eleuat incautum, sperantem maxima nutu
    Proicit, ascendit cetera turba tamen.
Haec ego qui possum miseris miser ipse referre,
    Non poteram dictis olim adhibere fidem,
Stulta quia et uotis tam credula turba beata est,
90   Rideat ut miseri magna monentis opem.
Saepe mihi dixit Peligui Musa poetae,
    Nunc ego mutata quod uice dico tibi.
Credite, quis fidum Fortuna uidetur asylum:
    Non erit haec uobis, non fuit illa mihi.
95 Pendet ab axe suo uitae uariabilis ordo,
    Nulla sui certa est hora nec ulla fuit,
Cumque nihil possit longi fuga mobilis aeui,
    Se tamen hac semper mobilitate fugit.
Sed uitam incertam sequitur miserabile letum,
100 Humanas inter sola ea certa uia est.
Stultus et indoctus qui, cum non nesciat, illo
    Eximi ab innumeris tempora lassa malis,
Hoc tamen extremo timet et fugit undique nisu,
    Quod sequitur fortem quod timidumque premit.
105 'Vita tamen dulcis.' quid si magis altera restat?
    'Mors grauis.' an scimus non grauiore premi?
Altior at miseris cura est, dolor ossibus haeret.

75 hoc *b*   77 saeuior *Burm.*   78 ferunt *b*, corr. *Burm.*
79 Internis calidus *Oud.*   84 auerso *b*   85 spirantem *Burm.*
86 proiicit *b*   93 asilum *b*   97 prosit *Oud.*   98 Se] Sic?
99 lethum *b*

Verba cadunt pulcre, pectora maeror edit.
Sic ego qui medicas aliis dare molior herbas,
  Nullius credam uulnera nostra manu.
Vna sed in cunctis data sunt solatia curis,
  Sustineant lapso quae mihi membra pede.
Nulla, licet tenuis linquat spiramina uitae,
  Absque interuallo sors truculenta fuit,
Nempe quia est miseris aliquod quoque numen amicum;
  Qui patitur, nullis spernitur ille deis.
Venit ubi ad summum, non progressura ruina est,
  Sed stetit et retro est uiribus acta suis.
Ipsa quoque e bustis extollier ossa uidemus,
  Cum patria coluit relligione nepos.
Diruta murali tormento saxa feruntur:
  Erigit his alio moenia Marte labor. —
Infelix quisquis nocet infelicibus umquam,
  Hic meruit nullo tristia fine pati.
Omne quod hic cernis, tenuis modo corporis umbra est;
  Vix macie exesis artubus ossa traho.
Rarus aperta mouet procul internodia poples,
  Consedit genubus tractus † ab ore tremor.
Sordibus et multo similis squalore sepultis
  Vix inter uiuos larua uidenda uagor.
Non tamen hoc hostes, non hoc mala numina possint,
  Vt ualeat pronum nox pepulisse caput.
Anguibus Alcides et caesa languidus hydra
  Non chortes·timuit, grus homicida, tuas.
Briseis ut rapta est, amor aegrum inclusit Achillem,
  Non metus Hectoreae Memnoniaeue facis.
Ille sed extincto rediit uigor acer amico,
  Reddidit ut iustus deposita arma dolor.
Me quoque Fors mihi restituet, moribundaque membra
  Viribus ire suis splendida fata dabunt.

108 moeror *b*   120 cum] quae?   127 Varus *Burm*.   133 Languidus *b*, corr. *Schrader*.   134 hostes *et* tuos *b*, *correxi*. aues intellege Stymphalidas.   135 atrum *b*, em. *Buech*. acrem ci. *Barth*   137 exstincto *b*   140 *an* facta?

Tum trucis inuidiae furiis ultricibus horrens
  Inuoluam positis arma uirumque malis.
Interea, ut libitum est, absentibus utere diuis,
  Liuor, et in nostro gaudia quaere rogo!

932

Sera dedit Phoebo fugiente crepuscula uesper.
Conticuit mediam rerum confectio noctem.
Exoriens tenebris dilucula restituit sol.
Tempora sol reuehit, nox cedit tempora delens.
5 Nox accensetur soli ceu luna diei.

933

SYMMACHVS

de Boethio

Fortunae et uirtutis opus, Seuerine Boethi,
  E patria pulsus non tua per scelera,
Tandem ignotus habes qui te colat, ut tua uirtus,
  Vt tua fortuna promeruitque sophos.
5 Post obitum dant fata locum, post fata superstes
  Vxoris propriae te quoque fama colit.

934

Mille post annos quater atque centum
Graeciae uindex capit arma mundi
Et superborum grauis arma regum
  Diripit audax.
5 Ille non magno genitore magnus

---

932. Ibid. LVI 10 'Glossae memorabiles [*in Boethium*] ueterrimae hae sunt... Diluculum] non amplius nox, sed tenebrae rarescentes. Vnde sunt uersus...' 2 *num* media .. nocte? — 933. Ibid. LVI 10 'ex eodem codice...' Symmachius *b* 3 tamdem *b*. — 934. Ibid. LVI 14 'In codice quodam priscis litteris exarato... Est autem scriptum in Alexandri Magni uita, incerto auctore, fabulis prodigialibus ridicula...' 2 inunctae *Iacobs* 3 grauiade *Rooy* arua *Iacobs* 5 de m. *Burm.*

Indiae reges Mediaeque, Parthos,
Bactra cum Poro Ecbatanosque paruo
  Milite uicit;
Vincere ingentes animis et ausis,
Non docens gentes numero et metallo,
Vi celer, uirtute ualens, profundo
  Pectore doctus.
Hoc magister te docuit ministrum,
Nam uolens parere, regit deinde.
Poenitet tempus †abiisse tantum
  Absque Camena.
Scribit in pectus bona dicta rector,
Praecipit doctor pietate tota.
Sic Alexander simul et magister
  Omnia uincunt.
Ast ubi totum tenuit sub uno
Orbem habens sceptro, sibi uictus ipsi
Corruit. uicit Babylon triumpho
  Te muliebri.
Sic Clitum ad Bacchi necat [udus] aram,
Sic deum temnit iuuenis proteruus,
Sic duos et iam decem habens reliquit
  Sceptra per annos.
Ter decem uixit uuenis per annos
Additis tantum tribus aut duobus.
Viuus exarsit, moriens flagrauit
  Orbis in illo.
Non satis mundus fuit unus illi,
Nec satis quisquam fuit unus illi.
Maximus princeps sine fine: Baccho
  Finis in ipso est.

B. VI 92. M. 1142   935

Vt placidus noctu tibi Morpheus adsit, oportet,

  16 Camoena *b*   22 ipse *Burm.* ipso *b*   25 Clytum *b*
  udus *add. Burm.*   27 Vt *b* Sic *ego.* — 935. Barthius comm.
  in Stat. Silu. V 4 init. 'Vetus epigramma, e membranis olim

Vt faciat laetum sobria uita diem.
Qui laesere diem, laesere tyrannida somni.
Hic furias, quo se uindicet ultor, habet.
5 Casta placent somno; mala sunt insomnia praesto,
Ebria lux foedis cum fuit acta iocis.

936 B. 1 137. M. 664

Quos paribus nutrix eadem pauisse papillis,
Pectore quos uno genitrix gestasse probatur,
Discidiis indiscissis in mutua saeui
Vulnera non una perituri clade ruerunt. —
5 Quos post longaeuos discordia deserit annos
Aut post commissas iunxerunt foedera dextras,
Constantis dederunt documenta frequenter amoris.
Thebanum nullo linquit discrimine Tydeus;
Tydea nullo umquam Polynices Marte relinquit.

937 B. 1 2. M. 560

Mars grauis armorum, Pluto moderator Auerni est,
Neptunus maris imperio dominatur, in astris
Imperium Iouis est, regnat uacuo aëre Iuno;
At. Venus in terris et ubique, Cupidine cincta.

938 B. II 263. M. 852

Vt Venus in terris, in aquis dat iura Cupido,
Sic Musae memores seruant per saecula libros;
Sic comes armorum crescit per carmina Fama

hospitis nostri Coloniae Agrippinae, Michaelis Mascerelli descriptum...' 2 faciant *et* uina *Burm.* 6 faedis *b.* — 936. Id. in Stat. Theb. II 365 'Adscripta minuto Thebaidis codici litteris non plane minutis et perquam ueteribus; ut codex ipse etiam non unum seculum uiuendo transmisit...' 1— 4 *ad Eteoclem et Polynicem pertinet* 3 dissidiis *b*, em. *Buech.* saeui *Burm.* saepe *b* 4 non] mox *Pierson* 7 documenta frequenter Amoris dederunt *b; transpos. Burm.* — 937. Ibid. III 436 'Versus antiqua manu margini praeclari codicis [*Statiani*] adscripti...' 4 Et *b* at *scripsi.* — 938. Ibid. III 436 'In aliis membranis ubi et Fortunati et Ausonii quaedam (Praeonii [Petronii *Buech.*] adiecto nomine) offendimus, hos reperi...' 3 Sed *Buech.*

Nec sinit aeternis occumbere scripta † coronis.
Pallas amat Musas atque ornat laude Camenas.
Bellorum uiuit placatis gloria Musis.
Et Veneris constant iuncta cum Pallade Musae
Imperio. sic cuncta regit diuina Voluptas.'

B. I 52. M. 603   939

Matronam magni uehit ardens pauo Tonantis.
 Ad Veneris currum iuncta columba cygno est.
Pallada bubo uehit, sed eam rota nulla figurat.
 Anguibus alma Ceres Persephoneque uenit.
Delia cum Luna est gemina prouecta iuuenca.
 Venatrix ceruas uirgo Diana tenet.'

B. I 126. M. 655   940

Thessalici proceres iunctis uirtutibus Argo
 Magnificam aedificant fatiloquamque ratem.
Hac ope uentorum, Iunone et Pallade faustis,
 Auratum referunt trans freta longa pecus.
Omnis in hac picta est uirtutis imagine forma.
 Hanc labor acer opus grande parare iubet;
Cumque opus effectum est, uentis piger indiget usus:
 Hi tibi Fortunae dant rapiuntque rotam.
Iuno notat nummos, sapientia Pallade constat:
 His ducibus tandem gloria parta uenit.
Niteris incassum nec te aurea praeda sequetur,
 Hic nisi te ternus dux super astra uehat.
Quid facias igitur? Fortunae gloria seruit,
 Diuitiis seruit, seruit et illa libris.
Ora igitur diuos, ut sis felixque bonusque;
 Vt doctus, Musas irrequietus ama.

   4 tenebris *Buech.*   5 ornat *Oud.* armat *b.* — 939. Ibid.
IV 430 'Vetus apud nos epigramma . . .' · 2 iuncta *Barth.*
blanda *b*   3 uehat *b.* — 940. Ibid. VI 23 'Inter cimelia no-
strae bibliothecae exstat . . .'   6 Hic *uel* hac *Klotz* Nam
puto   7 piger] celer?   10 tamdem *b*   14 et ipsa *Mey.*

941

Patricio nescio cui adscriptum

Vere nouo florebat humus, satus aethere sudo
Imbre maritatum uegetabat spiritus orbem.
Ipsa quoque aetheria deducta propagine flamma
Visceribus suffusa cauis noua germina largo
Vrgebat gremio reparans elementa calore.
Latonae geminum numen, Cythereius ignis,
Iuppiter ipse parens et Maiae mobile pignus
Temperie unanimi, secluso frigore tristi
Saturni ueteris, mundi per aperta nitebant:
Cum Venus Idaliis comitata sororibus exit,
Thessalicos uisura Lares, ubi florida Tempe
Perpetuis faciles conseruant cultibus hortos.
It Natura comes lactenti feta papilla,
Vnde uenit uitale decus; prope Gratia blando
Intuitu inuergit florem nascentibus herbis.
Ante deam tenui decurrit ueste Voluptas,
Ostentans reuocansque nitentia membra tegendo,
Purpureas croceo suras euincta cothurno,
Speque sua maior nullaque imitanda figura.
Blanda manu implexam tenet hanc ducitque canendo
Aethereas Siren iterabile carmen ad auras.
Ad iuga blanda sedet niueas moderata columbas,
Non satianda bonis, diuae soror alma. Cupido
Aliger obsequio stipat puer; agmen Amorum
Claudit agens choreas pictis exercitus armis.
Arrident late toto reuolantia mundo

---

941. Barthius comm. in Claudian. epithal. Palladii et Celerinae u. 142 p. 462 sqq. 'Scida uetus, in Mediomatricum quondam nobis metropoli inter oblatas temere membranas redemta, quae Epithalamii cuiusdam initium habet . . . cuius titulus Patricium aut Patritum quemdam auctorem praefert, scriptorem utique ueterem nec improbum; modo ne dignitatis id fuerit uocabulum, uero scriptoris abroso, ut arbitrari quiuis poterit, initium ipsum membranae deficere contuitus . . .' 3 aethereis *b* 13 foeta *b* 19 imitãda *b* 21 seiren *b*

Sidera, blanditu dominam uenerata sereno.
Ipsa leui residens curru, mitissima diuum,
Ventilat adflatu caelum Zephyrisque remissis
Mulcet agros lenique astris adremigat aura.
Protinus ut liquidum Phoebi iubar ore recussit
Progressamque deam docuere elementa fauendo,
Lydia qui cedente reliquerat arua sorore,
Obuia pampineis Liber rapit agmina thyrsis.
Ditia Pactoli superat Peneïus amnis
Munera, clarus aquis nitidum † stagnantibus aurum.
Exsultant Dryadum faciles deliria Fauni
Et Satyri, sub utroque deo promtissima pubes.
Corniger hos stimulis implet puer, aethera clangor
Verberat et crotalis responsant tympana pulsu.
Ecce pater pando recubans Silenus asello,
Cui lacer a summo pendebat cantharus armo
(Vina per os hirtaeque fluunt compendia barbae),
E numero comitum Veneris uestigat et olim
Captus amore petit festino Chlorida uoto.
Nympha retrocedens dum spes alit inque furentem
Blanda micans oculis refugit pede, libera lusu
Turba fauet totoque fremit petulantia coetu.
  Hic subito uolitans sparsas rumore per † umbras
Fama mouet mentes incertaque murmura portat.
Orta dehinc largo narratur fabula motu;
Non uidet auctorem, sed sentit quisque refertque
Atque audisse putat, nec primus in agmine toto est.
Mane sub Eoo, dum diuae castra mouentur,
Elapsum pennis et inobseruata ferentem
Per liquidas Hymenaeum auras uestigia Romae
Aduertisse pedem subitoque redire tumultu.
Ipse aderat pompamque trahens uictosque iugali
Quos inconsulta coniunxerat arte Diona,
Auspicium iuuenem atque aequaeuae pectus Aellae.

   27 blandito *b*, em. *Burm.* 29 afflatu coelum *b*   40 pulsis
Burm.   41 recubās *b*   42 cantarus *b*   45 festina *b* uato *b,*
corr. *Burm.*   46 nymfa *b*   49 sparso *et* urbes *uel* auras *Burm.*
58 uinctosque *Burm.* uincloque *Mey.*

Illos prima patrum generosae stirpis alumnos
Nobilitas tota pridem celebrauerat urbe
Et species morumque † opulentia comta nitore;
Nec semel Arcitenens tentarat spicula castis
65 Indere pectoribus, matris molimine magno.
Olli florebant studiis Helicone potito,
Nec chorus Aonidum nec sanctae Palladis ardor
Nec pater ipse iugi cuiquam maiore fauebat
Ingenio. par cura animo, labor otia nescit
70 Improbus atque altis urit praecordia flammis.
Gloria, ab excelsa laus intemerabilis arce
Monstrat iter, quo celsa petant fastigia rerum
Semideae mentes, puro stirps prosata caelo.
At teneros aeui nec adhuc puerile sonantes
75 A primis fausto sociarant omine cunis
Solliciti longa de posteritate parentes.
Hinc puer elusa iuga Calliopeius illis
Nexuerat domina laetamque ferebat ad aulam
Luctantes rapiens iuuenes, immane tropaeum.
80 Indignata tamen risit dea; nec tibi tantum
Saepe licere uelis, nimium studiose pudoris,
Maternos nimium, puer, amplexate rigores.
Protinus instaurant pompae genialis honorem
Deflectuntque uiam pelagoque aduertere certant.
85 Ales at e medio reuolans Concordia coetu
Iungere nunc dextras, nunc oscula pangere mandat
Primaque perpetuis mysteria tradere curis.
Ipsa pharetratos urget dea Pronuba fratres,
Sancta Fides, flectant choreas ad moenia Romae
90 Et patrios laeto repetant rumore Penates,
Vnde ante ora suorum et auitae in sedibus aulae
Testentur fixum foedus thalamumque coronent,
. . . .

61 alumno *b* 63 *num* pudentia? 68 iugi *corruptum*
70 altis *scripsi* aliis *b* 71 Gloriae? *an et pro* ab? 72 petunt *b* 73 coelo *b* 75 sociarunt *Mey.* 77 iam Cythereius *Burm.* 81 uelit *b, corr. Burm.* — Hactenus schedae ueteres, quibus, pagina una interioris, insunt alia minime ad hunc

Quod cernunt oculi, deus est: fons nempe deorum est.
  Maiestas caeli uertitur orbe suo.
Terra gerit gremio sese caelique suoque
  Et finem ingentis monstrat uterque globi.
At quae se pelago tradit natura uidendam,
  Luminibus dicit: 'non ego finem habeo.
Omnia me circum, super, omnia fundit aquae lex:
  Sic nusquam immensi terminus Oceani est.
Hic oculos igitur rerum in primordia mittis,
  Exspirant omnes hic numeri atque notae:
Nascitur hinc quicquid moritur retroque recedit;
  Huc redit, aeterno quicquid in orbe perit.
Hoc perimit flammas elementum, alit euocat auget,
  Omnis abest sapiens aque Thalete procul.'

Apollinem facientia, potius ad Marcelli illum . . . medicamenta membrorum docentis.' *Francisci cuiusdam Patritii eclogam in cod. Vrbinat.* 368 *Vatic. extare A. Maius praef. ad Perotti fabb. testatur.* — 942. Ibid. in III consul. Honor. u. 23 p. 541 'Epigramma uetus . . .' 2. 3 coeli *b* 5 se in p. *b* 13 hec *b. num* educat?

INDICES

I
Recensus poetarum.

Aemilius Magnus Arborius? 897.
Aemilius Probus † 783.
Alcimus 233. 713—715. 740. † 788.
Aesopus 799—830.
Anaximander † 913.
Andreas 766.
Appianus † 871.
L. Apuleius 712: cf. 922.
Asclepiadius 496. 507. 530. 541. 552. 563. 574. 585. 596. 607. 618. 629.
Asmenius 502. 513. 524. 535. 546. 557. 568. 579. 602. 613. 624. 635.
Asterius 3. 491.
Augustinus 489. † 785. (cf. 721. 769.) † 870.
Auienus 26. 876.
Auitus 29.
Ausonius (cf. 394. 395.) 639—641. 644. 645. 647.
C. Aurelius Romulus 904.
Basilius 501. 512. 523. 534. 545. 556. 567. 590. 601. 612. 623. 634.
Bassus 670.
Beda † 736.
Bellesarius 492.
Bonosus 280.
Caesar 233. (cf. 709.) † 889.
'Caesar Augustus' 655. 672.
Caesar Germanicus 708. 709.
Calbulus 378.
Callimachus? 896.
Cato 387. 664. 716.
Chintila 494.
Q. Cicero 642.
Claudianus 652. † 759. cf. 878—881.
Claudius 723.
Columbanus (676. 689.)
Cornelius Gallus (242.) (cf. 914—917.)
Coronatus 223. 226. 228.
Donatus 227.
Elias Flauius? 480.
Epicurus 911.
Etemundes 78.
Euantius 669.
Eucheria 390.
Euclerius 789.
Eugenius 658?
Euphorbius 504. 515. 526. 537. 548. 559. 570. 581. 592. 603. 626. 637.
Eusthenius 497. 508. 519. 542. 553. 564. 575. 586. 597. 608. 619. 630.

Felix 210—214.
Flauius Felix 254.
Florentinus 376.
Florus (84—86?) 87. (88—89?) 245—252.
Gallienus 711.
Hadrianus 392? 393? cf. 903.
Hilarius 487. 487 a.
Hilasius 506. 517. 528. 539. 550. 561. 572. 583. 594. 605. 616. 627.
(Hildebertus cf. 786.)
Honorius 666.
Hosidius Geta 17.
Isidorus (483.)
Iulianus 505. 516. 527. 538. 549. 560. 571. 582. 593. 604. 615. 638.
Iulius? 890.
Lactantius 731.
Laetus Auianus 925.
Liberatus (493.)
Lindinus 28.
Luxorius 18. 203. 287—375.
Marcellus 910.
Maximinus 499. 510. 521. 532. 543. 566. 577. 588. 599. 610. 621. 632.
Martialis 26. 275. 276. † 892.
Mauortius 10. 16.
Merobaudes cf. ad 878.
Modestinus 273. cf. I p. X.
Modestus 900.
Nemesianus 883. 884.
Octauianus 20.
Olybrius? 772.
Ouidius † 1. † 2. 262. 269. † 674. † 682. † 787.
Palladius 495. 518. 529. 540. 551. 562. 573. 584. 595. 606. 617. 628.
Patricius 791. Paulinus † 928.
(Patricius uel Patritus 941.)
Pentadius 234. 235. 265—268.
Petronius 218. 466. 476. cf. ad 464—479. 650. 651. 690—699.

Petrus referendarius 380.
Phoca 671.
Plato (490. 716.)
Plinius 710.
Pompilianus 498. 509. 520. 531. 554. 565. 576. 587. 598. 609. 620. 631.
Ponnanus 274.
Porfirius 81.
Priscianus (486) 679.
Sex. Propertius 264.
Rabirius 482.
Remus Fauinus 486.
Regianus 270—272.
Reposianus 253.
Rufinus 732?
Seneca 232. 236. 237. cf. I p. XL. cf. 898.
Seuerus Sanctus Endeleichus 893.
Siluius 689 a.
Sisebutus 483. II p. 13.
Solinus cf. 720.
Sulpicius Lupercus 648. 649.
Sulpicius Carthaginiensis 653.
(Symmachus 933.)
Symphosius 286.
a Theodosio missi 724.
Tiberianus 490.
Traianus 392.
Tuccianus 277—278.
M. Tullius 901.
Varro Atacinus 414.
Vergilius 160. 161. 256—263 (262 cf. Ouidius). † 644. † 645. † 673—675. † 776—782. 788.
Vespa 199.
(Vestricius Spurinna 918—921.)
Vincentius 279.
Vitalis 500. 511. 522. 533. 544. 555. 578. 589. 600. 611. 622. 633.
Vomanius 503. 514. 525. 536. 547. 558. 569. 580. 591. 614. 625. 636.

II

Index argumentorum in carminibus tractatorum; accedunt memorabilia quaedam alia.

a. De deo; de deis deabusque.

Aether 200, 59.
Amor 200, 28 sqq. 271. 273. 451. 698. Cupido 221. 347. 374.
Apollo 79. 887. cum Libero comparatur 247. Phoebus 805. Cyrrhaeus 881, 16.
Bacchus 186—188. 245. Liber 32. 751. Lyaeus 745. B. et tibia 739. B. et Nymphae 891.
† Caelum 696, 2.
Charon 779, 5.
carmina Christiana 4. 16. 91. 92. 93. 378. 379. 380. 489. 491—494. 658. 659. 661. 662. 665. 666. 669. 670. 689? 689 a. 719. 731? 735. 762. 765. 766. 767. 768. 789. 791. 878. 879. 893. 898. 928.
Christiana cum paganis mixta 254. Christus 'magnis in urbibus solus colitur' 893, 106.
de Christianorum progressu querella 686.
deorum origo 466. omne esse deum 942.
dei mensium singulorum 394. 395.
(Diana) Cynthia 760, 7. Delia 693.
Dis 272, 3.
Erinys 636, 20.
Faunus 725, 9; 10.
Flora Chloris 747. Florae et Cereris nemus 485, 120.
Gorgo 867.
Hecate 395, 32.
Isis 743.
Iuno 55. 750. I. et Venus 808. Iunonis Triuiae templum 865.
Iuppiter 141. Pluuius 395, 46. in pluteo 139. 140. Iupp.

Neptunus Pluto 793. I. et Ganymedes 795.
Luna 723. et Musae 33. Phoebe 483, 42.
Magna Mater 888.
Mars 749. et Quirinus 424. Mars et Venus 202. 253. 272. 749, 4.
Mercurius 801.
Musae 88. 664. 938. inuocantur 199, 1. 655. 672.
Morbus aliique eiusmodi dei 731, 15 sqq. 800. (Pauperies 919, 2.)
Neptunus 21. 348.
Nereus 426. 461.
Nymphae 273. Hamadryades 647, 8. N. Laurentes 742, 20.
Oceanus 718.
Orcus 657 c.
Pallas 278.
Pan 682. 887.
Parcae 792.
precationes: ad Deliam 639. ad deum 490. 789. ad herbas 6. ad Isidem 743. Iunonem 750. Liberum 751. Lunam 723. Martem 749. Oceanum 718. Panem 682. Terram 5. Venerem 720. Petrum 494.
Priapus 773—775. 885.
Saturni festa. 286, 3. 395, 47.
Satyrus et rustica 371.
Sol 389.
Tethys 720, 1.
Venus 20. 34. 56. 61. 200. 356. 720. 866. 894. Paphie 646, 21 al. cf. Mars. V. et Iuno 808.
Vulcanus 199.
uaria ad mythos spectantia 4. 199. 200. 939.

b. De heroibus.

Achilles 63. 76. 161. 198. 630.
Acis 886.
Adonis 61. 68.
Aegyptus 58.
Aeneas 83.
Agaue 45.
Alcesta 15.
Amazones 392. 860 sq.
Archemorus 66.
Argo uirtutis symbolum 940.
Bellerophon 97. 388.
Calypso 60.
Castor 62.
Catamitus 636, 16.
Chimaera 98. 388.
Chiron 89.
Chrysocome 267.
Clytaemestra 44.
Creon 52.
Cyclopeus furor 886.
Daedalus 373, 9.
Danaus 58.
Daphne 172.
Deidamia 43. 53.
Dido 60. 83.
Diomedis equi 41.
Dolon 63.
Europa 14. 143. 144.
Euryalus 49. 77.
Galatea 151—154.
Ganymedes 72. 795. cf. Catamitus. 895.
Geryon 428.
Glaucus 66.
Hector 57. 631. 708.
Hecuba 105.
Hercules 12. 55. 69. 627. 881.
Hero 48.
Hippodamia 11.
Hippolytus 75. 688—688 c.
Hyacinthus 50. 167. 168.
Hylas 69.
Iason 47.
Iocasta 74.
Ixion et alii mali 802.

Laucon 99.
Leander 48.
Leda 59. 141. 142.
Lemniades 65.
Marsyas 173.
Medea 17. 47. 52. 102.
Memnon 189.
Minotaurus 70.
Myrina 860.
Narcissus 9. 39. 145—147. 219. 265. 266.
Nisus 77.
Oedipus 74. Edipum 180. Oedippi 199, 84.
Orestes 44.
Orpheus 628.
Palamedes 193, 13. 883, 15.
Paris 10. 40. 163—166.
Pasiphae 176, 14. 365. 732.
Pelops 67.
Penelope 477, 14.
Penthesilea 861.
Pentheus 45.
Phaedra 75. 279. 280.
Philomela 13. 27. 64.
Philocteta 174.
Pollux 62.
Polynices 936.
Polyxena (42).
Procne 13. 27. 64.
Prometheus 286, 258. P., Veritas et Dolus 800.
Pyramus 73.
Pyrrhus 177.
Sirenae 637. 880. 941, 21.
Sphinx 180.
Telephus 184.
Thales 942, 14.
Theseus 54.
Thetis 118. 201.
Thisbe 73.
res Troianae 21, 146 sqq. 162.
Tydeus 936.
Vlixes 477, 12.

c. De hominibus.

1

Abcar 209.
Aella 941, 60.
Aeneas persona 924.
Aneadae 708, 8.
Aegon persona 893.
Aesopus 809. 810. 814. 817.
Aethiops 182.
Alexander 437. 482, 17; 55. 862. 934. Alexandri mater 744, 3.
Antonius 462. 463. 603.
Anicii 754. 764.
Arcadius 735, 14. 759.
Augustinus 670.
Auspicius 941, 60.
Balbus 319.
Ballista 261. 671.
Basilissa 458. 459.
Barbatus 156.
Becca 321.
Bellator 110, 5.
Blumarit 326.
Boethius 764. 933.
Bucolus persona 893.
Burdo 365.
Bumbulus 190. 191.
Caballina 130.
† Caelius uel Calidius 776.
Caesar 397. 409. 423. 424. 847 —850. 863.
Caesar (Augustus) 242. 256. 424. 462. 482. 653. 779. 780. 851. 852. 855. cum Ioue comparatur 256. 782.
Caesar (Claudius) 419 sqq. 422. 425.
Caesar 'diuinus praeses' 877.
Calliope 742, 11.
Camillus, M. Furius 834.
Campanianus 772.
dux Candidus et Niger 726.
Cascae fratres 457.
Catilina 608.
Cato 250, 3. 286, 270. 358, 10. 397—399. 413—415. 432. 846.

Catucia 338.
Charis 351.
Chirurgus 320.
Chintila 494.
Cicero (Tullius) 603—614. 784 sq.
Cincinnatus, L. Quinctius 833.
Claudius Nero 840.
Cleopatra 274. 417, 6. 462.
Conon Graecus 916, 9.
Constantinus 659.
Cosconia 452.
Crescentinus 20.
Cresciturus 207.
Crispus 405. 445.
Cyparus 439.
Cyriacus 306.
Cyrus 858.
Cythere 746, 3.
Damira 345.
Daphnis 687.
Daphnis 778.
Decius, P. 836.
Delia 451. 452.
Dentatus, M'. Curius 837.
Drusus 780, 4.
Dulcis 381.
Dulcius 753.
Eucheria 390.
Eugeti hortus 332.
Eunomia 767. 768.
Eustochius 904.
Eutychus 341. 342.
Eua 481, 29. 656.
Q. Fabius Maximus 839.
C. Fabricius 838.
Faustus 287.
Felix 662.
Filager 148. 149.
Filippus 205.
Filocalus 120.
Flaccus 778.
Florens 742, 8. 744, 11.
Florida 742, 33.
Florus 742, 8.

Follonia 363.
Frida? 82, 6.
Fridamal 304. 305.
Fridus 18. 382.
Galla 450.
Gallus cum Lycoride et Ventidio 914.
Garrula 452.
Gattula 361. 362.
Gentia 916.
Germanicus 426, 7.
Glyceranus persona 726.
Graecinus 797.
Hadrianus 660.
Hermes 337.
Herogenes 428.
Hesperie 703 sqq.
Hildiricus 203. 383.
Homerus 417, 10.
Honorius 215.
Hunerix 387.
Icarus 324.
Iectofiant 328.
Incuruus 307. 308.
Iordanes 666.
Ithacus 469, 6.
Iulia 706.
Iulianus 912.
Iulii 315, 2.
Iuuenalis 384.
Ladas persona 725.
Lais 892.
Lamia 608. 611. 614.
Larentia 832.
Laurentius 742, 20.
Lesbia 715.
Licinus 414.
Liuia 780, 31.
Lollius 779, 10.
Lucanus 668. argumenta carminum eius 930.
Lucillus 666.
Lucine 297.
Luciola 684.
Lucretia 787. 900.
Luxorius 296.
Lycaon 318.
Macedonia 310.

Maecenas 779. 780.
Maeuius 462. 463.
Magnus cf. Pompeius.
Maiorianus 391.
Mandris 386.
M. Marcellus 841.
Marcius 314.
Marcus 755.
Marcus 441, 5.
Maria 742, 10.
Marina 368.
Marinus 302.
Mars 129 (cf. 807, 18.)
Marius 415, 33. 843.
Marius alius 918, 3.
Martia 218.
Martinus 300.
Maximus 416.
Memmii 315, 3.
Messius 485, 2.
Midas persona 725. alius M. 476, 9.
Miltiades 909.
Monica 670.
Mucius 193, 14.
Mus (Decius) 286, 92.
Myrro 329.
Mystes persona 726.
Naso 1, 2.
Nerfa 311.
Nero 668, 1. 725. 726.
Nicholaus 669.
Ninus 856.
Numa 423.
Nymphius 722.
Oageis 345. 369.
Olybrius 772.
Olympius 353. 354.
Palaemon 687.
Pallas 46. 51.
Pascasius 327.
Pasifae 365.
Paula 309.
Perdiccas 220.
Perpetuus 206.
Petronius Arbiter 890.
Phaethon 324.
Pompeius cum filiis 400—404.

406. 409. 413—415. 438. 454
—456. 807. 845.
Proconius 322.
Porcius 865.
Probus 783, 10.
Pythagoras 199, 33. cf. 644. 645.
Romulus 423. 832.
Martius R. 315.
Rusticiana 766.
Sabellus 885.
stirps Sabautensis 156.
Scaeua, M. Caesius 843.
Scaeuola 155.
Scipio 842.
Sedulius 491—493. 735.
Semiramis 857.
Seneca 666. 667.
Serena 722. 759.
Serranus 428.
Sertoria 436.
Seruandus 204.
Sextus 286, 2.
Socrates 250, 3. 824, 1.
Sulla 726, 28.
(trina tempestas 726, 29.)
Tamyris 859.
Tautanus 208.
Thais opp. Penelope 794.
Thamyras persona 725.
Theodosius 215. 724, 6. 783, 8.
Thrasamundus 210—214. 376.
Tiberius 853.
Tityrus 765, 1. persona 893.
Torquatus 764, 2. 835.
Traianus 854.
Tucca 653, 3.
Turnus 46.
Valentinianus 215.
Vandalicum nomen 214, 10.
Vandaliricus 215, 1.

Varitinna 156.
Varius 653, 3.
Varus 796.
Vatanans 333.
Vegetus 428.
Venetus 324?
Vergilius: eius uita 671. epitaphia 507—518. 555—566. argumenta carminum eius 1. 2. 591—602. 634. 653. 654. 717. 874. breuissime 872. cum Homero comparatur 264. 556. 713. 740. 778. cum Theocrito Homero Hesiodo 563. 777. 788. cum Lucano 233. preces ad Augustum, ne Aeneis comburatur 242. ipsius Augusti declamatio eadem 655. 672. 'Musae Latinae' dicitur 672, 7. eius (?) 'Paedagogus' 675. 'Mantua' pro 'Vergilio' 725, 48. Themata Vergiliana 223. 244. 255. Centones Vergiliani 7—18. 719. cf. et 686. inter hos christiani sunt 16 et 719, tragicus 17. 'Maro mutatus in melius' 735, 3. 'Maro iunior' 16, 111. Verg. 'doctiloquus' 672, 3. 717, 1. 742, 4. Vergilii libri 222. V. in pluteo 158. de Vergilio legendo 738.
Vespricius 918, 1.
Vico 336.
Victorinianus 254.
Vita 179. 180.
Vitalis 683.
Vrsidius 875.
Xerxes 239. 442. 461.
Zenobius 316.

2

acceptorarius 300.
aduocatus 148. 149. 295.
aleator 323.
auriga 324. aur. Aegyptius 293. aur. prasinus 328. aur. uictus 306. 327. 336. prasinus et russeus 191, 5. Venetus 324, 1.
bibliopola 289, 2. 764, 11.
barbari quidam fort. Hunni 649.
burdo 365.

bubulcus 823.
castellanus 205.
causidicus 340.
cinaedus 129. 321. 807, 18.
citharoedus 113. 114.
clericus 254, 40.
cocus 199.
concuba 340. 343.
comitiacus 128.
delator 337.
diaconus 303.
eunuchus 108. 109. 712.
ebriosa mulier 363. ebriosus 312.
fratricida 462. 463.
funambulus 112. 281. 286, 300.
grammaticus 287. 294.
grammaticus urbis Romae 671 inscr.
hermaphrodita 317.
hermaphroditus 786.
leno 127. 128.
ludi magister 96.
mazonomus 883, 17.
medicus 204. 662. m. impotens 309. m. leno 302. m. magus 299.
meretrix 130. 826.
miles Hadriani 660. m. et uidua 812.
mimus 386. 683.

minister regis 341. 342.
mulier uirum caedens 156.
orator 776.
pantomima 310.
pantominus 111.
paranymphus 337.
philosophus hirsutus 358.
podager 307. 308.
poeta 131 (Arzugitanus). 316. 745, 7. 746, 12.
psaltria 361. 362.
puer glacie peremptus 709.
puella nimis culta 897.
quidam cruribus obliquis natus 673.
regalis infans 345, 3.
saltator 373.
scholasticus 286. 492. 666 inscr.
senior ridiculus 343. 344.
seruus regius 209. Aesopi 817. Socratis 824.
spado regius 298.
sponsi duo 813.
tablista 333.
togatus 742, 11.
uxor prostans 322.
uenator 160. 384. 391. u. Aegyptius 353. 354.
uispillo 138, 4.

d. De locis.
(Index geographicus)

Actiacos 482, 19.
Adrumeta 183.
Aegyptius 182.
Aegyptus 731, 150.
Aethiops 182.
Afri callidi 901.
Albula Tuscus 71.
Alianae 210—214. 376, 20.
Amyclae 200, 92.
antipodes 318, 6.
Appia 417.
Aponus 36, 1.
Aricia 304, 1.
arctos 421. 426.

Arpinas 603. 608. 841.
Arretinus calix 259.
Asdingis 376.
Aruernum hospitium 684.
Asia, Europa, Libya: 400— 404. 454—456.
Athenae 411.
Athos 442. 461.
Baiae 36. 110. 119. 121. 123. 179. 211. 271. 377. 744.
Batauus 660, 2.
Britannia 419—426.
Cantaber 483, 8.
Canopus 274, 1. 469.

Caphareus mons 71.
in Capitolio turris 914, 35.
Carthaginis arces 354. 376.
Cirna 350.
Colchi 852.
Corduba 409. 668.
Corsica 236. 237.
Cuiculi 206.
Cumae 120. 121.
Danuuius 660, 4.
Danai 71.
Delos 707.
Enna 200, 52.
Eous, 735, 2. 759, 3. 779, 47.
Euphrates 421. 425.
Feltria 889.
Galli pigri 901.
Garamantae 183. 329.
Graecia 447.
Graeci inluduntur 825, 2—4.
Graius 696, 5.
Gyarus 707.
Hesperius orbis 759, 4.
Hiberi celeres 901.
Hispanus 402, 4.
Hister 469, 3.
Ilios 708.
Italus hostis 482, 7. Italum ingenium 742, 22.
Iudaeus 696, 1.
Lagaea cataplus 910, 67.
Laco 393. Laconum texta 390, 3.
Laurens 393. Laurentes nymphae 742, 20.
Libya 413. cf. Asia.
Lusitanus 409, 11.
Lugdunum 661.
Macetum campi 855. cf. 863, 2.
de Mantua querella 686.
Mausoleum 417, 5.
Memphis 395, 42; 44.

Mincius Etruscus 745.
Misua ? 291.
Moesus 392, 8.
Myconus 707.
Nilus 752.
Nysa 745.
Oceanus 421. 423 — 426. cf. 718.
Orontes 745, 9.
Paestanus cultus 646, 11.
Pannonia 660, 1.
Parthus 660, 8. Parthicum bellum 392 inscr.
Peloros 779, 41.
Peltinum? 883, 10.
Pelusia moenia 482, 11.
Pharius, a, um 274, 1. 482, 27.
Pharus Romulea 876, 7.
Pindus 746, 10.
Pontica 329. Pontica balnea 744, 2.
Pyramides 417.
Rhenus 421. 425.
Rhodanus 440, 4.
Roma aurea 829. Romam desidia interiisse 870. 871.
Romani diserti 901.
Sabinus 393.
Solis arces (?) 731, 121.
Soranus miles 660.
Syracosius magister 486, 127.
Syrium unguentum 744, 6.
Tempe 304, 3. Tempea 720, 22.
Thermopolae 36, 2.
Thrax 709, 1.
Thybris 423. 832.
Treuiri 684, 4.
Troia 162. 286, 92. noua 832, 1.
Tyrii 289, 8. 330, 1.
Vasco 483, 8.
Vitenses lares 149.
Veneti 36, 1.

c. Ad artes spectantia.

aquila in mensa 748.
Athos (hic quem cernis) 461.
calix Arretinus 259.

Chimaera aenea 355.
Cleopatra picta 274.
Constantini imago 659.

Cupidinis signum 347.
Diogenes pictus 374.
equi aenei 243.
Fama in circo 312. 313.
Fridamal aprum occidens 304.
Galatea in uase 152—154.
Ganymedes et aquila 895.
Gorgoneus uultus 867.
Hectoris statua 367.
(Hecuba 105?)
Hippolytus 688—688 c.
ad Hyginum pictura 761.
Iouis et Amoris imago 896.
Iuppiter in pluteo 139. 140.
Myrrhae imago 923.
Neptunus marmoreus 348.
Narcissus 266.

puella picta 23.
redimiculum 704.
Romanorum illustrium imagines 831—855. aliae illustrium imagines 856—863.
Romulus pictus 325.
rustica in disco 371.
sarcophagus 319.
strophium 703.
tabula picta 150.
uenator pictus 334. 335.
Veneris statua 20. 356. 866. II p. XL. a Praxitele facta 894.
Vergilius in pluteo 158.
ursa aenea 282.
zona 705.

f. De animalibus.

alcyones 383.
animalium uoces 730. 733. 762.
anser 106.
aper 292. 385. Pannonicus 903.
apis 758.
aues marinae 305.
asinus 811.
boues peste laborantes 893.
capo phasianarius 132. cf. 732, 144.
caprae 186—188.
capella 821.
cattus 181. 375.
catula 359.
ceruus 647, 4.
cicindelus 185.
cornix 286, 96. 647, 3. 779, 117. 823.
coruus 647, 5. 820.
crocodilus 752.
cuculus 687.
elephantus 195. 196.
equa 148. 149. equus quadrigalis 818. pernix 873.
feles 815.
fiber 827.
formica 1 04.

gallina 808.
gallus 815.
gryphus 327, 8.
hippopotamus 752.
hirundo 755.
lacerta 822.
lepus 825.
lupus 816.
magnities? 732, 146.
miluus 869 a.
ouis 823.
papilio 828.
pardi 360.
philomela (200, 86) 658. 762.
phoenix 254, 31. 286, 108. 389, 29. 647, 6. 731.
pica 181. 370.
pisces 291.
psittacus 691.
scolopax 884.
scrofa 816.
sepia 107.
serpens 822.
simius 799.
simiae canum dorso inpositae 330.
sorex 375.
terraneola 829.

tetrax, nunc tarax 883.
ueredus Caesareus Alanus, nomine Borysthenes 903.
uespa 828.

uipera 35.
uituli marini 756.
ursa 331. ursus 819.
uulpes 799. 829.

g. De rebus et de natura rerum.
(Res aenigmatis tractatas omisi)

adipata 199, 48.
aetas 28. 269.
aes Lenconium 390, 9.
aetates 647.
alea 7 cf. tabula.
de amando et accusando 701.
de amicis amandis 78.
amor 434.
amor et cantica 277.
amphitheatrum 346, cf. 373. cf. 3, 5 sqq.
ancla 284.
anima 489.
anser cum copia prandii 176.
antae 203. 215.
aqua glacialis 531—542.
aquae calidae 270. 350. 487. 487 a.
arcus caeli 543—554.
as 741.
astra 647, 11 sqq. 677—680. 761. cf. uersus memoriales.
aurum adorari 927.
aurora et sol 579—590.
autumnus 465.
balnea 36. 110. 119—125. 175. 178. 179. 210—214. 377. 744.
basia, suauia, oscula 681.
basterna 102.
bedella pro βδέλλα 910, 51.
bellum ciuile 404, 1. 462. 463. 930.
bibliotheca 126.
canopica 199, 48.
cantica et amor 277.
castitas 781.
casus fortuiti 38.
carmen magicum 406, 4. uenenosum 412.
cereus 94. 95. 747, 5.

circus 197. 320.
citrus 169—171.
colocasia herba 372.
crinis Beronicae 916, 8.
crustula 199, 49.
conuiuia barbara 285.
coptoplacentae 199, 47.
cupiditas 649.
deliciis praesentibus utendum 911.
dies Aegyptiaci 736.
dies natalis 638.
diuitias esse uanas 443. 444.
electio coniugii 224.
empirica 910, 6.
esiciata 225 sq.
Est et Non 645.
exilium 236. 237. 405. 409.
femina 689 nulla bona 268 b.
    feminea fides 268 a. f. quae sit bella 479.
figurae sermonis 485.
de fingendo se 458.
fortuna 234. 629.
fortuna media 276.
geographicum opus 724.
gillo 136.
gymnicum certamen 810.
herbae medicinales 369.
hexagona 394, 5.
Hiems et Ver 687.
horti laus 332. 369. 635.
historiae laus 671 praef.
Ianuarius 352.
iaspis auro melior 898.
interire omnia 648.
de infortunio suo querella 931.
iura senatus Romulei 789.
lacrimae 475.

Anthol. lat. I.

lagena 137. 286, 258.
lauacrum cf. balnea.
libido et uinum 633.
libra 741.
lingua 790.
littera et res 663.
litus patrium 474. cf. 477. 478.
liuor 636.
logos 910, 6; logica secta 302.
lucus amoenus 202. 272.
lues Pannonios, Illyricos et Belgas sternens 893, 21.
luna 483. cf. Luna.
lyra et asinus 811.
mali unde sint 249. mala diuersa 251.
mala aurea 218. Matiana 133 —135. punicea 715, 1. 732, 126. punica 876.
in maledicos 769.
medicamenta plurima 910.
medium esse optimum 926.
menses cf. uersus memoriales. mensium qui sit primus 869.
mensurae 486.
methodici libri 302. 910, 6.
miracula multa 791.
mitella 298.
† missuassu 230.
moles in mari 387.
morte omnes aequari 437. 438.
mores Romani et transmarini 250.
mulieres malae 246. auro corrumpuntur 794. inconstantes 812.
musica instrumenta 742, 60 sqq.
mustacia 199, 49.
naturam satis ministrare 694.
nequitiam dominari 472.
occiduus dies 238.
organa humida 742, 63.
ouata 227 sq.
pandurium 371, 3.
pastillum 231.

pauper singularis 757.
pecten 283.
peruigilium Veneris 200.
pistrinum 818.
placenta 715, 9.
placere aliis alia 464.
poeta et rex 252.
pondera 486.
prandium 326.
pressa 229.
puellae 268a. 275. (cf. 453).
puteus in monte 349.
pygmaeus i. e. paruus 190, 3. 296. 310 inscr.; 3.
pyrrhicha 115.
res et littera 663.
ros 241.
rosae 84—87. nascentes 646. rosa centumfolia 366.
salutatorium regis 203.
schemata 485.
secretum nullum seruari 476.
senatus Romuleus 789.
senectus 929.
sensus mentiri 650.
sententiae plurimae 716.
sepulcra 400—404. 410. 454 —456.
Serica uestis 23, 3.
signa XII cf. uersus memoriales.
socios habere bonum 692.
solis laus 389 cf. Sol.
somnia 651. 652.
somnus placidus 935.
speculum et unda 519—530.
spes 415.
sudor membrorum 473.
tabula 82. 192—194. cf. 333. 495. 506. cf. alea.
tempus 676.
temporis qualitas 232.
tempora quattuor 116. 567— 578.
texta Laconum 390, 3.
thermae cf. balnea.
theus 137. 138.
tinnitus auris 452.

timorem esse abiciendum 697.
tumulus Ciceronis 603—610.
uariatio delectat 467. 694.
uenatio auium 883. 884.
Veneris templum dirutum 100.
uenti 484.
Ver et Hiems 687.
ueris aduentus 235.
uiridiarium 304.
uinum et libido 633.
uir bonus 644.

uita humilior 407. 408. 433.
 quieta 440. 471. rustica 26.
 471.
umor 260.
uncia 741.
unda et speculum 519—530.
uuae 31.
usui esse omnia 470.
xenia 326.
y littera 632.
zona 759.

h. *Varia ad rem poeticam et metricam spectantia*

acrosticha 120. 214. 492. 493. 669. 6a (II p. LVI).
aenigmata 221 ? 286. 481 (II p. LXVII sqq.). 656—657c. 685. 770. 771. 906.
artificia arithmetica 286, 303. 727.
ad amicos uel de amicis 405. 428. 445.
carmina amatoria 23—25. 240. 248. 381. 427. 429. 435. 450—453. 458. 674. 698—702. 706. 712. 714. 715. 728. cf. 729. 746. 794. 897. 914—917. ad pueros 220. 263. 430. 439. ad meretrices 382. 459. 460. cf. 885.
carmina libris carminibusue aliis addita: Terentio 734. Vergilio 3. 788 (cf. supra). Vergilii iuuenali ludo 777. cf. etiam 257. Lucani argumenta 930. Nepoti (?) 783. Ciceroni de officiis 784. 785. Hygino 761. Sedulio 491. 492. 493. Boetio 764. Isidoro de nat. rer. 484. operi philosopho 490. libello de notis 772. libro grammatico 737. geographico 724. Ponticis 720. Luxorio 37. historiae alicui Christi 735. Celso 899. Gellio 904. libro

alicui de medicina 910. Martiano Capellae 925.
carmina Christiana cf. supra p. 361.
carmina gratulatoria 376. 638.
carmina fato carent 417. 418.
carmina iocosa 30. 96. 103. 159. 199. 222. 250. 252. 256. 258. 259. 262. 263. 286 passim. 330—332. Luxorii complura. 368. 436. 450. 468. 673. 693. 695. 760. 796. 797. 865. 885. 902. 907. 912.
carmina 'monosticha' 1. 495—506. 639. 641. 665. — 'disticha' 289, 9. 507—542. 658. — 'Tristicha' 543—554. ad 786. — 'tetrasticha' 2. 395 (tetr. 'authenticum'). 555—590. — 'pentasticha' 591—602. — 'hexastichon' 653. — 'dodecastichon' 627.
carmina laudantia 779. 780. 873. 878. 881.
carmina lasciua 429. parua 431. philosophica 918—921.
carmina rhetorica 21. 198. 242. 279. cf. themata Vergiliana p. 365.

24*

carmina ad Carthaginem Vandalosque spectantia: (120) 131. 149. 156. 182. 183. 203. 204. 206. 209. 210 —215. (285). 287—375. 376. 387.
centones Vergiliani 7—18. 719. cf. et 686.
citantur hi scriptores: Aristoteles 365, 2. 764, 9. Catullus 66, 8: 916, 8. Senecae epp. 666. Martialis III 24, 14: 127, 10. Ouidius met. II 27—30: ad 567. idem: 19, 4. Paeonii libelli 486, 1. Tullius 742, 27. adhibentur Velleius II 66: 603, 4; Persius 3, 81: 645, 24; Herodot. q. d. uita Homeri 35: 286, 105; Vergilius Horatius Ouidius saepissime. — libelli saltandi de Andromacha et raptu Helenae 310. libri rei medicae 302. 910.
dialogi forma (eclogae) 687. 725. 726. 772. 893. 895. 896.
elegiae 462. 463. 914. 931.
epica poesis 482. 725, 37 sqq. 881. cf. 431.
epistolae amatoriae 24. 25. 83. 217. 218.
'epigrammata' 1. 287, 22. 290. 653. 655.
epilogus 830.
epithalamia 18. 22. 29. 711. 742. 941.
fabulae Aesopiae 799—830. de Graeco translata 490 (de Platone?). 647 (de Hesiodo). 708; 709 (cf. ib.). 712 (de Menandro). 909 (cf. anth. gr.).
Hymnus christianus 928.
Inscriptiones 203. 210— 215. 261. 345. 354. 437. (507 —518. 555—566. 603—614). 659—662. 667—670. 683. 684. 721. 722. 776. (831—

855?). (856—863? cf. 8⟨ 1). cf. 877. 879. 886. 8⟨ 903. (Epitaphia Verg⟨ 507—518. 555—566. Ci⟨ ronis 603—614. Senec⟨ 667. Lucani 668.)
inuectiuae 21, 161 sqq. ⟨ —131. 148 sq. 204—2⟨ Luxorii multa. 390. 4⟨ 416. 446. 729. 730. 796.
Latinus sermo ad Plac⟨ glossas detortus 19.
ad lectorem 79. 90. 288. 2⟨ ad librum 80. 289.
medii fortasse aeui post Chr. 600 carmina: 488. 4⟨ 656—657 c. 673. 676—6⟨ 680. 687. 716? 717. 727. 7⟨ 733. 736—738. 761—7⟨ 767. 768. 770. 771. 78⟨ 787. 790. 792. 793. 798. 8⟨ 868 sq. 872. 882. 897. ⟨ 902. 906—908. 912. ⟨ 922. 925. 928. 930. 931. ⟨
metra praeter hexame⟨ et disticha eleginca: s⟨ rii iambici 5. 6. 288. ⟨ 360. 628. 635. 712. 774. —830. 922. cum dime⟨ iambicis 928. dimetri i⟨ bici 309; cum uersibus ⟨ riambicis 903. septen⟨ trochaici 200. 245—⟨ 291. anapaesti 299. ⟨ 357. hendecasyllabi ⟨ 287. 294. 297. 301. 302. ⟨ 311. 317. 326. 332. 336. ⟨ 358. 372. 444. 445. 460. ⟨ 650. 700. 701. 707. 714. ⟨ 890. strophae sapph⟨ 648. 671 praef. 934. ue⟨ adonii 739. asclepi⟨ 289. 314. 316. 323. 356. ⟨ 629. minores 295. stro⟨ asclepiadeae 893. 918—⟨ archilochii 292. loga⟨ 298. 305. 628. glyconei ⟨ pherecrateis 775. o⟨

metra Horatiana 732. 'uersus cum cantilena dicendi' 768. prosa oratio 19.
optata 254. 441. 448. 469. 749. 750. 751. 910, 74.
praefationes 286. 675. 676.
preces (cf. de deo et deis) 669. 396. 410. (postulatio muneris 216; honoris 254) 876. 877. 897.
rapide enumerantur singulae notiones 21, 59; 107 sqq.; 176 sq. 203, 2. 209, 2. 212, 2. 230, 1 sq. 265, 7 sq. 353, 4 sq. 354, 2. 655, 12. 666, 28. 672, 36. 682, 1—9. 689 a, 1—7. 742, 60 sq. 749, 1 sq. 751, 1—3. 893, 53. 910, 24 sqq. alibi.
repetitio initii uersuum 389. intercalarium uerborum 83.
recentioris fortasse aeui carmina 831—863. 865. 870 sq. 873. 874. 875. 877. 885. 886. 887. 889. 890—892. 894—896. 899. 900. 909. 911. 912. 914—917. C. Barthii? 918—942.
symposiaca 157. 449. 710.
thymeles carmina 637, 4.
Tibulli imitatio 914.
triades notionum per lusum complexae 160. 391. 392. 393. 872. 905.
uerba Gothica 285, 1. Vandalica (?) 204, 11; 12 et (baudus) 307, 5.

uersus anacyclici 81.
— consonantes in fine 280. 281. 785.
— leonini: ad 727. cf. 897.
— memoriales: de Musis 88. 664. de Herculis laboribus 627. 641. de Vergilio 1. 2. 634. 653. 654. 874. de septem sapientibus 351. 882. de pedibus uersuum 480. de uentis 484. de quattuor anni temporibus 116. 567. —578. de singulis mensibus 117. 394. 395. 639. 640. 665. 763. aliter 680. de diebus hebdomadis 488. de duodecim signis 615—626. 640. 642. 677. cf. ad 786. 864. de planetis 678. 798. 913. de sideribus 679. 761. de libra et partibus eius 741. de uocibus animalium 730. 733. 762. (Cf. etiam de figuris et schematibus 485. de ponderibus et mensuris 486.) quo die quid demi de corpore oporteat 643. de moribus 716. 922. de diei temporibus 932. de deorum potestate 793. 937. quibus animalibus dei uehantur 939.
— rhopalicus 749, 1.
— serpentini (cf. Ouid. amor. I 9, 1 sq. fast. IV 365 sq. Martial. IX 97) 38—80. 234. 235. 265. 875.
— 'uarii', aetatis Luxorii more 287, 9.

III
Index carminum

Ablatus mihi Crispus 445.
Accensa in Venerem 35.
Accusas proprios cur 343.
Accusare et amare 701.

Acidos haec cernis 886.
Ad Boreae partes 679.
Ad cenam saturum p. XXX*).
Ad cenam Varus 796.

*) Numeri latini ad paginas praefationis fasciculi II spectant.

Adeste Musae maximi 635.
Adspice fulgentis tectis 119.
Ad Turnum propere 599.
Aedibus in nostris uolitans 106.
Aeneas primo Libycis 1.
Aeolus inmittit uentos 591.
Aero cauo falsam 282.
Aerio uictus dependet 173.
Aeris fulgiduli nitens 355.
Aesopo quidam scripta 806.
Aesopus turpi cum seruiret 814.
Ales uirgo leo creuit 180.
Almo Theon Thyrsis 393.
Alter Homerus ero p. XLVIII.
Alter Niliaco tumulo 454.
Amare liceat si potiri 712.
Amisit proprias uacuato 225.
Amnis iter plaustro 538.
Amphitheatralem podium 373.
Amphitheatrales mirantur 346.
Andromacham atque Helenam 310.
Angelus adloquitur 879.
Anguis aper iuuenis 160.
Ante bonam Veneris 271.
Ante dies multos nisi 459.
Ante † rates Siculo 440.
Ante suum gremio 688 a.
Apparet mendax inlimi 523.
Apros et capreas leuesque 307.
Arbitrio si natura 800.
Ardet amore graui 594.
Ardet amore sui 146.
Ardua montanos inter 350.
Ardua scriptorum p. XXVII.
Arma tuli quondam 845.
Arma uirumque canit *in* 653.
Armorum uirtute potens 840.
Arretine calix mensis 290.
Artatur niueus 763.
Artis opisque tuae 8.
A siluis ad agros 514.
Asinus iacentem uidit 811.
Aspera diuerso laxatur 223.
Aspera dum quaterent 254.

Aspice ut insignis uacua 13.
Aurea concordi quae fulg. 390.
Aurea mala mihi 218.
Aurea matronas claudit 101.
Auro quid melius? iaspis 898.
Aurora Oceanum croceo 579.
Ausoniis numquam tellus 419.
Ausus post ueteres tuis 287.
Aut Asia aut Europa 403.
Aut hoc risit Amor 85.
Auis quam dic. terraneolam 829.
Bacche uitium repertor 245.
Barbara praeruptis 237.
Barbati pecoris 187.
Bella die noctuque 341.
Bellerophon superans 97.
Bellipotens Mauors 272.
Bis duo tempora p. XLIII.
Bis deni binique 736.
Bis sena mensum 680.
Bis sex signiferae 678.
Blanditias fera mors 81.
Blandum mellis opus 231.
Boletos solus p. LVIII.
Borysthenes Alanus 903.
Bucolica Ausonio 557.
Bucolica expressi 515.
Caballina furens 130.
Caeduntur rastris ueteris 100.
Caesar ad imperium 848.
Caesareos toto referens 854.
Caesaris ad ualuas 877.
Callidus Afer eris 901.
Candida iam nostris 728.
Candida per siluas 9.
Candida Phoebeo praefulgent 132.
Candida sidereis ardescunt 217.
Candida sidereo fulgebat 20.
Canes effugere cum 827.
Cantica gignit amor 277.
... Capricorni sidere frigens 864.
Captus amante puer 72.
Carmina mortifero 412.

Carmina si fuerint 675.
Carmina Vergilius 653.
Carmine bucolico nitui 566.
Carmine dulcis olor 59.
Carminibus pecudes 510.
Carminis Iliaci libros 222.
Carminum interpres 294.
Carpit blanda suis 116.
Castellane sorex 205.
Causidicus pauper 148
Cauta nimis spinam 371.
Cauta quidem genetrix 118.
Cecropias noctes 904.
Cedite Romani 264.
Cerne Arabem Myrrham 923.
Cerne hic ora sacri 846.
Cernus aper coluber 391.
Cessit Lyaei sacra fama 360.
Cherule tu cenas p. XXX.
Chrysocome gladium 267.
Circus imago poli 197.
Clara sub aethereis 545.
Clarus inoffenso 638.
Claudius egregie uixit 853.
Clio gesta canens 664.
Clio saecla retro 88.
Cogitat Vrsidius 875.
Cogitur Aeneas 592.
Collibitum est nobis 485.
Collis sum collisque fui 685.
Conditus hic ego sum 518.
Coniugis arte decus patriae 47.
Coniugis interea basium 681.
Conlatum uitae culmen 689.
Conpedibus nexi quidam 339.
Conponis fatuis dum pueris 316.
Conquerar an sileam 794.
Conspicua primum specie 729.
Constructas inter moles 369.
Consules fiunt quotannis 252.
Contentus modico tectique 838.
Conubii bellique deus 163.
Conueniunt subito cuncti 687.
Corduba me genuit 668.
Corduba solue comas 409.
Corniger in primis Aries 622.

Cor non laudo hominis 902.
Corpore par querulis 296.
Corpus in hoc tumulo 604.
Corsica Phocaico tellus 236.
Cras amet qui nunquam 200.
Crede prius ueniens 378.
Crede ratem uentis 268.
Credita uirgo parem 43.
Credite uicturas anima 659.
Cresciture ferox 207.
Creuit ad ornatum stabuli 320.
Crinibus ambrosiis Veneris 283.
Crispe meae uires 405.
Cui dedit hirsutus nomen 833.
Cui pater amnis erat 265.
Cum blandiretur iuueni 826.
Cum castitatem Iuno 828.
Cum cretam sumit 436.
Cum famulis telisque 342.
Cum foderet ferro 787.
Cum mea me mater 786.
Cum nemus omne suo 884.
Cum patrem et patrios 924.
Cum possis paruo sumptu 103.
Cumque serenifluo 241.
Cum radiis imbres et 552.
Cum saltas misero Gaetula 361.
Cum seruus nequam 824.
Cum sol ardentes radios 544.
Cum superest, nihil p. XLIX.
Cum te barbati pecoris 156.
Cum te mortalem 912.
Cum tetigit nubes 548.
Cum uenatorem celeri 825.
Cura labor meritum 667.
Cur differs mea lux 460.
Cycneas genitor 141.
Cypris candidulo 356.
Da sensus mihi Phoebe 27.
Dat Veneri malum 166.
Dea sancta Tellus 5.
Dedecus o Teucrum 255.
Defensor patriae 631.
Defensor probe tristium 149.
Defleram iuuenis tristi 779.

Defugiens pontum siluas 151.
De grege pasto, rure p. XLVIII.
Deidamia uirum qua 53.
Delectat uariis infundere 124.
Delos iam stabili 707.
Dente perit Lycabas 905.
De numero uatum 740.
Desidiam nolis, sed nec 926.
Desine Troia tuos 168.
Dextera, quid dubitas 399.
Dicite qui colitis 4.
Dic philomela, uelis 658, 5.
Dic quid agis, formosa 24.
Dictantes Medici 899.
Diligit informes 329.
Diogenem meretrix 374.
Dira patet Iani 394.
Dirum Iocasta nefas 74.
Diruta quae flammis p. XLVIII.
Disce pium facinus 325.
Discipulum medicus 159.
Disciplinarum esse hominem 365.
Discipulis cunctis 494.
Discite pro numeris p. XLVII.
Discite securos non 253.
Discolor aetheriis apparet 546.
Discolor ancipiti sub 192.
Discrimen uitae ludit 167.
Dispersit remeans 168.
Dissona uox hominis 730.
Distinxi emendans 3.
Diuersis iuuenes Asia 456.
Diuitias grandesque epulas 321.
Docta manus saeuis 334.
Doctiloqui carmen 717.
Doctrinae antistes 612.
Doctus Apollineo 114.
Dulce malum Siren 880.
Dulce sopor fessis 908.
Dulces Vestricii iocos 918.
Dulcis amica ueni 762.
Dum bibis solus, poterant 311.
Dum dubitat natura 263.

Dum mundum natura 389.
Dum putat esse parem 39.
Dum sis patris heres 191.
Dux aries et frons 619.
Dux gregis et placidum 624.
Effigies liquido resp. 628.
Effingit species pur. 629.
Ego nata duos patres 481. p. LXV.
Egregium forma iuuenem 15.
Eloquio princeps, magnis 613.
Eminet impletus 176.
En adsum Caesar 850.
En dat aperturam 673.
Equum e quadriga 818.
Ergone supremis potuit 672.
Esset causidici si par 340.
Esse tibi uideor demens 431.
Est et Non cuncti 645.
Est locus in primo felix 731.
Est mihi rus paruum 433.
Esto nunc sol testis 17.
Est orare ducum p. XLVI.
Est ubi non imber 906.
Et fugis et culpas p. XXX.
Et genus et nomen 843.
Et tetracem, Romae 883.
Euphrates ortus, Rhenus 421.
Europam taurum mentitus 144.
Excedunt cunctos hi 785.
Excipit ingentem Iuuen. 384.
Execti species uiri 295.
Eximius Perdicca 220.
Exoriente die noctis 182.
Exoritur Phoebus 585.
Exprimit oppositas 522.
Extat causa mali 165.
Extollit celsas 304.
Extulit Oceano 581.
Exultent Apono 36.
Exurgens Chelas 677.
Fabula constituit 867.
Faex Garamantarum 183.
Fallunt nos oculi 650.
Fata per humanas 406.
Faue sancta deum 919.
Fausta nouum domini 120.

Fecit amore uiam 48.
Feles habebat 815.
Felices illos qui te gen. 381.
Felix marinis alitibus 305.
Feltria perpetuo niuium 889.
Femineo geminum 107.
Fert miseranda caput 45.
Feruet amore Paris p. XLIII.
Feruidus axe Pelops 67.
Filia Solis 732.
Filius Aurorae 189.
Fingis superbum quod 315.
Fit de nocte dies p. XLIX.
Flammea perspicuis 122.
Flecte truces animos 505.
Flexilis obliquo 139.
Flora uenit. quae Flora? 747.
Flore solum uario 578.
Flumina uerna cient 642.
Foeda est in coitu 700.
Fonte lauat genitor 688.
Fonte repulsatur 530.
Fontibus in liquidis 527.
Fontis aquae reddunt 521.
Forma meae catulae 359.
Forma repercussus 525.
Formas pura refert 520.
Formosa es, fateor 446.
Formosissima Lai 892.
Forte erat Aurorae 746.
Forte iacebat Amor 273.
Fortunae et uirtutis 933.
Fratris caede madens p. XLVI.
Fraude carete graues 496.
Frigoribus pulsis 568.
Frondibus et membris 172.
Fulgens Eunomia 768.
Fulget et in patinis 152.
Fulget honorificos 117.
Fundit et haurit aquas 284.
Funera Lemniadum 65.
Funere turbat equos 57.
Garrula quid totis 452.
Gaudeo quod me nimis 326.
Germanos domui Caesar 849.
Gillo uomit gelidum 136.
Gorgoneos uultus 338.
Graecia bellorum 447.
Graecinum uirgo 797.
Graecule consueta 127.
Graiugenas acies 861.
Grata uoluptatis 353.
Gratia magna tibi 79.
Hactenus me intra bulgam 19.
Haec ait et tremulo 475.
Haec Augustini ex sacris p. XII.
Haec pictura docet 761.
Haec poterant celeres 133.
Haec quoque Symphosius 286.
Haec tibi Vergilius 561.
Haec urbem circa 417.
Hanc puto de proprio 366.
Has acies bello similes 82.
Hectoris Aeacides p. XLVII.
Hermes cunctorum thalamos 337.
Hesperie lateri 704.
Heu dolor et magnis 345.
Heu misera in nimios 649.
Hic Cytherea tuo poteras 202.
Hic data Vergilio 516.
Hic est ille suis 266.
Hic est qui uitam 836.
Hic gemini fratres 661.
Hic iacet Arpinas 603.
Hic iacet Antenor p. XLVII.
Hic Iani mensis sacer 395.
Hic noua qui celsae 832.
Hic posuit cineres 670.
Hic quem cernis Athos 461.
Hic ubi Baiarum 110.
Hic ubi conspicuis 210.
Hildirici regis fulget 203.
Hinc crux sancta 879.
Hinc est quod populus 927.
His constat Veneri 134.
His contemta deum 135.
Hispidus tota facie 358.
Hoc iacet in tumulo 586.
Hoc opus egregium 724.
Hoc qualecunque est 830.
Hoc sibi lusit opus 703.
Horrida cornuto 195.
Hortis Hesperidum 885.
Hortus erat Veneris 86.

Hortus quo faciles 332.
Hos ego uersiculos 257.
Huc mihi uos largo 710.
Hunc ege iuuenes locum 775.
Hunc quem nigra gerens 150.
Hunc quis non credat 349.
Iam libet ad lusus 429.
Iam nitidum liquidis 238.
Iam nunc ardentes 465.
Icarus et Phaethon 324.
Ictu non potuit 398.
Iectofiant Prasino 328.
Igne calens belli 844.
Igne salutifero 347.
Igniculus tenuis 185.
Ilion in medium 367.
Ille ego Pannoniis 660.
Ille ego sum, patriam 842.
Ille hic magnanimus 847.
Illic alternis depugnat 477.
Imbriferas nubes 547.
In causa Hippolyti 688 c.
Incertum ex certo 109.
Incestum si promiseris 280.
Inclita Torquatae 835.
Inclitus hic Cicero est 614.
Indica materies 194.
Indica purpureo 691.
Indoctus teneram 96.
Infantem Nymphae 891.
Infundit nostris Titan 123.
Ingrati nebulae 921.
In gremio Veneris 34.
Inguine suspensum 137.
Inicio Furias 504.
In lauro residens p. XLI.
In Macetum campis 855.
In medio generata salo 154.
Inmensi soricis 375.
In parte alueoli 193.
In paruo magnas 377.
In primis te sponse 742.
Inprobe distractor 161.
Inputat aegra toris 60.
Insanus uobis uideor 434.
In Siculas iterum 595.
Insomnem philomela 658, 3.
In spatio Veneris 115.

Inter Amazonidas 860.
Inter heils goticum 285.
Intertexta rosa 705.
Inuadunt post terga 385.
Inueniat quod quisque 464.
Inuenit proprios 145.
Inuenta est ferro 93.
Inuictus constans 764.
Inuictus uictis 397.
Inuisus tibi sum 416.
Ipse manu patiens 8.
Irasci uictos 498.
Iris habet uarios 553.
Isi o fruge noua 743.
Ite simul iuuenes 711.
Ite uerecundo 22.
Iudaeus licet et porc. 696.
Iudicium Paridis 40.
Iunxit Magnorum 438.
Iuppiter astra, fretum 793.
Iuppiter in caelis 782.
Iurgia conflat amor 450.
Iussa manus sacri 76.
Iusserat haec rapidis 399.
Ixion quod uersari 804.
Laniger astrorum 618.
Lanigeri ductor 623.
Laocontem gemini 99.
Lecto compositus 698.
Ledaei partus 59.
Lenaee uitisator 751.
Lenaeos latices 186.
Lenta paludigenam 94.
Libera non hostem 422.
Libra uel as ex unciolis 741.
Lictorem pro rege 155.
Linea constricto 29.
Lingua breuis, breuitate 790.
Linque tuas sedes 469.
Littera Pythagorae 632.
Littera rem gestam 663.
Litore diuerso 413.
Litus harenosum 12.
Liuor tabificum 636.
Luce repentina 554.
Lucifer annorum 352.
Luciola effigies 684.
Lucis egenus, uiduae 357.

Ludere sueta uadis 153.
Ludis nec superas 323.
Ludit cum multis Vat. 333.
Ludite securi quibus 499.
Lumina colla genae 795.
Luna decus mundi 723.
Lusori cupido 501.
Lusuri nummos 497.
Lutea fulgebat 584.
Lux festa sacris 928.
Lux mea puniceum 715.
Lux mundi laeta 6 a. p. LVI.
Lympharum ingremiis 487 a.
Lydia bella puella p. XLI.
Maeonio uati 713.
Maeonium quisquis 788.
Magne premis Libyam 400.
Magni Pompei miles 807.
Magnus Alexander 862.
Maiorum similis 772.
Mandris notus 386.
Mantua da ueniam 233.
Mantua mi patria est 511.
Marcus amans puerum 760.
Marcus eram Cicero 607.
Marmoreo Licinus 414.
Mars grauis armorum 937.
Mars pater armorum 749.
Mars pater et nostrae 424.
Martia progenies 117.
Martis aper genitus 292.
Mascula femineo 111.
Matris amor deliciumque 916.
Matronam magni uehit 939.
Maxim . . . . ael . . 482.
Maxima ciuilis belli 404.
Medeam fertur natos 228.
Me legat annales 676.
Me legat antiquas 737.
Memnonis ut genetrix 587.
Me niue candenti 706.
Mensa coloratis 748.
Mens tibi dira, Creon 52.
Mens ubi amaris ama 78.
Mercurium hospitio 801.
Mergitur Hippolytus 688 b.
Militiae cultus et 128.
Militis in galea 695.

Mille post annos quater 934.
Mirifico nubes 549.
Mitte, aquila, hunc 895.
Moles tanta tibi 138.
Mollior in tactu 657 b.
Monstrorum princeps 317.
Monstrum feminei 261.
Mordaces morsu 181.
Moribus et uultu 224.
Mortua fit praedo 226.
Musica contingens 113.
Nam citius flammas 476.
Nam nihil est quod non 470.
Natus in excelsis tectis 734.
Naufragus eiecta 692.
Nec Veneris nec tu uini 633.
Nec uolo me summis 276.
Ne mirere sacri 432.
. . Nescio quid fugiente 655.
Nescio quo stimulante 451.
Nil mihi mors faciet 80.
Nilus quod riguis 372.
Ninus ab Assyriis 856.
Nobilis atque insons 92.
Nobilis insultat 211.
Nobilis et magno 669.
Nocte pluit tota 256.
Noctis ut horrentes p. LXIV.
Nolo ego semper idem 467.
Nomen amicitiae 77.
Nominis et formae 190.
Non est falleris haec 444.
Non est forma satis 479.
Non fuit Arsacidum 914.
Non redit in florem 25.
Non satis est quod nos 472.
Non sine mors gemitu 907.
Non tibi uina placent 745.
Nox abit astrifero 583.
Nubigenae iuuenis 620.
Nubila cum Phoebus 551.
Nullum opus exurgit 418.
Nullus ubique potest 503.
Nunc uos potentes omnes 6.
Nuntia Iunonis 550.
Nymphius aeterno 722.
O admirabile Veneris p. XL.
O blandos oculos 714.

Occidere simul Cascae 457.
Occisi iugulum 896.
Occisis proprium pars 601.
Occumbunt fixi p. LXIII.
Occurris cum mane mihi 915.
Odiosa cornix 823.
O fortuna potens 629.
Olim diues eras p. XXX.
Olim Prometheus 802.
O litus uita mihi 474.
Omne genus mali 171.
Omne quod natura 648.
Omnia casus agit 38.
Omnia quae miseras 694.
Omnia quae poscis 91.
Omnia quae sensu 652.
Omnia sunt bona 489.
Omnia tempus edax 232.
Omnipotens annosa 490.
Omnipotens genitor 719.
Omnis mulier intra pectus 246.
O pater omnipotens 789.
Opponis frustra rapidum 425.
Opprimit insontes 657.
Oppressit Nemeae 627.
Optimus esse soles p. XLVI.
Optimus est, Cleobulus ait 882.
O quales ego mane 84.
Orbita signat iter 537.
Ordine mortis eunt 62.
Ore leo tergoque caper 98.
Orgia lassato 32.
O Roma nobilis p. XXXIX.
O sacros uultus 430.
O uetustatis memoranda 671.
Ouorum copiosa phalanx 227.
O uos est aetas p. XIV.
Pallas tota Ionis 278.
Pallia nota fouet 73.
Pallida mole sub hac 776.
Pande manum genetrix 201.
Pandite nunc Helicona 11.
Pan tibi, Phoebe tibi 887.
Papilio uespam 828.
Parce, precor, uirgo toties 897.

Parce, puer, si forte tuas 781.
Parce rapax epulis 206.
Pars tibi, Nise, datur 258.
Paruula quod lusit 90.
Paruula securo tegitur 471.
Paruula succinctis 179.
Paruus nobilium 289.
Pascua rusque canens p. XLVIII.
Pascasium aurigam 327.
Pastor arator eques 872.
Pastor capellae 821.
Pastores cecini 595.
Pastorum Musam 874.
Pastorum uates 513.
Paterfamilias saeuum 809.
Patria diuerso 455.
Pelides ego sum 630.
Per aliquot annos 812.
Perfida nox Danais 58.
Perna lepus turtur 230.
Pes est spondius 480.
Petroni carmen diuino 890.
Phoeba sedens gremio 33.
Phoebus me in somnis 30.
Pica hominum uoces 370.
Picta fuit quondam 274.
Pictus acu tunicas 10
Pieridum columen 881.
Pinge precor pictor 23.
Pingitur ora Venus 61.
Placat busta patris 177.
Placat et uxoris 600.
Plaustra boues ducunt 539.
Plaustra uiam carpunt 541.
Plena deo, moderata animo 767.
Plurima mira 791.
Pompeius totum 402.
Pondera Paeoniis 486.
Pondere detracto 300.
Ponite mature 506.
Porcius octophoro 865.
Post casum Troiae 593.
Post mille amplexus 382.
Postquam fixa solo 920.
Postquam militia 871.
Post tot repleta busta 309.

Praecedis, Vico, nec 336.
Praemia magna Dolon 63.
Praecisae silicis 131.
Praeteriens hominum 662.
Praeuia flammiferi 588.
Praxitelis Venerem 894.
Premente partu scrofa 816.
Prima Cleonaei tol. 641.
Prima dies Phoebi 488.
Prima mihi Musa 555.
Prima sonat quartae 770.
Primus adest aries 615.
Primus ego Ausonio 562.
Primus habet Libycam 634.
Primus Iane tibi 665.
Primus in orbe deos 466.
Primus Romanas 689.
Principium Iani 640.
Principium signis 623.
Principium uitae 922.
Priscos cum haberes 288.
Priscos Luxori 37.
Prodentem ducibus 174.
Prodita prole parens 70.
Proditor est Helles 616.
Prole uiro regnoque 105.
Proles uera dei 878.
Pro pietate nefas 44.
Proponit primus liber 930.
Publica qui celsis 213.
Pulchra comis annisque 674.
Pulchrior et niuei 364.
Purpureos flores 575.
Pulcinus miluo 869 a.
Quaedam me si credis 435.
Quae dedit ipsa tulit 51.
Quae dum stulta fuit p. XLIX.
Quae manus hos anim. 243.
Quae mihi sancta dabit 851.
Quaenam haec forma dei 896.
Quae solita est ferre unda 535.
Qualem Flacce uelim 275.
Qualem te pictor 312.
Qualis bucolicis 2.
Qualiter intacta proc. 380.
Quam bene sub patulae p. XXIII.
Quam late uestros 401.

Quam melior Neptune 348.
Quamuis ab Aurora 293.
Quando ponebam nouellas 248.
Quantum ego claruerim 859.
Quantum fata ualent 858.
Quantum tres Priami 344.
Qua puppes ibant 542.
Qua ratis egit iter 531.
Quas modo plaustra premunt 533.
Quattuor a quadro 484.
Qua uenit Ausonias 876.
Quem natura marem 108.
Quicumque in libris 606.
Quidam concubitu 368.
Quidam nocte Niger dux 727.
Quidam per agros 821.
Qui cupit exercere p. XXIV.
Quid facis ut pretium 362.
Quid festinus abis 303.
Quid iuuat imperio 837.
Quidnam soliuagus 893.
Quid prodest Martis 129.
Quid tacitus Mystes 726.
Quid tibi, mors, faciam 683.
Qui dubias artes 925.
Qui fuit en patriae 834.
Qui latas uario p. X.
Qui mali sunt, non fuere 249.
Qui mauult pro parte 478.
Qui modica pelagus 738.
Quinque puto tremulas p. XXIII.
Qui pastorali 560.
Qui pecudes, qui rura 509.
Qui Persas bello 909.
Qui deus has incendit 270.
Quis deus hoc medium 866.
Qui se multorum p. XLIX.
Qui siluas et agros 512.
Quis me feruor agit 240.
Qui splendere cupis 744.
Quisquis adhuc nondum 437.
Quisquis ad ista moues 831.
Quisquis amat dictis 769.
Quisquis Cecropias 411.
Quisquis Cumani 121.
Quisquis es — et nomen 410.

Quisquis es, extremi 564.
Quis uolucrum species 733.
Qui tenet eloquii 609.
Quod bibis et totum 359.
Quod cernis, dicor 771.
Quod cernunt oculi 942.
Quod natum Phoebus 910.
Quod te pallidulum 302.
Quod tua mille domus 443.
Quos paribus nutrix 936.
Raptus aquator Hylas 69.
Rauca sonora 739.
Reddita post longum 330.
Redditur effigies 519.
Regia festa canam 376.
Regia praeclaras 212.
Regius est Abcar 209.
Regna licet teneat p. XLIX.
Reliquias Danaum 71.
Res eadem adsidue 234.
Rex Hunerix, manifesta 387.
Roma labore uigil 870.
Romani princeps 611.
Roma, tibi ambiguum 900.
Romuleum Sicula 559.
Romulidum ductor 735.
Roscida pumiceo 580.
Rufini natam p. XXX.
Rure morans quid agam 26.
Rustice lustriuage 682.
Rusticus ad tectum p. XLIV.
Rutilo decens capillo 298.
Sacratum Phoebo Cum. 596.
Saepius futuis nimis 297.
[Sancta] poli domina 750.
Sancta probis pax est 502.
Sanguine flos genitus 50.
Sanguine muta probat 64.
Scribere me uoces 762.
Sedulius Christi 492.
Sedulius domini 493.
Semita fit plaustro 536.
Semota et uasto 426.
Semper munditias 458.
Se Narcissus amat 219.
Sentio, fugit hiems 235.
Septa micant spinis 169.
Sera dedit Phoebo 932.

Serpens lacertam 822.
Serranum Vegetumque 428.
Seruandum spurcum 204.
Seruus profugiens 917.
Sicanius uates siluis 563.
Sic Apollo, deinde Liber 247.
Sic contra rerum 690.
Sic est Maecenas 780.
Sic et ames, mea lux 427.
Sic et membra solent 473.
Sicine componis 463.
Sic me custodi 453.
Sic mihi sit frater 441.
Sic tibi florentes 216.
Sic tua semper ames 83.
Sic tua sit quamcunque 448.
Si fontis breuis unda 666.
Signifer aetherius 798.
Signorum princeps 617.
. . Si lingua locuta est 655.
Siluas rura acies p. XLVIII.
Si me retro legis 656—656 c.
Simulata interdum uitia 803.
Si nouus a Iani 868.
Sint tibi deliciae 157.
Si Phoebi soror es 693.
Si quando in siluis 819.
Si quis habens nummos 500.
Si quis in hoc nostro 290.
Si quotiens peccant 262.
Sirenes uarios 637.
Sis mea candida sis p. XLIV.
Sit nox illa diu 699.
Si uere exurunt ignes 487.
Sol calet igne meo 221.
Solon praecipuis 351.
Sol oriens currusque 586.
Sol qui terrarum 18.
Solus habes aquila 850.
Somnia quae mentes 651.
Sortitos celsi 913.
Spectantis faciem 526.
Sperne lucrum: uersat 495.
Sperne mores transmarinos 250.
Spes fallax, spes dulce 415.
Spes ratio uia uita 689 a.
Squameus anguis erat 66.

Stamine resplendens 759.
Stat duplex nullo 89.
Stat similis auro 170.
Sternis anhelanti 318.
Stirpe negata 322.
Stuppea suppositis 112.
Suaue tibi nomen 753.
Subduxit morti 158.
Subrides si, uirgo 917.
Sufficit huic tumulus p. XLVII.
Sume sacer meritis 491.
Sum genus Aeneadum 863.
Sum noctis socia 658.
Sum uagus adsidue 888.
Surgit ab Oceano 590.
Sus iuuenis serpens 160.
Suspirat propriae 147.
Sustinet unda rotam 532.
Tam malum est habere 251.
Tandem deueniunt 600.
Tautano infamem 208.
Tecta nouem Phoebi 126.
Tectum augustum ingens 16.
Te cuperet Phoebus 873.
Te, formose Mida 725.
Telephus excellens 184.
Tempore qui laeto 931.
Temporibus laetis 242.
Te quotiens uictum 306.
Ter binos deciesque 647.
Terga bouis credens 143.
Ter ternae uarios 199.
Te stola ne dubium 857.
Tethya marmoreo 720.
Te uigilans oculis 702.
Thaumantis proles 543.
Thesea magnanimum 54.
Thessalici proceres 940.
Thrax puer adstricto 790.
Threicius quondam uates 628.
Tibi cum non sit diei 299.
Tithoni coniunx 582.
Tityre te Latio cecinit 558.
Tityre tu fido recubans 765.
Tityron ac segetes 507.
Tityrus agresti 2.
Tranquillo nymphae 214.
Tres sunt fatales 792.

Tristia fata tui 778.
Troianis Rutulisque 602.
Tu forte in lucis 483.
Tullius Arpinas 608.
Tullius Hesperios 784.
Tullius hic situs est 610.
Tu primus Libycum 841.
Tura piper uestes p. XXX.
Turgida sum moriens 229.
Turne spes Italum 244.
Turnus honore ruit 46.
Turpe pecus mutilum *ad* 641.
Turpia tot tumulo 319.
Vade liber noster 783.
Vana uelut cautae 198.
Vandalirice potens 215.
Vate Syracosio 777.
Vectum Pegaseo 388.
Velleris aurati fulg. 625.
Venatori oculos 335.
Venator iucunde nimis 354.
Venerat Eoum quatiens 462.
Venerunt aliquando 87.
Ver aestas autumnus p. XLIII.
Ver agros gemmis 574.
Vere grauis fundit 571.
Vere nouo florebat 941.
Vere nouo laetis 572.
Ver erat et blando 646.
Vere rosa, autumno 773.
Vere sinum tellus 567.
Vere tepet picto 576.
Vere Venus gaudet 570.
Vergilius iacet hic 508.
Vergilius magno quantum 1.
Vergilius mihi nomen 565.
Veris honos tepidi 577.
Verna clausas inter 291.
Ver pingit uario 569.
Ver placidum uario 573.
Verrit tetra boum 104.
Verticis et thalami 164.
Verum, fama, tibi 313.
Victa prius nulli 420.
Victe pudor, compone 279.
Victorem forte gymnici 810.
Vidi hominem pendere 281.

Vidit ut Aeneas 598.
Vim Diomedis equi 41.
Vince mero curas 449.
Vincere falsa pudor 75.
Vindicat ipsa suos 31.
Vir bonus et sapiens 644.
Vir fuit iste ferox 839.
Vir magnus bello 1.
Virginis insano 912.
Virgo parens hac luce 766.
Virgo quam Phlegethon 301.
Viribus Herculeis 55.
Vitam uiuere si cupis 28.
Vita opibus tenuis 178.
Viue et amicitias omnes 408.
Viue et amicitias regum 407.
Viuere post obitum 721.
Vix Aurora suo 589.
Vltima cingebat 423.
Vmor alit segetes 260.
Vna est nobilitas 697.
Vnam expetebant uirginem 813.
Vna salus homini est 175.
Vnda capax ratium 540.
Vnda quieta refert 524.

Vnda rotam patitur 534.
Vndarum rector 718.
Vnde redit fulgor 21.
Vnde tuos sodes p. XXV.
Vngues Mercurio 643.
Vnicus orator 605.
Vox, philomela, tua 658, 9.
Vrbs quae tantum alias 686.
Vritur igne suo 56.
Vt belli sonuere tubae 392.
Vt deuota piis 95.
Vtendum est aetate 269.
Vtilibus monitis 716.
Vtilis es nulli 929.
Vtilius nobis quid sit 805.
Vt placidus noctu 935.
Vtraque fecundo 752.
Vt Venus in terris 938.
Vulnera saeuus aper 68.
Vulneris inpatiens 14.
Vulpem rogabat 799.
Vxor legitimus 468.
Xerxes magnus adest 239.
Xerxes magnus adest 442.
Zeleris nimium cur 314.
Zelotypus plures 308.

IV

Index

quo numeri Meyeriani meique inter se comparantur.

ed. Mey.	ed. Ries.	Mey.	Ries.
1—4	p. LIII*)	71—76	p. XXXV
5—7	p. XXXV	77	= 414
8	p. LIII	78—84	p. XXXV
9—12	p. XXXV	85. 86.	p. XXXVI
13	p. LIII	87	= 256
14—65	p. XXXV	88	= 257
66	642.	89. 90	p. XXXVI
67. 68	p. XXXV	91	= 290
69	= 709	92—94	p. XXXVI
70	= 889	95	= 263

*) Numeri latini ad paginas praefationis fasciculi alterius pertinent.

Mey.		Ries.	Mey.		Ries.
96	=	258	180	=	650
97	=	261	181	=	472
98		p. XXXV	182	=	479
99	=	260	183	=	217
100—108		p. XXXVI	184	=	118
109	=	779	185	=	184
110	=	780	186	=	239. 442
111	=	644	187	=	417
112		p. L	188	=	461
113		p. XXXV	189		p. LIII
114. 115		p. L	190		p. L
116		p. XXXV	191—193		p. XXXV
117	=	708	194	=	710
118—121		p. XXXV	195—199		p. XXXV
122		p. XXXVI	200	=	276
123—127		p. XXXV	201—204		p. XXXVI
128	=	409	205—208		p. XXXV
129	=	236	209	=	660
130	=	237	210	=	392
131	=	232	211	=	903
132		p. XXXV	212		p. XXXV
133	=	898	213—220	=	245—252
134	=	396	221	=	87
135	=	405	222		p. XXXV
136	=	445	223	=	653
137	=	410	224		p. XXXV
138	=	412	225	=	922
139	=	441	226—229		p. XXXV
140—141		p. XXXV	230	=	712
142	=	471	231	=	273
143	=	474. 477	232	=	711
144	=	478	233	=	762
145	=	466	234	=	720
146	=	467	235	=	17
147	=	468	236	=	81
148	=	464	237		p. XXXVI
149	=	470	238—240		p. XXXV
150	=	469	241	=	631
151—169		p. XXXVI	242	=	265
170	=	651	243	=	145
171—173		p. XXXVI	244	=	266
174		p. XXXV	245	=	268
175	=	707	246	=	219
176	=	349	247	=	886
177	=	451	248	=	267
178	=	476	249	=	872
179		p. XXXV	250	=	444

Anthol. lat. I.

INDICES

Mey.		Ries.	Mey.		Ries.
251	=	234	386 sq.	p.	XXXVI
252	=	235	388	=	483
253	=	393	389	p.	XXXVIII
254	=	788	390	=	680
255	=	713	391	=	687
256	=	740	392	=	658
257	=	715	393	p.	XXXVIII
258	=	714	394	p.	XXXIX
259	=	29	395	p.	XXXVIII
260	=	132	396	p.	XXXIX
261	p.	XXXV	397—408	=	603—614
262	=	897	409—420	=	591—602
263	=	628	421—432	=	555—566
264	p.	XXXVI	433—444	=	507—518
265	=	933	445—456	=	495—506
266—273	p.	XXXVI	457—468	=	579—590
274	=	724	469—480	=	543—554
275	=	769	481—492	=	615—626
276	=	870	493—504	=	567—578
277	=	637	505—516	=	531—542
278	p.	LIII	517—528	=	519—530
279	=	876	529—530	=	158
280	=	26	531	=	638
281	=	3	532	=	634
282	=	10	533	=	635
283	=	941	534	=	636
284	—	679	535	=	633
285	=	645	536	=	271
286	=	653	537	=	270
287	p.	XXXV	538	=	272
288	=	671	539	=	274
289	=	655	540	=	629
290	=	376	541	=	28
291	=	210	542	=	648
292	=	211	543	=	649
293	=	212	544	=	904
294	=	213	545	=	277
295	=	254	546	=	278
296	=	37	547	=	78
297	=	80	548	=	279
298	=	90	549	=	223
299—381	=	288—374 (exc. 296. 346—349)	550	=	226
			551	=	228
382	=	18	552	=	227
383	=	203	553	=	925
384	=	377	554	=	233
385	=	390	555	=	380—382

INDICES

Mey.		Ries.	Mey.		Ries.
556	=	723	603	=	939
557	=	900	604	p.	LIII
558	p.	XXXVI	605 }		
559	=	253	606 }	=	in 4
560	=	937	607	p.	XXXV
561	=	793	608	p.	LIII
562	=	139	609		ib.
563	p.	LIII	610		ib.
564	=	72	611	=	34
565	=	141	612	=	56
556	=	59	613	=	61
567	=	142	614	=	68
568	=	143	615	=	100
569	=	144	616	=	88
570	p.	XXXV	617 }		
571	=	348	618 }	=	664
572	p.	LIII	619 }		
573	p.	XXXV	620	p.	XXXV
574	=	751	621	=	33
575	=	14	622	p.	LIII
576	=	745	623		ib.
577	=	79	624		ib.
578	p.	LIII	625		ib.
579	p.	LIII	626	=	151
580	p.	LI	627	=	152
581	=	12	628	=	888
582	p.	LIII	629	p.	LIII
583	=	641	630	=	153
584	=	32	631	=	154
585	=	749	632	=	201
586	=	221	633	=	43
587	=	347	634	=	57
588	=	240	635	=	161
589	p.	LIII	636	=	63
590	=	887	637	=	76
591	p.	LIII	638	p.	XLVII
592		ib.	639	=	177
593		ib.	640	p.	XXXIX
594		ib.	641	=	189
595		ib.	642	=	924
596	=	55	643	=	66
597	p.	LIII	644	=	99
598	=	627	645	p.	LIII
599	=	62	646	=	51
600	p.	LIII	647	=	46
601		ib.	648	=	41
602		ib.	649	=	49

INDICES

Mey.		Ries.	Mey.		Ries.
650	=	77	698	=	858
651	=	40	699	=	859
652	=	163—166	700	=	857
653	=	97	701	=	862
654	=	174	702		p. XLVII
655	=	940	703	=	437
656	=	47	704	=	860
657	=	102	705	=	861
658	=	52	706	=	220
659	=	74	707	=	909
660	=	89	708		p. LIII
661	=	44	709		ib.
662	=	54	710		p. LI
663	=	45	711	=	832
664	=	936	712	=	155
665	=	173	713	=	834
666	=	39	714	=	835
667	=	146	715	=	836
668	=	147	716	=	837
669	=	9	717	=	829
670		p. LI	718	=	838
671	=	73	719	=	839
672	=	69	720	=	840
673	=	48	721	=	841
674	=	75	722	=	842
675	=	167	723		p. LIII
676	=	168	724		ib.
677	=	50	725		ib.
678	=	923	726		ib.
679		p. LIII	727	=	843
680	=	60	728		p. XLVI
681	=	172	729	=	844
682	=	53	730	=	845
683	=	105	731	=	438
684	=	65	732	=	400
685	=	67	733	=	401
686	=	71	734 }	=	402
687	=	27	735 }		
688	=	64	736	=	403
689	=	13	737	=	404
690		p. LIII	738	=	454
691	=	58	739	=	455
692	=	388	740	=	456
693 sq.		p. XLVII. LIII	741	=	406
695	=	198	742	=	413
696	=	856	743		p. XXXV
697	=	934	744	=	397

INDICES

Mey.		Ries.	Mey.		Ries.
745	=	398	844		p. XXXV
746	=	399	845	=	734
747	=	846	846		p. XXXV
748	=	432	847		p. LIII
749	=	863	848		p. LIII
750	=	847	849	=	899
751	=	848	850		p. XXXV
752	=	849	851	=	418
753	=	850	852	=	938
754	=	855	853	=	663
755	=	851	854	=	96
756	=	852	855		p. XXXIX. XLVIII
757	=	782			
758		p. LIII	856		p. XXXV
759	=	853	857		p. XLVI
760		p. XXXV	858	=	672
761		p. LIII	859	=	874
762	=	419	860	=	ad 1
763	=	420. 421	861		p. XLIII
764	=	422	862	=	1
765	=	423	863, 1—4	=	ad 2
766	=	424	863, 5 sqq.	=	654
767) 768)	=	425	864		p. LIII
			865	=	778
769	=	426	866—868		p. XLVIII
770		p. LIII	869	=	242
771	=	854	870		p. LXIV
772—788		p. XXXV	871—873	=	160
789		p. LI sq.	874	=	391
790—811		p. XXXV	875	=	905
812—819		p. LIII	876	=	447
820	=	462	877	=	411
821	=	463	878	=	829
822—827		p. LIII	879		p. XXXVIII
828		p. XLI. XLVII	880	=	871
829—832		p. LIII	881		p. LIII
833	=	787	882		ib.
834	=	777	883		ib.
835	=	222	884		ib.
836	=	2	885		p. XXXIX
837		p. XLVIII	886		p. LIII
838	=	667	887		ib.
839	=	668	888		ib.
840		p. XXXIX	889		ib.
841		p. LIII	890		ib.
842		p. LIII	891	=	197
843	=	428	892	=	214

Mey.		Ries.	Mey.		Ries.
893	=	36	940	=	216
894	=	110	941	=	416
895	=	124	942	=	183
896	=	126	943	=	182
897	=	119	944	=	296
898		p. LIII	945	=	901
899	=	120	946	=	131
900	=	121	947	=	127
901	=	122	948	=	128
902	=	123	949	=	129
903	=	178	950	=	130
904	=	179	951	=	156
905	=	175	952	=	108
906	=	433	953	=	109
907 }			954	=	111
908 }	=	407	955	=	113
909 }			956	=	112
910	=	408	957	=	114
911	=	443	958	=	101
912		p. XXXVIII	959	=	115
913	=	440	960	=	103
914	=	192	961	=	148
915	=	193	962	=	149
916	=	346	963	=	159
917	=	82	964	=	448
918	=	150	965	=	429
919	=	926	966	=	431
920	=	931	967	=	434
921		p. XXXVIII	968	=	435
922	=	942	969	=	450
923	=	902	970	=	453
924	=	281	971	=	458
925	=	224	972	=	459
926	=	746	973	=	460
927	=	744	974	=	452
928	=	202	975	=	699
929	=	38	976	=	446
930		p. LIII	977	=	698
931	=	194	978	=	702
932	=	415	979	=	218
933	=	449	980	=	133
934		p. LIII	981	=	134
935	=	31	982	=	135
936		p. LIII	983	=	693
937	=	882	984	=	703
938	=	716	985	=	704
939	=	790	986	=	705

INDICES

Mey.		Ries.	Mey.		Ries.
987	=	892	1036	=	864
988	=	706	1037	=	394
989—991	p.	XXXIXsqq.	1038—1049	=	395
992	=	700	1050	=	117
993	=	701	1051	=	640
994	=	436	1052	=	639
995	=	439	1053	=	868
996	=	430	1054	=	488
997	=	732	1055	=	718
998	=	760	1056	=	484
999	=	894	1057	=	906
1000	=	895	1058	p.	XXXIX
1001	=	695	1059 sq.	p.	XLII
1002	p.	LIII	1061	=	727
1003	=	917	1062—1065	p.	XLII
1004	p.	XXXV	1066		
1005	=	22	1067	=	741
1006	=	875	1068		
1007	=	912	1069	p.	XLIV
1008	p.	LIII	1070	=	136
1009	=	728	1071	p.	LIII
1010	=	729	1072	=	877
1011	=	929	1073	p.	L
1012	=	157	1074	p.	XLI
1013	=	23	1075	=	30
1014	=	24	1076	=	632
1015	=	25	1077	p.	LIII
1016	p.	LIII	1078	=	647
1017		ib.	1079	=	733
1018		ib.	1080	=	196
1019		ib.	1081	=	195
1020	=	84	1082	=	752
1021	=	85	1083	=	748
1022	=	86	1084	=	691
1023	=	646	1085	p.	XLIV
1024	=	389	1086	=	106
1025			1087	=	176
1026	=	238	1088	=	225
1027	=	932	1089	=	229
1028	p.	XXXVI	1090	=	230
1029	=	913	1091	=	231
1030	=	676	1092	=	285
1031	=	677	1093	=	181
1032	=	678	1094	=	375
1033	p.	XLIII	1095	=	98
1034	p.	XLIII	1096	=	180
1035	=	116	1097	=	35

Mey.		Ries.	Mey.		Ries.
1098	=	104	1139	p.	XLVI
1099	=	186	1140	p.	XLVII
1100	=	187	1141	=	866
1101	=	188	1142	=	935
1102	=	383	1143	=	742
1103	=	107	1144	=	457
1104	=	873	1145—1536	p	LIII
1105	=	243	(nisi quod		
1106	=	282	1163	=	721
1107	=	384	1173	=	683
1108	=	385	1225	=	684
1109 sq.	p.	XLIX	1318	=	722)
1110	p.	XXXIX	1537—1606	p.	LIII
1111	=	284	(nisi quod		
1112	=	215	1538	=	786
1113	=	283	1544	=	890
1114	=	169	1545	=	891, p. LIII
1115	=	170	1552	=	896
1116	=	171	1553 sq.	p.	XXXV
1117	=	185	1564	=	911
1118	=	94	1565		916)
1119	=	95	1607	=	11
1120	=	747	1608	=	7
1121	p.	XXVIII	1609	=	15
1122	=	753	1610	=	83
1123	=	865	1611	=	255
1124	=	190	1612	=	244
1125	=	191	1613	=	8
1126	p.	XLV	1614	=	630
1127	=	137	1615	p.	LIII
1128	=	138	1615 a	p.	XXXVI
1129	=	206	1616—1694	=	fasc. I p. V
1130	=	208	1695 sq.	p.	XXXVI
1131	=	207	1697	=	773
1132	=	209	1698	=	774
1133	=	204	1699	=	775
1134	=	205	1700	p.	XXXV sq.
1135	p.	XLVI	1701	=	885
1136	p.	XLIX	1702	p.	LIII
1137	=	ib.	1703		ib.
1138	=	ib.	1704		ib.

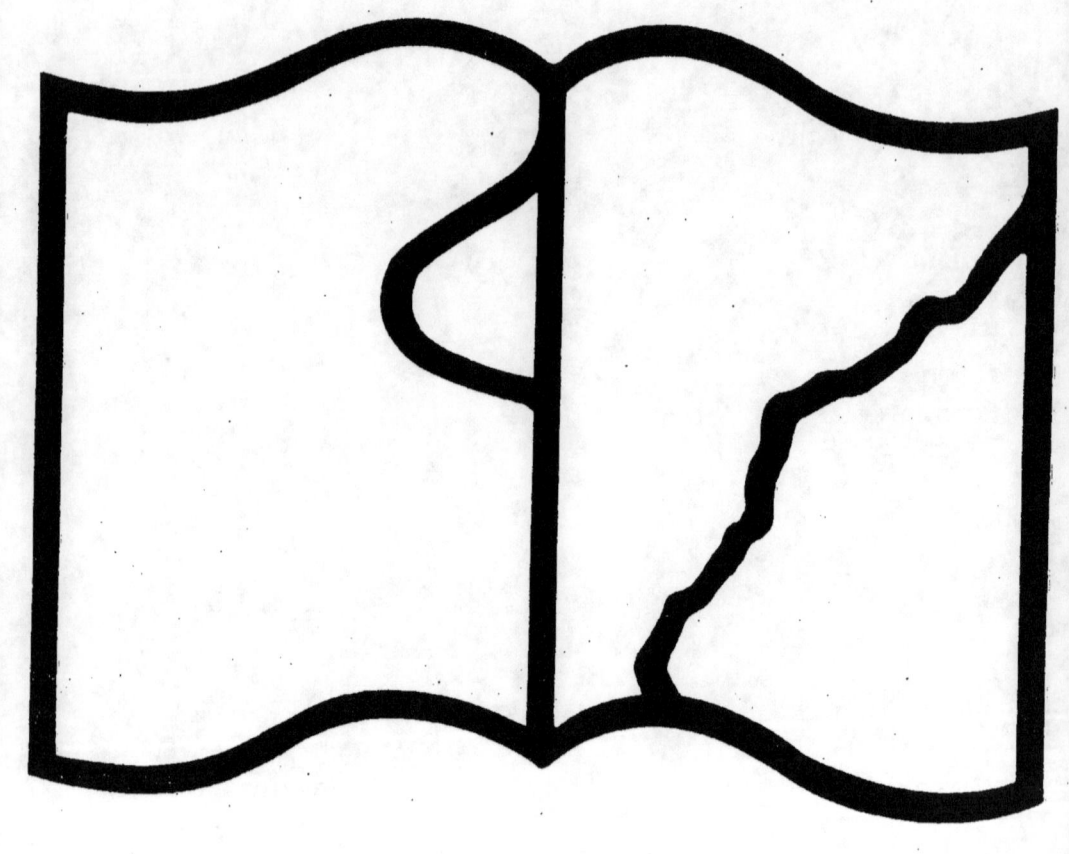

Texte détérioré — reliure défectueuse
NF Z 43-120-11

Contraste insuffisant

NF Z 43-120-14

www.ingramcontent.com/pod-product-compliance
Lightning Source LLC
Chambersburg PA
CBHW070159240426
43671CB00007B/495